Outros Sujeitos

Outras Pedagogias

Dados Internacionais de Catalogação na Publicação (CIP)
(Câmara Brasileira do Livro, SP, Brasil)

Arroyo, Miguel G.
Outros Sujeitos, Outras Pedagogias / Miguel G. Arroyo. 2. ed. – Petrópolis, RJ : Vozes, 2014.

Bibliografia.

9ª reimpressão, 2025.

ISBN 978-85-326-4448-0

1. Educação – Finalidades e objetivos 2. Movimentos sociais 3. Pedagogia 4. Sociologia educacional I. Título.

12-10989   CDD-306.43

Índices para catálogo sistemático:
1. Sociologia educacional   306.43

Miguel G. Arroyo

Outros Sujeitos, Outras Pedagogias

Petrópolis

© 2012, Editora Vozes Ltda.
Rua Frei Luís, 100
25689-900 Petrópolis, RJ
www.vozes.com.br
Brasil

Todos os direitos reservados. Nenhuma parte desta obra poderá ser
reproduzida ou transmitida por qualquer forma e/ou quaisquer meios
(eletrônico ou mecânico, incluindo fotocópia e gravação) ou arquivada em qualquer
sistema ou banco de dados sem permissão escrita da editora.

CONSELHO EDITORIAL	PRODUÇÃO EDITORIAL

Diretor
Volney J. Berkenbrock

Editores
Aline dos Santos Carneiro
Edrian Josué Pasini
Marilac Loraine Oleniki
Welder Lancieri Marchini

Conselheiros
Elói Dionísio Piva
Francisco Morás
Teobaldo Heidemann
Thiago Alexandre Hayakawa

Secretário executivo
Leonardo A.R.T. dos Santos

Anna Catharina Miranda
Eric Parrot
Jailson Scota
Marcelo Telles
Mirela de Oliveira
Natália França
Priscilla A.F. Alves
Rafael de Oliveira
Samuel Rezende
Verônica M. Guedes

Editoração: Fernando Sergio Olivetti da Rocha
Diagramação: Victor Mauricio Bello
Capa: Claudio Arroyo
Imagens: CAPA: Arquivo do MTE – Ministério de Trabalho e Emprego
CONTRA CAPA: Arquivo Prefeitura Municipal de Xique-xique/BA –
Secretaria de Educação

ISBN 978-85-326-4448-0

Este livro foi composto e impresso pela Editora Vozes Ltda

A Michele, filha, e a André, novo neto, que renovam nossa celebração da vida.

A quem tanto luta por igualdade e equidade.

É a tomada de consciência política –
das populações primitivas – que tornou
nosso século XX o mais revolucionário
da história.

Eric Hobsbawm

Sumário

As teorias pedagógicas indagadas – A modo de apresentação, 9

Parte I. Que Outros Sujeitos? Que Outras Pedagogias?, 23
1 Outros Sujeitos, Outras Pedagogias, 25
2 Que Outros Sujeitos, que Outras Pedagogias?, 37
3 A produção dos Outros como inexistentes, 49
4 Pedagogias gestadas no padrão de poder/saber, 61

Parte II. Pedagogias da produção do viver, 71
5 Resistências à destruição material de seu viver, 73
6 As pedagogias da vida produtiva, 85
7 A terra: matriz formadora, 93
8 Trabalho: determinação da cultura; cultura: determinação do trabalho, 101
9 Tensos reconhecimentos da diversidade cultural, 109

Parte III. Afirmação de identidades étnicas e raciais, 119
10 Segregados como inferiores porque diferentes, 121
11 Presenças afirmativas das diferenças, 133
12 A afirmação de identidades étnicas e raciais, 151
13 Movimentos sociais e as políticas de ação afirmativa, 163
14 Lutas por autorreconhecimentos, 173
15 A libertação do mito da inferioridade de origem, 185

Parte IV. Pedagogias de desenraizamento e desterritorialização, 199
16 Desenraizados à procura do lugar, 201
17 Ocupar os espaços de conhecimentos, 213
18 Os movimentos sociais repolitizam o direito ao conhecimento, 229
19 Ressignificando os espaços do conhecimento, 243

Parte V. Tensas lutas por direitos no campo do Direito, 257
20 Pressões por serem reconhecidos sujeitos de direitos, 259
21 Resistências aos controles jurídicos, 277
22 Aprendizados sobre o Estado e suas políticas, 289

Parte VI. A repolitização dos princípios de humanidade, cidadania, igualdade, 299
23 Redefinindo os marcos legitimadores das políticas, 301
24 Outros princípios, outros significados, 317

Referências, 335

As teorias pedagógicas indagadas

A modo de apresentação

O historiador Eric Hobsbawm (2002) nos lembra que: "É a tomada de consciência política das populações primitivas que tornou nosso século (XX) o mais revolucionário da história".

Quem são essas populações que tomaram consciência política a ponto de tornar o século XX e continuar tornando o início do XXI os mais revolucionários de nossa história? Em nossas sociedades latino-americanas são os grupos sociais que se fazem presentes em ações afirmativas nos campos, nas florestas, nas cidades, questionando as políticas públicas, resistindo à segregação, exigindo direitos. Inclusive o direito à escola, à universidade. São os coletivos sociais, de gênero, etnia, raça, camponeses, quilombolas, trabalhadores empobrecidos que se afirmam sujeitos de direitos. Outros Sujeitos. São seus filhos e suas filhas que se fazem presentes nas escolas públicas e que exigem o acesso às universidades. São os outros educandos.

A tomada de consciência dessas populações mantidas por séculos sem direito a ter direitos ao teto, à terra, à saúde, à escola, à igualdade e à cidadania plena se fazem presentes em ações e movimentos, em presenças incômodas que interrogam o Estado, suas políticas agrária, urbana, educacional. Interrogam a docência, o pensamento pedagógico, as práticas de educação popular e escolar.

O fio condutor destes textos é que interrogações específicas traz essa tomada de consciência política dessas populações para as teorias e práticas educacionais. Em que processos formadores se aprenderam sujeitos de direitos? Formaram-se e afirmaram como sujeitos sociais, éticos, culturais e aprenderam a cultivar suas culturas, saberes, identidades coletivas? Que processos formadores levam às escolas? Em que processos aprenderam a resistir à opressão, à segregação e negação dos seus direitos mais básicos? Com que pedagogias aprenderam a se organizar, lutar por direitos tão tensos como direito à terra, ao solo, ao teto, à escola? Esses grupos sociais ao se fazer presentes como Outros Sujeitos trazem Outras Pedagogias de sua formação?

Em torno dessas questões se estruturam estes textos. Sugerem a urgência das teorias e práticas de educação popular e escolar deixarem-se interrogar pelos processos concretos e tensos de afirmação de Outros Sujeitos e pelas Outras Pedagogias de sua formação. Será necessário recontar a história do pensamento educacional e reinventar a docência? A consciência política dessas populações, com suas presenças e movimentos, exige radicalizar as políticas e as teorias e práticas educativas. Terão de ser outras.

Essas indagações estão postas nos encontros dos militantes, nos dias de estudo, nas oficinas da Universidade Popular dos Movimentos Sociais (UPMS)[1], nas escolas dos trabalhadores do campo, Escola Nacional Florestan Fernandes, na Escola Nacional da Fetaemg e em tantos espaços de estudo criados pelos diversos movimentos. Indagações presentes nos cursos de Pedagogia da Terra, de Formação de Professores do campo, indígenas, quilombolas. Indagações presentes nos coletivos de docentes educadores das escolas públicas onde vão chegando como outros educandos as crianças e adolescentes, os jovens e adultos populares cada vez mais conscientes de seu direito à escola, ao conhecimento, à cultura.

Como se pensa o pensamento educacional?

Os textos tentam trazer o que há de revolucionário para o pensar/fazer pedagógico nessas presenças/consciências dos Outros Sujeitos na agenda política, social, cultural e pedagógica. Tentemos, a modo de apresentação, sintetizar as contribuições que essas presenças trazem para as teorias, concepções, epistemologias pedagógicas. Esses coletivos com suas presenças, seja nos movimentos sociais, seja nas escolas, trazem histórias dos processos formadores em contextos concretos, sociais, econômicos, políticos, culturais. Trazem uma lição a não deixar no esquecimento: todo pensamento social, pedagógico traz esse enraizamento nas relações políticas, nas experiências sociais em que é produzido. As pedagogias ou processos em que se formaram e formam como

---

1. Durante o encontro de 2003 do Fórum Social Mundial foi lançada a Universidade Popular dos Movimentos Sociais (UPMS) – Rede Global de Saberes, idealizada pelo sociólogo Boaventura de Sousa Santos. A UPMS envolve organizações dos movimentos sociais, ONGs, sindicatos e intelectuais comprometidos com as lutas por emancipação social. O seu objetivo principal é contribuir para aprofundar o interconhecimento por meio da construção de redes de interações orientadas para promover o conhecimento e a valorização crítica da diversidade de saberes e práticas protagonizados pelos diferentes movimentos e organizações, tornando possíveis coligações entre eles e ações coletivas conjuntas (SANTOS, 2006). Para saber mais acesse: http:// www.universidadepopular.org

sujeitos sociais, éticos, culturais, de pensamento e aprendizagem são inseparáveis desses contextos e das relações sociais, relações de poder dominação/subordinação em que foram segregados.

Esses coletivos mostram que as concepções e práticas educativas pensadas para educá-los, civilizá-los estão condicionadas pelas formas de pensá-los, ou pelo padrão de poder/saber de como foram pensados para serem subalternizados. As teorias pedagógicas não põem em prática concepções, epistemologias de educação trazidas de fora, do centro civilizado e civilizador, mas foram gestadas na concretude do padrão de poder/saber colonizador, aqui, nos processos concretos de dominar, submeter os povos originários, indígenas, negros, mestiços, trabalhadores livres na ordem colonial escravocrata.

Esses coletivos em movimentos trazem a consciência política de não terem sido meros destinatários de concepções pedagógicas transpostas, mas que as formas de pensá-los e de classificá-los no padrão de poder/saber obrigou o pensamento educacional nas Américas a produzir pedagogias outras, diante dos povos outros a serem subalternizados. Processo de produção de teorias e práticas pedagógicas que se atualizam nas escolas públicas populares. Na medida em que outros educandos chegam com outras experiências sociais, outras culturas, outros valores, mostrando-se Outros Sujeitos nas relações políticas, econômicas, culturais, Outras Pedagogias são inventadas, outras formas de pensá-los e de pensar a educação, o conhecimento, a docência são reinventadas.

Os Outros Sujeitos pressionam as concepções pedagógicas a repensar-se nos processos de sua produção teórica, epistemológica. A reconhecer que essa produção foi e continua inseparável, atrelada às formas de pensar e de alocar os Outros nos padrões de poder/saber. Atreladas às formas de produção/conformação dos Outros nos padrões de trabalho, de expropriação da terra, do espaço... Do seu lugar como subalternizados, subcidadãos. As presenças dos Outros na agenda política e até pedagógica se tornam extremamente incômodas ao pensamento pedagógico porque o obrigam a se entender inseparável das formas políticas, culturais de sua produção/conformação com subalternos. Ao reagir a esse ser pensados e feitos subalternos desconstroem as autoidentidades do pensamento pedagógico.

Outras Pedagogias em que se formaram Outros Sujeitos

Os coletivos populares ao se afirmarem sujeitos políticos, sociais, culturais, éticos, de pensamento, saberes, memórias, identidades construídas nesses contextos, padrões de poder, dominação/subalternização explicitam as concepções/epistemologias não apenas em que foram conformados, subalternizados, mas, sobretudo, explicitam, põem na agenda pedagógica as pedagogias com que se formaram e aprenderam Outros Sujeitos. Que pedagogias outras eles explicitam e põem na agenda pedagógica?

Em cada um dos temas analisados nestes textos, tentamos explicitar essas pedagogias outras em que os coletivos sociais em movimentos se mostram formados como Outros Sujeitos. Como revelam outra história da educação, de serem sujeitos de outros processos pedagógicos ocultados, ignorados na história das teorias pedagógicas e que pressionam por ser reconhecidos. Processos pedagógicos colados à especificidade da tensa história desses coletivos subalternizados de se afirmar sujeitos de história, memórias, saberes, culturas. Na medida em que em nossa história política, cultural esses coletivos foram decretados à margem da história intelectual e cultural sua condição de sujeitos de formação intelectual, cultural, política foi ocultada, ignorada, consequentemente suas pedagogias de formação como sujeitos sociais, culturais não foram reconhecidas na história oficial das ideias, concepções e práticas pedagógicas. Ao se afirmar presentes como sujeitos políticos, sociais exigem o recontar dessa história pedagógica que os segregou como sujeitos e os relegou a meros objetos, destinatários das pedagogias hegemônicas. Exigem que sua história seja reconhecida, ou melhor, que as narrativas da história oficial das teorias pedagógicas seja outra.

Que pedagogias trazem esses coletivos sociais e suas infâncias e adolescências ao se fazer presentes nas escolas e nos movimentos sociais? Trazem as pedagogias de dominação/subalternização; as pedagogias de resistência e as pedagogias de libertação/emancipação.

Pedagogias de dominação/subalternização

Os coletivos populares trazem longas histórias de inferiorização, opressão com que o padrão de poder/saber de dominação pretendeu produzi-los como subalternos. Com que processos? Que pedagogias desumanizantes, destrutivas de suas culturas, valores, memórias, identidades coletivas são essas tão persistentes na especificidade de nossa história? Da história dos povos latino-americanos? Dessas pedagogias, processos de produção dos Outros como subalternos, inexistentes, oprimidos pouco acúmulo de pesquisas e de produção teórica existe no pensamento educacional. Essas pedagogias tão nossas não fazem parte da história das teorias pedagógicas ensinadas nos cursos de licenciatura e de pedagogia.

As vítimas dessas brutais e persistentes pedagogias ao afirmar-se presentes desocultam as pedagogias de inferiorização, subalternização, que pretenderam destruir seus saberes, valores, memórias, culturas, identidades coletivas. Concepções e práticas pedagógicas e epistemológicas construídas aqui nas Américas. Por que ignorá-las se foram tão ativas nas tentativas de produzir subalternos? Essas "artes" pedagógicas de subalternizar povos, comunidades, seres humanos exigem pesquisa, teorização, ser reconhecidas como processos, epistemologias, pedagogias de dominação, desumanização. Exigem ser conhecidas na educação escolar e popular porque, ao chegarem às escolas, aos programas de educação popular, carregam suas identidades, saberes, culturas, o peso desumanizante de terem sido submetidos a esses processos de dominação. Como ser educadores(as) de sujeitos que carregam esse peso desumanizante dessas pedagogias que tentaram fazê-los e convencê-los de serem inferiores, subalternos? Quantos fracassos escolares têm como origem ignorar que os outros educandos são as vítimas dessas pedagogias de subalternização/opressão? Quantos projetos de educação popular fracassam por ignorar essas persistentes pedagogias que pensam os grupos populares como inferiores e tentaram convencê-los de serem mesmo inferiores?

Os coletivos populares trazem para as teorias e práticas educativas que os pensem produzidos nessas relações políticas de dominação/subalternização/opressão desde crianças e adolescentes. Que não esqueçam que a partir da colonização vêm sendo submetidos a relações desiguais de poder/saber/dominação, que foram submetidos à destruição de seus modos de pensar, de pensar-se, de destruição de suas culturas, identidades, memórias, que não foram reconhecidos produtores da história da produção intelectual e cultural. Como ignorar esses brutais processos a que foram submetidos como coletivos ao chegarem às escolas e aos programas de educação popular? Como desconstruir essas perversas pedagogias de subalternização? Sem desconstruí-las será possível avançar nos processos de aprendizagem? Como resultam ingênuas tantas didáticas de aprendizagem que não levam em conta os brutais processos de subalternização que os educandos carregam às escolas e aos programas de educação popular.

Mas será necessário reconhecer que os coletivos, afirmando-se Outros Sujeitos, trazem com destaque que até nessas vivências de opressão, subalternização se aprenderam sujeitos humanos. Paulo Freire reconhece a **pedagogia do oprimido**, ou como das vivências da opressão tiram saberes, aprendizados do mundo, dos padrões de dominação que os oprimem. Os coletivos na diversidade de movimentos e os educandos nas escolas trazem suas pedagogias de aprendizados das vivências cruéis da subalternização. Uma pergunta desestruturante para as teorias pedagógicas: O que pode haver de formador, humanizador nas vivências da opressão desumanizante?

Esses coletivos populares mostram que toda experiência social, até as mais brutais, de sofrimentos, de vitimação, de opressão produz conhecimentos, indagações radicais, leituras lúcidas de si e do mundo, leituras das relações de poder, de expropriação de suas terras, leituras dos extermínios de que foram e são vítimas. Experiências tão radicais que produzem saberes radicais. Produzem, como nos lembra Eric Hobsbawm, a tomada de consciência política dessas populações submetidas, vivenciando essas experiências tão radicais.

Em cada um dos temas nos perguntamos por onde passam essas vivências tão radicais que provocam aprendizados radicais que levam a tomada de consciência política. Como ignorar essas pedagogias trazidas pelos grupos populares e suas infâncias/adolescências? Ocultá-las será um processo de ocultar/subalternizar seus sujeitos.

Pedagogias de resistências à dominação

Os coletivos sociais em suas presenças nos movimentos ou nas escolas trazem Outras Pedagogias. Vítimas de processos históricos de dominação/subalternização trazem suas pedagogias de resistências. Trazem os contextos históricos, as relações políticas em que foram produzidos subalternos, mas também trazem, com maior destaque, as resistências a esses contextos e a essas relações sociais, econômicas, políticas, culturais e pedagógicas. Por que essa história de resistências populares foi ignorada como uma história de tensos processos de formação/humanização de que foram sujeitos os grupos populares? A cultura da resistência faz parte constituinte da cultura popular latino-americana.

Nos dias de estudo, nas oficinas da militância, os Outros Sujeitos mostram o peso formador da diversidade de resistências de que são sujeitos. Todas suas vivências narradas se entrelaçam a práticas coletivas de resistências. Práticas de saber-se e afirmar-se resistentes e ter acumulado saberes de resistir aos brutais processos de subalternização. Não falam de saberes em abstrato, mas de pedagogias, de saberes, de aprendizados de reações e resistências concretas à escravidão, ao despojo de seus territórios, suas terras, suas águas, suas culturas e identidades. Teorias pedagógicas de resistência coladas e aprendidas em práticas, lutas, ações coletivas, no resistir à perda e na recuperação de seus territórios, terras. Aprendidas no resistir à destruição e, sobretudo, na retomada da agricultura familiar, da construção de um teto onde abrigar a família, de sair do desemprego. Resistências de que participam desde crianças/adolescentes e que levam às escolas e aos encontros de educação popular.

Suas leituras do mundo, da cidade, do campo, das relações políticas, de produção, de trabalho, estão coladas aos resultados de suas resistências e de suas lutas por sobreviver a tantas opressões impostas. Nessas pedagogias de resistências aprenderam outras formas de pensar coladas a formas de reagir e intervir tão diferentes da lógica do pensar oficial, até escolar, que só valoriza como pensar válido ir às causas, às múltiplas determinações do real. Seu pensar é outro construído a partir das múltiplas opressões e das consequências sociais, políticas de suas lutas, reações e resistências. Outros Sujeitos, Outras Pedagogias.

Pedagogias de libertação/emancipação

O que há de mais significativo nesses coletivos em movimentos é ter tomado consciência política, tornando nosso tempo revolucionário. Repolitizam suas históricas resistências, "tantas lutas inglórias" – e se organizam em ações coletivas diversas, em movimentos sociais de libertação/emancipação dos padrões de poder, de trabalho, de apropriação/expropriação da terra, do solo, da riqueza, do conhecimento, das instituições do Estado. Nessas ações coletivas por libertação/emancipação se produzem Outros Sujeitos políticos e de políticas. Exigem reconhecimentos, constroem seus autorreconhecimentos. Pressionam o Estado por outro projeto de campo, de cidade, de sociedade. Que aprendizados novos acumulam nessas lutas por libertação/emancipação?

Reconhecer ou ignorar essas pedagogias de libertação, emancipação passa a ser uma questão político-epistemológica para as teorias pedagógicas. Nada fácil a uma tradição pedagógica que ainda pensa os grupos populares e seus(suas) filhos(as) como inferiores, ignorantes, incultos, sem valores, com problemas morais e de aprendizagem a serem civilizados, moralizados. Quando essa visão ainda prevalece, a chegada das crianças e adolescentes, dos jovens e adultos nas escolas será vista com receio, os tratos serão pautados por preconceitos inferiorizantes. Até as experiências de resistências que levam do seu sobreviver para as escolas serão temidas ou classificadas como violências. Assim como as lutas por emancipação dos movimentos sociais serão criminalizadas como ilegais, perturbadoras da ordem. A essa visão resistem os movimentos sociais e tantos coletivos de docentes/educadores(as) que reconhecem os processos de resistência, de libertação/emancipação dos trabalhadores, deles mesmos como trabalhadores na educação, das comunidades, famílias e educandos populares.

A questão colocada ao pensamento educacional, às teorias pedagógicas escolares e de educação popular é como reconhecer com um olhar positivo essas pedagogias de libertação/emancipação, que saberes, culturas, identidades são produzidas na diversidade de lutas por libertação/emancipação. A ideia trabalhada em cada um dos textos é que a dramaticidade das experiências históricas de dominação/subalternização de que esses coletivos foram e continuam vítimas dão as suas lutas por libertação/emancipação virtualidades formadoras, pedagógicas igualmente radicais, repolitizando e radicalizando a história das nossas pedagogias. A história oficial narrada fica tímida, incompleta, pobre ao lado dessas radicais pedagogias de libertação/emancipação de que os Outros Sujeitos são atores. Reconhecê-las enriquecerá as teorias pedagógicas.

Na medida em que esses coletivos exigem ser reconhecidos sujeitos políticos de uma tensa história de libertação/emancipação estão a exigir o reconhecimento de serem sujeitos de Outras Pedagogias de libertação/emancipação. Na história da educação popular essas pedagogias são reconhecidas, nem sempre com a radicalidade teórica/política/pedagógica que carregam. Na história das teorias e didáticas escolares frequentemente essas pedagogias têm sido ignoradas como não fazendo parte da nossa história do pensamento e da prática educativa.

Que respostas pedagógicas às indagações que vêm dos Outros Sujeitos?

Se as artes de produzi-los como subordinados foram tão sofisticadas, será necessário desconstruir as concepções em que essas pedagogias de dominação se legitimaram. Será necessário rever com radicalidade até que ponto nos programas de educação popular, nas didáticas, nos processos de ensino/aprendizagem e nas avaliações e segregações/reprovações perduram formas de pensar e tratar os setores populares, suas crianças e adolescentes como inferiores. Será necessário superar as formas de pensar os grupos populares como marginais que ainda predominam nas políticas públicas e, inclusive, em programas de educação popular.

Outra indagação da maior relevância: Em que medida os encontros de educação popular e os currículos garantem aos educandos o direito a saber-se, a entender esses processos de inferiorização a que foram submetidos? Têm direito a saber-se vítimas de históricos processos de segregação. Direito a entender as relações sociais, políticas, econômicas e culturais de dominação de que são vítimas históricas.

Mas também têm direito a que suas resistências e lutas por libertação/emancipação sejam reconhecidas, valorizadas nas teorias pedagógicas como processos de humanização, produção de saberes, de valores, de culturas e identidades coletivas. Que seus saberes, leituras de mundo e de si sejam reconhecidos na diversidade de processos pedagógicos, de ensino/aprendizagem, avaliação. Que sejam reconhecidos sujeitos na história intelectual, cultural da humanidade. Que as concepções pedagógicas deixem de vê-los como ignorantes, incultos, sem valores, a ser moralizados e civilizados. Todos esses avanços exigirão estratégias de desconstrução do pensamento abissal, inferiorizante, preconceituoso dos grupos populares como precondição para avançar em tantos ideários e ideais pedagógicos igualitários e democratizantes.

Os movimentos sociais representam uma reação ao pensamento e às práticas, abissais com que foram inferiorizados. São as vítimas resistindo a processos de decretá-los na inexistência, na subalternização. Processos pedagógicos que se aprofundam e aos quais contrapõem processos com alta densidade pedagógica porque antissegregadores, antiabissais.

Boaventura de Sousa Santos (SANTOS & MENEZES, 2009: 41) adverte da urgência de respostas epistemológicas: "A resistência política deve ter como postulado a resistência epistemológica [...] não existe justiça social global sem justiça cognitiva global. Isto significa que a tarefa crítica que se avizinha não pode ficar limitada à geração de alternativas. Ela requer, de fato, um pensamento alternativo de alternativas. É preciso um novo pensamento, um pensamento pós-abissal".

Essas reflexões ajudam a entender o campo da educação e das teorias e práticas pedagógicas. A pedagogia moderna tem participado do pensamento moderno, inclusive de seu caráter abissal e sacrifical na subalternização dos Outros. É constituinte da autoidentidade da escola, da docência, do pensamento pedagógico que se justificam em um modo de pensar os coletivos humanos em linhas radicais. Do lado de cá os cultos, civilizados, racionais, éticos, produtores de verdades; do lado de lá os incultos, ignorantes, irracionais, primitivos, inconscientes. No lado de cá existem saberes, ciências, verdades; do lado de lá inexistem ou é o reino do falso, das crendices. O pensamento pedagógico assume essa dicotomia abissal e se propõe a função de trazer os Outros da inexistência, da ignorância, da falsa consciência e dos falsos modos de pensar para as verdades, o modo de pensar racional, científico. As teorias pedagógicas, as didáticas se pensavam para tirá-los desse abismo, para acompanhá-los em percursos exitosos, para o conhecimento, a verdade, a ciência e a moralidade.

Quanto mais se precarizam as formas de sobreviver dos grupos populares, até de suas infâncias, mais se afirma o pensamento abissal: povo violento, até infâncias violentas, perigosos, selvagens nas ruas, nas favelas, até nas escolas. Como reação, o pensamento educacional se reafirma abissal e sacrifical e se apela a ele para encurtar abismos. Civilizar infâncias selvagens. O escândalo com a violência, a barbárie nas vilas, favelas, nas ruas e até nas escolas se torna reação dos pacíficos, bem-pensantes, civilizados.

A questão que nos acompanha nestes textos é como desconstruir os processos pedagógicos com que decretados e constituídos inferiores, inexistentes, subalternizados. Com que processos continuam assim pensados e constituídos nos padrões de trabalho, de poder, de expropriação de suas terras. Mas também que epistemologias legitimam sua decretação como ignorantes, irracionais, incultos, incivilizados. Esse pensamento pedagógico abissal exigiu e continua exigindo pedagogias, didáticas extremamente sofisticadas e eficientes para subalternizar e inferiorizar os Outros. São as pedagogias de dominação, de subalternização que os Outros Sujeitos traem em suas vivências de opressão. Por que na história das teorias pedagógicas essas refinadas pedagogias de subalternização foram ocultadas se são constituintes de nossa história? Essas indagações traspassam todos os textos.

Resistências políticas; resistências epistemológicas

Porém, avançando no reconhecimento dos Outros Sujeitos que se fazem presentes nas escolas e nas ações coletivas, constatamos reações a esse pensamento abissal que rege os padrões de poder, trabalho, justiça e conhecimento. Merecem destaque as resistências epistemológicas presentes nos coletivos em ações e movimentos sociais.

Resistências políticas e lutas que trazem outras epistemologias, Outras Pedagogias de libertação, de superação desses padrões abissais. A preocupação dos textos é mostrar como essas resistências políticas representam resistências epistemológicas ou especificamente resistências às teorias pedagógicas, às didáticas e às concepções abissais que as inspiram ao longo de nossa história. Os ideais de justiça social pela educação somente serão realidade se se avançar na justiça cognitiva ou se forem superadas as concepções inferiorizantes dos Outros que ainda prevalecem no pensamento educacional.

Tem-se investido mais em buscar alternativas eficazes para que os setores populares aprendam superando a ignorância, a irracionalidade, o senso comum, a condição de inferiores, irracionais, sem valores de dedicação do que em tentar superar essa visão inferiorizante, abissal que impregna o pensamento moderno e a pedagogia moderna. Falta um pensamento alternativo de alternativas. Falta a superação desse pensamento abissal e a elaboração de um pensamento educacional pós-abissal, como nos lembra Boaventura de Sousa Santos.

Os textos sugerem que esse pensamento está em construção e que os sujeitos desse pensamento educacional pós-abissal são os movimentos sociais com suas pedagogias de resistência políticas e os militantes nos dias de estudo, assim como os educadores(as) de tantas escolas e universidades empenhadas em superar visões negativas, inferiorizantes das infâncias e juventudes populares. A questão central para a pedagogia não é que outras alternativas de ensino/aprendizagem para percursos mais exitosos na superação do abismo que os grupos populares trazem de sua condição inferiorizante, mas a questão central passa a ser como superar essas formas abissais, subalternizadas de pensar o povo e como construir um outro pensamento, um pensamento pedagógico pós-abissal. Outras Pedagogias inspiradas em outras epistemologias.

Essas Outras Pedagogias são contra as pedagogias com que foram pensados e produzidos como subalternos. Nesse sentido os Outros Sujeitos ao se afirmar presentes, resistentes, trazem saberes, aprendizados que se supunha não possuíam porque subalternos, inferiores. Trazem processos outros de aprendizagem, de formação e humanização, de conscientização. Como reconhecê-los e incorporá-los nas teorias pedagógicas? Um processo carregado de tensões epistemológicas.

Reconhecer a presença de Outros Sujeitos nos movimentos sociais ou nas escolas e reconhecer Outras Pedagogias exige reconhecer as contradições que estão postas entre essa diversidade de lutas por reconhecimentos, por direitos. Tensões que estão postas nas concepções, modos de pensar, fazer, intervir, garantir ou negar direitos. Ao longo dos textos aparecem essas tensões, confrontos entre as lutas dos Outros por terra, trabalho, teto, escola, universidade, renda, outro projeto de cidade, de campo, de sociedade. Tensões que estão postas no campo epistemológico nas diferentes formas de pensar e fazer, intervir. Na medida em que os movimentos sociais e até educandos e educadores tentam desconstruir concepções pedagógicas segregadoras, inferiorizantes, entram em tensas resistências do pensamento educacional que continua tendo como ponto de partida a visão inferiorizante dos setores populares e de seus(suas) filhos(as). Tensões teórico/ético/políticas/epistemológicas.

Eixos estruturantes do livro

Organizamos as temáticas e as reflexões em seis partes ou eixos:

Na **Parte I** refletimos sobre a questão que perpassa todos os textos: Que Outros Sujeitos, que Outras Pedagogias? Dussel (2006) sintetiza a resposta a essa pergunta: "O Outro será ele/ela, mulheres/homens: um ser humano, um sujeito ético, o rosto como epifania da corporeidade vivente humana...

Um 'absolutamente Outro' [...]. O Outro não será denominado metafísica e economicamente sob o nome de "pobre". Inspirando-nos em W. Benjamim, o denominarei 'a vítima' – noção mais ampla e exata" (DUSSEL, 2006a: 16-17). Pensamos nesses Outros Sujeitos que não apenas se sabem vítimas, mas resistem, afirmam-se em ações coletivas, em movimentos sociais, em presenças afirmativas incômodas até nas escolas. Como foram produzidos vítimas inexistentes, subalternos? Com que pedagogias gestadas no padrão de poder/saber/dominação? Qual a força pedagógica de suas resistências ao afirmar-se absolutamente Outros?

Na **Parte II** trazemos esses sujeitos, coletivos resistindo à destruição material de seu viver, aos processos de segregação, de precarização e negação das condições materiais de seu viver. Qual a força destruidora, desumanizante desses processos? Destacamos a centralidade das lutas por terra, teto, espaço, territórios, alimentação, vida. Os coletivos em ações e movimentos mostram a vida produtiva, a terra, o trabalho como princípios, matrizes formadoras, como determinação das culturas, saberes, valores, identidades. Mostram a especificidade da cultura popular em sua rica diversidade.

Na **Parte III** os textos destacam a história específica de subalternização de que foram e continuam vítimas os grupos diferentes, povos, etnias, raças, segregados como inferiores porque diferentes. Suas resistências e presenças afirmativas de suas identidades, suas lutas por políticas de ação afirmativa, por autorreconhecimentos. Como se pensam e afirmam reagindo aos processos discriminizantes, de produzi-los inferiores? Sobretudo, acompanhar os significados específicos da afirmação de suas identidades étnicas e raciais, as pedagogias, aprendizados de resistência, de afirmação e de libertação/emancipação, como diferentes.

Na **Parte IV** o foco dos textos está nos processos de expropriação das terras, territórios, espaços como pedagogias de destruição das culturas, valores, saberes, identidades e memórias. A desterritorialização como desenraizamento. Como reação, destacamos a centralidade dada pelos grupos populares às suas lutas por terra, territórios, teto, espaços até do conhecimento. Qual a força dos processos/pedagogias de desterritorialização/desenraizamentos no padrão de dominação/subalternização? Qual o papel "pedagógico" de decretá-los sem nome, sem lugar, invisíveis e de tratar seus territórios como lugares de inexistência? Aí radica a radicalidade pedagogia de suas lutas por suas terras, territórios, espaços como lugares de existência, de valores, de culturas.

Na **Parte V** os movimentos sociais, os diversos grupos populares lutam por direitos. Em que processos foram pensados e produzidos como sem direitos, subcidadãos? Qual o lugar do Estado, das instituições do direito na produção de sua não cidadania? Decretá-los sem terra, sem lugar é a forma mais cruel de decretá-los sem cidadania, sem direito a ter direitos. Qual o papel do Direito ao criminalizar suas lutas por direito a terra, espaço, trabalho, vida? Os movimentos sociais lutam por uma legalidade alternativa? "Poderá o Direito ser emancipatório?" (SANTOS, 2007).

Na **Parte VI** as políticas públicas de que os grupos populares são destinatários tentam se legitimar reafirmando os princípios de igualdade, direito, cidadania, humanidade. Os coletivos sociais, étnicos, raciais, de gênero, camponeses reagem aos significados que são dados a esses princípios legitimantes dessas políticas. Veem esses princípios como os parâmetros de sua inferiorização. Logo, os ressignificam e repolitizam. Ao reagir às concepções de opressão, desigualdade, subcidadania, sub-humanidade em que foram produzidos como subalternos, inferiores deslocam os significados desses princípios e os colocam em um novo projeto emancipador de direito, igualdade, cidadania, humanidade. Repolitizam e ressignificam esses princípios como outros horizontes de lutas e de libertação/emancipação.

PARTE 1

Que Outros Sujeitos?
Que Outras Pedagogias?

1

OUTROS SUJEITOS, OUTRAS PEDAGOGIAS

No texto "Pedagogias em movimento: o que temos a aprender dos movimentos sociais" (ARROYO, 2011d), defrontamo-nos com uma indagação primeira: Mas o que aprender dos movimentos sociais no campo da pedagogia? A resposta mais contundente é que os coletivos populares se reconhecem sujeitos de conhecimentos, de valores, culturas, sujeitos de processos de humanização/emancipação. Sujeitos pedagógicos produzindo Outras Pedagogias. Tentemos indagar que questionamentos traz esse autorreconhecimento para o campo da educação?

Outros sujeitos sociais afirmando presenças

Outros sujeitos sociais se fazem presentes em ações coletivas e em movimentos. Até nas escolas/universidades chegam sujeitos outros que nunca chegaram. Trazem e exigem Outras Pedagogias?

A relação entre Outros Sujeitos, Outras Pedagogias fica exposta e afirmada nos encontros dos militantes dos movimentos sociais em dias de estudo, em oficinas da Universidade Popular dos Movimentos Sociais (UPMS) ou de tantas escolas, espaços/tempos de formação, estudo, reflexão. Tempos/espaços em que Outros Sujeitos se afirmam, trazendo experiências sociais, políticas de resistência, de construção de outra cidade, outro campo, outros saberes e identidades. Tempos/espaços onde se afirmam Outras Pedagogias de emancipação. Comecemos por reconhecer essa relação.

Já na década de 1970 o pensamento social e político nos lembrava da retomada dos movimentos sociais urbanos e do novo movimento operário e novo movimento docente. Novos sujeitos sociais em cena, na arena política. Tempos de reconstruir a história internacional do movimento operário (Thompson, Hobsbawm).

Presenças de Outros Sujeitos em ações coletivas que se tornaram afirmativas no campo, quilombolas, indígenas, povos da floresta, movimento feminista, negro, de orientação sexual, pró-teto, moradia, pró-escola/universidade... Sujeitos sociais, invisibilizados, apenas destinatários de programas sociais compensatórios e de políticas educativas se mostrando presentes, visíveis, resistentes. Em que aspectos essas presenças afirmativas de Outros Sujeitos interrogam as teorias pedagógicas e pressionam por Outras Pedagogias?

Um componente que os movimentos trazem para o pensar e fazer educativos é instá-los a se reeducar para pôr o foco nos sujeitos sociais em formação que se reconhecem e se mostram sujeitos em movimento, em ação coletiva. A maioria das análises sobre eles não os reconhecem sujeitos, mas nos encontros se afirmam sujeitos. Falam mais deles próprios do que das organizações e programas. Até a mídia é obrigada a reconhecê-los sujeitos: "Os sem-teto ocupam as escadarias da prefeitura". "Os sem-terra acampam frente a fazenda do Presidente". "Os professores em greve ocupam o plenário da Assembleia Legislativa". "Líderes sem terra, quilombolas, sem teto mortos, executados"... (notícias de cada dia).

São eles, os novos/velhos atores sociais em cena. Estavam em cena, mas se mostram como atores em público, com maior ou novo destaque. Seu perfil é diverso, trabalhadores, camponeses, mulheres, negros, povos indígenas, jovens, sem teto, sem creche... Sujeitos coletivos históricos se mexendo, incomodando, resistindo. Em movimento. Articulados em lutas comuns ou tão próximas por reforma agrária, urbana, educativa. Por trabalho, salários, carreira. Por outro projeto de campo, de sociedade.

São os movimentos populares por escola, as mães reivindicando a escolinha para seus(suas) filhos(as) crianças ou os jovens e adultos exigindo cursos da EJA. É o movimento docente exigindo outros tratos para seu trabalho, para a educação. Às escolas e às universidades chegam outros educandos trazendo outras indagações para o pensar e fazer pedagógico (ARROYO, 2004).

Essa presença foi observada em várias análises e pesquisas. De alguma forma o foco tão centrado nas estruturas, nos aparelhos de Estado e suas políticas teria nos desviado dos sujeitos da ação social. Nos anos de 1980 uma vasta literatura na área social, política e pedagógica traz essa marca: Trazer os sujeitos de volta. Até os títulos das obras se referem a sujeitos. O que pode significar reconhecer essa presença de sujeitos na cena social e pública para o repensar pedagógico?

Outras Pedagogias interrogando as teorias pedagógicas

Que indagações trazem esses Outros Sujeitos para as teorias pedagógicas? Se os educandos são Outros a docência, os docentes poderão ser os mesmos? Questões desafiantes para a educação popular e escolar.

As experiências de educação mais próximas da dinâmica popular tiveram grande sensibilidade para captar a presença dos novos sujeitos. A literatura sobre educação popular, a partir de seu início nos anos de 1960, destaca sua centralidade na ação educativa. Sujeitos em movimento, em ações educativas. A educação como um processo de humanização de sujeitos coletivos diversos. Pedagogias em movimento.

Paulo Freire construiu sua reflexão e prática educativa, referida sempre aos novos sujeitos sociais, políticos, aos movimentos de jovens, de trabalhadores e camponeses dos anos de 1960/1970, aos movimentos culturais e de libertação dos povos da África e da América Latina. O mais importante na pedagogia da prática da liberdade e do oprimido não é que ela desvia o foco da atenção pedagógica deste para aquele método, mas dos objetos e métodos, dos conteúdos e das instituições para os sujeitos. Paulo não inventa metodologias para educar os adultos camponeses ou trabalhadores nem os oprimidos, mas reeduca a sensibilidade pedagógica para captar os oprimidos como sujeitos de sua educação, de construção de saberes, conhecimentos, valores e cultura. Outros sujeitos sociais, culturais, pedagógicos em aprendizados, em formação.

Não propõe como educá-los, mas como se educam, nem como ensinar-lhes, mas como aprendem, nem como socializá-los, mas como se socializam, como se afirmam e se formam como sujeitos sociais, culturais, cognitivos, éticos, políticos que são. Onde Paulo capta ou aprende que os jovens, os trabalhadores e os camponeses são sujeitos pedagógicos? Estando atento a suas presenças e a seus movimentos sociais e culturais, a suas práticas de liberdade e de recuperação da humanidade roubada.

Seria interessante um estudo que destacasse os estreitos vínculos entre os movimentos sociais e as reflexões pedagógicas de Paulo Freire, do movimento de educação popular e da diversidade de experiências educativas. Na *Pedagogia do oprimido* (FREIRE, 1987), Paulo se refere "aos movimentos de rebelião, sobretudo de jovens, no mundo atual [...]" e vai tecendo suas reflexões referindo-se constantemente a diálogos e entrevistas com trabalhadores e, sobretudo, com os camponeses e com os diversos movimentos de libertação, de descolonização tão presentes nas décadas de 1960 e 1970. Esse olhar atento de Paulo aos Outros sujeitos em movimento o leva ao encontro com Outra teoria pedagógica: A Pedagogia do Oprimido.

Ao destacar que os próprios oprimidos têm suas pedagogias de conscientização da opressão e dos processos de desumanização a que são submetidos já aponta que eles afirmam Outras Pedagogias em tensão com as pedagogias de sua desumanização que roubam sua humanidade. Por outro lado, ao reconhecer suas pedagogias reconhece que os oprimidos são **Sujeitos pedagógicos** não destinatários de pedagogias de fora, nem sequer críticas, progressistas, conscientizadoras e menos bancárias. Contrapõe pedagogias, concepções/epistemologias de humanização, libertação e contrapõe os sujeitos dessas Outras Pedagogias. Ao buscar essas Outras Pedagogias nos Outros Sujeitos em ações coletivas e movimentos está reconhecendo que estes são sujeitos de outras experiências sociais e de outras concepções, epistemologias e de outras práticas de emancipação. A diversidade de coletivos, sujeitos em ações e movimentos radicalizam e repolitizam a Pedagogia do Oprimido em pedagogias de emancipação em movimento.

A teoria pedagógica se revitaliza sempre que se reencontra com os sujeitos da própria ação educativa. Quando está atenta aos processos de sua própria formação humana. Processos de fecundos encontros que estão se dando entre a pedagogia escolar e a outra infância/adolescência, os outros jovens e adultos populares que ainda que tarde chegam às escolas públicas. Quando a ação educativa escolar ou extraescolar, de formação da infância, adolescência ou de jovens e adultos ou de educação popular se esquece deles e de seus processos, movimentos e práticas sociais, culturais e educativas e se fecha em discussões sobre métodos, conteúdos, tempos, instituições, calendários, avaliação... se perde e desvirtua. Perde suas virtualidades como teoria e prática educativa emancipatória.

Tanto para a pedagogia escolar como para a educação popular a questão primeira será a recuperação dos agentes da ação educativa: infância, adolescência, juventude e vida adulta, trabalhadores, classes, grupos sociais, étnicos, raciais e, sobretudo, a recuperação dos complexos e tensos processos em que estão imersos para sua sobrevivência e afirmação como humanos, como coletivos sem terra, sem teto, sem saúde, sem escola, sem universidade, sem trabalho, sem espaços de um viver digno e justo.

Para a revitalização da teoria pedagógica esse é o caminho mais fecundo, refletir sobre a condição humana, suas dimensões e virtualidades formadoras e deformadoras, humanizadoras ou desumanizadoras presentes nos processos sociais e, sobretudo, nos movimentos de humanização e libertação dos oprimidos.

Afirmar Outras Pedagogias desestabiliza as teorias pedagógicas

Destaquemos um primeiro ponto: Os coletivos em movimentos apontam que as teorias pedagógicas não são estáticas, mas participam dos tensos processos históricos de humanização/emancipação, de reação à desumanização/subordinação. As tensões entre esses processos provocam respostas pedagógicas tensas, contrapostas, contrapedagogias. Podemos constatar pedagogias de humanização/emancipação que se contrapõem às Outras Pedagogias de desumanização/subordinação. Essas tensões vêm de longe na história da colonização/subordinação dos povos indígenas, negros, mestiços, camponeses. Uma história de tentar impor processos "educativos" destruindo os seus processos históricos.

Poderíamos falar em pedagogias de dominação/subalternização ensinadas aqui, nas Américas, na diversidade de experiências de colonização, subordinação dos povos originários, dos negros, quilombolas, camponeses, ribeirinhos, povos das florestas? Poderíamos também falar de pedagogias de resistências, de libertação e emancipação – pedagogias dos oprimidos emergentes nas Américas de que são sujeitos históricos esses coletivos sociais, étnicos, raciais? Pedagogias do Sul que os novos movimentos sociais radicalizam?

O pensamento pedagógico é levado de um lado a se alargar aos processos pedagógicos mais complexos e mais tensos de nossa história. De outro lado é levado a se enraizar, contextualizar nas especificidades dessa história social, política, cultural e também pedagógica. Qual a especificidade do pensamento educacional construído na especificidade da submissão civilizatória dos povos latino-americanos?

A diversidade de movimentos sociais aponta que não podemos falar de uma única pedagogia nem estática nem em movimento, mas de pedagogias antagônicas construídas nas tensas relações políticas, sociais e culturais de dominação/subordinação e de resistência/afirmação de que eles participam. Todas as pedagogias fazem parte dessas relações políticas conflitivas de dominação/reação/libertação. Os movimentos sociais se afirmam atores nessa tensa história pedagógica. Em sua diversidade de ações, lutas por humanização/emancipação se afirmam sujeitos centrais na afirmação/fortalecimento das pedagogias de libertação, logo sujeitos de contestação/desestabilização das pedagogias hegemônicas de desumanização/subordinação.

Esse reconhecimento dos Outros Sujeitos, outros educandos, dos movimentos sociais como autores de processos/concepções pedagógicas traz sérias interrogações: Seria pretensão que os movimentos sociais se pensem atores que constroem Outras Pedagogias? Como se deu e se dá essa autoria dos movimentos sociais nessa construção na especificidade de nossa história a partir da empreitada civilizatório-educativa colonizadora? Na diversidade de resistências dos povos colonizandos e dos coletivos oprimidos reagindo à opressão poderia ser constatada a produção de Outras Pedagogias? Por que a história da pedagogia ignorou esses Outros Sujeitos e essas Outras Pedagogias? Por que apenas se passa a visão de uma única pedagogia em que diversas tendências se debatem?

Os próprios movimentos sociais apontam respostas a essas indagações. Contar essa história única, neutra, apolítica da pedagogia e até sofisticar análises de tendências dentro dessa pedagogia única faz parte das relações políticas em que toda produção teórica se envolve inclusive na história das ideias pedagógicas. As relações políticas de subordinação dos outros povos, dos trabalhadores e de seus movimentos de resistência, exigem ignorá-los na história da produção intelectual, cultural e até pedagógica da humanidade. Relações políticas que exigem ignorar esses coletivos humanos como produtores de saberes, valores, culturas e até de processos pedagógicos próprios de suas lutas por emancipação/humanização.

Há um ponto que os coletivos populares em movimentos destacam ao afirmar-se sujeitos de processos pedagógicos: que na história foram vítimas de ocultamentos, inferiorizações até de sua sofrida história de afirmação de seus saberes, culturas, identidades. De suas pedagogias. Ignorar esses povos e suas pedagogias representa uma lacuna intencional nas narrativas da história das ideias e práticas pedagógicas. Qual a intenção dessas ignorâncias? Perpetuar uma das funções da autoidentidade das teorias pedagógicas hegemônicas: ignorar os saberes, valores, culturas, modos de pensar e de se afirmar e humanizar dos povos colonizados, dos trabalhadores para, reafirmando sua inferiorização, afirmar a função da pedagogia de trazê-los para a cultura e o conhecimento legítimos, para a civilização e a maioridade. Reconhecer que esses povos têm Outras Pedagogias produtoras de saberes, de modos de pensar, de se libertar e humanizar desestabilizaria a própria autoidentidade da pedagogia hegemônica.

Essa tem sido ao longo da história de resistências às pedagogias colonizadoras uma das funções dos movimentos sociais: desestabilizar a pedagogia hegemônica nas bases de sua autoidentidade; civilizar primitivos, subalternizados.

Entretanto, quando nos colocamos o que as teorias pedagógicas têm a aprender dos movimentos sociais não será suficiente reconhecer seu papel desestabilizador das bases da teoria pedagógica dominante, eles vão além. Assumem uma função construtiva no campo das teorias pedagógicas. Este é um ponto a aprender.

Os movimentos de resistência a toda forma de subalternidade até pedagógica não se limitam a criticar e desestabilizar as bases da pedagogia hegemônica, mas constroem e afirmam Outras Pedagogias. Um processo que se prolonga nos atuais movimentos sociais, nos dias de estudo, nos temas geradores, nas oficinas da Universidade Popular dos Movimentos Sociais e de tantos centros e escolas de formação. Processos densos de construção de reflexões, saberes, leituras de mundo e de si mesmos. De continuidade de uma longa história de construção de Outras Pedagogias. Processos de que são também sujeitos educadores e educandos nas salas de aula.

A tensa história da construção de Outras Pedagogias

Neste texto nos guia a hipótese de que essa história de construção de Outras Pedagogias vem de longe, está nas origens da história das Américas, e foi e continua a ser um dos capítulos mais tensos e densos na história da empreitada pedagógico-civilizatória da colonialidade e que se prolonga na pós-colonialidade. Os movimentos sociais contemporâneos como que retomam uma longa e persistente história de resistência às pedagogias dominantes e de afirmação de pedagogias de libertação. Retomam e atualizam uma história de práticas pedagógicas oficiais e de práticas contrapedagógicas não reconhecidas, mas persistentes. Práticas pedagógicas de atores sociais em relações sociais de dominação/colonização, de um lado, e de resistência, afirmação/libertação, de outro.

A América e a diversidade de sociedades colonizadas têm sido palco no qual essas tensões entre pedagogias se explicitam. Mas também estiveram e continuam presentes nas tentativas de educar, submeter/explorar os trabalhadores e seus(suas) filhos(as). Um dos capítulos mais tensos e mais fecundos na construção de Outras Pedagogias passa pelas resistências do movimento operário – o trabalho, a resistência operária, o fazer-se da classe operária – afirmados como princípio educativo, como Outras Pedagogias de emancipação/humanização que a pedagogia marxiana e gramsciana afirmaram.

O movimento operário e a diversidade de movimentos sociais ao destacar as contradições presentes nas relações desiguais de poder, de trabalho põem de manifesto as contradições entre as pedagogias de subordinação, consenso e as pedagogias de resistência, de libertação das relações de subordinação e de opressão. Desconstroem a história de uma teoria pedagógica única, neutra, apolítica e mostram que a diversidade de experiências sociais e de sujeitos constroem concepções e práticas educativas diversas e contraditórias. Desconstroem a ideia de que na teoria pedagógica clássica, universal cabem tendências de concepções e práticas diversas, mas não há lugar para Outras Pedagogias. Uma visão ainda presente nos cursos de formação de educadores das escolas.

O campo da teoria pedagógica tem sido um dos mais fechados a reconhecer Outras Pedagogias. Tem sido um território de disputas, mas dentro da teoria hegemônica, a chamada pedagogia clássica e moderna fechada, há Outras Pedagogias em permanente reação a outras práticas e concepções vindas dos coletivos oprimidos que exigem reconhecimento. Podem ser apropriadas as análises críticas que Boaventura de Sousa Santos (SANTOS & MENEZES, 2009: 16-17) faz ao caráter marginalizador de tantas práticas sociais de conhecimento pela ciência moderna. A pedagogia moderna tem participado dessa supressão, ocultamento de experiências sociais e de conhecimentos e de práticas pedagógicas. Boaventura nos lembra: "De fato, sob o pretexto da 'missão colonizadora', o projeto da colonização procurou homogeneizar o mundo, obliterando as diferenças culturais. Com isso desperdiçou-se muita experiência social e reduziu-se a diversidade epistemológica, cultural e política do mundo [...]". Poderíamos acrescentar, reduziu-se a diversidade pedagógica, ao desperdiçar e inferiorizar processos educativos, de produção de saberes, valores, de humanização dos povos e coletivos decretados seres inferiores, sem saberes ou produtores de saberes inferiores.

A teoria pedagógica moderna continua apegada a essa visão inferiorizante dos educandos, povos a colonizar/educar. Visão que lhe é configurante. Logo sua resistência a reconhecer e incorporar a diversidade de experiências e práticas educativas vindas de seres/coletivos decretados inferiores. Até das infâncias e adolescências populares. Daí essa persistente postura de não reconhecimento. Porque esse reconhecimento representaria quebrar o pressuposto de validade em que se sustenta a teoria pedagógica desde suas origens: levar os ignorantes para o conhecimento, os incultos e primitivos para a cultura e a racionalidade, os pré-políticos para a consciência crítica, política. Na história das ideias pedagógicas seria até pensável reconhecer pedagogias alternativas, mas não produzidas pelos povos pensados incultos, irracionais, sub-humanos ou subcidadãos, atolados na falsa consciência.

Esse é um dos atrevimentos mais desestabilizadores que vem dos trabalhadores, dos povos indígenas, negros, quilombolas, camponeses, ribeirinhos, favelados e de seus(suas) filhos(as) ao chegarem às escolas: resistir a se reconhecer subalternos, inferiores, irracionais, incultos. Logo se afirmar capazes de produzir saberes, valores, culturas, modos de pensar. Saberes do trabalho, das resistências. Produtores de experiências humanizadoras, educativas. Pedagógicas.

Disputar a exclusividade do conhecimento pedagógico válido

Os jovens e adultos e até as crianças e adolescentes populares que se fazem presentes nas escolas e os coletivos em ações e movimentos aprenderam a disputar não só concepções, mas as instituições que legitimam a validade dos conhecimentos e das pedagogias. Disputar as cercas que protegem saberes e pedagogias como legítimos, válidos e segregam outros como ilegítimos.

As pedagogias escolares são as mais cercadas e fechadas a definir critérios rígidos de validade e até de não reconhecimento da validade dos saberes, modos de pensar e de pensar-se, de aprender e de educar-se que os educandos levam às escolas e às universidades. As crianças e jovens populares até os adultos na EJA são obrigados a ocultar suas experiências sociais e as indagações e leituras que levam do trabalho e dessas experiências tão radicais. Até os militantes que vêm de tensas experiências de lutas nos movimentos e que acumularam riquíssimas práticas e concepções pedagógicas são levados a ignorá-las ou, ao máximo, servirão como matéria-prima para despertar o interesse por teorias sérias, científicas. Até os saberes e a criatividade e as autorias docentes são controlados no fazer pedagógico.

Boaventura nos lembra: "A epistemologia que conferiu à ciência a exclusividade do conhecimento válido traduziu-se num vasto aparato institucional – universidades, centros de pesquisa, sistemas de peritos, pareceres técnicos – e foi ele que tornou mais difícil ou mesmo impossível o diálogo entre ciência e os outros saberes [...]" (SANTOS & MENEZES, 2009: 17). A pedagogia escolar sintetiza essa exclusividade rígida do pensamento pedagógico, onde são impensáveis outros saberes e Outras Pedagogias vindas, sobretudo, dos setores desescolarizados ou próprias de seres decretados inferiores.

Nesse quadro de exclusividade pedagógica tão institucionalizada resulta politicamente desestruturante que esses seres pensados inferiores, portadores de saberes inferiores se afirmem sujeitos de Outras Pedagogias e de outros saberes e façam desse território tão cercado um campo de disputa política. "Ocupemos o latifúndio do saber." É pedagógico que resistam aos currículos, às instituições da ciência moderna tão cercadas com a mesma lógica política com que lutam contra as cercas da propriedade privada do agronegócio, que aproximem as lutas pela reforma agrária com as lutas pela reforma educacional. Que articulem as lutas pelo direito a terra, e a vida com o direito ao conhecimento, à escola, à universidade.

O que aproxima essas lutas? A mercantilização da educação e o submetimento da ciência, das instituições do conhecimento à lógica da reprodução do capital e a redução das pedagogias à capacitação para a empregabilidade. Currículos e pedagogias para domínios de competências, avaliações de resultados tornaram as instituições educacionais, os currículos e as pedagogias mais rígidas, mais conservadoras, consequentemente territórios de disputas políticas, mais acirradas porque mais fechadas aos coletivos populares, aos trabalhadores.

Por outros espaços de invenção de Outras Pedagogias

Os movimentos sociais entram nessas disputas/ocupações dos latifúndios do saber, dos currículos e das próprias concepções e práticas pedagógicas. Os diversos, os pensados como inferiores se fazem mais presentes nas instituições do conhecimento. Entram para ocupá-las e disputá-las. A reação é a maior regulação institucional, pedagógica e avaliativa. Diante desse quadro de critérios mais rígidos de validade dos conhecimentos e de instituições e de pedagogias cada vez mais controladas e cercadas, os movimentos sociais criam seus espaços de produção de conhecimentos e de invenção de Outras Pedagogias. Escolas dos movimentos sociais, Universidade Popular dos Movimentos Sociais, Associação Brasileira de Pesquisadores Negros (ABPN), Escolas de Educação do Campo, Indígenas, Quilombolas, Centros de Formação do Movimento Docente...

As lutas têm sido por ocupar as instituições que mantêm a exclusividade do conhecimento, mas também criar seus espaços de produção e diálogos de conhecimentos produzidos na militância. Consequentemente, não apenas nas instituições do conhecimento e das pedagogias legítimas se fazem presentes. O que incomoda é que afirmam que há outros espaços pedagógicos, outros saberes e processos de produção de conhecimentos, de humanização fora das instituições que se autoapropriaram da exclusividade do conhecimento e das concepções e práticas pedagógicas legítimas.

Essa afirmação de que há conhecimentos e pedagogias fora, nas lutas sociais, no trabalho, nos movimentos e ações coletivas daqueles pensados como inferiores é o embate mais radical trazido para o embate pedagógico e epistemológico. Essas presenças afirmativas dos inferiorizados e esses reconhecimentos de que há conhecimentos lá fora tornam difícil a função de ocultamento desses outros espaços, de outras experiências sociais e de Outros Sujeitos como produtores de conhecimentos e de pedagogias. Entretanto, os critérios legítimos, hegemônicos de validade resistem a reconhecer outros espaços e outros sujeitos pedagógicos. As salas de aula nas escolas e nas universidades são espaços dessas tensões.

Nas pedagogias escolares se avança também no reconhecimento de que com os Outros Sujeitos, outras crianças, adolescentes, jovens e adultos que chegam às escolas e às universidades chegam outros conhecimentos, outras vivências de mundo, logo outras leituras de mundo, de cidade, do campo.

Chegam outras formas de ser/viver a infância, a adolescência, a juventude, logo outras leituras de si mesmas.

Coletivos de docentes/educadores(as) sabem que muitos desses adultos, jovens, adolescentes e até crianças participam em ações coletivas em suas comunidades, em lutas por teto, trabalho, sobrevivência, terra, transporte, escola, posto médico. Participam em movimentos culturais juvenis e se perguntam por seus aprendizados e em que processos pedagógicos aprendem e se formam. Com que Outras Pedagogias esses outros educandos se humanizam. Como incorporá-las nas pedagogias escolares?

Se as lutas por ocupar o latifúndio do saber são uma das estratégias mais desestabilizadoras da exclusividade institucional do conhecimento, será necessário reconhecer que a afirmação que os movimentos sociais, os Outros Sujeitos fazem, de que há outros territórios e outros atores na produção de conhecimentos e de pedagogias, é ainda uma estratégia mais desestruturante.

2

QUE OUTROS SUJEITOS, QUE OUTRAS PEDAGOGIAS?

A presença de Outros Sujeitos nos remete a coletivos concretos, históricos, as classes sociais e os grupos subalternizados, os oprimidos pelas diferentes formas de dominação econômica, política, cultural. Remete-nos também a suas crianças e adolescentes. Os coletivos segregados no padrão de trabalho, de acumulação, de ocupação da terra, de poder/saber. Fazendo-se presentes não como pacientes, passivos e submissos, mas em ações, resistências, lutas e organizações, e se fazendo presentes como atores na cena escolar, social, política, cultural e na produção de saberes.

Reagindo a seu silenciamento

Mostram-se presentes, existentes, reagindo a seu silenciamento e ocultamento. Reagindo às formas de ser pensados e tratados, de ser subordinalizados nas relações de poder, dominação. Os grupos sociais, étnicos, raciais, carregam para seus movimentos e para as escolas vivências de como foram pensados e alocados na ordem social, econômica, política, cultural e pedagógica. Vivências de resistências. De aprendizados. Vincular Outros Sujeitos com Outras Pedagogias supõe indagar quem são esses Outros na especificidade de nossa história e reconhecer com que pedagogias foram inferiorizados e decretados inexistentes, mas também com que pedagogias resistem e se afirmaram existentes ao longo dessa história. Na diversidade de presenças os Outros Sujeitos são eles e elas tal como feitos e tal como se fazem. As Outras Pedagogias são, de um lado, essas brutais pedagogias de subalternização e, de outro, as pedagogias de libertação de que são sujeitos.

Onde se manifestam esses Outros Sujeitos e criam Outras Pedagogias? Na pluralidade de ações coletivas, de organizações populares, de trabalhadores da educação, da saúde, dos campos e periferias, nas lutas dos diversos movimentos sociais. Seus(Suas) filhos(as) se fazem presentes nas escolas e universidades, nas ruas, no movimento adolescente/juvenil. São os outros educandos que trazem outras indagações pedagógicas à docência. São os outros docentes se organizando, mobilizando e inventando outro fazer educativo. Para se manifestar privilegiam ações. Ações coletivas na diversidade de campos e fronteiras de luta pelo direito à vida, à terra, ao teto e território, à identidade, orientação sexual, ao conhecimento, à memória e cultura, à saúde, educação e dignidade, à justiça, igualdade, às diferenças. Ações coletivas pela emancipação, como pedagogias libertadoras radicais.

O foco central são os conhecimentos e os processos, as pedagogias que contestam e que nessas ações coletivas emancipatórias os seus sujeitos produzem. Contestam o pensamento em que foram produzidos? Trazem suas experiências e interpretações? Repolitizam o campo do conhecimento? Em que aspectos? Trazem o foco para Outras Pedagogias em que se afirmam sujeitos sociais, políticos, culturais?

Contestam o pensamento em que foram inferiorizados

As teorias e práticas educativas operam com formas de conhecer, mas pressupõem formas de pensar o conhecimento e de pensar os sujeitos sociais. Sobretudo, de pensar e tratar os Outros nos padrões de poder, nas relações de trabalho, de produção, de apropriação/expropriação da terra, da renda, dos direitos. O padrão de saber, de pensar os outros e de pensar-se o Nós está atrelado ao padrão de poder, de dominação/subordinação dos outros povos, raças, classes na especificidade da nossa história a partir da empreitada catequética até a empreitada da educação pública popular. As crianças, adolescentes populares carregam às escolas formas de pensá-los atreladas a seu lugar, deles e de seus coletivos de origem, ao padrão de poder. As suas resistências como coletivos são a essas formas de pensá-los e alocá-los nesses padrões de poder/subordinação. São tentativas individuais e coletivas de se libertar dessas formas de pensá-los e de submetê-los. Há históricas tensões nesse padrão de poder/saber que os movimentos sociais retomam e radicalizam.

Os confrontos no campo do conhecimento, dos valores e saberes, das culturas e identidades, das cosmovisões e dos modos de pensar fazem parte da formação de nossas sociedades. Perduram como um campo de tensões políticas na diversidade de fronteiras, ações coletivas e movimentos sociais. Tensões que se perpetuam como uma constante histórica, política, porque o padrão de poder foi e continua associado a um padrão de saber, de conhecimento, associado a um padrão de classificação das culturas, dos saberes e racionalidades (QUIJANO, 2005). Associado ainda a um padrão cognitivo e pedagógico que tem operado como padrões de classificação social, étnica, racial, de gênero, de hierarquizações e bipolaridades cognitivas dos coletivos humanos: coletivos primitivos, irracionais, incultos, selvagens, ignorantes, segregados do poder *versus* coletivos racionais, cultos, civilizados, detentores do poder/saber. Com que pedagogias de dominação têm sido *con-formados*? Com que Outras Pedagogias se *autoformam*?

O tema sugere não ficarmos aí e avançarmos. Se o pensamento em que foram produzidos como inferiores faz parte do padrão de poder/saber e do padrão político de dominação/subordinação, também em nossa história foram se constituindo movimentos sociais, ações coletivas que vêm fazendo do conhecimento, da cultura, da memória e identidades um campo de afirmação, formação e emancipação. Se o padrão de poder/saber conformou um pensamento sociopedagógico para inferiorizar os coletivos populares, esses em suas ações/reações/afirmações inventaram outras formas de pensar-se e de *formar-se*, outro pensamento sociopedagógico. **Outras Pedagogias**. Uma tensa história com traços peculiares, que exigiu ser reconhecida constituinte da história da educação e da história das teorias pedagógicas.

Essas tensões são repostas, repolitizadas na atualidade pela diversidade de coletivos sociais, étnicos, raciais, de gênero e orientação sexual dos campos e periferias em suas ações e movimentos que incorporam pedagogias e saberes acumulados por outras ações e movimentos de educação, emancipação. Mas vão além. Os campos de suas lutas os obrigam a inventar processos e pedagogias com outras radicalidades e virtualidades formadoras e emancipadoras. Há uma história de tensões entre pedagogias, no padrão de poder/saber, dominação, libertação. Essas formas de pensar os Outros estão incrustadas no pensamento educacional. Como crianças, adolescentes, jovens ou adultos populares serão pensados como inferiores ao chegarem às escolas e universidades, ao ser reprovados porque com problemas de aprendizagem ou de condutas, valores.

Nos encontros, oficinas, dias de estudo os militantes põem de manifesto essas tensões. Mostram que carregam vivências de opressão, segregação, de tratos inferiorizantes. Mostram também como desconstroem as formas como foram pensados e os processos/pedagogias com que foram tratados como inexistentes, inferiores, sub-humanos. Explicitam e reagem a esses processos/pedagogias de subalternização. Nessas reações afirmam Outras Pedagogias de emancipação. Como reagem às formas como foram pensados, con-formados e classificados como inferiores?

Não se reconhecem nas formas de pensá-los e de segregá-los

Essas persistentes formas de pensá-los como inferiores para submetê-los ao padrão de poder, de trabalho, de expropriação da terra, do espaço, do conhecimento, da cultura trazem para o pensamento social, político, pedagógico a necessidade de dar maior centralidade às formas históricas de pensá-los seja nas salas de aula, seja nas políticas sociais, educativas. Com que concepções são pensados? Como primitivos, violentos, incultos. Que identidades, formas de nomeá-los persistem nas concepções de educação, nas didáticas, ou como reprovados, defasados no sistema escolar ou como reprimidos nas suas lutas por direito a terra, teto, territórios? Secundarizar, ocultar essas formas de pensá-los faz parte dos estreitos vínculos entre o padrão de poder/saber que se perpetua. Se reconhecem nossas formas de pensá-los ou resistem?

Os estudos pós-coloniais têm destacado que o poder sobre os outros povos e grupos sociais se conformou sobre um saber sobre esses Outros. Pensados como objetos naturais, em estado de natureza, primitivos, selvagens, o poder/saber poderia submetê-los ou ignorá-los como inexistentes, inferiores, pré-humanos. O pensamento que se conformou sobre os povos colonizados e que os conformou como inferiores passou a ser usado como um dos instrumentos de legitimação da relação política de dominação/subordinação. Constituiu-se e persiste como justificativa da inferiorização da diversidade de coletivos populares.

Particularmente o pensamento colonizador e socioeducativo se alimentam dessa forma de pensá-los a partir da empreitada colonizadora assumida mais tarde nas repúblicas e democracias como empreitada educativa, civilizatória pelos sistemas de educação e de instrução pública. Pensamento legitimado pelas teorias pedagógicas e a educação escolar como o percurso do polo negativo da incultura para a cultura; da ignorância para o saber; da irracionalidade para a racionalidade. Conformar na criança educada o adulto civilizado. Essa forma no Nós civilizado pensar os Outros como objetos naturais e as dicotomias inferiorizadoras entre primitivos e civilizados persiste nas formas de pensar as crianças e adolescentes e seus coletivos sociais, étnicos, raciais, de gênero, das periferias e dos campos. Persiste como o pensamento que os configura e os aloca no seu lugar na ordem social, econômica, política e cultural. Até na ordem pedagógica.

Vejamos algumas formas de pensá-los e conformá-los às quais reagem como coletivos. Em suas ações reagem às formas parciais, superficiais de sua classificação que ocultam os processos mais radicais de sua inferiorização e segregação, como coletivos humanos. As categorias mais frequentes com que são vistos, sobretudo no pensamento sociopedagógico, têm sido: **marginalizados, excluídos, desiguais, inconscientes**. Formas de pensá-los e classificá-los que ocultam formas históricas mais abissais e sacrificiais de segregá-los.

Não se reconhecem marginais

Conceituá-los como **marginalizados, marginais**, supõe entender que na sociedade uns coletivos estão situados em margens opostas, mas possíveis de serem aproximados por meio de pontes ou pinguelas. Que a margem, o território de cá pode ser ocupado, conquistado pelos coletivos da outra margem, por meio de políticas de passagem, do esforço, do êxito nesse percurso. Nessas conceituações cabem esperança, políticas de aproximação e de passagem. Nessa visão se legitima o pensamento educativo e a diversidade de pedagogias salvadoras dos marginalizados.

A visão dos setores populares como coletivos à margem tem sido cara à pedagogia e às políticas socioeducativas. A empreitada civilizatória, a escola e até as pedagogias salvadoras carregam essa identidade: oferecer percursos, passagens para sair da ignorância, da incultura, da tradição pré-política, da pobreza para a civilização, a cultura, a consciência política, o progresso, a ascensão social... Uma imagem incrustada em nossa cultura política, pedagógica, civilizatória dos marginais.

Entretanto, nessa cultura político-pedagógica as passagens de margem serão condicionadas. Só passam aqueles que se esforçam por sair do polo negativo, que fizerem um percurso exitoso. O ideal do mérito está tão arraigado que termina operando diante dos fracassos como mecanismo de confirmação da sua condição de marginais porque preguiçosos, sem valores de esforço, de êxito para saírem da outra margem. Ou sem consciência de estarem nessa margem.

Outra condição é que a passagem será individual. Os indivíduos, não os coletivos, serão capazes de fazer percursos se se afastarem dos seus coletivos sócio/étnico/raciais, dos campos e das periferias incapazes de percursos de passagem como coletivos porque lhes é inerente serem indolentes, inferiores em valores, moralidade, competências, inclusive inconsciência. Consequentemente as políticas de ir tirando indivíduos de seus coletivos marginais nunca acabarão. As imagens dos coletivos como marginais terminam sendo funcionais a realimentar políticas e pedagogias e o próprio pensamento socioeducativo que se autolegitimam em oferecer pontes, percursos de passagem. Um círculo fechado que se vem lastrando na história das políticas e das pedagogias e teorias socioeducativas. Sem a existência de marginais perdem sua razão de ser. Como quebrar esse círculo fechado?

As teorias pedagógicas oficiais giram nesse círculo fechado, mas não faltam tentativas de educadores, de formuladores de políticas de quebrar esse círculo. Os próprios "marginais" em seus movimentos quebram esse círculo fechado ao não reconhecer-se marginais.

Os coletivos sociais, étnicos, raciais, dos campos e periferias assim classificados reagem a essa visão de marginais, não se identificam com esse termo e trazem ações indagadoras desestabilizadoras para o pensamento socioeducativo, suas políticas e pedagogias, que se justificam e realimentam dessa classificação. Fazem-se copresentes na ordem social, ocupam as margens de cá, os territórios, terras, espaços, instituições sem ter passado pelas pontes, pinguelas, sem ter-se submetido a percursos exitosos. Surpreendem as formas de pensá-los. Como é possível que sem passar por nossos percursos civilizatórios, conscientizadores, façam-se presentes em ações coletivas se estão sumidos na inconsciência, na ignorância, no senso comum, na falsa consciência?

Com essas ações coletivas desconstroem conhecimentos, formas de pensá-los e de "educá-los". Terminam mostrando a fraqueza de um pensamento socioeducativo conformado em classificações dicotômicas dos coletivos humanos. Os próprios coletivos situados à margem e aos quais se prometem políticas e pedagogias de passagem nos advertem de que as formas de pensá-los e de segregá-los foram e continuam muito mais brutais e radicais. Que as políticas e pedagogias terão de partir dessas radicalidades históricas. Terão de repensar-se nos cursos de formação, no recontar a história do pensamento educacional, das didáticas, dos currículos até da identidade docente. Qual a função da escola? Qual o nosso ofício? Trazer o povo, os marginais para a margem de cá?

Não se reconhecem como excluídos

Outra categoria com que o pensamento social e educativo os tem pensado e tratado é **excluídos**. Diante do aumento do número de marginais, no desemprego, na sobrevivência, no trabalho informal e diante da massificação da pobreza e da miséria em nossas sociedades, a categoria marginal perdeu sentido. As promessas de tirá-los da marginalidade via percursos escolares exitosos ficaram promessas vazias. As esperanças que essas pedagogias carregavam de possibilidades de reverter a marginalidade por meio de ações e políticas socioeducativas distributivas foi perdendo força. As distâncias entre os coletivos da margem de cá e aqueles da margem de lá se tornaram mais profundas, apesar do aumento de sua escolarização e de sua presença nas instituições públicas (ARROYO, 2010).

A categoria explorados no trabalho perdeu impacto, e a categoria desempregados porque desnecessários, excluídos, entra na moda. A opressão/exploração foi substituída pela exclusão. Processo semelhante no campo da cidadania prometida, a partir da escolarização e da educação crítica, diante do aumento da subcidadania, da cidadania condicionada à educação, a categoria de excluídos do trabalho, da cidadania, da participação política passou a ocupar o centro das análises sobre os Outros subalternizados. A exclusão como o princípio para entender sua produção e as políticas inclusivas como remédio. As pedagogias de inclusão, participação são inventadas do lado dos incluídos para prometer incluir os excluídos.

O termo exclusão, excluídos, escola, políticas e pedagogias inclusivas passou a ser incorporado como uma categoria com maior poder explicativo da produção dos coletivos diferentes em desiguais. Um termo mais forte do que marginais e que pretende dar conta de que a separação entre os coletivos sociais é mais radical. Não é apenas de margens, mas separados por muralhas, muros. As margens e as fronteiras são aproximáveis, os muros, muralhas são impeditivos de tentar passar. Construídos pelos coletivos que estão dentro, para impedir qualquer tentativa de passagem dos de fora. São os de dentro que se defendem e defendem seus territórios, cercando-os de muralhas e cercas. São eles que se dignam abrir as fronteiras, oferecer ou não vistos, passaportes, ou exterminar aqueles ousados que se atrevem a ultrapassar os muros para sair de seu lugar. O termo excluídos, tão na moda, reflete a autoconsciência que têm aqueles que os excluem.

Nesse maior distanciamento entre os coletivos, nessa exclusão até de possibilidades de passagem o pensamento socioeducativo e suas políticas ainda têm a ousadia de oferecer a escola e uma pluralidade de projetos como inclusivos. Escola inclusiva, políticas, projetos inclusivos vêm sendo as propostas de moda. Até no MEC, a Secretaria da Diversidade (Secad) virou Secretaria da Inclusão. Temos um pensamento socioeducativo construído nessa dicotomia exclusão/inclusão. Uma característica é ser um pensamento conformado de dentro do muro para os coletivos pensados fora.

É significativo que os próprios coletivos pensados como excluídos não usem esse adjetivo para nomear-se e identificar-se. Não se aceitam pensados nem como marginais, nem como excluídos. Nem defendem os projetos e pedagogias de inclusão, escola, currículos inclusivos; nem lutam para que sejam mais eficientes, com mais recursos, que os incluam logo a todos. Sabem-se produzidos e inferiorizados em processos sociais, políticos, culturais e até pedagógicos bem mais radicais. Consequentemente suas ações são mais radicais.

Em suas ações coletivas não se propõem superar a exclusão nem acelerar sua inclusão na ordem social, política, cidadã, hegemônica. Nem incluídos no projeto de sociedade, de cidade ou de campo, de relações sociais de produção e de trabalho. Nem pedem pedagogias, projetos de suportabilidade da exclusão.

Suas ações contestam o sistema social e não pedem para se integrar, ser nele incluídos, nem para ser capacitados para merecer a inclusão. Apresentam-se conscientes e capazes de conformar outro projeto de campo, de cidade, de relações de poder, de sociedade, que não os conforme no lugar em que são pensados e alocados. Entram nos embates sobre reforma agrária e urbana, sobre o direito ao trabalho, à terra, vida, moradia, escola, universidade. Entram de cheio, sem esperar as pedagogias inclusivas. O pensamento e os rituais de passagem são contestados.

Essa postura dos coletivos em ações e movimentos não se reconhecendo como marginais, nem excluídos e contestando as políticas e pedagogias de inclusão trazem para o pensamento socioeducativo e político desestabilizações que o obrigam a repensar-se e a repensar sua visão sobre esses coletivos, consequentemente sobre as formas de autopensar-se. Nesse sentido, suas posturas indagadoras das formas como têm sido pensados podem ser vistas como tencionadoras do campo do conhecimento e das políticas e pedagogias. Mostram como o pensamento socioeducativo e as teorias pedagógicas são condicionadas pelas formas de pensá-los e de tentar conformá-los. Aliás, as formas de pensá-los são construídas à medida dos limites das formas de tratá-los ou nos limites das políticas. Políticas de inclusão é o máximo a que o Estado pretende chegar a uma inclusão subalterna.

Não se reconhecem como desiguais

Outra categoria para identificá-los também é contestada: **os desiguais**. Aqueles coletivos que engrossam as desigualdades de nossas sociedades tão desiguais. Os coletivos pobres, na linha da miséria, revelariam não tanto que o pensamento os separou em margens, muralhas, fronteiras, mas se reconhece que os tornou desiguais, porém apenas desiguais em condições de vida, de emprego, moradia, saúde, escolarização, letramento, nível de renda. Desiguais inseridos dentro da sociedade, da ordem desigual. Já inseridos em uma hierarquia social.

Essa conceituação dos Outros subalternizados desperta a sensibilidade do pensamento socioeducativo, das políticas compensatórias para suprir as carências e desigualdades das condições de vida a partir da infância. A escola se afirma nessa visão como niveladora, como capacitadora para a igualdade nas condições do viver a partir da infância. Qualidade da educação pública para garantir a igualdade social. Toda criança na escola, bons desempenhos no domínio de competências de leitura e de cálculo, alfabetização na idade certa, nivelarão as condições de vida e os Outros, desiguais serão iguais a Nós.

Assim são justificadas as políticas distributivas, compensatórias. Um pensamento que se pensa progressista, igualitário.

O pensamento progressista igualitarista se alimenta do pensar/alocar os subalternizados apenas como desiguais. As formas de pensar os desiguais, as desigualdades correspondem às formas de pensar o Estado, suas políticas como corretoras das desigualdades. Destacam-se as desigualdades possíveis de serem corrigidas por meio de políticas/programas ou cujos resultados são passíveis de ser avaliados, quantificados, gestionados nos limites do Estado. Visões reducionistas das desigualdades e dos Outros pensados/feitos desiguais, tendo o Nós como parâmetro de igualdade.

Reduções frequentes. Ver as desigualdades como carências e os desiguais como carentes, de condições de vida, de emprego, de moradia, de saúde e renda, levará a políticas supletivas de carências. Ver as desigualdades como problema moral, de falta de valores, de hábitos de trabalho, de sustentabilidade ou como falta de educação levará a políticas moralizadoras para superar as desigualdades. As formas de pensar os outros sujeitos sociais coincidentes: desiguais pelas carências, pela falta, logo as políticas do Estado se legitimando, suprindo carências para a igualdade.

As formas mais radicais de pensar, explicar e intervir nas desigualdades estão se diluindo e simplificando ao reduzir as desigualdades a carências, a exclusão. Uma forma de substituir políticas de igualdade por políticas/programas de inclusão ou de suplência de carências. Há uma intencionalidade política nesses processos de descaracterizar as desigualdades, de reduzi-las a dimensões mais leves, passíveis de correções leves, por exemplo: toda criança na escola, alfabetizada na idade certa! E as desigualdades serão superadas.

Os Outros em suas ações coletivas não se reconhecem nessas formas de pensá-los como desiguais apenas em condições de vida ou em valores. Quando defendem a igualdade levam suas lutas mais a fundo, igualdade no ser, no viver, no ser reconhecidos como humanos, não desiguais porque inferiores, sub-humanos. Nessas desigualdades mais radicais foram produzidos porque diversos, em raça, etnia, gênero, orientação sexual, campo, periferia. Desigualdades mais radicais do que nas condições de vida e nas carências morais. Os coletivos levam os embates, contestam essas formas superficiais de pensá-los em que se legitimam as formas históricas de classificá-los e as políticas e as pedagogias de tratá-los e educá-los. Apontam outras formas de pensá-los mais radicais. Se sua diversidade social, étnica, de gênero está na base de sua desigualdade nas condições sociais de vida, como membros desses coletivos reagem a políticas e pedagogias compensatórias, distributivas, moralizantes e apontam políticas e pedagogias das diferenças, afirmativas.

Mostram-se conscientes, politizados

Poderíamos pensar que os coletivos em suas ações e movimentos se contrapõem às formas de pensá-los a partir do pensamento sócio/educativo/político, inclusive progressista? As categorias familiares a esse pensamento para nomear os coletivos populares têm sido **inconscientes, pré-políticos, tradicionais, pré-modernos**. As divisões e polarizações não seriam de territórios, margens, muros nem desigualdades nas condições de vida, nem na diversidade étnica, racial, de gênero ou território, nem sequer de humanos e sub-humanos, mas apenas e fundamentalmente de conscientes/inconscientes, politizados/despolitizados. Porque inconscientes e despolitizados ou sumidos na consciência falsa, em crenças, tradições, misticismos, na consciência do dominador, opressor, passaram a ser marginais, excluídos, desiguais, segregados, oprimidos e ainda inconscientes dessa condição. Consequentemente passivos, subcidadãos, massa de manobra dos conchavos políticos.

Certas pedagogias libertadoras, conscientizadoras, politizadoras, críticas partem dessa visão do povo para se afirmar com a função de tirá-los desse estado de inconsciência e de falsa consciência, de des-politização para levá-los à consciência crítica, política, participativa, cidadã. É significativo que os movimentos sociais mais radicais não se reconhecem nessas categorias nem nessas "pedagogias", trazendo indagações desestabilizadoras sobre essas formas progressistas, críticas, de pensá-los e tratá-los. Elas são vistas como pedagogias também do lado de cá, do Nós, conscientes, politizados para eles, nem sempre impostas, prontas, mas até construídas com sua participação. A própria inclusão participante dos coletivos populares é explorada como conscientizadora e capacitadora para a participação política, cidadã.

Os coletivos em suas ações se chocam com essas "pedagogias", deslocam o foco da participação para a luta, o conflito, a ocupação, a proposta de outra política agrária, urbana, educativa, de outra escola, outra universidade, outro projeto de campo e de sociedade, outras relações políticas. A radicalidade de suas ações mostra a superficialidade de categorias cultuadas do lado de cá, da sociopedagogia até progressista: conscientização, politização, cidadania crítica, participação... Por aí os coletivos em suas ações e movimentos pressionam por uma repolitização e radicalização do pensamento socioeducativo progressista. Suas pedagogias são pressionadas a superar os limites de origem em que se enredam: ter como matriz o pensar polarizado dos coletivos humanos. Pensar o povo sumido na falsa consciência.

Há uma intencionalidade nessa diversidade de formas de pensá-los: legitimar as formas de tratá-los e autolegitimar as agências, instituições sociais, políticas e culturais, suas ações, programas e políticas. Autolegitimar as relações de Estado e grupos subalternizados. Nas resistências desses grupos a essas formas de pensá-los e de tratá-los reagem e contestam as formas de pensar-se o Estado, suas instituições, políticas e programas. Tensões carregadas de aprendizados, que levam a afirmar-se presentes, existentes, conscientes e resistentes a essas formas tão superficiais de pensá-los.

Essas formas de pensar os grupos populares que se fazem presentes nas escolas, nos campos, nas cidades, em ações coletivas e movimentos têm legitimado as orientações de políticas, as teorias pedagógicas, as didáticas, os currículos e a docência. Na medida em que esses outros destinatários dessas políticas e didáticas não se reconhecem nessas formas de pensá-los, as políticas, as teorias pedagógicas, as diretrizes, os currículos e a ação docente deixam um vazio de legitimidade. Para onde avançar?

3

A PRODUÇÃO DOS OUTROS COMO INEXISTENTES

Em diálogo com os movimentos sociais e suas ações contestatórias do pensamento que os conformou, cientistas sociais e os próprios coletivos buscam outras formas de entender esse pensamento que deem conta da radicalidade política de suas reações.

Boaventura de Sousa Santos (2009) aponta polarizações mais radicais para entendermos a inferiorização dos Outros e as pedagogias de inferiorização com que foram conformados. O pensamento moderno (poderíamos incluir a moderna pedagogia) opera em um sistema de distinções visíveis e invisíveis estabelecidas a partir de linhas radicais que dividem a realidade em dois universos distintos, irreconciliáveis: o universo "deste lado da linha" e o "do outro lado da linha".

A impossibilidade da coexistência e copresença

Nessas análises, as formas de pensar e produzir os Outros foram e continuam mais brutais, mais radicais. Um pensamento abissal que traz uma análise muito mais radical do que o pensamento da marginalidade, exclusão, desigualdade, inconsciência, despolitização. "A divisão é tal que 'o outro lado da linha' desaparece enquanto realidade, torna-se inexistente e é mesmo produzido como inexistente" (SANTOS & MENEZES, 2009: 23). Essa produção dos Outros como inexistentes os torna irrelevantes ou incompreensíveis, excluídos de forma radical porque permanecem exteriores à própria forma aceite de inclusão como sendo Outro. Quando se pensam os Outros como marginais, excluídos, desiguais, inconscientes se reconhece sua existência, é possível a copresença do Nós e do Outro. No pensamento abissal o lado de cá esgota a realidade relevante, existente. O Nós esgota a existência. "Para além dela há apenas inexistência, invisibilidade e ausência não dialética" (p. 24). Logo, os Outros, ao não existirem, não são passíveis de serem incluídos, nem reguláveis, nem emancipáveis, nem capazes de estar copresentes nos mesmos espaços e nas mesmas pedagogias.

Essa impossibilidade de copresença tem sido um traço estruturante de nosso sistema político, social, cultural e até de educação básica e superior dos grupos populares. A distribuição espacial em nossas cidades delimita territórios para o Nós regulados por políticas urbanas, de saneamento, de iluminação, de vias públicas, transporte, posse legal. Territórios de regulação urbana. Os territórios dos grupos populares vão se conformando em loteamentos clandestinos, ocupações, amontoados humanos sem esgotos, sem água, sem luz, sem direito ao espaço, sem transporte, sem serviços públicos. Sem regulação.

A impossibilidade de copresença faz parte das políticas, dos espaços e das instituições públicas. Cria-se um Sistema de Saúde Único, um Sistema de Educação Pública ou de transporte público, parques públicos, apenas para os Outros onde o Nós não se aproxima, nem disputa a copresença, cria seus espaços e instituições. "Público" será sinônimo de espaços e serviços de demarcação da presença de uns coletivos sociais, raciais, não de todos. Onde todos os coletivos humanos não podem estar copresentes. Os espaços e as instituições reproduzem a não coexistência, a impossibilidade da copresença do Nós e dos Outros. Por aí passam em nossa formação social uma das pedagogias mais "eficazes" em que os coletivos populares são pressionados a se apreenderem invisíveis, irreconciliáveis, do outro lado da linha. Uma longa história de pedagogias de subalternização.

Até as pedagogias populares, conscientizadoras, críticas têm como destinatários os Outros e não conseguiram coexistir, com as pedagogias escolares, menos ainda para conscientizar os Nós que se julgam já conscientes deste lado da linha. As pedagogias conscientizadoras são pensadas apenas para os do outro lado da linha, os *in* ou pré-conscientes, pré-políticos. Temos pedagogias irreconciliáveis até progressistas.

Essas análises trazem indagações radicais para a teoria educativa e para as pedagogias. Qual a força conformadora, pedagógica, do estabelecimento dessas linhas radicais que situam os coletivos humanos em universos irreconciliáveis? Que condenam os grupos populares ao desaparecimento, à inexistência, irrelevância e impossibilidade de copresença nos mesmos territórios? No campo das teorias socioeducativas, da formação/deformação humana e no campo das pedagogias não temos acúmulo teórico nem prático, para entender esses processos tão radicais da história de nossa formação, nem para neles intervir diante de sua permanência. Como, nessa análise, os coletivos e tudo que se dá no outro lado da linha é inexistente, não regulável, nem compreensível e emancipável a teoria pedagógica ficou bloqueada a pensar em processos pedagógicos de destruição dessas inexistências. Consequentemente ficou ainda

50

mais bloqueada a reconhecer as Outras Pedagogias emancipatórias com que afirmam suas existências.

A questão primeira para o pensamento sociopedagógico não seria como tirar esses coletivos do lado de lá, uma vez que não são incluíveis na linha de cá, porque são exteriores à forma aceite de inclusão. Duas questões prévias para a teoria socioeducativa. De **um lado**, como tem operado pedagogicamente, como processos con-formadores/deformadores essas linhas radicais, especificamente a produção da inexistência de seres humanos, uma questão mais radical do que entender as pedagogias de produção da exclusão, marginalização, falsa consciência. Em sua rica história, as pedagogias críticas, conscientizadoras, participativas não se adentraram nesses processos tão radicais, abissais de conformação dos Outros como inexistentes. Na história oficial das teorias pedagógicas não tem havido lugar para uma análise radical do pensamento moderno.

De **outro lado**, o que significa alocar seres humanos e todas suas formas de viver, ser, pensar, como exteriores à própria forma aceite de inclusão e de reconhecimento sequer como sendo humano? Produzir seres humanos como Não Outros é muito mais radical do que produzi-los como Outros marginais, excluídos, oprimidos, inconscientes. Com que pedagogias foram assim produzidos? Se são persistentes, como desconstruí-las? Supõe a produção de outro cânone de pensamento e de conformação. Um cânone muito mais radical em termos pedagógicos. Desumanizante.

Essas radicais e perversas pedagogias desumanizantes demandam pesquisa, reflexão teórica. Ignorá-las supõe um desperdício empobrecedor para o pensamento socioeducativo, para as teorias pedagógicas. Com que pedagogias foram produzidos como inexistentes? Qual a força pedagógica de um cânone que não os reconhece nem como oprimidos, mas vai mais longe: não os reconhece sequer como sendo humanos? Que tentou produzi-los e pretendeu que se autorreconhecessem como inexistentes? Essas brutais pedagogias de produzir inexistentes foram ensaiadas e persistem em nossa história desde a colonização. Como ignorá-las na história das teorias pedagógicas? Como ignorar nas escolas essas pedagogias tão deformadoras que padecem a partir da infância?

Afirmam-se existentes, apesar de decretada sua inexistência

Os coletivos em suas ações apontam as tentativas de destruição desse cânone. Mostram-se existentes, copresentes, provocando a reação. Como se aprendem existentes e com que processos se formaram existentes apesar de decretada sua inexistência? Sobre esses processos de formação e de autoaprendizado como sendo e se fazendo visíveis, pouco têm refletido as teorias pedagógicas oficiais, inclusive críticas. Ao se fazer presentes, afirmativos, incômodos até nas ruas e nas escolas, obrigam o pensamento sociopedagógico a dar destaque a essas pedagogias ou a reagir, defendendo-se.

Os embates já estão postos nessa radicalidade que carrega potencialidades pedagógicas novas. Quanto mais se afirmam os coletivos como existentes, emancipáveis, copresentes nos campos e periferias, na escola e universidade, maior a reação reafirmando sua inexistência. O pensamento abissal não é fixo, estático, recompõe-se e os naturaliza e invisibiliza diante das ações coletivas que anunciam que os inexistentes existem, estão presentes na cena política, econômica, cultural, pedagógica. Os outros ao mostrar-se existentes deslocam as linhas abissais. Essa é uma das indagações mais desestabilizadoras que os coletivos repõem para o pensamento moderno: obrigá-lo a reafirmar-se, a se expor e se mostrar abissal em novas linhas. Tão desestabilizadoras que desde as diversas ciências se apressam a reafirmar que os Outros inexistem, provando cientificamente que raça, etnia, classe, camponês, quilombola não existem, que os povos do campo, a agricultura camponesa e seus coletivos são espécies em extinção, que a única saída é o agronegócio.

Continuar decretando suas inexistências opera como justificativa de negação de seus direitos. Do Estatuto da Igualdade Racial em debate no Congresso se retiram os direitos dos povos quilombolas a seus territórios porque não existem. Retira-se a raça dos estudos sociais e se retiram as ações afirmativas e cotas das universidades públicas e do mercado de trabalho porque a raça não existe. Ocupam-se os territórios indígenas porque estes povos não existem. Acabam com os cursos específicos de Pedagogia da Terra, de formação de professores do campo, indígenas e se impõem vestibulares únicos, currículos únicos porque esses coletivos não existem. Não se implementam políticas afirmativas da diversidade, da promoção da igualdade racial porque a diversidade não existe ou não tem lugar no pensamento generalista.

As ações coletivas com que os diversos grupos sociais, étnicos e culturais afirmam sua existência provocam a reafirmação do pensamento abissal que os vê e quer inexistentes. Embates de extrema força educativa, formadora, que tocam no cerne do pensamento moderno social, político e cultural. Embates idênticos estão postos no pensamento político educacional: aos movimentos pressionando por políticas específicas de reconhecimento e afirmação dos povos indígenas, do campo, afro-descendentes lhes são oferecidas políticas generalistas, compensatórias, distributivas, não afirmativas das diferenças. Políticas apenas de inclusão.

Por esses confrontos passam e passaram em nossa história os processos, as pedagogias de conformação dos Outros como invisíveis, exteriores à própria forma aceite de inclusão, para que como não Outros aprendam a não ser. Mas também nesses confrontos se dão as pedagogias mais radicais do aprender a ser, mostrando-se sendo, presentes e existentes, incômodos como coletivos. Como esses confrontos questionam o pensamento social e socioeducativo, suas teorias e pedagogias? Como explorar seu potencial formador nos encontros dos movimentos sociais, nos cursos de formação de educadores, militantes, nos encontros da UPMS? Encontros em que cada coletivo sabe e traz os processos em que foram produzidos como inexistentes e os processos/pedagogias em que se formaram sendo e se mostrando presentes. Colocar em diálogo, traduzir essa riqueza de experiências será um caminho para o repensar do pensamento socioeducativo e das pedagogias, inclusive progressistas, para ir produzindo e acumulando outro pensamento e Outras Pedagogias, de que eles são sujeitos, não meros destinatários.

Pedagogias afirmativas de sua presença/existência

Das reações dos coletivos situados do outro lado da linha veem outras indagações para o pensamento social e pedagógico: Com suas ações e movimentos reagem a esse lugar, a essa condição de inexistentes e se mostram presentes com uma presença afirmativa, incômoda, desestabilizadora. Por aí abrem as possibilidades de outras formas radicais de pensá-los. Apontam Outras Pedagogias com novas virtualidades emancipatórias. Pedagogias afirmativas de sua presença/existência. Que traços se destacam nessas pedagogias afirmativas?

Um dos traços mais pedagógicos de suas ações é não serem silenciosas, ocultas, no outro lado da linha, mas chamativas em marchas, ocupações, carregando seus símbolos, sua cor, seus instrumentos identitários, de trabalho, de luta. Suas presenças são tão visíveis e críveis que a própria mídia os expõe como presentes no lado de cá. Fazem-se coexistentes. O próprio pensamento abissal que os jogou do lado de lá, os passa a analisar, condenar como incômodos, ao pretender-se copresentes no lado de cá. O que incomoda e desestabiliza a ordem é que suas ações os façam presentes no lado de cá e com uma presença que quebra as formas de pensá-los como exteriores, não copresentes. Como incomodam suas presenças no sistema escolar antes tão pacífico!

Outro traço das virtualidades formadoras pedagógicas dessas ações afirmativas é serem coletivas. Foram decretados inexistentes como coletivos raciais, étnicos, de gênero. Suas presenças afirmativas e copresenças adquirem sua relevância formadora, pedagógica de ser uma reação/negação coletiva à condição de inexistência vinda dos próprios coletivos, não de fora. Quanto mais eficientes foram os processos de relegá-los à inexistência e a sua exclusão de forma radical porque exteriores à própria forma aceite de inclusão, de presença e de existência, como coletivos, maior a relevância pedagógica das ações coletivas que desconstroem esses cânones.

Quanto mais radicais foram em nossa história os processos abissais de recluí-los no outro lado da linha, maiores as potencialidades pedagógicas dos processos de se fazer presentes, coexistentes em nossa história. Se as antipedagogias que tentaram torná-los inexistentes carregaram virtualidades tão radicais, que virtualidades ainda mais radicais encontrar nas pedagogias com que resistiram a inexistência e com que se produziram sendo e se manifestando copresentes? Falta ao pensamento socioeducativo dar a centralidade devida a esses processos tão conformantes de nossa história. Seu esquecimento ou ocultamento não mostra o papel do pensamento socioeducativo na decretação da inexistência desses coletivos? Ignorar essas pedagogias de produção de suas inexistências é uma forma de mantê-los na inexistência.

Sem dúvida que essas ações coletivas trazem para o pensamento social e pedagógico indagações específicas de nossa formação histórica – "do Sul" – que não têm vindo e sido postas ao pensamento sociopedagógico na história da educação, no pensamento socrático, humanista, ilustrado, moderno, progressista ou crítico. As teorias pedagógicas têm de agradecer aos movimentos sociais trazer indagações e ações afirmativas tão desestabilizadoras que exigem repensar radicalmente as teorias pedagógicas legítimas. Pensá-las daqui na especificidade de nossa formação social, política e cultural.

Outro traço dessas ações coletivas é que, ao se afirmar presentes de forma tão afirmativa, exigem políticas afirmativas na diversidade de campos da vida social, econômica, política, cultural, cognitiva. Desestabilizam o campo do Estado, de suas políticas: agrária, urbana, educativa, de emprego, de saúde. Desestabilizam o pensamento moderno abissal, as formas de pensá-los e as políticas e pedagogias de alocá-los e "educá-los". Os Outros ao se fazer presentes e copresentes, sair da exterioridade e inexistência em que foram pensados desestabilizam esse pensamento e essas políticas e pedagogias. Nessa desestabilização, contestação, está uma das virtualidades pedagógicas mais radicais a ser reconhecida, pesquisada e refletida e incorporada nos cursos de pedagogia e de licenciatura, nos encontros, de formação, da UPMS, em todo espaço/tempo de diálogo e produção de outros conhecimentos. Desestabilização que chega às salas de aula, até as identidades docentes.

A produção dos Outros como sub-humanos

Boaventura de Sousa Santos (SANTOS & MENEZES, 2009: 23) nos lembra que a radicalidade maior do pensamento abissal é a negação, a ausência de humanidade para os Outros, ou sua classificação na condição de sub-humanidade. "A negação de uma parte da humanidade é sacrificial na medida em que constitui a condição para a outra parte da humanidade se afirmar enquanto universal." É a forma mais radical da produção da inexistência dos Outros: ser condição para que o Nós se afirme como a síntese da existência humana. Os Outros invisíveis como humanos para destacar o Nós como síntese exclusiva da humanidade.

Esses processos históricos tão marcantes em nossa formação tocam de maneira focal na conformação do pensamento socioeducativo. Teria ele se conformado nessa visão dos indígenas, negros, camponeses, trabalhadores empobrecidos como sub-humanos? Em que processos pedagógicos se produziu e reproduz essa conformação? Um dos traços que o pensamento socioeducativo ostenta como marca histórica é seu humanismo: educação como humanização, como formação como humanos. Mas qual o referente de humanidade a formar? Em nosso pensamento sacrificial não foram os Outros vistos e classificados como sub-humanos para o Nós ser tido como a síntese da humanidade?

Se nos aproximamos às concepções de formação, de desenvolvimento humano, de socialização e aprendizagem, de percursos escolares, de formação/ humanização não será difícil constatar que foram construídos nesse referente, síntese de humanidade, o Nós. As ênfases repetitivas da infância, adolescência pobre, negra, favelada, do campo como incapaz de aprender, com problemas de aprendizagem, de condutas, de socialização, de humanização está incrustada em nosso pensamento socioeducativo como uma premissa. Nos sofisticados mecanismos de avaliação, classificação, os fracassos históricos persistentes são vistos como inerentes à condição dos grupos populares como inferiores, o que tem operado como mecanismos para destacar a superioridade cognitiva, moral, humana do Nós.

A teoria educativa e as pedagogias têm-se recusado a repensar-se como uma produção articulada a esses mecanismos sacrificiais da humanidade dos Outros para afirmar o Nós como a síntese da humanidade e dos processos de humanização, formação e desenvolvimento humano. Há uma visão linear desses processos nas diversas concepções. As pedagogias formadoras são pensadas a partir de um ponto zero de formação, de de-formação, des-humanidade, para ir conduzindo os sub-humanos em níveis graduais de humanização, formação, desenvolvimento, aprendizagem como humanos, civilizados, culturais, éticos, tendo como referente o Nós humanos, civilizados, culturais, éticos.

As teorias pedagógicas não foram pensadas nem se pensam para o Nós já humanos, civilizados, mas para os Outros incultos, ignorantes, sub-humanos. As políticas socioeducativas têm como destinatários a infância, adolescência, os jovens e adultos populares, ignorantes, sem valores, violentos, fora da ordem... A maioria dos programas como Mais Educação, Escola Ativa, Pró-Infância, Pró-Jovem, Escola Integrada, de Tempo Integral... são pensados para os(as) filhos(as) dos coletivos populares. Nunca do Nós, já educados, éticos, na ordem, pacíficos e pacificadores.

Faltam pesquisas e análises que apontem os pressupostos sacrificiais de que essas concepções se alimentam. Como faltam pesquisas sobre como esses pensamentos e essas pedagogias têm contribuído a reafirmar esse pensamento sacrificial da humanidade dos Outros, alocados no ponto zero em humanidade para alocar o Nós na síntese universal de ideal de humanidade, de formação e de desenvolvimento humano. A história desse pensamento moderno, aplicado com traços específicos nos processos de educação, nas pedagogias para formar os Outros, em nossa história desde a empreitada civilizatória, mostraram-se ineficazes e antipedagógicas porque não superam o pensamento abissal e sacrificial de que são reféns. Se a educação dos Outros não deixar de ter como referente síntese de humanidade, de formação o Nós, continuará sendo ineficaz e antipedagógica. Sacrificial.

Essas formas mais radicais de pensar a conformação dos Outros como sub-humanos trazem outras indagações para as pedagogias. A força pedagógica da elevação dos Nós, a síntese da humanidade tem como precondição a classificação dos Outros na condição de sub-humanidade. Na concretude da história da pedagogia as virtualidades pedagógicas das teorias da humanização, da formação e do desenvolvimento humano não vêm tanto do Nós como síntese desses processos, mas vêm de ter negado aos Outros a condição de humanos. Sem essa negação de parte dos coletivos humanos de sua humanidade, sem esse processo sacrifical dos Outros, as teorias pedagógicas perdem seus sentidos conformados em nossa história. Daí a necessidade de colocar os grupos sociais pensando os Outros no ponto zero da sub-humanidade, da de-formação para afirmar-se formadoras, humanizadoras. Sem condenação, sem culpa não há salvador nem pedagogias salvadoras.

Os coletivos sociais pensado sub-humanos se contrapõem a esse pensamento pedagógico abissal/sacrificial em suas ações e movimentos, não se reconhecem nessa condição de sub-humanidade. Fazem-se presentes carregando sua cultura, valores, identidades. Não vão aos cursos de formação vendo-se ignorantes, sem formas de pensar-se e de pensar o real, sem projetos de sociedade, de campo, de cidade, de ser humano. Não se aceitam no ponto zero suplicando dos centros oficiais de educação, de seus educadores e de suas pedagogias que os levem em percursos exitosos da deformação à formação, da des-humanidade à humanidade, da ignorância à aprendizagem. Trazem seus processos de formação/humanização, sobretudo sabem das dimensões pedagógicas formadoras de suas ações coletivas. As pedagogias dos movimentos sociais de que são sujeitos porque humanos pressionam por ser reconhecidas pelo pensamento socioeducativo e entrar em diálogo.

O que há de mais desestabilizador nesse afirmar-se humanos é contestar que o Nós é a sínese da humanidade. Ao desconstruir os processos de conformá-los como sub-humanos desconstroem a condição para a outra parte da humanidade se afirmar enquanto universal. Desconstroem as teorias universalistas de formação, desenvolvimento, aprendizagem, humanização que têm por referente o Nós, humanizado, desenvolvido e os Outros como sub-humanos.

A questão complicada para esse pensamento sacrificial e para as teorias pedagógicas que dele se alimentam é que não se pode superar a visão dos Outros como inferiores, irracionais, incultos, sub-humanos sem desconstruir o Nós como a síntese positiva, universal dos ideais e ideários de formação, humanização que a teoria pedagógica incorporou. Toda pedagogia que tenta reconhecer que o povo pensa, tem saberes, valores, culturas sem desconstruir o Nós com a pretensão de síntese da humanidade, como o ponto de chegada da existência humana, da formação e do desenvolvimento universal, único, tem fracassado até como pedagogia crítica e libertadora.

O problema não é só reconhecer que o povo é humano, é gente, que seus filhos chegam às escolas já humanos, mas desconstruir que será humano pleno, na medida em que fizer o percurso de formação, humanização, único, universal, de que o Nós é a síntese. Libertar-se desse pensamento sacrificial continua sendo um desafio para a teoria pedagógica, inclusive progressista e crítica, pensam os movimentos sociais. Na medida em que as teorias pedagógicas se autoafirmam pensando os Outros na sub-humanidade para trazê-los para a humanidade, fazem parte desses processos abissais e sacrificiais.

Os movimentos sociais desconstroem as formas de pensá-los e segregá-los

Comecemos por uma indagação: Esses coletivos segregados, inferiorizados tidos como meros objetos naturais reagem a esse lugar e a essas formas de pensá-los? Como alunos nas escolas reagem às formas inferiorizantes de pensá-los? As questionam e repolitizam? Nessas ações/reações produzem outros conhecimentos, outra consciência, outra racionalidade, Outras Pedagogias?

Seus movimentos e ações coletivas podem ser vistos como uma reação na medida em que em suas ações se mostram presentes, existentes, incômodos. Mostram-se presentes na arena política, econômica, cultural, pedagógica, nas marchas, ocupações, nas cidades e nos campos. Nas salas de aula com suas presenças incômodas. Uma **presença coletiva afirmativa** de que não se reconhecem, mas contestam as formas negativas, inferiorizantes em que foram pensados. Nessa afirmação como sujeitos existentes, contestam de maneira radical, na raiz, o pensamento que os pensou e classificou como inexistentes, como meros objetos e produzem outras formas de pensar-se. Reações formadoras, pedagógicas.

Por aí suas presenças afirmativas colocam desafios no campo do conhecimento e do pensamento pedagógico. Sua presença organizada, coletiva em nossas sociedades se tornou tão incômoda por ser presença afirmativa, logo reação a um pensamento que produziu e legitimou seu ocultamento e sua negação como sujeitos, como humanos. Obrigam a conformar outras formas de pensá-los. Os significados de suas afirmações inauguram outro pensamento, que trazem para o debate político/epistemológico/pedagógico. Como tornar visível esse outro pensamento, esse autoconhecimento e essa desconstrução das formas inferiorizantes de pensá-los? Com que pedagogias? Poderão ser as mesmas com que foram ocultados, inferiorizados? Nos tempos e espaços de encontros, estudos, reflexão essas questões estão postas. Nos seus cursos de Pedagogia da Terra, Formação de Professores do campo, indígenas, quilombolas, de ações afirmativas e nos encontros da Universidade Popular dos Movimentos Sociais (UPMS) essas questões estão postas. Até nas escolas públicas os docentes/educadores se defrontam com essas questões.

A centralidade que os coletivos dão em suas ações ao ocupar os espaços da pesquisa, produção, validação do conhecimento, onde se validam as formas de pensá-los pode ser um indicador de que aí pretendem marcar sua presença contestadora das formas de pensá-los. Além de fazer-se presentes de maneiras afirmativas nos campos e periferias se fazem presentes, afirmam-se sujeitos de direitos coletivos nos próprios espaços da produção do conhecimento, escolas, universidades, a fim de desconstruir a imagem negativa, de inexistentes em que foram pensados nesse campo. A fim de desconstruir, ao menos questionar o pensamento moderno abissal e sacrificial.

É igualmente significativo que, como dirigentes, militantes, educadores deem tanta importância a reafirmar-se presentes nos cursos de pedagogia, de conformação e reprodução das teorias sociais e das pedagogias que os conformaram. Como se mostrassem que pretendem repolitizar esse pensamento e essas pedagogias que os têm conformado pelo negativo. Ao se fazer presentes carregando suas positividades contestam um pensamento social e pedagógico que se conformou e legitimou nos mesmos processos e relações políticas em que o pensamento sobre esses coletivos inferiorizados foi constituído. As teorias e práticas pedagógicas escolares, tão segregadoras e reprovadoras da infância e adolescência, dos jovens e adultos populares, também são abissais e sacrificiais.

Disputar os próprios espaços de produção, sistematização do conhecimento, confrontar seus conhecimentos, sua racionalidade, seus critérios de validade com os conhecimentos, a racionalidade, os critérios de validade pensados como únicos, legítimos é algo muito novo nos novos sujeitos sociais. Mudam a direção em que o pensamento educativo popular se conformou: levado dos centros do pensamento válido por intelectuais comprometidos aos espaços criados de conscientização, cultura, educação. Aí nasceram pedagogias radicais. Ao mudarem de direção os coletivos populares se sabem com outro olhar diferente do olhar com que foram pensados, com outros saberes, com Outras Pedagogias. Sabem-se mais feitos e conscientes do que como foram pensados para ser subordinados e até conscientizados. O movimento que se propõe educá-los vai de cá para lá, o movimento atual dos coletivos populares é de lá para cá. Fazendo-se presentes, com uma afirmação positiva no campo, na cidade, na política, nos centros de cultura e de conhecimento. Um movimento de diálogo horizontal no reconhecimento.

Nessa presença afirmativa nos espaços de produção do conhecimento e especificamente de produção das teorias e pedagogias socioeducativas repolitizam o papel que tiveram e continuam tendo na sua produção histórica como subalternizados. Mas também mostram que esse pensamento, essas teorias e pedagogias trazem as marcas conformantes que persistem das formas de pensá-los como inferiores no polo negativo para trazê-los para o positivo. Ao pensar assim os Outros como inferiores, o pensamento se pensou, as teorias e pedagogias socioeducativas se pensaram e conformaram a si mesmas com a função civilizatória, conscientizadora, inclusiva, educativa, tendo como referente o Nós civilizado.

Na medida em que os grupos sociais subalternizados desconstroem as imagens em que foram pensados abrem o caminho para reconformar o próprio campo do conhecimento e das teorias e pedagogias socioeducativas que se configuraram nessa forma inferiorizante de pensá-los e de pensar-se. Uma contribuição de extrema relevância trazida pelas ações e presenças afirmativas dos coletivos: para repensar-se as teorias e pedagogias socioeducativas terão que repensar as formas como têm sido pensados os diversos e os diferentes em classe, raça, etnia, gênero, campo, periferia. Mas também repensar o Nós como a pretensa síntese da humanidade, da cultura, da civilização.

Pensar as relações entre ações coletivas e conhecimento e entre pedagogias exige adentrar-nos nessa repolitização que os coletivos populares presentes, afirmativos repõem sobre sua produção em nossa história e especificamente na história da conformação nas ciências sociais e pedagógicas.

Reconhecer essas formas tão brutais e radicais de pensar, alocá-las como subalternas em nossa história traz exigências igualmente radicais para as teorias e práticas pedagógicas, para as políticas e diretrizes: o reconhecimento e a superação dessas formas inferiorizantes, inexistentes de pensá-los e alocá-los na ordem social e política, cultural e pedagógica é precondição *sine qua non* para elaborar outras políticas, Outras Pedagogias mais igualitárias, mais humanizadoras. Exige-se uma intenção explícita de superar, de não reproduzir no próprio campo da ação pedagógica esses modos de pensar e tratar os Outros como sub-humanos.

4

PEDAGOGIAS GESTADAS NO PADRÃO DE PODER/SABER

Os coletivos em sua pluralidade de ações não contestam apenas o lugar do outro lado da linha, onde foram jogados na condição de inexistentes, sub-humanos, pelo pensamento abissal e sacrifical, mas vão além e mostram os processos pedagógicos com que foram conformados nessa condição. A todo modo de pensá-los têm correspondido modos, processos pedagógicos de conformá-los e de "salvá-los" da sub-humanidade. Civilizá-los porque pensados bárbaros. Dessa visão parte a empreitada civilizatória e educativa nas Américas.

Como entender essas "pedagogias"? A primeira constatação é que tanto a elaboração do pensamento como dos processos para conformá-los e para educá-los estão intimamente estruturados entre si e com as relações sociais e políticas em que se dão. Com a especificidade de nossa formação política, social, cultural. São pedagogias pensadas e enraizadas aqui na especificidade de nossa história.

As formas de pensar os indígenas, negros, quilombolas, ribeirinhos, das florestas como as formas de pensar os trabalhadores dos campos e das cidades se articulam com as relações sociais, de produção, de trabalho, com o padrão de poder, dominação/subordinação a que esses coletivos foram subordinados. Quijano (2005) levanta a hipótese de que essa construção dos Outros está associada ao padrão de poder/saber colonial que persiste nas relações do capitalismo moderno. O padrão de poder exigia, implicava um padrão de conhecimento.

A especificidade da produção dos Outros em nossa história

Essas pedagogias não surgem soltas, nem como ideários da dinâmica interna do pensamento social e educacional do centro colonizador nem desta ou daquela tendência, deste ou daquele autor. Nem são importadas, frutos de corpos epistemológicos de fora como são narradas na história da Pedagogia. As formas de pensar a teoria social e educacional e as pedagogias em nossa história estão visceralmente atreladas às relações políticas e às formas específicas de pensar e conformar os coletivos sócio-étnico-raciais, de gênero, dos campos e periferias desde a empreitada colonial e continuando no ideário republicano. Nesse sentido carregam as marcas conformantes desses coletivos em nossa história econômica, social, política e cultural. Foram construídas nos mesmos processos em que foram se construindo as formas de pensá-los, alocá-los e sacrificá-los em nossa formação, nas formas de expropriá-los das terras, da renda, do trabalho, do poder.

Temos uma tradição específica de pensar a educação e suas pedagogias: nascem e se conformam coladas à história do pensamento abissal/sacrificial tal como foi gestado e contextualizado na conformação dos Outros como coletivos inferiores, inexistentes, sub-humanos e na conformação do Nós esgotando a existência e a humanidade. São pedagogias gestadas em processos/contextos/padrões de poder/saber dominantes na formação de nossas sociedades latino-americanas. Há um reconhecimento de que o Movimento de Educação Popular nasceu e se alimenta da especificidade de nossas sociedades latino-americanas. É necessário estender, ampliar essa especificidade a todas as pedagogias de conformação dos coletivos sócio-étnico-raciais, dos campos e periferias em nossas sociedades. Inclusive estendê-las às especificidades pedagógicas trazidas por esses coletivos sociais em movimentos. Pedagogias do Sul?

Nas reconstruções da nossa história do pensamento social e educativo e das pedagogias não são reconhecidos esses vínculos com a especificidade da conformação, alocação dos Outros subalternizados em nossa história. Esta é mostrada como uma herança das ideias e ideais sociopedagógicos e políticos da modernidade de que nos apropriamos para modernizar, civilizar os grupos populares, aqui. Até o pensamento sociopedagógico crítico se vê conformado e inspirado de fora. Na reconstrução da herança do educador Paulo Freire e do movimento de educação popular se dará mais destaque às suas raízes cristãs, humanistas e marxistas, ao pensamento dialético de Marx e ao pensamento cristão-humanista de Emanuel Mounier do que a seu diálogo com os movimentos e ações coletivas, das reações à sua opressão e desumanização. Também não se destaca a sua interlocução com o pensamento de Frantz Fanon e com a luta pela descolonização dos países africanos. O pensamento educativo de Paulo Freire e sua pedagogia são uma construção em diálogo tenso com essa herança de fora e em diálogo marcante com a nossa dramática herança de conformação sacrificial dos subalternizados, oprimidos, como inexistentes, sub-humanos. Em lutas por libertação.

Sem essa percepção aguda da visceral relação entre o pensamento e as pedagogias de libertação/emancipação conformado em nossas sociedades latino-americanas e a especificidade das formas de silenciamento, inexistência, sub-humanidade em que foram pensados e alocados os negros, indígenas, quilombolas, caboclos, os(as) trabalhadores(as) camponeses, favelados, os pobres, esse pensamento e essas pedagogias não teriam existido. São pedagogias coladas a essa história sacrifical tão cruel na colônia e nas nossas experiências de república, de democracia e de cidadania e de capitalismo avançado.

O pensamento sociopedagógico do movimento de educação popular e particularmente de Paulo Freire é inseparável dessa história. Quando descolado perde sua identidade. Conformou-se teorizando sobre essa história, sobre essas outras pedagogias de libertação que trazem como presentes, emancipados os oprimidos tidos como sub-humanos. Mas também o pensamento conservador e suas pedagogias se conformaram entre nós para legitimar as formas de pensar os Outros e de fazê-los inexistentes, impensáveis, porque não reconhecidos como humanos. Na medida em que os coletivos populares se fazem presentes, formando-se em Outras Pedagogias mais radicais, passam a exigir o repensar como foram pensados e em que pedagogias sacrificiais foram inferiorizados na especificidade de nossa formação social, política e cultural.

Tentemos focar com maior atenção estas pedagogias sacrificiais e as pedagogias de libertação que os coletivos apontam em suas ações e movimentos. Comecemos aprofundando. Por onde passou e continua a passar essa construção dos grupos populares como inexistentes, sub-humanos em nossa história?

A produção dos Outros como inexistentes para o conhecimento

Boaventura de Sousa Santos destaca dois campos de conformação dos Outros como inexistentes, sub-humanos: "O conhecimento e o direito modernos representam as manifestações mais bem conseguidas do pensamento abissal" (SANTOS & MENEZES, 2009: 24). No campo do conhecimento, o pensamento abissal concede à ciência moderna o monopólio da distinção universal entre o verdadeiro e o falso, entre as formas científicas e não científicas de verdade: os conhecimentos, as ciências que se dão deste lado da linha. Essa concessão desse monopólio de verdade leva a invisibilidade de formas de conhecimento que não se encaixam nessa validade de forma legítima de conhecer: os conhecimentos populares, leigos, plebeus, camponeses, afro-brasileiros ou indígenas situados do outro lado da linha. "Eles desaparecem como conhecimentos relevantes ou comensuráveis por se encontrarem para além do universo do verdadeiro e do falso [...]. Do outro lado da linha não há conhecimento real; existem crenças, opiniões, magia, idolatria, entendimentos intuitivos ou subjetivos [...] conhecimentos tornados incomensuráveis e incompreensíveis por não obedecerem aos cânones científicos de verdade" (SANTOS & MENEZES, 2009: 24-25).

Pouca centralidade tem sido dada na teoria pedagógica ao conhecimento enquanto um dos campos mais bem-sucedidos do pensamento abissal, da conformação dos coletivos sociais, étnicos, raciais como inexistentes. Pouco sabemos do papel pedagógico que leva a concessão ao saber científico do monopólio da verdade em detrimento de conhecimentos alternativos. Como sabemos pouco da força pedagógica de tornar invisíveis os coletivos populares e seus conhecimentos e formas de conhecer, ou dos processos que decretaram seu conhecimento real, histórico como inválido porque fora dos cânones de validade. Decretar os Outros inexistentes para o conhecimento faz parte das pedagogias de sua inferiorização histórica, intelectual e cultural.

Nossas crenças na força pedagógica do conhecimento sobretudo crítico como formadora de novos cidadãos, sujeitos críticos, conscientes, instruídos, racionais, participativos se defrontam com essas Outras Pedagogias muito mais radicais porque mais brutais com que o campo do conhecimento tem operado em nossa história. As vítimas dessas antipedagogias se colocam nos dias de estudo, com que pedagogias desconstruir no próprio campo do conhecimento, inclusive do conhecimento pedagógico, processos que continuam nos produzindo como inexistentes para o próprio conhecimento? Ou que proclamam a visibilidade das formas de conhecimento racional, verdadeiro, crítico, consciente relegando à invisibilidade e inexistência os Outros e seus conhecimentos alternativos porque irracionais, do senso comum, inconscientes, acríticos? Com as mesmas questões se defrontam os docentes/educadores que trabalham com a infância/adolescência e com jovens e adultos populares pensados também como inexistentes para o conhecimento: "com problemas de aprendizagem".

A questão a ser repensada é se as pedagogias construídas do lado de cá para tirar os coletivos populares da ignorância, irracionalidade, da falsa consciência, não operam também nessas distinções, não partem dessa invisibilidade e invalidade de suas formas de conhecer a serem superadas com pedagogias cognitivistas, conscientizadoras, críticas. Quando se reconhece que há saberes, cultura, valores, formas de pensar nesses coletivos, apenas são reconhecidos como matéria-prima para, ultrapassados, chegar ao conhecimento válido, crítico, consciente. Chegar à norma culta.

As pedagogias que se aproximam dos saberes e da consciência populares têm dificuldade de sair dessas coordenadas em que o conhecimento tem agido na conformação dos outros através de mecanismos tão radicais como a distinção entre o verdadeiro e o falso, o estatuto de validade da verdade, a existência e inexistência, visibilidade e invisibilidade de outros conhecimentos e, sobretudo, de Outros

Sujeitos e outras formas de pensar. Ignorar como e com que pedagogias esses processos tão radicais no campo do conhecimento foram e continuam configurando os grupos populares deixa sem bases históricas tantas pedagogias bem-intencionadas que se propõem instruir, levar às luzes do saber, do conhecimento crítico, da consciência e até do reconhecimento dos saberes populares. Qual a capacidade destas pedagogias para se contrapor àquelas brutais, radicais, abissais e sacrificiais pedagogias que os produzem como inexistentes para o conhecimento?

Os coletivos em suas ações, lutas e movimentos apontam a necessidade de responder com pedagogias mais radicais no próprio campo do conhecimento. Contrapõem-se aos condicionantes de sua entrada e permanência nesse campo e vêm lutando pela sua presença nas instituições de produção/validação do conhecimento. Não para por à prova, nem superar sua ignorância, inconsciência, irracionalidade, nem a inexistência e invalidade de seus conhecimentos e de suas formas de conhecer, nem para tentar que sejam validados pelos critérios hegemônicos de validade e de verdade, mas trazem seus saberes para serem afirmados, contrapostos como conhecimentos, consciências, formas de pensar alternativos, validados em critérios outros de verdade e validade.

Suas presenças afirmativas, carregando as positividades de sua condição de sujeitos de conhecimentos, de culturas, de valores, de validade de outras verdades se contrapõem à lógica abissal e sacrificial que marcou as formas de pensá-los e de pensar-se o próprio pensamento moderno e a pedagogia moderna. A força pedagógica dessas presenças afirmativas está em desestabilizar o próprio campo do conhecimento e de seus critérios de validade que produzem como inexistentes, invisíveis a eles próprios e a suas formas de conhecer. Se as pedagogias brutais no próprio campo do conhecimento operaram para produzir seu desaparecimento como sujeitos de conhecimento, as pedagogias que eles apontam como eficazes passam, não tanto por mostrar seus saberes, suas culturas, mas por tornar-se visíveis, críveis, incômodos como sujeitos de conhecimentos e modos de pensar. Sujeitos de critérios de validade alternativos.

Que pedagogias são essas e quais suas virtualidades formadoras? Questões que os coletivos em movimento põem a teoria pedagógica e as teorias da aprendizagem. Do seu reconhecimento e da explicitação de seus significados dependerá repensar a teoria e as pedagogias.

Reagem ao despojo de seu lugar na história da produção do conhecimento

Há um dado a ser destacado nessas pedagogias das ações coletivas; não se limitam a se fazer presentes no sistema escolar, nos centros de produção, sistematização, validação do conhecimento, fazem-se presentes na produção cultural, política, intelectual, pedagógica da humanidade. Reagem ao despojo de seu lugar na história dessa produção.

Quijano (2005) nos lembra da articulação dessas lógicas do conhecimento com o padrão de poder. Um padrão de poder/saber ou o padrão de produção, validação de conhecimentos atrelado a um padrão de poder. "Trata-se de uma específica racionalidade ou perspectiva de conhecimento que se torna mundialmente hegemônica colonizando e sobrepondo-se a todas as demais, prévias ou diferentes e a seus saberes concretos" (QUIJANO, 2005).

Quijano parte do reconhecimento da existência de uma racionalidade e de um conhecimento prévios e diferentes que foram colonizados pela racionalidade colonizadora. Reconhecimento ausente nas narrativas de nossa história do conhecimento e da racionalidade. Antes da conquista as Américas eram desertas de conhecimentos, de culturas, de pensamentos válidos. Nada sabemos dessa história anterior à colonização, simplesmente porque decretamos os povos originários como inexistentes, sub-humanos.

O autor aponta que essa história teve duas implicações decisivas. A primeira é óbvia: todos os povos colonizados, índios, negros, caboclos, foram despojados de suas próprias e singulares identidades históricas. A segunda, sua nova identidade racial, colonial e negativa, implicava o despojo de seu lugar na história da produção cultural, intelectual da humanidade. O padrão de poder implicava também um padrão cognitivo e cultural.

Os movimentos sociais reagem a esse despojo de seu lugar na história cultural e intelectual da humanidade, ao criar seus espaços, oficinas, escolas, universidades populares e ao ocupar os espaços hegemônicos de validação do conhecimento. Mostram a falsidade das narrativas hegemônicas da nossa história e da história da educação.

A diversidade de coletivos sociais em suas ações e movimentos vem fazendo do campo do conhecimento um território de ocupação e de disputa. Dão centralidade às estratégias de apropriação e reapropriação crítica do conhecimento acumulado, seja do sistema escolar, da educação básica à universidade, seja abrindo espaços próprios intracoletivos e intercoletivos para a produção de conhecimento próprio e de pedagogias próprias. A Universidade Popular dos Movimentos Sociais (UPMS), (SANTOS, 2006), no Brasil e na América Latina, a Escola Nacional Florestan Fernandes do MST e tantos outros espaços se apresentam como alternativas promissoras de conformação de espaços de produção, diálogo, sistematização, tradução de outros conhecimentos e Outras Pedagogias.

"Ocupemos o latifúndio do saber" tem sido o grito político dos movimentos do campo na aula inaugural dos cursos de Pedagogia da Terra e de Formação de Professores indígenas, do campo e quilombolas. As universidades são pressionadas a abrirem cursos específicos para dirigentes, militantes e educadores. Os diversos movimentos, com destaque ao movimento negro, pressionam por políticas afirmativas de acesso e permanência nas universidades. Em nível da educação básica, profissionalizante e de jovens e adultos, repolitizam e radicalizam as lutas que vêm desde os anos de 1950 pela conformação de um sistema público popular que garanta seu direito à educação e ao conhecimento. Uma luta que vem adquirindo destaque no movimento indígena, quilombola, negro, do campo por escolas em suas comunidades de origem, pelo direito a suas linguagens, memória, história, cultura e sua inclusão obrigatória nos currículos (leis 10.639/03 e 11.645/08).

Os movimentos na diversidade de suas ações vêm tendo um papel reconfigurante de nossos sistemas educacionais seletivos e excludentes e de suas pedagogias reguladoras, trazendo novos embates ao campo do conhecimento, de sua produção, pesquisa e sistematização. Esse conjunto de ações retoma, mas vai além, as pressões populares históricas em nossas sociedades pelo direito à diversidade de conhecimentos socialmente produzidos. Nesse sentido, as ações populares coletivas contemporâneas radicalizam suas relações históricas com o conhecimento e com seus espaços de produção, sistematização e de acesso.

Essas pressões históricas pelo acesso e permanência nos espaços do conhecimento estão sendo redefinidas em aspectos nucleares: de ofertas para os excluídos, passaram a se caracterizar como espaços de lutas daqueles mantidos historicamente fora. Lutas pela ocupação dos espaços e instituições de dentro, fazendo-se copresentes. De destinatários de políticas distributivas se afirmam sujeitos de pressão por políticas afirmativas. De critérios de mérito, êxito individual em percursos escolares pressionam por critérios de direito e de direitos de coletivos. Políticas afirmativas de direitos coletivos: Educação, direito dos povos indígenas, quilombolas, do campo, afro-descendentes... Não apenas educação direito de um cidadão abstrato. Não apenas escolas públicas abstratas, mas escolas públicas do campo, indígenas, quilombolas, populares, nas comunidades, com as marcas de suas culturas e identidades, com educadores/professores arraigados nas comunidades. Não mais políticas, currículos generalistas, mas focados, reconhecendo os diferentes como sujeitos de conhecimentos e de culturas. Nos documentos produzidos nas ações coletivas vai-se construindo outra relação com o direito ao conhecimento e aos espaços de sua produção e sistematização. Até outras pedagogias de ensino/aprendizagem.

As tradicionais ênfases: toda criança na escola, educação direito de todo cidadão, escola para todos..., direito ao saber acumulado, à herança cultural, deixam lugar a ações coletivas por educação do campo, educação indígena e quilombola, a lutas mais radicais: direito ao conhecimento da história, cultura, memória indígena e afro-brasileira, ações afirmativas, cotas, formação específica de educadores, pedagogias e currículos específicos.

O direito dos coletivos ao conhecimento sistematizado nos espaços do sistema é um dos campos de pressão das ações coletivas. Entretanto, os movimentos sociais enquanto novos atores políticos não limitam suas ações no campo do conhecimento retomando as lutas históricas pelo acesso, ocupando os espaços de sua produção. Vão além.

Os coletivos colocam suas ações no campo cognitivo, não apenas na entrada e permanência nos latifúndios do saber. Ocupar o latifúndio do saber é partir de uma constatação; assim como a terra foi apropriada e cercada, a posse legalizada assegurada pela força, expressando o padrão de poder de que faz parte, assim o conhecimento, o padrão cognitivo foi apropriado, cercado, validado, segregado no padrão de poder. Dos coletivos e de suas ações vem uma repolitização do campo do conhecimento, do padrão cognitivo mostrando suas implicações com o padrão de poder que de suas próprias e singulares identidades históricas e de seu lugar na história da produção cultural, intelectual e até pedagógica. Como repensar as pedagogias nessa repolitização do padrão cognitivo, do padrão de poder/saber que os coletivos trazem e expõem em suas ações para os embates político-pedagógicos?

Afirmam seu lugar na produção cultural e intelectual

Um dos embates é sobre as formas como os coletivos reagem à produção de suas identidades negativas e ao despojo de seu lugar na história da produção cultural e intelectual. Afirmam-se com identidades positivas trazendo e defendendo suas formas de pensar o real e de pensar-se, de inventar formas de produção da vida. Defendem seus projetos de campo, de sociedade, de cidade, de universidade. Seus projetos de reforma urbana, agrária, educativa. Saberes, modos de pensar o real, de produzir a vida, de projetos e de políticas que trazem desde seus lugares como contribuição para a produção cultural, intelectual, de políticas e de transformação social. Afirmando seu lugar na produção cultural, intelectual, política, social da humanidade desconstroem seu despojo e os processos e pedagogias que tentaram esse despojo.

Com essas ações coletivas questionam as pedagogias que os prometem fazer parte da história cultural e intelectual da humanidade se aprenderem com o Nós e suas pedagogias a ler o mundo, a relação teoria/prática, as didáticas de reflexão crítica, de sistematização, codificação/decodificação, de organização de seus conhecimentos. Se aprenderem a organizar seus saberes e formas de pensar e de pensar-se nos critérios, métodos, didáticas de validação hegemônica do conhecimento. Suas ações coletivas trazem outros conhecimentos, mas trazem também outras didáticas e pedagogias com outros critérios de validação pedagógica. O que exige reconhecer que as ações coletivas, os movimentos sociais trazem Outras Pedagogias, outros critérios de pensar, de organizar e sistematizar o conhecimento. De formar-se. Será possível um diálogo entre essa diversidade de pedagogias e de validação de conhecimentos?

Com essas questões se debatem os docentes/educadores das escolas onde chegam crianças, jovens ou adultos com outros critérios de pensar suas experiências sociais. Não levam à lógica escolar apenas saberes, mas outras formas de pensar e de validar o conhecimento.

Condicionar que seus conhecimentos produzidos em suas ações e experiências coletivas farão parte da história cultural e intelectual da humanidade se sistematizados, refletidos nas pedagogias e metodologias e ordenamentos hegemônicos válidos terminará reproduzindo a distinção entre pedagogias válidas e inválidas entre conhecimentos válidos ou falsos. Admitir que são sujeitos de produções alternativas de saberes, culturas, leituras de mundo, mas a serem encaixadas na validade da forma legítima de conhecer, sistematizar, termina por não reconhecer a produção de pedagogias alternativas. Reconhecer essa diversidade pedagógica, esses critérios diversos de validação de conhecimentos e colocá-los em diálogo será uma das funções dos encontros de conhecimento recíproco entre educadores e educandos, entre os movimentos sociais e cientistas, pesquisadores, artistas na diversidade de espaços de diálogo. A defesa de pedagogias únicas, válidas pode fechar esses encontros ao reconhecimento das ações coletivas e dos movimentos sociais atuais como produtores de Outras Pedagogias, de outros conhecimentos e de outros critérios de validação e de verdade. Pode inviabilizar diálogos de saberes nas salas de aula.

Podemos sintetizar as reflexões deste texto: Primeiro somos obrigados a pesquisar e refletir mais sobre as disputas dos coletivos populares pela escola, pela universidade enquanto territórios, instituições do conhecimento. A visão mais predominante e reducionista é que apenas demandam o favor de entrar na escola e até na universidade. Uma análise a ser aprofundada é que esses coletivos disputam o conhecimento – ocupemos o latifúndio do saber. Disputam esses espaços enquanto territórios cercados do conhecimento de onde foram segregados pela apropriação do conhecimento nas relações políticas de dominação/subordinação. Ocupar territórios cercados, derrubar cercas tem sido uma forma de luta política dos movimentos sociais e dos setores populares.

Podemos ir além e aprofundar que conhecimentos disputam. Chama a atenção que um dos conhecimentos disputados são as formas históricas de pensá-los. Ao reagir às formas de pensá-los reagem às formas como o próprio campo do conhecimento, inclusive pedagógico, pensa-se a si mesmo. A questão central não é como foram e continuam pensados como inferiores, inexistentes, mas como o próprio conhecimento e as teorias pedagógicas foram construindo sua função social em função das formas de pensar os Outros como inferiores. Uma crítica radical ao conhecimento que vem dos coletivos em reação a como são pensados. A crítica mais radical vem de se afirmarem existentes, críveis o que pressiona o campo do conhecimento, inclusive pedagógico, a inverter seu histórico papel abissal e sacrificial. A recolocar a produção do conhecimento em um outro padrão de poder/saber.

Há avanços nas críticas aos conhecimentos legitimados nos currículos que vêm da diversidade de tendências do pensamento pós-moderno, pós-estruturalista, até pós-crítico. As indagações mais radicais vêm da reação às formas de pensá-los e alocá-los no padrão de poder/saber. Críticas ao conhecimento, às teorias pedagógicas construídas na função social de continuar pensando-os e alocando-os nessas formas inferiorizantes, abissais de pensá-los para civilizá-los. As teorias pedagógicas, os conhecimentos sistematizados nos currículos somente serão outros e outras se somarem com os Outros Sujeitos sociais na desconstrução, na crítica e superação das formas históricas de pensá-los e inferiorizá-los no padrão de poder/saber. É uma precondição para desconstruir o padrão de poder/saber e avançar para outra função social do conhecimento e das instituições que validam conhecimentos. Outra função social da docência.

PARTE II

Pedagogias da produção do viver

5

RESISTÊNCIAS À DESTRUIÇÃO MATERIAL DE SEU VIVER

As pedagogias mais eficazes nos processos de destruição de seus saberes, suas identidades, de sua produção como inferiores, sub-humanos, da produção do despojo de seu lugar na história da produção cultural e intelectual passam pela subversão material de sua vida cotidiana. Ao destruir, afetar a produção da vida dos coletivos, são afetadas na raiz as capacidades humanas, os saberes colados a essas formas de sua produção. São destruídas as formas ancestrais de viver, de produção da vida humana, das identidades e dos saberes.

Por aí passaram as pedagogias de subalternização da empreitada colonizadora. As especificidades e diferenças tão marcantes de suas formas de viver são destruídas e submetidas a formas novas, trazidas pelos colonizadores. Processos que continuam com a chegada compressora das formas de produção capitalista, da monocultura, do agronegócio que invadem, destroem as formas de produção material dos agricultores, indígenas, quilombolas, ribeirinhos, povos da floresta e dos campos. Processos a que são submetidos os povos das periferias urbanas, na subsistência mais nos limites, em vilas miséria e favelas, espaços sub-humanos. Processos que passam pelo desemprego, a sobrevivência, a fome, a miséria massificada. Pedagogias que marcam os processos de desumanização até de tantas crianças e tantos jovens e adultos que chegam às escolas. Como entendê-las e como se contrapor à força deformadora dessas pedagogias de subalternização?

Pedagogias produzidas e ensaiadas aqui

A empreitada colonizadora foi um laboratório de produção e ensaio das pedagogias de subalternização mais "eficazes" porque mais brutais.

Ao destruir a vida cotidiana e impor aos povos originários e aos escravos um modo único, homogêneo de sua produção as outras formas de vida são submetidas ou destruídas. Homogeneizando, submetendo e destruindo toda outra forma de viver, tentam homogeneizar toda forma de pensar, de produção de conhecimentos, culturas, identidades. As pedagogias mais pedagógicas nesses processos de despojo de seus saberes e de seu lugar na produção cultural e intelectual passaram e continuam passando pelo despojo das formas ancestrais de fazer, produzir a vida em sua materialidade. Por aí inferiorizam, despojam seu lugar na produção de cultura, saberes, valores, identidades. Os desenraízam de seu chão cultural, identitário e os segregam em territórios que pretendem sem lei, sem cultura, sem saberes e sem valores. Sem identidades próprias.

"Pedagogias" apreendidas, construídas e praticadas aqui nas novas terras, constituintes de nossa história colonizadora e pós-colonizadora, republicana e democrática. "Pedagogias" centrais na história da educação. Por que ocultadas na história das teorias pedagógicas? Os coletivos em movimentos as desocultam. Expõem sua brutalidade e sua persistente atualidade.

A tendência das análises a partir da pedagogia progressista tem concentrado os processos de despojo intelectual e cultural no ocultamento, destruição de saberes pela inculcação, catequização, pelos currículos alienados, acríticos, pela inculcação da consciência falsa e até pelo silenciamento de suas memórias, histórias saberes e culturas. Esses processos tiveram e têm extrema centralidade e atualidade e orientam a prática de muitos docentes/educadores nas escolas e na educação popular. A escola, a mídia, os catecismos religiosos e os seculares da Modernidade se entendem como aparelhos ideológicos de despojo, ocultamento, marginalização, dos outros saberes dos Outros. Entretanto, essa ênfase tem levado a privilegiar pedagogias críticas dos processos de inculcação, das falsidades internalizadas na consciência falsa dos catequizados, oprimidos, escolarizados. Como contraposição têm sido privilegiadas pedagogias conscientizadoras, esclarecedoras. As metodologias de conscientização, politização constituem uma rica herança na diversidade de projetos de educação/conscientização/politização dos coletivos populares assumidos como tarefa libertadora por inúmeros grupos, programas de educação escolar, popular, vindos, de intelectuais, educadores, igrejas, ONGs...

Entretanto, e talvez por essas ênfases, a sensibilidade para as virtualidades pedagógicas dos brutais processos destruidores de produção da vida e da imposição de um modo material único de realização do sobreviver não tem merecido a atenção devida. Essas pedagogias de des-humanização, não obstante, têm sido as mais eficientes porque mais brutais e sacrificiais. Os produtos mentais, conscientizadores, por meio de catecismos, discursos, inculcações de outros saberes, culturas e universos intelectuais e simbólicos, adquirem força pedagógica porque colados a formas brutais de subversão material da vida cotidiana pela sua estandardização, pela perda de formas de sociodiversidade coladas às especificidades das formas de fazer a vida. Esses processos destrutivos se revelaram os mais eficazes pedagogos ou antipedagogos na destruição de saberes e na produção do despojo de seu lugar na história cultural e intelectual.

Quando a cotidianidade do viver é subvertida se subvertem identidades, memórias, culturas, saberes porque se subvertem as ações, experiências coletivas e as relações sociais que as informam e dão significado. Um padrão de poder/saber/destruição das bases do viver tão específico e tão persistente em todas as empreitadas colonizadoras e incorporado na pedagogia capitalista.

A pergunta se impõe: Se essas pedagogias têm uma longa história na expropriação de saberes, culturas, identidades como aconteceram e como continuam acontecendo nesses brutais, históricos e persistentes processos de desterritorialização dos diversos coletivos sociais, étnicos, raciais, dos campos, florestas, morros, favelas? Como essas pedagogias se reproduzem na expropriação da terra e do território, na destruição da agricultura familiar, na destruição de espaços de moradia nas periferias, na perda da sociodiversidade, no desemprego, nas permanentes migrações e êxodos a que são condenados? Nos brutais processos de desenraizamento de qualquer lugar, no jogar milhões de nômades na diáspora, essas pedagogias desumanizadoras se perpetuam.

Os militantes/educadores nos dias de estudo sentem e mostram a necessidade urgente de pesquisar mais como se deram e continuam se dando processos de ocultamento, e mais, de destruição, homogeneização das formas de viver e de produzir sua existência. Como na medida em que se destrói a rica diversidade de experiências se empobrecem os processos de produção de saberes, de modos de pensar. Como se destroem ricas formas de sociabilidade, de relacionamentos, de transmissão e aprendizado dos costumes e das tradições, dos valores e do universo simbólico, na medida em que se impõe um modo único de realização do viver. Sobretudo na medida em que se precarizam as formas básicas do viver como humanos, negam-se as possibilidades de um viver digno de seres humanos. Com essas "pedagogias" se pretende produzi-los como sub-humanos?

Os(As) docentes/educadores(as) das escolas se defrontam com essas formas tão precarizadas de existência a que são condenadas as crianças e adolescentes, os jovens e adultos com que trabalham. Até as formas precarizadas de seu trabalho docente. Nas didáticas e teorias pedagógicas falta dar maior relevância ao peso dessas pedagogias na produção de seus saberes, valores, de seus modos de pensar. Como ignorá-las na sala de aula?

O pensamento abissal e sacrificial foi traduzido em processos pedagógicos de produção dos coletivos do lado de lá em inexistentes, ausentes, invisíveis, incompreensíveis mais do que inconscientes, marginais, excluídos, desiguais. Essa produção da inexistência se dá pela destruição das bases de seu viver/ ser em territórios, espaços, terra, processos de produção do viver/ser. Daí que a questão da terra, da moradia, do trabalho estável e dos territórios tenha tido extrema relevância pela sua expropriação e precarização como a expressão máxima da destruição dos coletivos, do sacrifício de sua humanidade, de sua visibilidade e existência. A persistência da questão da terra e do espaço na história de nossas formações e a tendência a sua radicalização em tantas ações coletivas mostra como a persistência das pedagogias abissais e sacrificiais continua operando pela destruição das bases materiais da possibilidade do viver/ser desses coletivos. Só nos tornamos visíveis, existentes em espaços, territórios, terra. Desterritorializar esses coletivos sociais para torná-los inexistentes, invisíveis foi e continua a ser a empreitada político-pedagógica mais perversa em nossas sociedades. Mais antipedagógica.

Como vítimas desses espaços do viver tão desumanos chegam os educandos aos encontros e às escolas populares. Como trabalhar essas vivências tão desumanas e como fazer com que ao menos o tempo/espaço da escola seja tempos/espaços de um digno e justo viver? Há coletivos de docentes/ educadores(as) que reagem às pedagogias desumanizadoras de que os educandos são vítimas, tornando os espaços escolares mais humanos.

Como há educadores(as) que nos dias de estudo aprofundam nessa história de desumanização e se perguntam: O que significou uma história civilizatória colada à destruição da diversidade das formas de viver? O que significa hoje de antipedagógico e anticivilizatório a destruição das formas de produzir a vida na agricultura familiar, a destruição dos territórios indígenas e quilombolas invadidos, dos espaços das comunidades periféricas tão precarizados, de sua infância e juventude tendo que atrelar seu sobreviver ao trabalho infantil, a perambular pelas ruas, à droga, à exploração sexual, a formas tão brutais, nas incertezas e nos limites de cada dia? Nas experiências tão precoces do sofrimento e da morte? O que significam de destruidor o desemprego e a insegurança no trabalho? Impõe-se pesquisar e saber mais, juntos com esses coletivos e essas infâncias, por onde passam essas "pedagogias" destruidoras, sacrificiais de seus saberes e identidades porque destruidoras de suas formas de produção do viver/ser, da terra, do território, do espaço. Da destruição e precarização do trabalho.

Se a esses processos tão antipedagógicos de subversão, destruição das formas de produção da vida, da materialidade do sobreviver contrapomos apenas pedagogias conscientizadoras, inculcadoras, críticas dos saberes supostamente alienados não conseguiremos subverter essas virtualidades tão eficazes que mostram carregar a subversão brutal da forma de viver. Haveria outras pedagogias mais radicais? Como descobri-las e incorporá-las no fazer educativo?

De volta aos começos

Há um dado a não ser perdido na procura das virtualidades questionadoras dos movimentos sociais, que remetem ao perene da condição humana: a terra, o lugar, a comida, o trabalho, a moradia, a infância, a sobrevivência, a identidade e diversidade de classe, idade, raça ou gênero. Os sujeitos coletivos que se agregam e põem em movimento se identificam com essas dimensões tão perenes. Eles remetem ao enraizamento de nossa condição e formação como humanos: a vida, o sobre-viver, as condições materiais, o lugar, o espaço, o corpo, a raça, a cor da pele, as corporalidades, o gênero, as relações mais básicas entre coletivos. Remetem, sobretudo, a permanência e imutabilidade histórica das condições em que como coletivos produzem suas existências tão precarizadas. Remetem a persistência da materialidade onde se jogam as possibilidades de liberdade, emancipação, formação como gente. Atolados nessa materialidade precarizada do seu viver que chegam às escolas. Mas também lutando por modificá-la.

Nas narrativas de práticas fica exposta a radicalidade dos movimentos sociais pelo fato de articularem coletivos em torno das carências existenciais mais básicas. Como nos espaços que os docentes/educadores(as) abrem para as narrativas de vida dos educandos(as) em torno do seu precário sobreviver ficam expostas as indagações radicais que eles trazem para a prática educativa e para os conhecimentos escolares. Suas lutas se alimentam das velhas e tradicionais questões humanas não respondidas. Retomam velhas lutas em torno dos direitos humanos mais elementares, perenes, não garantidos nem pelas novas tecnologias, nem pelo saber instrumental, nem pela sociedade do conhecimento, nem pela universalização da alfabetização, da escolarização e tantas outras promessas da Modernidade e do progresso. Neste sentido mostram como a permanência das grandes questões não resolvidas questiona tantas utopias, inclusive o progresso pessoal e social pela escolarização e pela educação, pelas tecnologias, pelo agronegócio, pelo crescimento econômico. Os movimentos sociais, ao mostrarem as velhas e tradicionais perguntas não respondidas, interrogam as utopias, entre elas a escolarização, o progresso técnico-científico em que a pedagogia se envolveu tão irresponsavelmente.

Quando o sonho do progresso e do futuro ofuscam tantos pedagogismos progressistas e tantas propostas curriculares, os coletivos em movimento os puxam para o presente tão elementar de tantas existências e colocam as questões primaríssimas ainda não respondidas. Sobretudo relembram que essas lutas não são de agora. Retomam uma memória coletiva. Eles acordam as teorias e as políticas de tantas promessas tão curtas quanto um sonho bom e as trazem de volta para o começo, para os primórdios da condição de sobrevivência e convivência como humanos. Aí nasceu a pedagogia, na infância das possibilidades elementares de sermos humanos. Quantos educadores(as) nas escolas e nos movimentos sociais fazem dessas vivências e interrogações objetos centrais do conhecimento. Mas, sobretudo, dão toda atenção às Outras Pedagogias que os coletivos em movimento trazem e que se alimentam das resistências aos brutais processos de inferiorização, de ocultamento em que foram segregados e infantilizados como coletivos. Mas não se esquecem desses processos e lembram que ainda milhões de pessoas não saíram daí, dos começos. Como se as promessas de futuro não tivessem conseguido que a humanidade ultrapassasse seus inícios. Suas necessidades primárias. Como se tudo estivesse no presente, apesar de tantas promessas de futuro, de inserção e de igualdade. A mesma sensação que tantos(as) educadores(as) vivem diante das formas de sobreviver dos educandos e até deles mesmos.

Um dado dramático para o repensar das pedagogias que se tornaram tão futuristas, que vivem prometendo o futuro para os letrados, os escolarizados, para os milhões de jovens e adultos trabalhadores e camponeses que sacrificam o descanso, o convívio por promessas, que em tão pouco alteram seus presentes. Os movimentos sociais e os educandos nos repetem que para milhões ainda o presente é a questão. O presente mais elementar. Vivem sua história, organizam-se e se mobilizam para dar conta do seu precário presente sem horizontes. Às voltas sempre com o presente. Suas vidas e sua sorte no jogo perene do presente. Com que didáticas aprender a ler esse presente? Por que não partir das suas leituras do seu viver no presente?

Nas ocupações, nas marchas ou nas oficinas e dias de estudo mostram que as políticas ou a pedagogia que não tenham esse presente tão premente como sua tarefa se perdem ao perder seu chão: os próprios sujeitos se formando, humanizando ou desumanizando na materialidade tão presente e tão pesada em que reproduzem suas vidas. Um presente que carrega indagações desestabilizadoras a exigir aprofundamento e respostas das políticas e programas, das didáticas e das teorias pedagógicas.

Das fronteiras de luta dos movimentos sociais tão colados às necessidades mais elementares vem como desafio à velha matriz pedagógica: reconhecer a centralidade do presente reposto nas estreitas relações entre produção/reprodução material e social da existência e a formação como humanos do seu tempo. Um tempo parado, suspenso na imutabilidade das relações sociais?

Os coletivos sociais e de educadores se põem em movimento como querendo empurrar o tempo, mostrando a urgência de alterar no presente essas circunstâncias, essa materialidade e essas relações sociais para que se tornem educativas, formadoras e não deformadoras.

Para além dos começos, ultrapassá-los

Os coletivos que tanto arriscam estão a intuindo, que sem terra, sem teto, sem moradia, sem trabalho, sem igualdade, sem identidade, não há como viverem a condição humana. Não dá para se formar como humanos. É a lição que teve de aprender o ser humano nos tensos processos de sua constituição como sujeito de cultura, de pensamento e de valores, de dignidade e de direitos.

Nos encontros de estudo ou nas oficinas da UPMS, nas análises do real os coletivos se voltam para o presente, mas não se atolam nas necessidades mais primárias. Seu olhar diante da permanência de promessas nunca cumpridas não se fecha no passado, na saudade. As lutas em que se arriscam apontam para além dessas necessidades e promessas não cumpridas. Para sua superação. Apontam para vidas possíveis intuídas na memória coletiva. Não se abandona um horizonte para além do presente e do passado. Cada movimento é uma marcha para vidas possíveis. Outra sociedade possível. É um movimento, não um ficar nos valores e concepções tradicionais. É uma luta por outro projeto de sociedade, de campo, de cidade. De ser humano. De educação. De ser criança ou jovem.

O objeto das mobilizações são necessidades localizadas no seu universo mais próximo, na reprodução mais imediata da existência, porém as reivindicações são dirigidas para fora, para os governos, para as políticas públicas, para a reforma agrária, para o modelo econômico, para a igualdade, para a escola e as universidades. Para outro projeto de sociedade. Os movimentos sociais e juvenis geram um saber de si e um saber-se para fora. Um saber político que alarga seu saber local e se amplia. Os sujeitos que participam nesses movimentos vão sendo munidos de interpretações e de referenciais para entender o mundo fora, para se entender como coletivo nessa "globalidade". São munidos de saberes, valores, estratégias de como enfrentá-lo. Conscientes dos limites para superá-los.

Na perspectiva educativa podemos ver que não se dá uma reprodução de autorrepresentações tradicionais, conformistas, fechadas, mas ao contrário há uma abertura para fora a partir de necessidades, de valores e experiências de luta, coladas a sua tradição e identidade, a sua memória coletiva.

A permanente volta aos começos realimenta a utopia de outras vidas possíveis. De ir além. Abre a percepção de si e da realidade que os retém presos aos começos. Das relações sociais e políticas de dominação que tentam subordiná-los. Como captar esses tensos processos de formação? Tarefa do pensar e fazer pedagógicos. Em análises diversas a educação popular tentou captar e equacionar essa tensão entre tradição, localismo, memória, cultura popular, abertura e alargamento na formação que os movimentos sociais provocam. Frente à visão tão inferiorizante de que os grupos populares, camponeses, ribeirinhos, quilombolas, indígenas, negros, mestiços, continuam atolados no misticismo e tradicionalismo, esses coletivos em suas ações e movimentos se revelam com leituras de mundo e de si mesmos que os movem a ultrapassar os começos. Com que outras pedagogias fazem esse percurso formador? Questões postas aos coletivos de docentes/educadores(as) nas salas de aula e aos militantes nas oficinas.

Humanizar os espaços do viver

Este é um dos campos em que se revelam mais tensas as pedagogias de subversão material de seu viver, do desenraizamento e da desterritorialização a que são condenados os trabalhadores e coletivos populares e as pedagogias das lutas por territórios, trabalho, terra, espaço até pela escola. Os movimentos sociais são coincidentes em mostrar-nos que a formação humana é inseparável da produção mais básica da existência, do trabalho, das lutas por condições materiais de moradia, saúde, terra, transporte, por tempos e espaços de cuidado, de alimentação, de segurança. Por que as teorias pedagógicas se afastaram dessa base material em que nos humanizamos ou desumanizamos?

A chegada dos educandos com vidas tão precarizadas às escolas obriga a docência a repor essas bases do viver com a devida centralidade nos processos de aprender, de formação e desenvolvimento humano. O direito à educação, ao conhecimento, à cultura está atrelado às formas de viver nas tramas do presente. Quando se ignora a precarização do viver de educadores e educandos se cai em exigências descabidas ou se responsabiliza uns e outros por fracassos em avaliações de resultados. As vítimas desse precarizado sobreviver ainda são vitimadas nos processos escolares e responsabilizados pelo desemprego e pela pobreza.

Há coletivos docentes/educadores que aprendem com os movimentos sociais o peso determinante das condições materiais de produção da existência deles e dos educandos nos processos de sua formação. Até no rendimento escolar. Inventam outras pedagogias e didáticas que partam dessas determinações tão pesadas de seu viver. Avançam com os educandos para formas de entender-se nesse precário e injusto sobreviver. A pedagogia escolar não deveria dar oportunidade a essas infâncias e juventudes para que se entendam e entendam as relações sociais em que é produzido seu mal viver? Essas são as pedagogias com que trabalham os movimentos sociais (ARROYO, 2011b).

Até a ampliação da consciência do direito à escola passou nas últimas décadas de nossa história colada às necessidades e às lutas pela melhoria dessas condições básicas de sobrevivência, de inserção no trabalho e na cidade, da reprodução da existência, sobretudo da infância e da adolescência popular. A luta pelo subsolo material alimenta tanto os movimentos sociais quanto o movimento operário e alimenta também o aprendizado dos direitos, inclusive do direito à escola. Esta é uma lição dos movimentos sociais que interroga as pedagogias escolares até as progressistas-críticas. O direito à escola e ao conhecimento adquire dimensões novas mais radicais quando articulado ao direito à base material do viver, sobreviver. A escola adquire outras funções quando o direito ao tempo/espaço de escola se articula com o direito a tempos/espaços de um justo e digno viver. As teorias pedagógicas são pressionadas a alargar as concepções escolares, de conhecimento e formação em que se estreitaram. O aprendizado dos direitos para as classes e grupos subalternizados, oprimidos é inseparável do aprendizado dos direitos ao digno e justo viver, as bases materiais do viver.

Os movimentos sociais em sua diversidade de fronteiras coincidem em destacar como o aprendizado dos direitos vem das lutas por essa base material. Por sua humanização. Os movimentos sociais têm sido educativos não tanto por meio da propagação de discursos e lições conscientizadoras, mas pelas formas como têm se agregado e mobilizado em torno das lutas pela sobrevivência, pela terra, pelo trabalho ou pela inserção na cidade. Por outro projeto de sociedade, de cidade e de campo por outras relações sociais de produção. Revelam à teoria e ao fazer pedagógicos a centralidade que têm as lutas pela humanização das condições de vida nos processos de formação. Relembram as teorias pedagógicas quão determinantes são, as condições de sobrevivência no constituir-nos seres humanos, culturais, éticos, identitários. A luta pela vida educa por ser o direito mais radical da condição humana.

Os movimentos sociais articulam coletivos nas lutas pelas condições de produção da existência popular mais básica. Aí se descobrem e se aprendem como sujeitos de direitos. É importante constatar que, enquanto o movimento operário e os movimentos sociais mais diversos apontaram nessas décadas essa matriz pedagógica, um setor do pensamento pedagógico progressista nos levava para relações mais ideológicas: o movimento cívico, a consciência crítica, os conteúdos críticos como matriz formadora do cidadão participativo. Outra direção e outras ênfases bastante distantes das ênfases que setores, também na fronteira do pensamento pedagógico progressista, davam aos vínculos entre trabalho e educação, e entre movimentos sociais e educação. Matrizes mais coladas à materialidade da produção das existências na fábrica, no campo, no trabalho, nas lutas e mobilizações sociais.

A retomada da produção da existência como princípio formador

Essas lutas por humanizar as bases do viver adquirem maior relevância na medida em que os processos de sua desumanização se aceleram e na medida em que se destroem os direitos do trabalho, conquistas do movimento operário.

Alguém nos lembrará que estamos em outros tempos, em outro contexto. Sem dúvida. Podemos perguntar-nos como ficam no atual contexto de desemprego, de precarização e instabilidade no trabalho esses vínculos entre movimentos sociais e educação? Essas matrizes pedagógicas tão destacadas nas relações entre educação, trabalho, movimentos sociais não estariam perdendo suas virtualidades pedagógicas? A desestruturação da organização produtiva, da organização operária, das lutas sociais e dos direitos conquistados não estariam desestruturando também suas proclamadas virtualidades formadoras? Quais as consequências para o pensar e fazer educativos dessa desestruturação e precarização das bases da produção da existência? A classe trabalhadora e a diversidade de lutas, tão decisivas no aprendizado dos direitos, estão sendo desestruturadas. Podemos encontrar, ainda, sinais de resistência, de afirmação de direitos e de mobilização diante da brutal expansão do agronegócio? Questões centrais para continuar a procura dos vínculos entre educação e trabalho, educação e movimentos sociais em lutas por terra, espaço, vida.

Poderíamos ver nesses brutais processos de desestruturação produtiva, de sem terra, de desemprego, de perda da estabilidade e dos direitos conquistados, a persistência das pedagogias de desumanização. Mas podemos ver também nas resistências a esses processos de desumanização Outras Pedagogias que retomam e afirmam a centralidade, da imediatez da produção reprodução da existência, para a formação humana. Os movimentos sociais e o movimento operário retomam as lutas mais básicas por trabalho, terra, moradia, saúde, escola, alimentação, sobrevivência da infância e da adolescência, pelo direito à escola como possibilidade de liberação da opressão do trabalho e da exploração infantil, do desemprego, da conquista da terra.

Diante da opressão e da miséria que avançam, é retomada com mais radicalidade e não abandonada a produção da existência, o trabalho, a terra, enquanto matriz e princípio educativo, formador. Os movimentos sociais que não saíram de cena e que situam suas lutas nessa produção mais imediata da existência se reafirmam como educadores por excelência das camadas populares. Suas pedagogias de emancipação exigem ser reconhecidas como outras epistemologias inspiradoras de outras práticas formadoras na diversidade de tempos/espaços de educação popular. De Outras Pedagogias.

Retomar esses vínculos nestes tempos não perdeu atualidade para os projetos de educação popular e inclusive para o pensar e o fazer pedagógicos escolares, quando sabemos que a infância e a adolescência, que vão chegando nas últimas décadas e frequentam as escolas públicas, estão entre aquelas que sofrem de maneira brutal a segregação e as formas precaríssimas de viver. Como pensar currículos, conteúdos e metodologias, formular políticas e planejar programas educativos sem incorporar os estreitos vínculos entre as condições em que os educandos reproduzem suas existências e seus aprendizados humanos? Questões inquietantes postas nas escolas por tantos docentes/educadores(as) e que vêm instigando outras práticas educativas, outros conhecimentos e outras relações entre mestres e educandos.

Um aprendizado dos coletivos populares, dos trabalhadores é que todo processo educativo, formal ou informal não pode ignorar, mas tem de incorporar as formas concretas de socialização, de aprendizado, de formação e deformação a que estão submetidos os educandos. Tem de partir dos processos de produção de sua existência, do seu viver. Ignorar essa realidade e fechar-nos em "nossas" questões, curriculares e didáticas, terminará por isolar os processos didáticos dos determinantes processos socializadores em que os setores populares se formam a partir da infância.

Sobretudo, como reconhecer e incorporar nas práticas educativas das escolas e dos movimentos os saberes, valores aprendidos nas resistências à destruição material de seu viver? É possível, ainda, ir mais longe: que a escola, as salas de aula sejam tempos/espaços de um digno e justo viver dessas outras infâncias/adolescências (ARROYO, 2011c).

6

AS PEDAGOGIAS DA VIDA PRODUTIVA

Nos dias de estudo, encontros, oficinas, os militantes educadores(as), camponeses(as), trabalhadores sem terra, sem teto começam com rituais, místicas, músicas, gestos que carregam significados formadores. Outras pedagogias? O que teriam em comum? Que significados tão próximos carregam? Seria a proximidade dos símbolos? Outras proximidades?

Há proximidades desses símbolos com as experiências vividas nas comunidades indígenas, camponesas, quilombolas, nos coletivos que lutam pela sobrevivência, pelo trabalho. Nesses rituais e nessas místicas todos os símbolos estão colados a terra, às ferramentas e produtos do trabalho. Em realidade, terra, trabalho ultrapassam o simbólico e trazem o real em que tecem suas vidas, sociabilidades, saberes, valores e identidades. Afirmam pedagogias da vida produtiva.

De onde vem a força formadora desses rituais?

As vivências comuns na produção da vida dão a força formadora aos símbolos. É o que faz pensar, produzir identidades, valores, leituras e interpretações de mundo e de si mesmos como coletivos. Desse real vivido vem a força pedagógica.

Esse é um dos aprendizados que os coletivos de trabalhadores(as) em movimentos trazem para o pensamento pedagógico. Mostrar em rituais e símbolos a força pedagógica da terra, do trabalho, dos processos de produção da vida. Pedagogia da terra, do trabalho, da vida produtiva. Apenas destacar o caráter didático desses rituais e símbolos não dá conta de suas virtualidades formadoras. São mais do que didáticas. A sua força está em fazer presente a força pedagógica do real: terra, trabalho, esforço humano, coletivo, por transformar a terra, produzir a vida construindo valores, culturas, identidades. Humanizando.

Essa virtualidade formadora da vida produtiva de que participam desde crianças é reconhecida ao chegarem às escolas populares? É reconhecida em toda ação educativa nos próprios movimentos sociais, na EJA, nas oficinas?

Frente a tantas pedagogias ilustradas, discursivas, convincentes, que têm como centro a palavra, a letra, as pedagogias dos movimentos trazem a centralidade dos processos de produção, as relações produtivas, na terra, no trabalho e seus produtos. As místicas e tantos rituais socializadores dos trabalhadores(as), dos povos do campo, indígenas, quilombolas, sem teto, sem lugar, trazem essas pedagogias e aprendizados, saberes, modos de pensar inerentes ao trabalho, ao fazer-se fazendo a história coletiva. Todos os rituais dos movimentos sociais estão colados aos tempos de produção e de trabalho, ora da perda da colheita, da fome, do sofrimento, ora da celebração da boa colheita, da vida, da ocupação da terra, do mutirão na construção da casa, da reprodução digna e justa da existência desde crianças. As místicas como tantos rituais da diversidade de coletivos trabalhadores(as) celebram a vida fruto do trabalho, a luta por terra, trabalho, por justiça, por outro projeto de campo e de cidade e de sociedade.

A pedagogia da terra, a escola do trabalho não se limitam a redefinir conteúdos que explicitem esse projeto de campo, de cidade, de sociedade, mas buscam nesse projeto, na centralidade da terra e do trabalho, a relação econômico-pedagógica que lhes é inerente. O que há de mais radical nessas pedagogias das marchas, das místicas e dos rituais da vida e do trabalho é trazer às teorias pedagógicas a centralidade da pedagogia da produção do viver. Que virtualidades carrega ser trabalhador(a), camponês(a), sujeitos nesses processos da produção e de trabalho? Trazer as virtualidades, positividades da produção da vida é uma reação à visão negativa que se tem do trabalho, da criação produtiva frente à produção intelectual, artística, tarefas próprias das classes dirigentes, intelectuais, artistas, dos "pensadores". É uma reação à polarização entre as artes liberais em contraposição à artesã, ao trabalho assalariado, à agricultura, tidas como ocupações desprezíveis, irracionais, mecânicas, repetitivas. É reagir à dicotomia e às hierarquias entre trabalho braçal, manual frente ao trabalho intelectual, do espírito, da mente.

Frente a essas visões tão incrustadas nas teorias pedagógicas os movimentos sociais do campo, dos trabalhadores "braçais", o movimento operário vem reafirmando que nesses processos de trabalho, de produção da vida, dos alimentos, da materialidade do viver se produzem como pensantes, como sujeitos sociais, culturais, éticos, humanos. As crianças e os adolescentes, os jovens e adultos levam às escolas experiências de participar desde cedo na produção da vida, na sobrevivência, no trabalho. Os saberes dessas vivências serão reconhecidos nos processos de educação escolar?

Essa pedagogia da vida produtiva traz para as teorias pedagógicas dimensões enriquecedoras. Os movimentos sociais da diversidade de trabalhadores(as) trazem para os currículos a centralidade do trabalho, da terra, dos processos produtivos, dos produtos do trabalho. A agricultura camponesa, ao se defender frente à destruição do agronegócio, defende o trabalho produtor da vida, da soberania alimentar, da moradia digna, e tudo o que daí decorre: os valores, as representações de mundo e de si mesmos, a cultura, as artes, o conviver, a sociabilidade, os modos de pensar, de ler o mundo.

Os povos dos campos, das florestas, das periferias, os sem-terra, sem-teto, sem-território, sem-trabalho, sem-comida, sem-um-justo-viver exigem vida, terra, trabalho, teto. Lutam por processos produtivos onde se produzam humanos. Sabem que seu produzir-se como humanos, pensantes, culturais, éticos, identitários, é inseparável de sua condição de sujeitos produtivos, trabalhadores que, ao produzir os bens em relações de libertação e de justiça sociais, produzem-se. As lutas por educação, cultura, identidades são formadoras porque coladas a tornar os processos produtivos mais justos, mais humanos e humanizadores.

Essa dimensão tão central da pedagogia da terra, do trabalho que traz para o pensar pedagógico a centralidade dessas matrizes formadoras é uma das contribuições pedagógicas mais radicais dos movimentos sociais que lutam pela base formadora mais radical, por terra, teto, trabalho, comida, vida. Como incorporá-la com sua radical positividade no corpo tão fechado das teorias pedagógicas legítimas? Que lugar ocupam essas pedagogias tão de raiz na história da pedagogia? Que lugar ocupam nos currículos e nas pedagogias escolares?

O trabalho como princípio educativo

Essas pedagogias ocupam um lugar central na tradição marxiana e gramsciana. O movimento operário e a diversidade de movimentos de trabalhadores as repõem e repolitizam. Os trabalhadores dos campos, das florestas, das cidades, o movimento operário, os movimentos sem terra, das mulheres camponesas... Todos os coletivos que lutam contra a exploração humana vêm afirmando o caráter formador do trabalho como modo humano de existir e de formar o ser humano, no mesmo processo de criar a realidade humana (FRIGOTTO, 2012). O trabalho como princípio educativo, a pedagogia do trabalho é uma das contribuições mais radicais do movimento operário dos trabalhadores para a história das teorias pedagógicas (ARROYO, 2011a). Que contribuições destacar e incorporar nessa história?

O movimento operário e a diversidade de movimentos sociais de trabalhadores(as) dos campos e cidades resistem e lutam contra a diversidade de formas de exploração do trabalho escravo, servil, sob as relações capitalistas de venda e exploração do trabalhador. Resistem a tantas formas degradantes, exploradoras em que o trabalhador é usado, consumido, desumanizado. Mostram essa dimensão "educativa negativa", essas pedagogias mutiladoras e deformadoras do ser humano. Essa tem sido uma das contribuições históricas das resistências dos trabalhadores a toda forma de trabalho alienante ou da separação do trabalhador de seu próprio fazer-se, humanizar-se.

Os movimentos de trabalhadores, ao resistir a essas pedagogias de dominação, trazem para a história das teorias pedagógicas a necessidade de pesquisar, teorizar, explicitar essas pedagogias em que milhões de seres humanos a partir da infância/adolescência são submetidos a trabalhos alienados, embrutecedores, des-humanizantes. Paulo Freire, na *Pedagogia do oprimido*, já nos lembrava que a história da humanização foi sempre acompanhada de uma história brutal de desumanização. A história das pedagogias formadoras/humanizadoras é inseparável da história de tantas pedagogias deformadoras, alienantes, des-humanizadoras. Pedagogias que têm seu caráter mais alienante da desumanização na alienação do trabalho, na separação do trabalhador do seu próprio fazer e fazer-se, humanizar-se.

Ninguém com mais direito a reivindicar o reconhecimento dessas pedagogias de dominação do que os trabalhadores, suas vítimas, que tentam anular sua capacidade intelectual, humana de criar e de se criar como seres humanos plenos. Os trabalhadores, vítimas dessa negatividade do trabalho alienante, pressionam para que essas pedagogias sejam mais pesquisadas e teorizadas. Inclusive que sejam levadas em conta nos processos de aprender dos educandos populares que chegam às escolas vítimas de processos deformadores. A ênfase no trabalho como princípio pedagógico tem secundarizado o trabalho real, alienante, desumanizador de que são vítimas os trabalhadores e suas famílias e até suas crianças.

Mas também ninguém melhor para se contrapor, resistir a toda exploração, desumanização, produzindo outras pedagogias de libertação como trabalhadores. Dos movimentos de trabalhadores vem a explicitação da complexidade de processos e sentidos pedagógicos que vivenciam nas experiências de exploração e de reação a exploração do trabalho. Uma tensa história da pedagogia ignorada, ocultada, mas que os militantes/educadores(as) dos movimentos sociais reivindicam conhecer porque dessa história são vítimas, mas também sujeitos de outra história de libertação. Desde crianças levam aos centros de educação saberes de resistências, de lutas por dignidade e humanidade.

O trabalho alienante é uma das vivências que a infância popular aprende desde cedo. Mas também as resistências são aprendidas desde cedo. Com essas vivências e aprendizados do trabalho pessoal e de suas famílias e coletivos chegam às escolas. Como explorar as virtualidades formadoras de vivências precoces do trabalho?

Ao destacar a relação entre trabalho/educação/formação, os movimentos sociais de trabalhadores(as) das cidades e dos campos criticam a simplificação a que reduzem essa relação às políticas de formação para o trabalho, de programas para a capacitação para a produção industrial e agrícola, para o domínio da técnica, das competências para a maior produtividade, para a disputa do mercado de emprego ou para empregabilidade e a sobrevivência suportável. Os movimentos sociais têm sido críticos desses programas de que são os destinatários preferidos.

Em que termos mais radicais repõem a relação entre trabalho/educação/ humanização? Ao lutarem por terra, trabalho, como processos de produção de vida, de existência, da condição humana, da história, da sociedade, como criação e recriação do ser humano retomam a positividade formadora, pedagógica do trabalho. Não apenas denunciam e resistem a tantas negatividades, desumanizações históricas do trabalho alienante, de sua negação, da exploração sob as relações capitalistas de produção. Em suas lutas por trabalho, terra, agricultura camponesa, retomam a centralidade do trabalho como o único meio de produzir-se como humanos, plenamente desenvolvidos.

Os movimentos dos trabalhadores, a partir do movimento operário e continuando na diversidade de movimentos de trabalhadores(as) das cidades e dos campos, mostram que conceitos abstratos elaborados na descrição teórica e necessários à compreensão teórica do trabalho como princípio educativo revelam toda sua complexidade e densidade pedagógica nas suas lutas por terra, trabalho, libertação, formação humana integral, plena. Enriquecem esses princípios ao trazê-los para o real concreto de suas experiências como trabalhadores, de suas lutas por trabalho, terra, pelos meios de vida onde atender as múltiplas necessidades de seu viver como humanos desde crianças/adolescentes.

O direito aos saberes das experiências do trabalho

Nesse reafirmar a centralidade formadora do trabalho, da terra, da produção, defendem formas mais radicais de educação e de instrução: a escola do trabalho, a participação das crianças e adolescentes nas atividades de cuidar, produzir a vida, de participar nas lutas contra a expropriação de suas terras, da destruição da agricultura camponesa, quilombola, indígena ou contra o desemprego, a precarização do trabalho e da produção do espaço, da moradia, da vida, nas cidades. Defendem currículos, material didático, temas geradores que mostrem as pedagogias alienantes a que são submetidos desde crianças, em trabalhos desumanos, em formas precaríssimas de reprodução de seu viver. Currículos que mostrem essa história do trabalho sob o capital a que foram e continuam submetidos como coletivos, classe, raça, etnia, mulheres, até crianças e adolescentes.

Se essas experiências sociais são tão fortes em seus processos de formação, que centralidade deveriam ter nas teorias pedagógicas, nos currículos e didáticas de toda prática de educação escolar e popular? As crianças e adolescentes na educação básica, os jovens e adultos na EJA carregam para as escolas uma história concreta pessoal e coletiva da história da exploração do trabalho a partir da colonização, história prolongada nas experiências brutais das relações de trabalho capitalistas. Mas também carregam histórias de lutas por terra, espaço, territórios, trabalho. Como articular essas histórias como objeto de conhecimento curricular? Como garantir seu direito ao conhecimento dessa história, como parte do direito a conhecer-se?

Se todo conhecimento tem sua origem nas experiências sociais, os trabalhadores em seus movimentos trazem experiências e conhecimentos radicais sobre as relações entre trabalho/conhecimento. Como trazer essas experiências e conhecimentos do trabalho ao direito ao conhecimento da classe trabalhadora e de seus(suas) filhos(as) ao chegarem às escolas e aos centros de educação popular? Como trazer para a sala de aula as próprias experiências de trabalho dos trabalhadores em educação?

Esses são os aprendizados e as pedagogias que os trabalhadores em seus movimentos trazem para a escola do trabalho, dos acampamentos e assentamentos, para a educação do campo, quilombola, indígena e para as escolas públicas populares urbanas. O trabalho entra nas escolas públicas por meio dos educandos e educadores trabalhadores e membros de famílias de trabalhadores. Como trabalhar essas vivências, essa cultura operária, esses saberes do trabalho?

Outras Pedagogias traduzidas em outros projetos pedagógicos e outra escola popular, onde o trabalho seja reconhecido como a origem do entendimento e do conhecimento da realidade humana, social, política, cultural, intelectual constituída pelo trabalho. Os movimentos de trabalhadores em sua rica diversidade repõem, radicalizam e repolitizam o trabalho como princípio educativo.

A diversidade de processos de produção e formação

Outra dimensão que essas pedagogias trazem para o campo da teoria pedagógica é reconhecer a diversidade de rituais e símbolos. Se a terra, o trabalho, os processos e as relações de produção da vida são tão determinantes na produção/formação como sujeitos sociais, de pensamentos, valores, culturas, identidades, cada tipo de trabalho, cada lugar nessas relações sociais de produção traz uma rica diversidade nas formas de ser, de pensar, de ver o mundo, de ver-se. Essa diversidade na base material-social de produção implica ricas pedagogias diversas, processos de formação diversos, formas de pensar, de ver o mundo, de se ver e identificar diversas. Epistemologias e pedagogias diversas.

As pedagogias que se pensam universais não passam de pedagogias vinculadas a formas particulares de produção, de trabalho, de lugar nas relações sociais e políticas. Paulo Freire aponta para a necessidade de reconhecer pedagogias específicas nas experiências sociais específicas. Nessa especificidade entra a pedagogia **do** oprimido. Reconhece que a condição de oprimido nas relações políticas de dominação/subordinação implica uma pedagogia específica: **do oprimido**. Paulo Freire destaca nessa mesma direção a cultura popular, a peculiaridade dos produtos culturais, artísticos, simbólicos do povo, vinculados ao trabalho do povo, às formas de produção, à agricultura camponesa, indígena, quilombola, das periferias urbanas. Uma rica diversidade pedagógica que encontra seus significados no trabalho como princípio educativo. Cada tipo de produção, de trabalho, de lugar nas relações sociais, políticas, na produção material da existência determina o ser cultural, os produtos culturais, éticos, simbólicos, pedagógicos.

Voltando às místicas e aos rituais dos povos do campo e dos movimentos sociais eles são diferentes dos rituais pedagógicos, das teorias pedagógicas a tal ponto de professores estudantes dos próprios cursos de pedagogia e de licenciatura reagirem com estranhamento a esses rituais e místicas que levam os estudantes dos cursos de Pedagogia da Terra, de Formação de Professores do campo, indígenas ou quilombolas. As teorias pedagógicas e didáticas oficiais ainda adotam posturas de estranhamento e distanciamento, até de condenação de Outras pedagogias e didáticas que vêm da diversidade de formas de produzir-nos humanos, pensantes, éticos, culturais que se dão na diversidade de formas de produção da vida material e do lugar nas relações sociais e políticas de produção, de existência. Estranhamentos que revelam que as teorias que se pensam únicas, universais, não passam de epistemologias locais, parciais que operam de maneira sacrificial das Outras Pedagogias.

Essa ignorância da diversidade de processos de formação/humanização, de entender o real e de entender-nos leva a uma monopedagogia empobrecedora, imposta a toda criança, adolescente, jovem ou adulto. A sistemática ignorância e até desprezo que as teorias pedagógicas têm mantido em relação à pedagogia do oprimido e ao pensamento pedagógico vindo do movimento de educação popular, do movimento operário e dos movimentos sociais mostra a percepção da radicalidade desestabilizadora para a pedagogia e didática oficial de reconhecer outras pedagogias e didáticas trazidas pelos oprimidos, pelos outros produzidos, humanizados em outros trabalhos, em outros processos e relações sociais de produção e em outras relações e ações políticas. Como reconhecer e pôr em diálogo essa diversidade de processos de formação, essa diversidade de pedagogias?

7

A TERRA: MATRIZ FORMADORA

Os movimentos sociais na América Latina se articulam em lutas pela terra, pelos territórios, pelo espaço, teto, moradia. Essas lutas têm articulado trabalhadores sem terra, sem teto, atingidos pelas barragens, indígenas, mulheres, quilombolas, povos da floresta, das águas. Lutas por terras articuladas à etnia, raça, gênero, trabalho são constantes, tensas, conflitivas em nossa formação social, política e cultural. Nessas lutas a diversidade de movimentos, estariam repondo a terra como princípio, matriz formadora? Estariam repolitizando terra e trabalho como princípio educativo?

Apropriação/expropriação da terra e o padrão de poder

O autorreconhecimento como trabalhadores da terra, mulheres indígenas, da floresta, camponesas, quilombolas em lutas por territórios é uma das marcas identitárias dos coletivos na diversidade de movimentos do campo. Como as identidades de lutas por espaço, teto, trabalho são as marcas coincidentes nas lutas dos movimentos populares urbanos. Trabalho, terra, território, espaço articulados em nossa história à etnia, raça, gênero.

A diversidade de trabalhadores do campo é resultante da diversidade de relações de trabalho no campo, que assume formas diferenciadas ao longo da história da apropriação/expropriação da terra e do espaço (ARROYO, 2012). Relações escravizantes de trabalho como forma dominante de exploração nos latifúndios. Relações de trabalho em que índios, negros, mestiços foram e são explorados e reduzidos à condição de trabalho mercadoria. A diversidade de formas de violência e exploração dos homens, mulheres "livres", pobres na ordem escravocrata perdura até o presente. Formas múltiplas de trabalho camponês, assalariados, temporários, colonato, trabalhadores na agricultura familiar, posseiros, agregados e tantas formas de trabalho subordinado direta ou indiretamente ao latifúndio, ao agronegócio e à agroindústria.

Relações de trabalho estruturantes da ordem social e política e do padrão de poder, dominação/subordinação e apropriação da terra. Terra como sinônimo de poder e de riqueza; sem terra como sinônimo de subordinação, de sem poder. O controle/apropriação/expropriação dos territórios, da terra, do espaço como estruturantes do padrão de poder e de trabalho. Assegurar o controle sobre a terra, manter os grupos populares sem terra como mecanismo de reproduzir relações subordinadas, exploradoras, até escravizantes do trabalho. Processos desumanizantes tão persistentes em nossa história. Antipedagogias de subalternização afirmadas nas Américas, mas ignoradas na história das pedagogias, que as suas vítimas revelam e denunciam.

Essa estreita articulação entre terra/trabalho no campo ou espaço/trabalho nas cidades carrega virtualidades específicas para a relação entre trabalho, espaço, terra como princípio formador, humanizador/desumanizador. Por essa estreita articulação vêm passando processos pedagógicos brutais de desumanização, inferiorização e exploração dos povos indígenas, quilombolas, negros, dos homens, mulheres "livres" nas relações de trabalho nos campos e cidades. Nos encontros, dias de estudo, nas marchas e ocupações de terras, lotes, os trabalhadores(as) explicitam sua consciência de serem vítimas dessa longa história de processos desumanizantes a que foram e continuam sendo submetidos. Pedagogias testadas aqui, desde a colonização e aperfeiçoadas nas formas capitalistas de apropriação/expropriação da terra, do espaço, estruturantes das formas de trabalho.

Volta a pergunta: Qual a especificidade do trabalho nessa especificidade da apropriação/expropriação da terra e do espaço? Que especificidades deformadoras encontrar nesses processos de trabalho? Por que a nossa história das teorias e práticas pedagógicas ignora esses processos tão deformadores e tão específicos da história da nossa formação social? Em que aspectos enriquecem a discussão teórica sobre o trabalho como princípio educativo essas especificidades do trabalho no campo?

As resistências e repressões aos movimentos de luta por terra, territórios, espaços mostram quão dramática tem sido em nossa história a apropriação/expropriação da terra e quão explosivas são as organizações de lutas por terra. Os coletivos que se organizam em lutas por terra, territórios, espaços, repõem a centralidade política da terra em nossa história, repondo os processos deformadores da expropriação da terra e as virtualidades formadoras das lutas por terra, territórios, teto.

Os movimentos sociais repõem pedagogias de resistência

Os coletivos em movimentos se identificam como trabalhadores na agricultura familiar, nas florestas, nos territórios indígenas, quilombolas, nas comunidades agrícolas negras. Trazem suas vivências coletivas dessas formas tão brutais, tão extremas de trabalho escravizante, alienante, precarizado, como as formas dominantes e persistentes de exploração do trabalho, de redução do ser humano a condição de mercadoria, de coisa, nas condições mais brutais de exploração e de violência humana. Repõem com novas radicalidades tantas discussões teóricas sobre o trabalho princípio formador, sobre a politecnia, a humanização.

Essas formas e relações de trabalho tão conformantes de nossas relações de dominação/subordinação pela apropriação/expropriação da terra, do espaço, por formas tão brutais, coisificantes do ser humano, pela escravidão, no passado e no presente, mereceriam ser colocadas em diálogo tenso com a ênfase em concepções de que **todo trabalho** humano envolve a concomitância do exercício dos membros, das mãos e do exercício mental, intelectual. Que realidade humana é possível de ser constituída por essas formas de trabalho praticadas em nossas relações sociais, políticas escravizantes, desumanizantes, tão persistentes de trabalho? Quais seus limites na criação, recriação do ser humano?

Como reação e resistência, os coletivos vítimas de trabalhos tão desumanizantes foram construindo aqui Outras Pedagogias de humanização, emancipação. Uma história que tem suas peculiaridades ocultadas na história do pensamento social, educacional. Que pedagogias os trabalhadores submetidos à condição de mercadoria, de coisas inventaram e inventam para superar essas negatividades e criar e recriar sua condição humana? O específico controle terra/trabalho, como primado no padrão de poder capitalista colonial/moderno nas Américas complexifica e radicaliza as análises teóricas sobre o trabalho como princípio formador e exige análises sobre a especificidade dessas articulações. Exige repensar análises unidirecionais e lineares que ocultam a heterogeneidade da história dessas relações.

Os coletivos sociais vítimas dessas pedagogias desumanizantes explicitam essa constante em nossa história: que as relações de controle terra/trabalho como controle do poder social, político, econômico na especificidade da colonização das Américas se articula à dominação/subordinação/segregação específica dos povos indígenas, negros, quilombolas, libertos, o que complexifica essa relação e questiona sua unilinearidade e unidirecionalidade.

Apesar desses processos terem acompanhado a especificidade das relações de trabalho em nossa formação social, pouco sabemos sobre a complexidade e especificidade do seu caráter desumanizante tão persistente até o presente. Temos dedicado maiores tempos e energias analíticas a afirmar e entender **a realidade humana** enquanto constituída, formada, humanizada pelo trabalho, e poucos a entender e analisar esses processos e relações de trabalho a que os trabalhadores "livres", das periferias urbanas e dos campos, indígenas, negros resistem e de que são vítimas históricas em nossa formação específica. Para entender como reagem, criam e recriam seu ser humano e como tentam superar essas negatividades e encontrar as positividades formadoras do trabalho, da terra, da produção do espaço, seria necessário entender mais e dar maior centralidade a como e por que processos têm sido e continuam sendo submetidos a relações terra/trabalho tão desumanizadoras. Sem entender e se contrapor a essas pedagogias alienantes não há como avançar em pedagogias libertadoras.

Os coletivos de trabalhadores, em seus movimentos de resistência a essas formas tão violentas de se articular terra e trabalho, poder/dominação/segregação, expõem essas dimensões tão pouco estudadas, tão ocultadas na própria teorização sobre o trabalho como princípio educativo. Uma rica contribuição para as teorias pedagógicas tão progressistas e críticas vinda dos movimentos sociais e reagindo ao capitalismo colonial moderno.

A própria autoidentidade desses coletivos em movimentos destaca essas negatividades de continuarem sendo condenados à condição de trabalhadores sem terra, sem teto, sem territórios, sem trabalho. Como que acentuando a necessidade de não esquecer, não ocultar, mas privilegiar esses processos brutais e desumanizantes de condenados históricos como coletivos a formas tão desumanas de existência. Falta ao pensamento social e pedagógico aprofundar nessas negatividades históricas tão específicas de nossos padrões de trabalho, de expropriação da terra, do espaço, do território, de desenraizamentos e precarização dos processos de produção da existência e consequentemente de produção da vida humana. Uma tarefa do campo das teorias pedagógicas às voltas com os processos de humanização, mas também de desumanização, aprofundando na complexidade e heterogeneidade a especificidade, de nossa história. Uma tarefa que exige outras concepções pedagógicas. Outras epistemologias.

As lutas dos trabalhadores sem teto se aproximam dessas lutas por terra/trabalho. Padecem a expropriação de seus espaços e o ser relegados aos espaços mais precarizados das periferias urbanas. Suas infâncias/adolescências padecem essas formas precarizadas de viver, mas também aprendem muito cedo formas de luta por teto, espaço, serviços básicos junto às famílias e coletivos populares. Com essas vivências do espaço nas cidades e de lutas por terra nos campos, nas comunidades indígenas, ribeirinhas, quilombolas ou das florestas chegam às escolas, à EJA, aos cursos de Pedagogia da Terra e de formação de educadores. Haverá espaço nos currículos, na docência para entender-se nessas vivências e disputas por terra, espaço, territórios? Há coletivos de docentes/educadores que inventam Outras Pedagogias para interpretar essas vivências e explorar seus aprendizados, mas ainda não foram reconhecidos nos currículos oficiais nem no material didático.

Repondo as lutas pela terra na agenda política

Os grupos vítimas dessa longa história especificamente do campo, indígenas, quilombolas, comunidades agrícolas negras, ribeirinhos, povos das florestas têm o mérito de mostrar como é nuclear a questão da terra, das águas, do solo, do teto, as disputas por seu controle, como foram e são acirradas desde a colonização, transpassando toda nossa história social, econômica e política. Traspassando nossa história do trabalho na especificidade de sua exploração. Esses coletivos em seus movimentos repõem na agenda política as estreitas articulações entre o padrão de trabalho, terra, propriedade privada, mercadoria, riqueza, *status*, poder, sistema fundiário, latifúndio, agronegócio, agroindústria. Assegurar o controle sobre as terras e as águas tem significado não reconhecer o direito das populações originárias dos indígenas aos territórios, nem dos negros libertos, nem dos homens livres, pobres, manter os povos e comunidades tradicionais sem direito às terras, às águas, às florestas, ao reconhecimento legal, para submetê-los a relações escravizantes de trabalho tão específicas e arraigadas em nossa história.

A expropriação da terra como processo deformador e as lutas por terra como matriz formadora exigem reconhecimento no pensamento educacional. Os movimentos sociais mostram quão deformadora tem sido uma estrutura fundiária antidemocrática, segregadora que persiste por séculos como padrão colonial/capitalista de produção de coletivos sem terra, sem espaço disponíveis para as formas mais violentas e desumanas de trabalho. Padrão de trabalho, de poder, da terra se reforçando e legitimando processos fraudulentos de apropriação da terra, do espaço e de exploração do trabalho. Relações que se agravam com o crescimento da estrangeirização da propriedade da terra, com o agronegócio e a agroindústria voltadas à produção para exportação e o lucro.

As vítimas dessa ordem na sua diversidade étnica, racial mostram que essa estrutura de poder/terra/trabalho carrega marcas de racialização que a complexificam. Uma heterogeneidade e complexidade enriquecedora das relações entre educação/trabalho/terra/raça, que exige superar análises unidirecionais, unilineares.

Uma das contribuições pedagógicas dos movimentos sociais indígena, quilombola, negro, de trabalhadores, mulheres dos campos e das periferias urbanas é resistir a essas relações de poder, de apropriação/expropriação da terra, do solo, do espaço, das águas, dos territórios, resistir às relações escravizantes de trabalho. A radicalidade política está em reagir a essa forma dominante de apropriação da terra e de relações de trabalho estruturantes da ordem social, econômica, política e cultural que persistem em nossa formação. Por aí passa sua radicalidade pedagógica: mostrar seu caráter pedagógico, deformador termina sendo formador.

Entender com maior profundidade esses processos pedagógicos de desumanização que os movimentos sociais denunciam é uma precondição para entender a radicalidade pedagógica de suas lutas por terra, territórios, águas, solo, teto, moradia, trabalho. Somente aprofundando essa complexa relação histórica entre desumanização/humanização que se dá na complexa relação entre terra-trabalho será possível reconstruir a história concreta, específica dessa relação em nossa história e especificamente na história de nossa educação e de nossas teorias pedagógicas. Quanto maior for o entendimento dessa complexa relação terra/trabalho/humanização/desumanização, maiores as possibilidades de incorporar a riqueza teórica, epistemológica que os movimentos sociais trazem para o campo das teorias pedagógicas.

Outra história das teorias pedagógicas?

Os movimentos sociais ao dar tanta centralidade à complexidade das relações entre terra-trabalho em suas ocupações, lutas por outro projeto de campo, estão a escrever outro capítulo da história das teorias pedagógicas. Outros significados ao recontá-la a partir dessas matrizes: terra/trabalho. Uma história ocultada, mas reposta, ressignificada e repolitizada.

Mas as contribuições mais significativas vêm das suas resistências emancipatórias. Uma outra história recontada.

Os coletivos em movimentos repõem reações e resistências históricas à expropriação dos territórios, ao trabalho escravo por meio de fugas e rebeliões, de criação de agrupamentos (quilombos), formas de resistência à escravidão imposta aos africanos escravizados e trazidos às Américas. Formas de resistência, expressões de lutas pela liberdade, por outro modelo de sociedade, por inserção em outro sistema de produção e do trabalho vivendo de outras atividades produtivas. A presença do quilombo na formação social escravocrata e posterior na ordem republicana mostra essa longa e arraigada tradição de resistências e de lutas pela liberdade que os coletivos em movimentos repõem e repolitizam.

Lutas coincidentes na diversidade de movimentos na ocupação de terras, territórios, espaços, moradias e pelo reconhecimento da propriedade definitiva, pela emissão de títulos de propriedade. Nos movimentos de resistência à expropriação de seus territórios, terras, espaços e à submissão a trabalhos escravizantes, precarizados os coletivos atribuem a suas lutas dimensões positivas, esquecidas na história das pedagogias. Repõem a terra, o trabalho, como estruturantes das relações sociais, mas também como campos de resistência, símbolos de lutas e reações, origem da consciência, de ações coletivas e de movimentos por liberdade, por outras relações de trabalho e por outro sistema de produção, apropriação da terra. Por repor a terra/trabalho como constituintes de seu ser humanos.

Nessas reações, resistências a esse padrão de poder, de trabalho e de apropriação/expropriação da terra se deram e se dão processos formadores de consciência, identidades e valores coletivos. Processos de humanização. Pedagogias peculiares a longos processos de resistências coletivas a peculiaridade das relações de poder, de dominação/subordinação, resistências à ordem social e política estruturadas às formas de controle/apropriação/concentração da terra e do trabalho. Suas positividades formadoras vêm da resistência à especificidade dos padrões de poder, de trabalho estruturantes do latifúndio escravocrata e expropriador das terras, territórios, espaços. Outros aprendizados, Outras Pedagogias.

Essa especificidade das pedagogias de expropriação da terra, do espaço, do território e do trabalho escravizante, coisificante e as pedagogias de resistência, afirmação merecem ser mais pesquisadas, analisadas e destacadas na história de nosso pensamento pedagógico. Pedagogias do Sul colonizado, mas em históricas lutas por emancipação.

Como trabalhar essas matrizes pedagógicas que os militantes carregam às oficinas e dias de estudo? Como trabalhá-las com os jovens e adultos na EJA e até com os adolescentes e crianças que levam experiências de luta por terra, espaço, moradia, território? Mas, sobretudo, como trabalhar essas articulações tão estreitas entre terra/espaço/liberdade? Que aprendizados de liberdade se dão nessas lutas de que participam desde crianças?

Terra é vida e sustento, moradia, espaço, teto, possibilidades de vida digna. A luta por esses valores é um exercício de aprendizado dos valores mais humanos: o valor da vida, do cuidado da prole. Com esses valores das lutas e da cultura popular chegam aos movimentos, reaprendem nos movimentos e levam às escolas. Como não reconhecê-los e como superar visões tão negativas das famílias populares e de seus(suas) filhos(as)? Como não reconhecê-los sujeitos dos valores mais essenciais, mais humanos que aprendem nas lutas pela vida, por um digno e justo viver? Superar essas visões inferiorizantes da moral popular é precondição para inventar Outras Pedagogias que já estão sendo praticadas pelos movimentos sociais e por tantos docentes/educadores(as) nas escolas públicas populares, nas escolas indígenas, quilombolas, do campo. Nessas Outras Pedagogias dos movimentos sociais do campo escola é mais do que escola (CALDART, 2000).

8

TRABALHO: DETERMINAÇÃO DA CULTURA; CULTURA: DETERMINAÇÃO DO TRABALHO

Os grupos sociais, raciais, étnicos, identificam-se como trabalhadores nas cidades, nos campos, nas florestas. Como mulheres, indígenas, negras, trabalhadoras, camponesas extrativistas. Como articulam suas identidades culturais com as identidades de trabalhadores(as)? Que vivências carregam de articulação entre trabalho e cultura? Que contribuições trazem para as teorias pedagógicas? Uma das contribuições que trazem como trabalhadores(as) em movimentos é que o trabalho determina a cultura e a cultura determina o trabalho. Mais ainda, que essas categorias na rica produção concreta não estão tão separadas quanto por vezes aparecem nas análises abstratas. Trabalho/cultura/humanização acontecem em estreita indivisibilidade.

Toda atividade produtiva é atividade cultural

As narrativas e depoimentos dos militantes ou as míticas, músicas, análises explicitam que a produção da vida nos campos, nas fábricas, na diversidade de formas de trabalho produz um mundo cultural, simbólico, ético, identitário, humano. Produz uma inteligência, um modo de pensar prático/produtivo, criativo, interventivo. Todo esse mundo humano, intelectual, ético, cultural se reproduz em interação com o trabalho, mas ao mesmo tempo esses mundos determinam o trabalho, o tornam trabalho humano. Sendo humano é uma atividade cultural.

A cultura, os valores, os símbolos, as linguagens não são meros produtos do trabalho. O trabalho, a terra, toda atividade produtiva, todo trabalho é atividade cultural, e a cultura é ela mesma atividade produtora. Não mero produto, mas atividade produtiva de formas de trabalhar, produzir a terra, as relações de trabalho, produzir formas de pensar, de identidades, valores. Produtora de humanos. A cultura é também princípio educativo, matriz formadora inseparável do trabalho, não mero produto do trabalho. A cultura enquanto determinada pelo trabalho e determinante do trabalho participa de todas as virtualidades formadoras do trabalho, da formação da unilateralidade.

Se o ser humano vira cultural, culto, pensante, moral, humano pelo trabalho, por sua vez essas dimensões humanas têm um papel central nos processos de tornar o trabalho humano, de torná-lo ou não princípio de humanização. Culturizam, moralizam o trabalhador, criam uma inteligência cultural, prático-produtiva, humana. Essa rica articulação entre trabalho, cultura, pensamento, valores, identidades é central quando nos aproximamos dos processos educativos e repensamos a teoria pedagógica. É central quando a educação escolar se propõe a formação da infância e da adolescência, dos jovens ou adultos como sujeitos de cultura, de valores. Trazer o trabalho como princípio educativo significa levar a teoria pedagógica à matriz mais determinante, porém, se a cultura, o conhecimento, os valores, os símbolos e linguagens e os próprios processos educativos são reduzidos a meros produtos se torna difícil entender o trabalho como princípio educativo e entender a complexidade da cultura, nos processos de trabalho, de produção do ser humano, da história, da existência e, sobretudo, de educação, humanização, libertação.

Processos articulados que os movimentos sociais repõem ao afirmar-se movimentos culturais ou quando às escolas chegam os educandos carregando experiências de trabalho e suas culturas juvenis. Destacar o trabalho como o processo formador, humanizador e culturalizante, matriz do conhecimento, dos valores, da cultura, da formação do ser humano é de extrema centralidade para o repensar e radicalizar a teoria pedagógica. O trabalho, determinação básica da cultura, da produção da existência como humana, cultural. Porém sem reduzir a cultura, os valores, o pensar a meros produtos, objetos. Não deixar de destacar a cultura como um modo de produzir, de trabalhar, de tornar o trabalho **humano**. De humanização, de modos humanos de conhecer, raciocinar, ser, ler o mundo, pensar-se e identificar como humanos.

Se toda cultura tem como determinação básica o trabalho e os modos de trabalhar, também o trabalho e os diferentes modos de trabalhar se realimentam da cultura, dos valores, das formas de pensar. Da conformação como humanos, como seres culturais. A necessidade que instiga a criatividade produtiva é uma necessidade humana que instiga e é instigada por uma inteligência, criatividade humana, cultural, ética.

Trabalho/cultura: atividades humanas, humanizantes, inseparáveis

Ver a cultura, o universo simbólico, os valores, o conhecimento como meros produtos do trabalho a serem sistematizados nos currículos e ensinados e aprendidos na escola é reducionismo que perde as virtualidades formadoras do próprio trabalho humano. Porém, enriquece-se a teoria pedagógica ao destacar a cultura, o conhecimento, os valores, o universo simbólico como princípio e formadores na medida em que seu ato de produzi-los é produção cultural, é formador. Integram-se no mesmo ato do trabalho princípio educativo.

Os movimentos sociais e o movimento operário repolitizam essa relação. Os movimentos do campo como o movimento de educação popular tem o mérito de destacar que a cultura popular é inseparável da produção camponesa, as festas, os símbolos, a criação cultural, a arte, os rituais, as místicas, os cantos e danças só encontram significado enquanto produções coladas ao trabalho e a produção camponesa. Os movimentos sociais captam essa estreita interação entre trabalho/produção/cultura. Reafirmam essa pedagogia, essa articulação de matrizes formadoras. A riqueza cultural que os movimentos sociais repolitizam é uma atividade da vida humana, é trabalho, é produção inseparável da produção da vida. Toda essa riqueza cultural, as místicas, os símbolos... não são meras tradições que são **usadas**, mas são criadas e recriadas em uma estreita criação/recriação dos processos de produzir, do ato mesmo de trabalho cotidiano. Essa integração é mais forte no trabalho na agricultura camponesa do que no agronegócio e no trabalho fabril. Como é forte nas músicas, linguagens das culturas juvenis tão marcadas pelas formas de reproduzir suas existências, nas vivências espaciais das periferias urbanas.

O movimento operário e os movimentos de trabalhadores do campo recuperam essa integração da cultura no ato mesmo de produzir e na diversidade de atos de resistência e de libertação. Repolitizam a estreita articulação entre cultura, trabalho, resistência, libertação. A politecnia, a escola do trabalho, a educação do campo, o movimento de educação popular, a pedagogia do oprimido e todas as pedagogias da libertação trazem como identidade as tentativas de articular a criação, recriação cultural e o trabalho.

Propostas pedagógicas que coincidem em reconhecer a centralidade da cultura nos processos de formação, socialização, educação, porém indo além do uso que as pedagogias e didáticas escolares fazem da cultura reduzida a dar a conhecer alguns produtos culturais oficiais e até algumas das contribuições para a cultura dos povos indígenas, negros, do campo, das periferias regionais. Esse transmitir objetos culturais descolados da produção da existência, da história, do trabalho empobrece a educação enquanto ato cultural e empobrece os próprios produtos/objetos culturais. Como empobrece as culturas infantojuvenis quando descoladas da produção de suas existências.

A cultura como um modo de produzir, de trabalhar

Os movimentos sociais levam além a articulação entre trabalho/cultura/ humanização. O que o movimento operário e os movimentos dos trabalhadores do campo, indígenas, quilombolas, das mulheres trabalhadoras ou dos jovens trazem ao repolitizar a cultura é mostrar não apenas que esses produtos culturais são determinados pelo trabalho e pelos modos de produzir, mas trazem uma dimensão central às teorias pedagógicas: que a própria cultura é um modo de produzir, de trabalhar. O plantar, cultivar, colher os produtos do trabalho como o comer e as técnicas, a ciência de produzir são mais do que atos materiais, são atos culturais, humanos. A cultura é mais do que produto e ato. É modo de produzir. É hábito cultural, ético, intelectual, não só objeto produzido e preservado e ensinado às novas gerações.

Ao trazer essa concepção de cultura para os processos formadores, os coletivos em movimentos enriquecem a teoria pedagógica ao afirmar e destacar as virtualidades formadoras dessa integração entre ato e produção cultural enquanto processo de produção integrado aos processos de trabalho, aos diversos modos de trabalho e de produção da existência. Mostrar essas estreitas articulações seria mais pedagógico e formador das crianças e dos adolescentes, dos jovens e adultos e dos próprios educadores/docentes do que transmitir produtos/objetos culturais isolados desses processos. Os currículos escolares ou ignoram esses processos ou os reduzem a objetos folclorizados, desfigurados.

A mesma análise poderia ser feita do ensino de produtos técnicos. O movimento operário e a diversidade de coletivos em movimentos fazem de suas ferramentas de trabalho símbolos culturais, identitários, de libertação. Instrumentos humanos, culturais de sua produção histórica, de suas resistências e de sua libertação. Como trabalhar nos cursos de formação tecnológica a técnica, a tecnologia, como processos de produção cultural coletiva integrados aos processos/modos de produção? Nas místicas, os militantes exploram a diversidade de ferramentas de trabalho na sua força educativa. Entendem esse movimento cultural integrado aos atos de trabalho e de desenvolvimento intelectual, moral, cultural do ser humano. Para avançar nessa direção os trabalhadores na diversidade de movimentos apontam ser necessário superar visões mercantilizadas da formação tecnológica, reduzi-la a domínios de competências, por exemplo. Mas também será necessário ir além de reduzi-la a conhecer apenas os fundamentos científicos das diferentes técnicas que caracterizam o processo de produção e de trabalho.

Os trabalhadores defendem que ao conhecimento da ciência e da técnica será necessário acrescentar a cultura da ciência, da técnica ou do processo de trabalho. E mais, os movimentos de trabalhadores vêm contribuindo para aprofundar no próprio processo de produção da cultura e de produção da técnica, do trabalho como produção da cultura. Os movimentos de trabalhadores se afirmam como movimentos culturais. Nessa produção, a partir do artesanato até a mais sofisticada tecnologia entram valores, hábitos, disposições, representações e culturas que predispõem o trabalhador produtor para produzir essa técnica com essas tecnologias, com esses modos de produzir, cultivar, intervir na madeira, no ferro, na terra. Como trabalhadores(as) aprendem que trabalhar é um modo de intervenção intelectual, cultural, humano presente em toda produção material e tecnológica. A formação humana politécnica ou a formação humana omnilateral não são mero produto do trabalho, nem dos seus fundamentos científicos, mas são parte constituinte, hábito, cultura produtivos. Há uma materialidade na própria produção cultural, intelectual, ética, simbólica, há um trabalho, técnicas, ferramentas, modos de produção camponesa, artesanal ou industrial.

Os(As) trabalhadores(as) em seus movimentos explicitam essas interações dando densidade a toda formação especificamente tecnológica. Sabem-se sujeitos culturais formados nessa cultura material, materializada, constitutiva da própria produção tecnológica enquanto produção cultural. As ferramentas, os alimentos, a casa, as técnicas de todo tipo de produção, de preparo da terra, de colheitas, de produção do alimento para a vida são expressões da cultura material. "São momentos do trabalho [...]. São momentos da consistência objetiva da cultura humana, onde se apoia **realmente**, materialmente, o processo do progresso da humanidade: seu desenvolvimento histórico-cultural" (DUSSEL, 2006a: 272).

Esse reconhecimento da consistência objetiva, material da cultura traz novas dimensões à formação politécnica e à formação básica defendida pelos trabalhadores em seus movimentos: garantir o conhecimento, o domínio e a participação na totalidade da cultura material, científica, tecnológica criada e acumulada pela humanidade. Conhecer esses produtos, mas entendendo seus processos de produção material, histórica e dominando e se apropriando dessa materialidade, não apenas entendendo-os subjetivamente em seus fundamentos científicos. Dussel lembra: "A subjetividade humana necessita do apoio objetivo da materialidade da cultura sob pena de ficar recluída à pura subjetividade [...]. A relação trabalho/terra/pão (ação humana criativa, natureza, produto) é o nível material e essencial fundamental de toda cultura humana" (DUSSEL, 2006a: 272-273). Por aí trabalho, ciência, tecnologia, cultura se inter-relacionam como possibilidade de formação humana.

A indivisível unidade material/técnica/cultural

Todos os movimentos de trabalhadores na diversidade de lutas, greves, marchas, concentrações articulam trabalho e cultura. Até nas suas lutas pelo direito à formação tecnológica, pelo domínio da tecnologia, pela formação politécnica destacando essa dimensão da tecnologia como produção material, histórica, cultural como formação humana a que têm direito. Nessas lutas apontam para a necessidade de superar a dicotomia entre formação básica como domínio dos conhecimentos e da produção intelectual e cultural e a formação tecnológica como domínio das tecnologias reduzidas a habilidades e competências de intervenção no trabalho e na produção.

Ao defender a articulação entre trabalho e cultura apontam que a aproximação deverá se dar reconhecendo que as tecnologias fazem parte da cultura material e também simbólica, ambas intimamente ligadas à criatividade humana, à produção da vida, ao trabalho produtivo material que sempre será um ato humano, intelectual, simbólico, cultural. A produção de uma dada tecnologia é um ato material inseparável da atividade humana. Por exemplo, na agricultura produzir alimentos, comer, viver, reproduzir a existência, morar, vestir... são mais do que atos puros de produzir, comer, morar, vestir. São mais do que técnicas materiais, são mais do que competências e habilidades ligadas à necessidade. São todos atos culturais, simbólicos, porque humanos. Atos culturais de preparar a terra, cultivar, plantar, colher, comer, alimentar-se, reproduzir a existência.

Como trabalhar essa indivisível unidade material/técnica/cultural nos cursos, oficinas e dias de estudo na militância e também nos currículos escolares? Reconhecer que desde crianças, ao produzir a existência, ao participar nos processos produtivos, somos sujeitos de atos culturais, simbólicos, éticos, humanos, que exigem tatos pedagógicos.

O ser humano os eleva à condição de arte, hábito, crença, valores, símbolos, rituais até religiosos, festivos, celebrativos. Todos os processos de produção da vida, de trabalho, ou todas as tecnologias mais materiais, na produção camponesa de maneira mais forte, são elevados a momentos culturais simbólicos densos, coletivos. Os rituais da plantação, da colheita, da comida, do mutirão na construção da moradia, no roçar os pastos... Essa estreita, essencial e histórica articulação entre a produção material da própria técnica e a produção simbólica é a base da diversidade de manifestações culturais: culinária, vestuário, arquitetura, pintura, arte, grafite, artesanato, música, dança, escultura, cor, religiosidade... Os coletivos em suas marchas, místicas, músicas elevam sua rica produção simbólica, artística à condição de pedagogias, de rituais políticos afirmativos, formadores. As escolas estão recuperando, ao menos nos extraturnos, a diversidade de manifestações da cultura e da arte, das linguagens e símbolos populares que as infâncias e adolescências levam às escolas. Mas como explorar suas virtualidades formadoras? Trabalhando seus vínculos com o trabalho, a produção da vida, com a afirmação de suas culturas e identidades.

Para os(as) trabalhadores(as) ou para a educação do campo, indígena ou quilombola, ou para a educação dos filhos dos trabalhadores será incongruência separar o direito à formação básica, intelectual, cultural e o direito à formação como trabalhadores. Que propostas curriculares darão conta de não separar o que obedece aos mesmos processos históricos de produção da vida humana, do conhecimento e da cultura? Dominar a palavra, o letramento e a ciência, as tecnologias fazem parte do mesmo direito. Tanto aqueles domínios quanto estes fazem parte dos mesmos processos humanos em sua indivisível unidade, material/técnica/intelectual/cultural/simbólica. Porque todo ato material de plantar, colher, comer, vestir, aprender, alfabetizar, viver é um ato cultural. Humano.

Entretanto, a tradição pedagógica dicotômica resiste a concepções unitárias. Como superar essa dicotomia e avançar para a indivisível unidade? As lutas dos movimentos sociais por educação, escola, conhecimento, cultura, identidades culturais coletivas atreladas a lutas por terra, teto, espaço, trabalho, viver digno, justo, humano, carregam essa indivisibilidade.

Os movimentos juvenis carregam essa indivisibilidade entre aprender-se sujeitos de produção da existência e produtores culturais. Por que tem sido tão tensa a relação entre teorias e práticas pedagógicas e o reconhecimento do trabalho determinação da cultura e a cultura determinação do trabalho? Como explorar o trabalho dos mestres e dos alunos como atividade cultural e a escola tempo/lugar de cultura porque tempo/lugar de trabalho?

Reconhecer as estreitas articulações entre trabalho e cultura seria um caminho para renovar as formas de trabalhar a cultura nas práticas escolares. Que a cultura deixe de ser vista nos currículos como um apêndice, um tema transversal ou uma comemoração de datas ou que se organizem temas de estudo sobre a diversidade cultural descolada dessas estreitas articulações como trabalho, a produção material da vida. Recuperar essas articulações dá outra densidade pedagógica à cultura como matriz formadora, seja nas oficinas ou nas escolas.

9

TENSOS RECONHECIMENTOS DA DIVERSIDADE CULTURAL

Os movimentos populares, assim como as infâncias/adolescências populares nas escolas e dos jovens e adultos na EJA e nas universidades, trazem para o campo do conhecimento a cultura e a especificidade da cultura popular. Que indagações provocam essas presenças da cultura para a educação popular, para os currículos, as teorias pedagógicas e para as identidades docentes?

Os movimentos sociais desocultam a história cultural

Os movimentos sociais mostram uma tensa história cultural ocultada. Trazê-la ao debate político-pedagógico já é uma rica contribuição. As próprias vítimas de tantos culturicídios se mostram sujeitos culturais, desocultam-se ao desocultar essa história. Ocultar uma cultura é uma forma de ocultar seus sujeitos sociais, étnicos, raciais, camponeses, das florestas. Ocultar a cultura popular tem sido uma forma de ocultar o povo como sujeito de cultura.

Por aí passa a radicalidade política dos coletivos populares ao desocultar nossa tensa história cultural e desocultar-se como sujeitos de cultura: trazer a copresença da diversidade de culturas e de sujeitos de cultura. Culturas silenciadas, mas presentes. Povos pensados à margem da história cultural se afirmam a si mesmos como copresentes em nossa história cultural, reagindo a tantas tentativas de silenciá-los.

Falta em nossa história, na história específica da educação esse capítulo central: reconhecer essa copresença de culturas e de sujeitos de cultura. Sobretudo, falta reconhecer a especificidade da cultura popular e reconhecer o povo como sujeito da história intelectual e cultural latino-americana. Como coletivos em movimentos culturais afirmam essa história e se afirmam copresentes. Porém, as narrativas nas escolas e nas universidades ao ocultar e desprezar ou folclorizar a cultura popular oculta, despreza, segrega os grupos populares e seus sujeitos: indígenas, afro-descendentes, quilombolas, ribeirinhos, camponeses, trabalhadores empobrecidos, retirantes, imigrantes recluídos nas vilas, favelas e conglomerados. Espaços pensados sem cultura, habitados por coletivos incultos.

Em realidade, o processo foi e continua mais do que de ocultamento. Quijano (2009) nos lembra que a segregação dos povos foi tão radical que se legitima em um mito a-histórico. A história começa nas Américas com a conquista, antes de tudo, de povos, culturas, saberes, identidades pensadas na pré-história. Um mito que perdura, condenando esses povos sem cultura, sem civilização, bárbaros, primitivos. Ainda essa é a história cultural ou a não história em que estariam esses povos e todos os coletivos populares, à margem da cultura ou inexistentes para a cultura, sumidos em crenças, tradições. Não é essa ainda a história da nossa cultura passada nas escolas para os próprios setores populares? Não é essa a visão dominante na cultura letrada, na mídia, no livro didático e na cultura política elitista?

A afirmação dos povos indígenas de suas culturas mostra que o início da nossa história cultural vem de longe, que existiam culturas antes da conquista colonizadora que resistiram a ser eliminadas. A realidade cultural latino-americana não começa com o "descobrimento". Ao afirmarem-se como movimentos culturais se contrapõem ao mito a-histórico ou à condição de bárbaros, incultos, primitivos. Ao reafirmar culturas que já tinham e preservavam resistindo a tantos culturicídios de que foram vítimas em nome da cultura única, hegemônica, repõem a existência de cultura antes desse processo de dominação cultural. O movimento negro repõe as culturas afro de todos os coletivos afro-descendentes latino-americanos. A história contada de nossa cultura é etnicista e racista, não apenas porque carrega preconceitos contra essas culturas, mas porque as pensa tão inexistentes, pré-históricas quanto seus povos relegados à inexistência. Os movimentos sociais ao afirmar suas histórias, suas culturas e identidades, mostram-se existentes sujeitos de outra história cultural que exige ser reconhecida.

A afirmação da diversidade cultural

Na medida em que os Outros se afirmam como sujeitos históricos, a diversidade cultural se afirma como uma constante histórica em nossa formação social, política, cultural e pedagógica. Uma constante que exige reconhecimento na história da cultura brasileira e latino-americana. O ocultamento da cultura popular correu paralelo ao ocultamento e ao trato do povo como inexistente na nossa história. Na medida em que os movimentos sociais se mostram existentes em sua diversidade étnica, racial, camponesa, operária, tornam obrigatório o reconhecimento da diversidade cultural. Mas uma diversidade cultural que afirma seu traço de resistência e de libertação. Distante do multiculturalismo e da interculturalidade tolerante. Distante da diversidade cultural, pacificadora, inclusiva. Como se afirma diversidade cultural? Afirma-se trazida nos próprios sujeitos diversos, mas se afirma abrindo espaços de reconhecimento entre preconceitos. No campo da educação são as crianças e adolescentes, jovens e adultos populares que trazem à escola a diversidade cultural mantida à margem ou tratada como inexistente na cultura escolar e nos currículos oficiais. Apenas recentemente lembrada nas diretrizes curriculares, mas ainda ausente ou preconceituosamente tratada nos livros didáticos e de literatura presentes nas escolas onde essas infâncias populares estudam. Diversidade cultural ainda tratada de maneira preconceituosa por fanatismos religiosos que se adentram nas escolas, nas igrejas e até nas comunidades indígenas, negras, quilombolas. A presença afirmativa da diversidade cultural provoca reações. Na medida em que os coletivos diversos afirmam suas culturas, suas crenças e rituais são retomados velhos preconceitos e velhos métodos de condenação dos mesmos coletivos étnicos, raciais vítimas em nossa história de segregações culturais, culturicídios. As culturas, crenças hegemônicas reagem ao reconhecimento dos Outros e de suas culturas porque ameaçam sua hegemonia de culturas únicas, verdadeiras. A cultura escolar hegemônica reage às culturas que chegam com os educandos.

O campo da cultura carrega essa concepção abissal ou essa dicotomia entre a cultura, os cultos e os incultos, bárbaros e suas in-culturas, suas barbáries. Concepção abissal e sacrificial da cultura que foi ensaiada e aplicada nas Américas desde a empreitada colonizadora e que perdura nas concepções religiosas, nas instituições da própria cultura, do conhecimento e da educação. Esse caráter dicotômico é retomado na medida em que os grupos sociais diversos, ao se afirmar presentes na agenda política e cultural, põem com destaque a exigência de reconhecimento e de diálogo. Como dialogar a alta cultura, o conhecimento válido com os povos incultos, irracionais, incapazes de produzir culturas reconhecíveis e conhecimentos válidos?

Afirmar a diversidade cultural e a copresença de Outros Sujeitos e de outras culturas está trazendo tensões nas escolas, nas políticas, nas artes... porque a afirmação da diversidade cultural questiona o monopólio da cultura única, dos valores únicos e dos sujeitos únicos legítimos de produção de cultura. Por onde passam essas tensões provocadas pela afirmação da diversidade cultural na política, nas ciências, nas escolas, nos currículos, na docência?

Na contramão da história da dominação cultural

Há avanços no reconhecimento da diversidade cultural. Há tentativas de diálogos multi e interculturais. Mas que reconhecimentos? Que diálogos? O reconhecimento da longa história de dominação cultural é pré-requisito para todo diálogo intercultural. Toda tentativa de reconhecimento e de diálogo deve pressupor a consciência da assimetria entre aquelas culturas e aqueles coletivos diversos que entrarão em diálogo. Há assimetria entre as culturas, entre a cultura dominante hegemônica branca, colonizadora e as culturas subalternizadas indígenas, afro-descendentes, camponesa, popular. Há uma longa história de dominação cultural que bloqueia, condiciona o reconhecimento da diversidade e levará a diálogos assimétricos, até de reconhecimento subalterno das outras culturas e dos outros sujeitos culturais.

A partir da empreitada catequética é uma constante a dominação de uma cultura sobre outras. A empreitada catequética, civilizatória, educativa é claramente um processo de dominação cultural, de esmagamento, inferiorização das culturas originárias das Américas.

Dussel (2006b: 264) lembra que a "conquista é o processo de dominação cultural (obviamente político e também econômico) da cultura ibérica (hispano-lusitana) sobre a ameríndia. Esse genocídio cultural marcará profundamente a totalidade de nossa história e a cultura ameríndia como o "outro" aniquilado" (p. 264). As formas dessa dominação cultural foram diversas para os povos indígenas, para os negros, mestiços, quilombolas, camponeses... Os processos educativos fizeram parte dessa história de dominação cultural, porém ela não operou tanto por processos de persuasão quanto de extermínio, de desterritorialização, de destruir as bases da reprodução de suas culturas, memórias, valores e identidades. Processos de dominação cultural, de genocídios culturais que se prolongam até o presente. Nessa história tão brutal de dominação cultural não há lugar para a copresença de outras culturas nem para a copresença de outros sujeitos de cultura, uma vez que os outros povos foram decretados incultos, sem história cultural.

Para o campo da educação se impõe uma indagação: Qual seu papel nessa história política de dominação cultural? Os movimentos sociais, as vítimas nessa assimétrica história cultural lutam por outra educação, por outra escola popular do campo, indígena, quilombola, ribeirinha, das florestas. Apontam que o sistema escolar teve seu papel nessa história de dominação cultural. Papel a ser revertido. A história de tantas propostas político-pedagógicas inovadoras e assim como a história do movimento de educação/cultura popular são capítulos de uma história de resistências ao papel que o sistema escolar vem tendo nessa longa história de dominação cultural. A criação de espaços próprios dos movimentos sociais como a Associação Brasileira de Pesquisadores Negros (ABPN), as UPMS ou a Escola Florestan Fernandes do MST e as escolas de formação do movimento operário são indicadores de reação a essa história de dominação cultural hegemônica.

Afirmando a diversidade cultural epistêmica

Uma forma de reação à história de dominação cultural tem sido mostrar a história de resistências. Afirmar suas culturas vivas. Que as outras culturas não foram totalmente aniquiladas. Sobreviveram na educação popular latino-americana.

O que sobreviveu a essa dominação cultural? Não retalhos folclorizados de suas culturas originárias, nem rituais exóticos, mas uma diversidade de concepções epistemológicas de mundo, de ciência, de conhecimento de ser humanos. A diversidade cultural se afirma presente enquanto diversidade epistemológica. A tendência no campo da educação é não reconhecer a radicalidade da diversidade sociocultural, epistêmica que as presenças afirmativas dos diversos põem na agenda política, teórica e pedagógica. A tendência é ficar em reconhecimentos tolerantes, em diálogos interculturais, multiculturais, sem questionar e repolitizar essas bases conceituais epistemológicas que a diversidade sociocultural coloca às teorias e práticas pedagógicas. Reconhecer a diversidade cultural que coloca na agenda política e pedagógica a presença dos coletivos diversos, seja como educandos, seja como movimentos sociais, culturais exige o reconhecimento da diversidade de experiências, de mundo, de pensamentos, de saberes, de formas de pensar. A diversidade epistemológica.

Quando essa radicalidade trazida para as teorias pedagógicas pelos diversos e sua diversidade sociocultural não é reconhecida, a tendência é ao reconhecimento apenas de aspectos acidentais da diversidade cultural no livro didático, no extraturno ou nas comemorações festivas e até o multiculturalismo como tema transversal. Reconhecer que a afirmação política e cultural dos outros povos, etnias, raças, dos campos e periferias trazem questionamentos teóricos radicais para o núcleo duro dos currículos, para as concepções de ciência, de conhecimento, da unidade orgânica da humanidade, da formação e do desenvolvimento humano, questionando ideias e ideais unificadores. Quando o reconhecimento da diversidade sociocultural no campo das teorias e práticas pedagógicas não desce a esses reconhecimentos mais radicais fica na superfície. Folcloriza-se a diversidade cultural.

As políticas, as diretrizes curriculares se abrirão a aspectos apenas de reconhecimento das diversidades culturais, mas resistindo a reconhecer as diversidades conceituais, epistemológicas de mundo, de ciência, de conhecimento, de ser humano e da própria cultura e educação que os Outros colocam na agenda política e pedagógica. É significativo como tem sido fácil proclamar o reconhecimento da diversidade cultural, do multiculturalismo, da interculturalidade nas escolas, nas diretrizes curriculares e até nas políticas, porém sem questionar o núcleo comum, único, universal de ciência, de conhecimento científico, de norma culta, mantendo as velhas dicotomias entre saberes, culturas, valores, racionalidades e verdades verdadeiras, válidas e as irracionalidades, inculturas e ignorâncias dos diversos.

Reconhecer outras culturas, modos de pensar, de ler o mundo, de saberes, mas como pré-científicos, incultos, bloqueia o diálogo intercultural. Mas ainda reconhecer a diversidade cultural sem superar as dicotomias abissais dos coletivos humanos será um aparente reconhecimento da diversidade.

Tensões teóricas e políticas trazidas pela afirmação cultural dos diversos grupos sociais no próprio campo da cultura e do conhecimento. Reconhecer a diversidade cultural como diversidade epistêmica repolitiza o campo da cultura e do conhecimento. Avançam para reconhecer a diversidade de concepções de mundo, de epistemologias, de linguagens, de crenças, valores ou premissas culturais que os diversos coletivos produziram e produzem na diversidade de formas de existência coletiva. Essa presença dos diversos na política, nas escolas, nas universidades, nos cursos de pedagogia desestrutura a ideia de uma teoria única, didáticas, verdades, cultura únicas. Exige o reconhecimento da diversidade epistêmica do mundo.

As teorias pedagógicas se assentam na crença na unidade teórica, cultural. Políticas, métodos, processos de ensinar e de aprender, até de alfabetização na idade certa viraram crenças no campo da educação. A reafirmação política da diversidade cultural desestrutura essas crenças e traz tensões nas relações professores e novos alunos, políticas, diretrizes e movimentos sociais, culturais. Tensões entre as crenças nas concepções, propostas e práticas unificadoras e a diversidade cultural que trazem exigências de abertura para a diversidade epistemológica nas teorias pedagógicas.

A unidade das lutas pela cultura e pela materialidade do viver

Outra forma de reação à dominação cultural posta pelos movimentos sociais é reafirmar a unidade de lutas pela cultura e pela materialidade do seu viver. Os coletivos populares em seus movimentos de lutas por terra, espaço, territórios, trabalho, por modos de produção do viver mostram que a radicalidade política da cultura popular não está em suplantar as lutas pelas condições materiais do viver, trabalhar, produzir por lutas simbólicas, culturais. Essa tem sido a tendência ao classificar os movimentos sociais em tradicionais: movimento operário, do campo... ou em lutas na base material e em novos movimentos, ditos culturais, movimento feminista, indígena, negro, juvenil em lutas e identidades.

Os movimentos sociais latino-americanos articulam as lutas na cultura, nas identidades com as lutas por terra, territórios, trabalho, espaço, teto, por condições materiais, pela agricultura camponesa... Mostram a articulação dessas lutas ou a indivisibilidade da cultura, das suas identidades, linguagens simbólicas e os modos de produção de seu viver. Mostram que as tentativas de destruição, segregação de suas culturas passou e passa pela destruição das bases materiais de suas existências. Essas vivências articuladas do universo simbólico, cultural e das bases materiais de produção da existência trazem outra visão da cultura. As leituras de si e de mundo que trazem vêm dessa articulação inseparável da totalidade do viver humano, das bases materiais e culturais tão articuladas nas vivências populares.

A experiência popular é mais unitária do que essas distinções vindas dos diversos campos disciplinares do conhecimento. Os movimentos sociais revelam nas inspirações de suas práticas essa experiência popular histórica, cultural, humana ou feita da totalidade do viver humano sempre ameaçado e reinventado. Ao trazer essa unidade libertadora entre as lutas por terra, teto, trabalho e identidades culturais enriquecem campos que a partir das análises classificatórias aparecem separados, empobrecidos. A experiência popular mostra a inseparabilidade enriquecedora da história concreta e real em que se enraíza a cultura.

Por aí os movimentos sociais enquanto movimentos totais afirmam a inseparabilidade das lutas pelas bases materiais do viver e pela cultura e identidades. Não duas culturas, a cultura do trabalho, operária e a cultura popular das identidades, da diversidade cultural, dos diálogos multi ou interculturais. Em seus movimentos totais os trabalhadores sem terra, sem teto, sem água ou sem escola, sem universidade, sem direito a suas culturas como indígenas, afro-descendentes, mulheres, camponeses, ribeirinhos... não pensam estar situados em campos opostos de lutas. Aproximam o que análises abstratas tentaram separar: classe *vs* povo, cultura operária *vs* cultura popular, movimentos sociais tradicionais *vs* novos movimentos culturais...

Nos encontros e oficinas da UPMS, por exemplo, articulam-se identidades indígenas, negras, camponesas, ribeirinhas em lutas contra as barragens, contra o agronegócio, contra a expropriação de suas terras articuladas à afirmação de suas culturas e identidades.

A diversidade cultural nas lutas de libertação

O que unifica é serem coletivos de trabalhadores populares em lutas de libertação na diversidade de fronteiras de libertação.

Nessa indivisibilidade de resistências, a cultura retoma sua radicalidade político-libertadora ao explicitar a cultura colonizadora, capitalista, segregadora a que a cultura popular resistiu desde a apropriação de seus territórios e que persiste na expropriação de suas terras ou nas tentativas de destruição da agricultura camponesa. Trazem uma história de tantos culturicídios inseparáveis de tantas expropriações das bases materiais de seu viver como sujeitos humanos, culturais. Processos de extermínio de que são também vítimas os jovens e até crianças populares submetidas a modos tão desumanizadores de viver nas vilas, favelas, conglomerados, nas "comunidades" em processos de pacificação. Uma história no presente de comunidades, infâncias e juventudes pensadas e tratadas como violentas, extermináveis porque impregnadas tão cedo dos contravalores. Uma história também de resistências afirmativas da cultura popular juvenil.

A essa afirmação libertadora positiva da cultura popular se responde desde a mídia, desde o Estado e até desde o pensamento educacional com a retomada de um imaginário popular, até da juventude e infância popular como violentos a ser pacificados não mais pela escola, mas por aparatos policiais pacificadores. Quanto mais as culturas populares se fazem presentes, resistentes nas comunidades, nos movimentos sociais e até no protagonismo infantojuvenil popular, maiores os controles, a reprodução de imaginários inferiorizantes da cultura popular. Como reagir a esses imaginários inferiorizantes? Ver os grupos sociais diversos ou os jovens e adolescentes populares apenas carregando suas culturas nas vestes, músicas, gestos, símbolos é uma visão parcial. Suas culturas têm raízes em suas formas de viver e sobreviver nos limites. Suas culturas integram seu mal viver, suas incertezas no presente e no futuro no que há de mais determinante, o trabalho, as condições materiais de produção de suas existências como gente, humanos. Até seus medos de não estar entre os milhares de jovens/adolescentes populares, negros exterminados em nome da pacificação das favelas e vilas.

Esses entrelaçados entre a cultura, os universos simbólicos populares, camponeses, indígenas, negros, juvenis e as condições mais básicas da produção da vida é uma das contribuições mais enriquecedoras trazidas pelos movimentos sociais, inclusive juvenis, em sua diversidade para a repolitização da cultura popular. Mostram que falar em cultura popular é falar deles: trabalhadores, camponeses, favelados, indígenas, negros, jovens populares submetidos a trabalhos precarizados, incertos. Grupos populares que ao reafirmar suas lutas por terra, trabalho, teto, identidades, culturas, memórias, valores mostram que sua libertação se dá nesses entrelaçamentos e não em classificações, segmentações abstratas entre lutas como trabalhadores por terra e indígenas, negros, jovens, mulheres e lutas por identidades culturais.

A cultura popular viva na cultura do trabalho

Como coletivos que carregam vivências e lutas desde essa diversidade mostram não apenas a possibilidade de articular as lutas nesses campos, mostram mais que esses campos não são opostos no seu viver, resistir concretos. A libertação passa pela capacidade estratégica e epistemológica de não separá-los. Toda riqueza e radicalidade da cultura de libertação popular latino-americana não é abandonada quando como indígenas, negros, quilombolas, camponeses ou povos das florestas se organizam como trabalhadores em lutas por trabalho, terra, teto, vida. A diversidade cultural desses coletivos não é jogada fora, nem morre ao se identificar como trabalhadores. A cultura popular vive na cultura do trabalho. A força cultural de libertação dessa diversidade de lutas não vem apenas de descobrir-se todos iguais trabalhadores por terra, trabalho, teto... mas a força libertadora unificante tem suas raízes na cultura popular feita de tantas segregações e resistências de que foram e continuam vítimas e atores. Sem essa história de cultura popular resistente, libertadora, os movimentos sociais de trabalhadores sem terra, sem teto seriam outros. Logo, a necessidade de reconhecer essas estreitas articulações entre fronteiras de libertação de que a cultura popular é síntese.

Destacar esse traço histórico da cultura popular latino-americana – ser uma cultura de resistência e de libertação é uma das contribuições de extrema relevância afirmada pelos movimentos sociais de que são sujeitos os diversos povos subalternizados em nossa história, resistentes à dominação e inferiorização cultural, traço tão persistente na história latino-americana. Os povos em movimentos são basicamente os sobreviventes/resistentes a esse genocídio cultural. Dessa história se alimentam suas lutas de libertação. Esquecer essa história empobrece as lutas atuais até em lutas tão radicais como por territórios, terra, espaço, trabalho ou por outro projeto de campo, de cidade e de sociedade. O que como coletivos em movimentos trazem são suas memórias vividas de subalternizados nos mesmos padrões de poder, dominação/subalternização, de expropriados de seus territórios, espaços, identidades, memórias e culturas. Trazem essa experiência comum de coincidências/vivências que não há como deixar de fora na diversidade de lutas como trabalhadores. Por libertação.

É significativo que nos momentos em que esses coletivos sociais, étnicos, raciais, de gênero expressam suas culturas, símbolos, músicas, memórias de resistências, as místicas, por exemplo, são tempos densos de coincidências na mesma cultura popular, anunciando, dando sentidos a suas lutas por terra, água, trabalho, soberania alimentar. A cultura popular, seus universos simbólicos, viva e dando novos significados políticos a suas lutas mais radicais como trabalhadores(as).

PARTE III

Afirmação de identidades étnicas e raciais

10

SEGREGADOS COMO INFERIORES PORQUE DIFERENTES

Está avançando a consciência de que as desigualdades sociais, econômicas, regionais têm que ser superadas. O direito de todos à saúde, escola, alimentação adquire um certo reconhecimento nas políticas sociais e educacionais. Toda criança na escola, tirar milhões da linha da pobreza extrema, políticas de moradia – minha casa-minha vida, de bolsa família, de saúde, de educação-escola para todos, de qualidade... são políticas consensuais, que têm por base o avanço da consciência da igualdade. Avanço dos movimentos sociais por igualdade de direitos, por reconhecimento de suas diferenças de classe, étnicas, raciais, de gênero.

Persistem as formas negativas de pensar e segregar os diferentes

A esse avanço da consciência dos direitos correspondem políticas de garantia de direitos. Mas de que direitos e de que sujeitos de direitos? A consciência de direitos avança de maneira mais radical entre os grupos sociais mais segregados em nossa história. Os diferentes em classe, etnia, raça, gênero, campos, florestas, periferias urbanas. Há mudanças nessa consciência. Suas lutas são pelos direitos mais básicos não garantidos e as formas de luta são em ações coletivas. Consciência coletiva de direitos coletivos.

As reações do Estado, do judiciário nem sempre têm sido reconhecer os diferentes como sujeitos de direitos, nem suas formas de lutas por esses direitos mais radicais. Na medida em que as lutas dos diferentes por direitos avançam e se politizam, instaura-se um estado de tensões no campo dos direitos. Tensões mais politizadas na medida em que os sujeitos dessas lutas são os coletivos feitos tão desiguais porque diferentes. As formas inferiorizantes, subalternas de pensá-los e tratá-los em nossa história são repostas com conotações específicas porque diferentes.

Reprimem-se e demonializam os próprios coletivos feitos tão desiguais e que lutam por direito a terra, teto, moradia, reforma agrária, urbana, por ações afirmativas, por memória, cultura, identidades porque diferentes.

Reações semelhantes encontramos nas escolas: políticas educacionais, de um lado, e nas campanhas como todos pela educação, toda criança na escola, democratização da educação infantil de 4-5 anos e universalização (quase) do Ensino Fundamental de nove anos. De outro lado, as reprovações, retenções, defasagens idade-série, a separação das turmas de alunos exitosos, de um lado, e repetentes, defasados, desacelerados, indisciplinados, de outro. As classificações de alunos, de escola privada *vs* pública, de qualidade *vs* sem qualidade estão mais fortes com a chegada dos(as) filhos(as) dos trabalhadores empobrecidos, das periferias e dos campos. As formas de pensar essas infâncias e adolescências e de pensar os diferentes se tornaram mais duras, mais negativas na medida em que se fazem mais presentes e afirmativos, lutando por direitos.

Por que as presenças dos diferentes se tornam um incômodo e provocam reações de controle? Porque como diferentes propõem outro projeto de campo, de cidade e de sociedade, de escola e de universidade. Porque se contrapõem a apropriação/expropriação da terra e do espaço, a exploração do trabalho e a destruição da agricultura camponesa, da produção de alimentos para a vida... A diversidade de lutas e de ações coletivas populares e de movimentos sociais mexem nas estruturas e relações mais brutais de dominação/subordinação dos trabalhadores, dos setores populares. Trazendo as lutas para o direito a terra, teto, moradia, trabalho, vida, escola, universidade, instalam os direitos nos núcleos estruturantes das relações políticas de dominação/subordinação. Da produção-reprodução das desigualdades. A reação política a esses movimentos expõe a radicalidade política que eles trazem para as relações políticas e econômicas, culturais e pedagógicas.

Voltemos com a pergunta: Por que as presenças dos diferentes nos campos, nas cidades e nas escolas se tornam um incômodo? Por que são retomadas para condená-los as velhas representações tão negativas do povo quando avançam suas presenças afirmativas nas escolas, nas universidades, nas lutas por terra, teto, alimentação, trabalho, saúde, educação? Questões que os militantes e os docentes/educadores levam a seus encontros e as salas de aula.

Poderíamos levantar a hipótese de que essas presenças afirmativas e essas lutas dos diferentes mantidos em nossa história sem direito a ter direitos pressionam também por uma mudança radical nas formas históricas de pensá-los e de tratá-los nas relações políticas, sociais, econômicas. Consequentemente, provocam como reação conservadora resistências a mudar essas formas inferiorizantes de pensá-los, tratá-los, e terminam reforçando as relações políticas de dominação/subordinação.

As formas de pensar e de tratar os setores populares como marginais, inexistentes estão tão arraigadas em nosso imaginário social e político, cultural e pedagógico que, ao se mostrarem eles mesmos existentes, visíveis, desestruturam essa cultura social, política e pedagógica. Provocam reações no sentido de manter e reforçar essas representações negativas e esses lugares dos setores populares. Instala-se um confronto político por representações e tratos dos diferentes. Por que esse empenho em manter essa visão tão inferiorizante do povo em nossa história social, política e até educacional? Porque ao longo de nossa história há uma estreita relação entre as formas negativas de pensar o povo e a legitimação das estruturas e dos padrões de poder, de trabalho, de propriedade da terra e dos meios de produção e da negação da escola, da universidade e até da manutenção dos processos escolares de segregação/reprovação, seletividade. As formas de pensar e alocar o povo, os trabalhadores foram produzidas nesse entrelaçado de relações sociais, políticas de dominação/subordinação entre classes, etnias, raças. Quando em suas ações reagem a essas relações políticas as representações negativas voltam, as medidas de controle para mantê-los no seu lugar voltam.

Na medida em que os setores populares, os trabalhadores das cidades e dos campos se afirmam presentes, torna-se necessário reforçar esses imaginários negativos inferiorizantes: Como não reprovar e selecionar nas escolas ou como entrar por cotas nas universidades e no trabalho se os jovens, adolescentes populares, pobres, negros, mestiços nunca tiveram e não têm mérito nem capacidades, nem valores do trabalho, se têm problemas de aprendizagem e não valorizam o estudo? Como manter a terra, o território em mãos de indígenas, quilombolas, camponeses sem instrução, sem valores do trabalho e de empreendedorismo?

Essa velha história da negação do direito à terra, ao trabalho, ao conhecimento, à justiça e à igualdade, à vida sempre tenta justificar-se nas representações sociais inferiorizantes que a partir da colonização pesam sobre os setores populares, os coletivos diferentes. Manter essas representações continua sendo uma condição para justificar a manutenção das desigualdades sociais, étnicas, raciais, do campo, regionais. Desiguais porque inferiores, subcidadãos, sub-humanos porque diferentes. Eles carregam as desigualdades porque como diferentes em etnia, raça, classe são inferiores. Nasceram desiguais, inferiores, sub-humanos. Uma condição de origem. Representações que as teorias pedagógicas tentam, mas não conseguem superar, porque se tornaram estruturantes do sistema educacional e da autoidentidade de pensar e fazer a educação.

Volta a pergunta: Qual o peso deformador, antipedagógico dessas formas inferiorizantes de pensar e segregar os coletivos diferentes? Como trabalhar essas vivências de históricas inferiorizações com que chegam às escolas e aos dias de estudo?

Desconstruindo segregações inferiorizantes

A forma mais pedagógica será valorizar suas resistências à segregação, entender os significados políticos das presenças afirmativas dos movimentos sociais. De formas diferentes lutam contra as estruturas de segregação da propriedade da terra, do solo, da exploração do trabalho, da apropriação da justiça, do conhecimento, das instituições do Estado. Lutam por outro projeto de campo, de cidade, de sociedade. Mas lutam também pela superação das representações sociais inferiorizantes, negativas que pesam sobre eles e em que ao longo de nossa história se tenta legitimar a expropriação de suas terras, a negação de seus direitos à vida, ao trabalho, à saúde, ao conhecimento, à justiça. Qual o peso formador, que aprendizados, que saberes e valores acumulam nessas lutas e resistências? As reações a essas representações negativas, inferiorizantes se dão desde crianças e adolescentes nas escolas, nas ruas, e são mais fortes nos diversos coletivos sociais, raciais, dos campos e das periferias urbanas. Não se reconhecem nessas representações tão negativas.

Esses tensionamentos caminham juntos na diversidade de lutas populares e nas lutas pela escola, pela universidade também. Tensionam o campo da educação. De um lado ao lutar por terra, território, espaço, moradia lutam por ocupar os espaços do saber, do conhecimento, da ciência de que foram segregados. De outro lado, ou articuladas a essas lutas, resistem as representações sociais tão negativas com que continuam pensados, avaliados e reprovados, quando lutam por essa totalidade de direitos. No campo da educação como no da cultura sempre tiveram um peso especial as representações sociais com que os Outros foram pensados em nossa história como incultos, sem saberes e sem racionalidade, sem valores e moralidade. Logo, incapazes de percursos sociais e escolares exitosos. Sem mérito para conhecimentos superiores nas universidades. Sem valores de esforço, trabalho para a inserção no exigente mercado de trabalho e de exploração da terra.

No momento em que os setores populares repolitizam o papel dessas representações inferiorizantes na história de sua segregação, subordinação e negação de seus direitos, o campo das representações sociais passa a ser um dos campos de disputa política, mas também pedagógica. As formas de pensar os educandos condicionam as formas de educá-lo. Condicionam o pensamento pedagógico. As teorias pedagógicas não ficam à margem dessas tensões, nem as políticas, os currículos, nem a cultura escolar e docente. São pressionadas a repensar as representações dos educandos e dos coletivos populares com que trabalham nas escolas, na EJA, na educação popular. As lógicas estruturantes do sistema escolar são pressionadas a se repensar. A cultura política tão segregadora é obrigada a se repensar.

Estamos em tempos de repolitização do imaginário estruturante dos lugares dos diferentes na estrutura de diferenciação social, política, econômica, cultural e pedagógica que vem desde a colônia e se mantém na república, na democracia e no capitalismo explorador.

As reações às presenças dos diferentes em marchas, ocupações, em lutas por terra, teto, saúde, escola, universidade ou as reações às crianças, adolescentes, suas inferiorizações como lentos, desacelerados, com problemas mentais de aprendizagem ou imorais de condutas, são reproduções de um longo imaginário construído de dentro das históricas relações sociais e políticas de dominação/subordinação. O território das teorias e práticas pedagógicas tem acolhido com facilidade essas representações sociais dos diferentes como inferiores. Como superá-las quando se afirmam sujeitos de direitos e da educação?

Como as teorias pedagógicas representam os coletivos diferentes?

A educação tem participado diretamente na construção e preservação dessas representações segregadoras inferiorizantes. Logo, as teorias pedagógicas e didáticas, as políticas curriculares e avaliativas e de gestão são obrigadas a repensar de forma radical suas representações do povo, seja nas escolas, seja na educação popular, seja na formulação/avaliação de políticas. Esse repensar é uma exigência primeira para que a escola pública popular seja democrática e deixe de ser seletiva e segregadora.

O ideal civilizatório, educativo, nos catecismos jesuíticos do século XVI e nos sistemas de instrução republicano teve responsabilidade central na construção desse imaginário que pensa os diferentes fora, na outra margem das concepções de humanidade, de cidadania, de república e democracia. Na outra margem, logo sem ter direito a ter direitos. Os diferentes em etnia, raça, classe, foram representados desiguais em humanidade. Sem alma, logo escravizáveis. Não gente. Coisas à venda.

Na medida em que esse imaginário tão brutal não tem sido superado, quando contestado pelos próprios coletivos diferentes nos movimentos, nas periferias, nos campos ou nas escolas a reação é de defesa desse imaginário e de reação por seu fortalecimento. Para o pensamento social e educacional conservador manter esses imaginários tão negativos dos grupos populares a partir da infância é um recurso cultural e político para frear e controlar suas lutas por direitos, por igualdade. Essas reações a não superar esses imaginários negativos expõem a articulação inseparável que acompanha nossa história social e política entre o não reconhecimento dos diferentes e a negação da sua igualdade humana e cidadã, no poder, no trabalho, na terra, na justiça, na saúde e de maneira particular no conhecimento.

Inferiorizar os povos diferentes em etnia, raça foi uma estratégia para não reconhecer sua igualdade de direitos. As teorias pedagógicas ora reagem, ora vêm contribuindo nessa estratégia segregadora. Sem superá-la, as políticas como toda criança na escola, direito ao conhecimento, à aprendizagem, caem no vazio social enquanto as crianças populares, das periferias, do campo, negras, quilombolas continuem pensadas e tratadas como inferiores, subalternas. Sem superar esses tratos continuarão entrando na escola para serem humilhadas, inferiorizadas, reprovadas por não ser alfabetizadas na idade certa.

Dos diferentes vêm as indagações mais desafiantes para a cultura política, para as teorias pedagógicas e para as políticas de igualdade: sem reequacionar as representações e os tratos das diferenças nas relações sociais não avançarão como políticas de igualdade. Se essa lição serve para o avanço da igualdade de todos os direitos, tem um sentido especial para a igualdade no direito ao conhecimento, à cultura e à educação. O sistema escolar faz parte dessa estrutura cultural, de representações inferiorizantes das diferenças. Desde os começos de nossa história a empreitada civilizatória, os catecismos e a educação jesuítica foram chamados a reforçar e a fazer parte dessa estrutura cultural. Reforçaram, de um lado, essas representações dos outros povos como inferiores, primitivos, bárbaros, incultos, insubmissos à nova ordem política e cultural. De outro lado, reforçaram a imagem hegemônica do colonizador, branco como civilizado. Um processo sacrificial de produção de representações sociais não superado ao longo de nossa história política e pedagógica.

Impor ambas imagens faz parte das relações de dominação/subordinação. E continua fazendo parte hoje por outros catecismos, outros ideários civilizatórios dos diferentes. A escola não consegue livrar-se dessa estrutura cultural ou da produção desse duplo imaginário. Sobretudo, não consegue libertar-se de reproduzir imaginários negativos desde que as criancinhas populares têm acesso à escola. Expressão dessa dificuldade é a lentidão com que as teorias pedagógicas, as didáticas e as avaliações até progressistas tentam libertar-se desse papel classificador e reprodutor de imaginários negativos que persistem nas nossas estruturas culturais, hegemônicas. Porque essa estrutura cultural inferiorizante, classificatória dos Outros passou a ser estruturante do nosso sistema social, político e também escolar. Uma segregação racista institucional e estrutural?

As tentativas de desconstruir representações e tratos inferiorizantes

As presenças positivas, afirmativas dos Outros na agenda política e cultural são a resposta mais contundente a essas segregações e inferiorizações.

As lutas por direito à escola, universidade apontam uma reação a essas representações. As lutas dos movimentos sociais por escola do campo, indígena, quilombola nas vilas, aglomerados ou favelas apontam reações a essas representações inferiorizantes que ainda estruturam o sistema escolar e o pensamento pedagógico. As pressões dos movimentos sociais por cursos de Pedagogia da Terra, de Formação de Professores indígenas, quilombolas, do campo representam reações políticas às inferiorizações que o sistema escolar ainda reproduz por meio de seus padrões de mérito.

Os diferentes em seus movimentos sociais trazem uma crítica a como as formas inferiorizantes, racistas de conceber os diferentes se articularam em nossa história com as formas de estruturação social, política, dos padrões de poder, de trabalho, de apropriação da terra e do espaço, do conhecimento, da justiça e do Estado e de suas instituições. Inclusive da instituição escolar. O mesmo imaginário racista, inferiorizante, segregador dos vistos como os Outros não humanos, não cidadãos transpassa o ideário republicano e a estruturação social em todos esses padrões. Inclusive a estruturação do Sistema de Instrução Pública.

Dentro do sistema há tentativas de desconstruir esses imaginários inferiorizantes dos coletivos diferentes e de seus(suas) filhos(as), mas são tão pesados e persistentes que até os coletivos docentes/educadores mais comprometidos e inovadores dificilmente conseguem superá-los. Quanto avançamos em teorias/didáticas, ações inovadoras críticas e em avaliações diagnósticas, progressistas, porém não conseguimos desconstruir essas estruturas, essas representações inferiorizantes das crianças e dos adolescentes, dos jovens e adultos populares que nas últimas décadas vão chegando às escolas públicas ou que se organizam em ações coletivas. Há esforços de coletivos de educadores, porém o sistema não consegue superar as representações negativas, extremamente preconceituosas das suas famílias e coletivos de origem e de seus movimentos. Resulta ainda mais difícil mexer no sistema escolar, nas suas lógicas estruturantes, seletivas, inferiorizantes, reprovadoras, impregnadas dos imaginários negativos que pesam sobre os setores populares. Porque pouco se avançou em desconstruir a forma escolar, as estruturas temporais, curriculares gradeadas, os níveis segregadores onde a estrutura cultural de representações inferiorizantes dos grupos populares se materializou. A estrutura escolar segregadora dos diferentes reproduz preconceitos, inferiorizações que são estruturais e estruturantes em nossa história.

Os movimentos sociais apontam as relações entre sistema escolar e as relações de poder e de trabalho. Essa materialidade segregadora, essas estruturas políticas e culturais que estruturam nosso sistema escolar com requintes especiais têm sido pouco pesquisadas e pouco trabalhadas nos currículos de formação de licenciatura e de pedagogia. Talvez para que como docentes se submetam docilmente a essas estruturas. Ou para que sejam delas vítimas conformadas como alunos. Mas há coletivos inconformados com segregar no sistema escolar os educandos populares tão segregados na sociedade, nos padrões de trabalho e de poder.

As lutas dos grupos sociais, étnicos, raciais, dos campos por direitos mostram que se se pretende fazer da educação popular, da escola, do sistema uma instituição de avanço da igualdade torna-se urgente somar com os diferentes e desconstruir esses imaginários, essas estruturas culturais que reproduzem tradicionais processos de produzir os diferentes em desiguais. De classificá-los, reprová-los e inferiorizá-los. Como equipar os militantes, docentes/educadores para resistir a esse peso de imaginários sociais, racistas que se perpetuam em nossa cultura política e pedagógica? Ao menos que nos cursos de formação recebam estudos aprofundados sobre a construção histórica desses imaginários, dessas formas inferiorizantes de pensar e tratar os educandos populares com os quais se encontrarão cada dia nas salas de aula ou na diversidade de projetos educativos populares. Por que o estudo dessa história da construção e manutenção da nossa estrutura cultural não tem um lugar central nos currículos de formação? Não apenas de formação dos educadores populares, nos movimentos sociais, dos professores do campo, indígenas, quilombolas, mas também daqueles que trabalharão nas escolas públicas populares?

Enquanto esses imaginários tão negativos dos diferentes não forem superados continuarão perturbando nossos sonhos pedagógicos. Os diferentes são culpabilizados do que os sonhos de tantas políticas não sejam realidade. São constantes análises que os culpabilizam por suas inferioridades. Ainda há análises que afirmam que nosso sistema de educação pública, nossas escolas teriam desempenhos iguais às escolas dos países avançados se esses(as) filhos(as) do povo não tivessem chegado, se os alunos lentos, desacelerados, com problemas de aprendizagem e de condutas não participassem da Provinha ou do Ideb; o nível da universidade cairá se entrarem indígenas, negros pobres por cotas ou bônus. Esse imaginário tão negativo perturba os sonhos de igualdade das políticas públicas como um fantasma. Sonhos tanto mais perturbados quanto mais os diferentes aparecem em marchas, ocupações de terras, loteamentos, escolas, universidades.

Enquanto as teorias e políticas educacionais não reconhecerem os diferentes como iguais elas não se reconhecerão a si mesmas como espaços de igualdade. Continuarão sonhando. Curtos e perturbados sonhos pedagógicos. A esperança está no aumento de militantes, de docentes/educadores nas escolas e nos movimentos populares que afirmam identidades positivas. As reconhecem. Esse reconhecimento é a exigência radical que vem dos movimentos sociais para que as teorias pedagógicas sejam outras.

Criticar uma história construída do alto

Os coletivos em movimentos ao afirmarem suas presenças mostram como aprofundar na compreensão desses imaginários que condicionam a tantas propostas de educação popular e até a estrutura do sistema escolar, a cultura docente, avaliativa e curricular. Começar por reconhecer os coletivos diversos como realidade na história de nossa formação social, política, cultural e também educacional. Ignorá-los é miopia política e intelectual. Eles estavam aqui quando a empreitada colonizadora chegou ou quando foi proclamada a República. Aqui estavam os povos indígenas, aqui foram trazidos os africanos como escravos. Povos que foram a base da estrutura de produção, de trabalho e continuaram como libertos, reagindo a essa condição, organizaram-se em comunidades quilombolas, em irmandades, em escolas e em comunidades negras camponesas, indígenas. Como mestiços, extrativistas, ribeirinhos, camponeses, trabalhadores nos campos e nas periferias urbanas, foram e continuam sujeitos dessa história. Estão na base da produção de toda nossa história cultural, social, econômica. Explorados, oprimidos, mas sujeitos de ações, reações, resistências, afirmações. Pensados como marginais, como inexistentes na história oficial, hegemônica, porém existentes, resistentes. Sujeitos dessa história no passado e no presente. Uma presença/resistência histórica que os movimentos sociais reatualizam e repolitizam. A construção de Outras Pedagogias exige o reconhecimento dessa presença/resistência histórica dos diferentes.

A questão central é se é assim como sujeitos de nossa história que aparecem nas pesquisas, nos estudos políticos, sociais, culturais, na história da educação, das ideias pedagógicas e nas narrativas da história da educação popular e do nosso sistema escolar. Pensando especificamente na história das políticas e as teorias pedagógicas e na história do nosso sistema escolar público é fácil constatar uma narrativa histórica construída e contada do alto. Dos colonizadores e de suas intenções, ideários e práticas colonizadoras, catequizadoras dos povos indígenas e escravizantes dos negros. Uma história contada a partir das leis imperiais, do ideário republicano, dos reformadores dos anos de 1920, dos pioneiros dos anos de 1930, até dos neopioneiros de décadas mais recentes. O povo nessas narrativas ou não existe ou aparece passivo, esperando o trem, esperando alguém, esperando a chuva, a abolição, o emprego, a ponte, o posto de saúde... esperando a escola. "Esperando um filho para esperar também." Até filhos(as) do povo negro esperando, ousando entrar nas universidades públicas por cotas ou por programas do alto: Prouni, Reuni. Esperando por decisões dos egrégios colegiados de autônomas universidades que reconheçam o direito constitucional à universidade.

As políticas mais atuais passam ainda a imagem de um Estado pró-povo. Políticas, programas, projetos do Estado para-pró o povo. Meros destinatários. Pró-infância, pró-campo, pró-quilombola, pró-índio, pró-EJA... Pró ou para os setores populares. Programas de uma história que vem do alto, dos Nós do alto para os Outros de baixo: povão, negros, favelados, quilombolas, indígenas, camponeses, crianças/adolescentes, jovens ou adultos populares. Uma história que reproduz e atualiza representações do povo sem história, sem cidadania, sem humanidade, sem teto, sem terra, sem escola, sem universidade. Sem identidade reconhecida de sujeitos de história. Logo pensados como meros destinatários da história feita de cá para lá, de cima para os de baixo, de dentro das cidadelas para os de fora. Para os setores de baixa renda, de baixos salários mínimos, de baixo rendimento na escola, de baixa capacidade de aprender, de baixos valores. De qualidade humana e mental mínima.

Esses imaginários inferiorizantes dos coletivos populares e de seus(suas) filhos(as) educandos não são exclusivos das narrativas da história das políticas e projetos educativos. São imaginários presentes no contar de nossa história social, econômica, política e cultural. São imaginários que informam todas as políticas para os diferentes. Estruturantes dos padrões de poder, do direito, da justiça, do trabalho.

Os movimentos sociais trazem uma crítica radical da história política, social, cultural e pedagógica pensada de cima para baixo, do alto, das elites e de suas políticas benevolentes para o povo, os diferentes. Como avançar para incorporar essa crítica já existente? Os estudos e pesquisas no campo educacional já estiveram mais abertos às análises críticas existentes na diversidade das ciências sociais, análises radicais feitas em estudos sociais, políticos e de políticas. Os próprios diferentes radicalizam essas críticas com suas presenças afirmativas. Como têm sido incorporadas nas análises e avaliações das políticas educacionais? E na história da escola e das ideias e das teorias pedagógicas? O pensamento educacional tende a fechar-se em si mesmo. Talvez porque teríamos de repensar toda a narrativa do papel da educação em nossa história oficial, hegemônica.

Os diferentes organizados em movimentos sociais trazem a urgência de repensar a imagem do Estado pai dos pobres e das suas instituições a serviço do povo, da escola pública, dos currículos e de suas diretrizes como instituições a serviço do povo ignorante. Trazem a necessidade de repensar as autoidentidades da docência: servidores do público e as autoidentidades dos cursos de pedagogia, de licenciatura, formadores daqueles que levarão as luzes do saber aos filhos do povo atolados na ignorância. Imaginários do Estado, de suas políticas e instituições e de seus agentes servidores do povo construídos a partir dos imaginários das formas culturais e pedagógicas de pensar o povo, os diferentes desde a empreitada educativa colonizadora e republicana. Construídos nas relações sociais, econômicas de expropriação de suas terras, de seu trabalho, de suas culturas.

Reconhecer outra história de afirmação dos diferentes

Se as imagens positivas, salvadoras, neutras do Estado, de suas políticas e instituições foram construindo-se na destruição das imagens do povo, dos diferentes, e se na educação essas lógicas persistem como constituintes, se uma das imagens dos setores populares mais persistentes é vê-los como ignorantes, irracionais, incultos, imorais, se são essas as imagens de que a educação se alimenta a partir de suas origens, não obstante a história não tem sido só essa. Há outra história no próprio campo da educação popular.

Na contramão dessas representações os diferentes mostram suas autoimagens positivas, afirmativas, questionando as autoimagens do Estado, de suas políticas e instituições. Contestando as autoimagens da educação e das teorias pedagógicas. As tensões estão expostas, desocultadas pelos diferentes pensados e tratados como inexistentes. Como inferiores porque diferentes.

Toda pedagogia para os diferentes que não superar essas visões inferiorizantes que vêm desde as origens de nossa história política, cultural e pedagógica serão antipedagogias. Terminarão reproduzindo essa perversa e antipedagógica história de inferiorizações. Superá-las é uma precondição para tentar pedagogias realmente igualitárias. A questão que passa a ser nuclear para o pensamento social e educacional é: como reconhecer que essa história não é toda a história? Que os diferentes têm sido mais presentes e resistentes do que as narrativas oficiais do alto reconhecem?

Não se trata de pedagogias que tirem os diferentes de sua condição de inferiores, mas de reconhecer que não se pensam inferiores, que desde que foram pensados e tratados como primitivos, bárbaros, incultos têm desmentido essas representações como mecanismos de tentar submetê-los, expropriar suas terras, culturas, saberes, memórias, identidades. Suas respostas foram afirmar-se humanos, afirmar suas memórias, culturas, saberes, sua condição de copresentes na história intelectual, cultural, social, política e pedagógica. Os movimentos sociais reafirmam essa copresença.

As teorias e práticas pedagógicas cabe repensar-se nessa história. Mostrar como as tentativas de desconstruir essas representações tão inferiorizantes onde se contrapor ao padrão de poder/saber vêm a partir das resistências dos povos originários, os indígenas na defesa de seus territórios, de suas culturas e identidades ancestrais. Vêm ainda dos coletivos negros resistindo e se organizando em quilombos e em ações por liberdade. Na educação há uma longa história das próprias comunidades negras por organizar suas escolas e pelo direito à escola pública. Os movimentos indígena, negro, quilombola dão continuidade a essa história.

O campo da educação tem sido um dos espaços de resistência às representações inferiorizantes dos grupos populares, dos diferentes. O movimento de educação popular e as lutas por escola pública para os(as) filhos(as) dos trabalhadores urbanos fazem parte dessa história. Figuras como Florestan Fernandes, Paulo Freire, Darci Ribeiro, Anísio Teixeira e tantos coletivos de docentes/educadores, pesquisadores que se contrapõem a representações inferiorizantes dos coletivos populares têm sido sujeitos de outra história.

O campo da educação, do pensamento social, político e pedagógico tem sido tensionado ao longo de nossa história sempre que os grupos sociais, étnicos, raciais resistiram a ser inferiorizados, fizeram-se presentes e provocaram a sensibilidade social, política e pedagógica dos educadores/pensadores mais representativos de nossa história. E continuam provocando outros modos de pensar e de educar que vêm dos movimentos sociais e de tantos docentes nas escolas públicas e nas universidades e centros de pesquisa, de produção teórica. Os próprios movimentos dos diferentes criam seus espaços, oficinas, escolas, UPMS, onde se afirmam sujeitos de produção de conhecimentos, de outras epistemologias e Outras Pedagogias. De outros modos de ser pensados em nossa história. Outra história de que os grupos sociais, étnicos, raciais são sujeitos e que exige ser desocultada, reconhecê-la como parte da história.

PRESENÇAS AFIRMATIVAS DAS DIFERENÇAS

Os coletivos em movimentos sociais afirmam sua diversidade, tornam presentes suas diferenças. Não apenas se sabem tratados em nossa história como desiguais, inferiorizados porque diferentes, mas se afirmam e reconhecem diferentes. Fazem-se presentes com presenças incômodas, nas ocupações, nas ruas, nas escolas, desocultam-se e se mostram existentes, visíveis. Estaríamos em um novo tempo político de afirmação dos coletivos ocultados porque diferentes? É possível não reconhecê-los? O Estado, suas políticas, as escolas, universidades avançam nesse reconhecer suas presenças afirmativas? Respondem com políticas públicas? Que políticas?

Quando os diferentes se afirmam presentes

Nas oficinas e dias de estudo os militantes e educadores(as) trazem narrativas de suas ações coletivas, de suas lutas fazendo-se presentes por terra, trabalho, moradia, saúde, educação, por acesso às escolas, por cotas nas universidades. Narrativas de ocupações, de marchas, de conquistas, mas também narrativas de repressões e reações do Estado, do judiciário, das forças da ordem. Presenças que repercutem na sociedade, que a mídia destaca e as tornam mais evidentes, mais presentes. Uma das estratégias dos coletivos em sua diversidade é mostrar-se, afirmar-se presentes, incômodos, existentes, na arena social, econômica, política e cultural. Até no sistema escolar. Sair das inexistências a que foram condenados e trazer para o confronto político suas existências representam Outras Pedagogias de formação de identidades.

Que significados políticos se revelam nessas presenças afirmativas dos diferentes? Um significado, pressionam pelo reconhecimento da sua diversidade. A diversidade de presenças afirmativas tem como sujeitos concretos, históricos os coletivos diferentes em classe, raça, etnia, gênero, campo, periferias. "Os Outros", inferiorizados porque diferentes. São presenças afirmativas dos ocultados em nossa história. Se sua inferiorização tem sido um traço de nossa história, suas presenças e resistências a essas inferiorizações porque diferentes têm sido também uma constante que traspassa nossa formação. História de presenças, resistências étnicas, raciais, de gênero, de idades, ocultadas como mecanismo de seu ocultamento. As presenças afirmativas dos diferentes em seus movimentos desocultam essa história de resistências e, ao radicalizá-las com presenças organizadas nos movimentos indígenas, juvenil, quilombola, negro, feminista, do campo, expõem a radicalidade política das diferenças. Obrigam o seu reconhecimento. Reeducam a sociedade, o Estado e suas políticas para reconhecê-las.

Os coletivos em seus movimentos revelam ainda outro significado: contestar o ocultamento a que foram relegados nas narrativas oficiais de nossa história, nas narrativas dos currículos. Mostrar que sempre estiveram presentes e resistentes. Desconstruir a imagem de pacíficos, ordeiros, porque inferiores. Suas presenças tão incômodas dão continuidade a uma longa história de incômodas presenças, resistências desde a colonização e expropriação de seus territórios, desde a reação à escravidão nos quilombos, desde a negação de seu direito a terra, espaço, escola, moradia, trabalho. Nas presenças afirmativas atuais repõem presenças ocultadas e resistências reprimidas. Um significado carregado de aprendizagens: avançar no autorreconhecimento de sua diversidade nos tensos processos de se mostrar presentes, afirmativos.

Outro significado se destaca nos encontros e nas ações coletivas: se revelam presentes, incômodos nas disputas mais radicais em nossa história, por terra, espaço, território, trabalho. Exigem ser reconhecidos presentes, resistentes nas fronteiras mais tensas desde o grito colonizador "terra à vista". Na reação à ocupação dos territórios, da expropriação da terra marcaram por séculos suas presenças/resistências. Na expansão do agronegócio, do projeto capitalista da exploração do campo retomam suas presenças/resistências. Um aprendizado de um significado político radical de suas presenças afirmativas: que os persistentes processos de apropriação/expropriação da terra, dos espaços estão na origem de suas segregações, inferiorizações, ocultamentos porque diferentes. As reações a esses persistentes processos dão um significado político radical a suas presenças afirmativas, em lutas por terra, espaço, território, trabalho, vida. Aí começam e persistem tensos confrontos em nossa história entre ocultamentos e autorreconhecimentos na questão da terra, dos espaços de existência.

Há ainda outro significado nessas presenças afirmativas de reconhecimento: ser articuladoras das identidades diversas dos diferentes, camponeses(as), negros(as), indígenas nas mesmas lutas por território, espaço, terra, por outro projeto de campo, de agricultura, de soberania alimentar. Essa articulação dos diferentes em presenças afirmativas nas mesmas fronteiras de luta confere aprendizados identitários coletivos novos, mais radicais. Terra, raça, etnia, gênero se articulando e reforçando como fronteiras de afirmação como existentes críveis. Fronteiras diversas onde se produzem, afirmam, aprendem identidades coletivas. Fronteiras de Outras Pedagogias. Como ignorá-las na diversidade de práticas de educação popular e escolar? Como ignorar a força pedagógica dessa diversidade de processos de afirmação de suas presenças?

Presenças afirmativas no Estado e nas políticas

Ainda um significado de extrema relevância política: os coletivos diferentes disputam suas presenças afirmativas de reconhecimentos no Estado, em suas instituições e em suas políticas públicas. Não apenas ocupam terras, espaços urbanos, mas ocupam as instituições do Estado e resistem a suas políticas propondo e implementando a reforma agrária, urbana, de saúde, transporte, educação... Contestam com suas presenças afirmativas as políticas de inclusão, de igualdade, distributivas, compensatórias, supletivas e até reparadoras. Pressionam por outras presenças em outras políticas, em outro Estado.

O caráter afirmativo de suas presenças coloca na arena política, nos órgãos de formulação, análise, avaliação de políticas a necessidade de passar dessas políticas compensatórias de desigualdades e de carências para **políticas afirmativas da diversidade**. Um aprendizado político de extrema relevância para os diferentes. Uma outra consciência de suas identidades coletivas, de destinatários agradecidos de políticas benevolentes do Estado e dos gestores e analistas para se afirmarem sujeitos políticos de políticas. Presentes no Estado e em suas instituições exigindo **afirmação política**.

Esse significado político tão radical traz indagações que são postas nos encontros, oficinas e dias de estudo pelos militantes dos movimentos sociais e pelos docentes/educadores(as). O que implica essas presenças afirmativas para a formulação, gestão, análise e avaliação de políticas? Implica apenas correção de políticas ou em levar as lutas mais longe, por novas concepções, valores, princípios e juízos normativos? Serão os mesmos ou terão de ser desconstruídos e reconhecer que os Outros Sujeitos políticos de políticas trazem outros valores, outros princípios e juízos normativos? Nos encontros da militância e nos dias de estudo nas escolas estão postas essas indagações tão radicais para o Estado e seus gestores e formuladores de políticas. Revelam-se as tensões trazidas para esses campos pelas presenças afirmativas dos coletivos ocultados em nossa história política. As políticas, programas educativos até as escolas, são um dos campos dessas tensões.

Há um significado de extrema relevância: suas presenças afirmativas no Estado, nas suas instituições e políticas obrigam a avançar de políticas compensatórias para políticas afirmativas. As ações, políticas e programas afirmativos ocupam novo lugar nas pesquisas e análises e nas políticas públicas. Que avanços e tensões podem ser observados nessas políticas oficiais para a diversidade? Respondem ou entram em tensão com as políticas afirmativas de autorreconhecimento da diversidade? Nos encontros se reconhecem avanços e tensões no próprio campo do Estado, de suas instituições e políticas, mas fica uma indagação: Que presenças exigem no Estado e que presenças lhes são oferecidas na diversidade de projetos como pró-campo, pró-jovem, pró-infância...?

Um avanço significativo carregado de tensões políticas é reconhecer a centralidade da diversidade em nossa história social, econômica, política, cultural e pedagógica. Os próprios coletivos avançam nessa consciência e pressionam os órgãos de pesquisa, de formulação e análise de políticas para esse reconhecer a diversidade. Ao se tornar visíveis e incômodos na arena política, econômica e cultural, nos campos e nas cidades, não há como não vê-los e reconhecê-los no Estado e nas suas instituições e políticas. Mas ainda não há como não questionar as formas de pensá-los, tratá-los, ignorá-los e segregá-los como inexistentes para a história política. Não há como não questionar até as formas de reconhecer suas presenças no Estado e em suas políticas. Persistem representações desfiguradas nas formas de pensá-los e de tratá-los?

As análises de políticas e de diretrizes são um campo revelador dos significados dos reconhecimentos oficiais. Se se afirmam avanços nas presenças da diversidade, não há como não questionar as políticas tradicionais, distributivas, inclusivas, compensatórias, legitimadas nas relações políticas de segregação, de pensar e alocar os diferentes, de vê-los como excluídos, deficientes, no atraso social, moral e cultural. Ao se fazer presentes, visíveis, contestam essas formas de vê-los, de reconhecê-los. Contestam as tradicionais políticas e formas de desfigurar a diversidade com olhares e tratos preconceituosos.

Outro avanço significativo, que trazem as presenças afirmativas, repensar as formas de tratá-los. O Estado, seus órgãos de formulação, gestão, avaliação e análise de políticas são obrigados a desconstruir as formas de tratá-los, como inferiores, carentes, consequentemente são obrigados a repensar seu caráter distributivo, inclusivo, reparador e compensatório de carências. Uma tarefa que exige pesquisa e análises detidas sobre essas políticas para os diferentes que se lastram por décadas como o estilo republicano e democrático de corrigir, suprir carências sociais, educativas, culturais dos coletivos sociais, étnicos, raciais, dos trabalhadores dos campos e periferias, de suas infâncias, pensados como carentes. Reconhecê-los como carentes é uma forma de não reconhecimento.

Há ainda outro lado nessas novas presenças que adotam os sujeitos/destinatários das políticas socioeducativas: não apenas obrigam a reconhecer suas presenças e existências e formular outras políticas, mas reivindicam definir as regras desse reconhecimento oficial ou exigem ser reconhecidos sujeitos de políticas do próprio reconhecimento. Esse dado exige mais do que trocar políticas distributivas, supletivas e inclusivas por políticas afirmativas. Implica reconhecer os setores populares, as infâncias e juventudes como sujeitos partícipes na própria formulação, alcance e processos de reconhecimento. Reconhecer seus autorreconhecimentos tão distantes dos reconhecimentos que vêm do alto.

Ter de debater os termos das políticas públicas com os "destinatários" populares ou debater as ações pedagógicas com os educandos é muito mais exigente do que as tradicionais formulações, gestões, avaliações e análises de políticas feitas sem eles e para eles. Se essas tarefas não foram fáceis para os formuladores, gestores e analistas de políticas, muito mais complexa será essa tarefa quando os "destinatários" crescerem, afirmarem-se e reivindicarem participar, debater os termos dessas políticas e dos padrões de sua afirmação. Quando de destinatários agradecidos viram sujeitos políticos e sujeitos de políticas, críticos dos princípios e marcos normativos, e quando afirmam seus autorreconhecimentos, reconhecer suas presenças adquire outras radicalidades políticas.

Nada fácil reconhecer que os coletivos populares deixaram de pedir a inclusão cidadã e produtiva e passaram a definir os termos e as condições de reconhecimento de sua cidadania e de suas políticas. Algumas dessas condições redefinem os estilos de formulação, gestão, análises de políticas públicas. Redefinem até a função desses órgãos públicos e do próprio Estado. Esta vem sendo uma das tensões nos órgãos do Estado criados para a formulação de políticas de reconhecimento oficial para os coletivos diversos em classe, gênero, etnia, raça, campo, geração... Tensões para o Pronera, o Incra no Ministério da Reforma Agrária, a Secadi no MEC, a Secretaria de Direitos Humanos, a Secretaria de Políticas de Promoção da Igualdade Racial e a Secretaria de Políticas para Mulheres.

As tensões passam não apenas por que políticas específicas de afirmação, mas em que medida os padrões tradicionais de propriedade, de trabalho, de direito, de igualdade, de diversidade, de cidadania ou de humanidade e de educação dão conta das lutas e das ações coletivas e dos movimentos sociais de sujeitos que exigem reconhecimento, mas não se reconhecem meros destinatários das políticas desses órgãos do Estado. Uma das tensões mais permanentes tem sido pelo não reconhecimento como destinatários agradecidos das políticas produzidas dentro desses órgãos e pela pressão para ser reconhecidos sujeitos políticos e de políticas. Até sujeitos na organização desses órgãos do Estado e na sua formulação, análise e avaliação.

Os saberes dos coletivos pensados como destinatários entram em confronto com os saberes legítimos dos formuladores e analistas de políticas e com as instituições do Estado. As tensões mais de fundo se dão entre os reconhecimentos oficiais e os autorreconhecimentos que os coletivos diversos afirmam em suas resistências emancipatórias.

Reconhecimentos das diferenças ou ocultamentos?

À luz desses outros padrões e processos de afirmação que trazem os coletivos em resistências, ações e movimentos, que políticas podem ser reconhecidas como afirmativas ou não?

As políticas seletivas de quem e do que merece ser reconhecido como diferente tendem a relegar e ocultar dimensões dos coletivos que não se conformam com o ideal normatizado. Por exemplo, as lutas por terra, território não cabem no ideal normatizado dos povos indígenas e camponeses como ordeiros, pacíficos, submissos ou como ignorantes, irracionais, preguiçosos e sem iniciativa, logo, as políticas e programas partirão desses traços predefinidos historicamente e nesses limites pautarão seu reconhecimento oficial apenas como diferenças culturais. Inclusive condenando como marginais, desordeiros, atos e lutas que apontam outras políticas afirmativas, de direito à terra e a territórios, trabalho, vida ou cotas nas universidades. O próprio reconhecimento das diferenças é segregador. Reconhece os traços mais leves e condena os mais radicais. Tensões postas também nas escolas. Como é difícil reconhecer as condutas mais radicais e até as indagações mais desestruturantes que trazem tantas crianças, adolescentes, jovens às salas de aula. Avançamos em reconhecimentos de que os educandos(as) são Outros, mas ainda reconhecimentos seletivos. Condenando traços demasiado radicais para as pedagogias oficiais.

Quando os reconhecimentos das identidades são segregados, normatizados por políticas e programas terminam impondo identidades preestabelecidas como legítimas e controlando e até desconstruindo processos e lutas legítimas de construção de identidades coletivas. Reconhecimentos preestabelecidos pretendem precondicionar a formação das suas identidades, processo perverso que vem da colonização e se perpetua em políticas de inclusão, de diversidade cultural em que a diferenciação é preestabelecida a partir de dentro para os de fora. Uma das formas de predefinir o reconhecimento seletivo dos traços das diferenças passa pelo caráter seletivo de uns coletivos como merecedores do reconhecimento e outros não. Nem todas as vidas têm o mesmo valor nesses padrões segregadores de reconhecimento (BUTLER, 2010).

Por exemplo, as políticas e programas socioeducativos de inclusão dos diferentes pela educação privilegiam traços que são mais próximos do campo sócio-educativo-cultural. Privilegiam a educação das condutas, ou a persuasão, e secundarizam ou se sentem estranhos em dimensões mais de raiz, de lutas pelo viver, pelo trabalho, pela terra, teto, território, comida, soberania alimentar. Por projetos de campo e de sociedade. Ignoram os processos históricos mais radicais de torná-los inexistentes e as lutas mais radicais por afirmar-se existentes. Processos perversos de selecionar uns traços das identidades e condenar outros, os mais incômodos ao sistema. Quando se dá uma triagem seletiva das presenças dos diferentes se fará uma triagem seletiva das Outras Pedagogias.

Esse subsolo da produção material da existência, do viver digno e justo determinantes na produção das desigualdades e diferenças e das inexistências não aparece como foco das políticas/programas socioeducativos oficiais. Essas políticas e programas operam em um seletivo e diferencial reconhecimento dos coletivos dos educandos, os diferentes, na medida em que selecionam uns traços e ignoram outros constituintes das diferenças como segregações e desigualdades. As diferenças brutais nas relações de classe e nas condições materiais de viver, sobreviver têm merecido menos políticas e programas oficiais do que as diferenças no campo da cultura, da escolarização, da inclusão, do letramento, representações tão condicionadas pelo desenraizamento das bases materiais.

Os ocultamentos de dimensões tão determinantes da produção dos diferentes em classes, desiguais, inferiores, inexistentes terminam secundarizando e até ignorando determinados coletivos nas políticas e programas oficiais. Os ostensivos conflitos afirmativos de sujeitos em lutas e movimentos por terra, lugar, vida, trabalho, comida, cotas se articulam aos conflitos e às afirmações de identidades culturais, sexuais e contra os preconceitos étnico-raciais. Articulam-se a lutas por escola, por letramento, por conhecimento. Entretanto, os marcos normativos que as políticas adotam para ignorar aqueles e privilegiar estes terminam selecionando ou ignorando umas políticas e programas de reconhecimento de uns coletivos, de umas lutas e ignorando outros e outras.

Terminam separando lutas que os movimentos sociais articulam. Nos dias de estudo, nas oficinas se revelam coletivos conscientes de que sua afirmação de identidade é única, inseparável.

Como coletivos reagem a essa tendência a selecionar, focar políticas específicas de reconhecimento de suas presenças, ignorando as inter-relações entre as identidades culturais, étnicas, raciais, sexuais e as diferenças de condição de classe, de vida, terra, lugar, trabalho, sobrevivência em que foram construídas em nossa história essas diferenças identitárias, culturais, sexuais, étnicas e raciais. Nosso padrão de apropriação/expropriação da terra, do trabalho, da vida é racista como é classista e sexista. Políticas e programas de reconhecimento oficial que ignorem esses entrelaçamentos na produção das diferenças em desigualdades terminarão no fracasso. Aí radica a fraqueza das medidas educativas, de convencimento para a tolerância, para a interculturalidade etc. que ignoram as complexas inter-relações culturais e materiais na produção histórica dos diferentes como inferiores, segregados na totalidade da sua condição social.

Quando os marcos normativos do que é ou não diferente e conformante das diferenças ficam na superfície ou incorporam apenas alguns traços a serem objeto de programas que ignoram outros, terminam fracassando como políticas de igualdade. As políticas e programas para os diferentes têm se preocupado pouco em conhecer a fundo a complexa história de sua produção/reprodução como coletivos diferentes feitos desiguais e mantidos na invisibilidade, sem lugar. Predomina uma ignorância sobre esses sujeitos coletivos destinatários dos programas e políticas. Por que essa ignorância? Porque facilita definir normas, padrões, programas e políticas de acordo com a visão do lado de cá, de quem as formula, implementa, avalia e analisa. Se se avançasse na complexa produção/reprodução histórica, de classe, social, política dos diferentes em inferiores, inexistentes os juízos normativos e as políticas e programas teriam de ser outros, menos ingênuos, mais complexos na hora de formular e de implementar, de avaliar e analisar políticas.

Reconhecimentos seletivos

Há um processo seletivo no reconhecer as diferenças. Há intenções políticas de reconhecer uns coletivos e não outros, umas lutas e não outras. O fracasso de tantas políticas e programas para os diferentes é inerente aos juízos e visões de que partem, melhor das ignorâncias dos processos históricos de sua conformação como desiguais em nossa classista, racista e sexista história. Ignorâncias tão arraigadas na cultura escolar e nas teorias pedagógicas.

As vítimas dessa história carregam desde a infância saberes sobre como foram tratadas como inferiores, sub-humanos, inexistentes nos processos brutais, materiais, de desenraizamento do seu chão, território, terra, espaço na conformação de suas inexistências culturais, raciais, étnicas, sexuais.

Essa é uma das ignorâncias que os movimentos sociais revelam em suas ações de autorreconhecimento. Este é um dos traços mais destacados nas presenças afirmativas dos coletivos populares: trazer para as teorias pedagógicas e para a pesquisa a formulação e análise de políticas, a necessidade de avançar nesses autorreconhecimentos mais radicais que articulem políticas socioeducativas com políticas de direito à terra, ao território, à moradia, trabalho, memória e identidades, direito aos espaços da lei, do conhecimento... ou as articulem a projetos de cidade, de campo e de sociedade, de justiça.

Novas questões são postas ao Estado e aos órgãos gestores e analistas de políticas pelos movimentos sociais e por seus(suas) filhos(as). Nesse quadro, como formular políticas/programas que tornem mais iguais os diferentes, não partindo de uma ignorância sobre sua conformação histórica ou sobre a produção de sua inexistência? Como elaborar políticas que coloquem como central partir de como em nossa formação histórica operam e se determinam a apropriação/expropriação da terra, do lugar, do espaço, do trabalho, da alimentação, da vida e as diferenças sexuais, raciais, étnicas? Operam em processos de reciprocidade? Se assim foi e continua, as políticas e programas de reconhecer suas presenças teriam de partir desses complexos processos de reciprocidades e não ser pensados e implementados como ações isoladas de reconhecimento apenas de algumas dimensões mais palatáveis, menos conflitivas e de ignorâncias daquelas mais conflitivas.

Elaborar políticas de reconhecimento das diferenças partindo do suposto de que a cultura, a raça, a etnia, o gênero, a homossexualidade, o ser do campo, da periferia ou de uma determinada região operam por separado e conformam exaustivamente identidades recortadas e separáveis tende a levar a políticas e programas fracos em reconhecimento. As análises que a militância faz em seus dias de estudo e as reações dos jovens e adolescentes nas escolas partem de um conhecimento aprofundado sobre de que maneira complexa se articulam essas dimensões do sujeito humano, produção da vida, valores, culturas, na própria identidade pessoal e coletiva e nos processos históricos específicos de sua produção/reprodução. Como estiveram e continuam presentes na produção dos padrões sexistas e racistas de classe, de trabalho, de poder, de relações sociais, de apropriação/expropriação da terra, do espaço, da renda ou da educação.

Voltamos à pergunta: Por que esse conhecimento é dispensado na formulação, implementação, avaliação e análise de políticas e de tantos programas socioeducativos? Porque esses processos formuladores, avaliativos, analíticos de políticas se afirmam em um modelo seletivo prévio normativo que só consegue operar em um imaginário dado dos coletivos e dos educandos Outros aos quais essas políticas se destinam. Só conseguem operar em formas dadas de pensar esses coletivos diversos como excluídos, desiguais, marginados e inconscientes, a ser incluídos, conscientizados, civilizados, educados nos reconhecimentos possíveis aos limites dessas políticas e programas. Aos limites do Estado e das relações sociais de produção. As presenças de autorreconhecimento reagem a esses limites e a essas segmentações de identidades, lutam por outro Estado, outras políticas, Outras Pedagogias, outra escola e outras relações sociais de produção.

Reconhecimento das diferenças ou tolerância?

Se a negação do reconhecimento dos diferentes como existentes, críveis tem sua radicalidade em vê-los como inexistentes, invisíveis, sub-humanos, suas reações mais radicais serão mostrar-se visíveis, existentes, humanas. Se as antipedagogias de inferiorizá-los foram tão radicais se afirmam como pedagogias outras mais radicais.

Diante dessas presenças afirmativas dos sujeitos coletivos que se manifestam presentes, visíveis na dinâmica social, as políticas públicas passam a se autonomear como políticas de reconhecimento das diferenças. A questão que nos acompanha nestas análises passa a ser que sentido tem carregado esse termo reconhecimento da diversidade, das diferenças? Consegue captar e incorporar a radicalidade que os diferentes dão ao autorreconhecimento nas lutas por igualdade/equidade? Vejamos alguns dos limites em que essas políticas-programas se enredam. Limites vivenciados em suas lutas por presenças afirmativas.

A proposta tem sido avançar para políticas de tolerância em relação aos clássicos cenários que persistem em nossa formação social de homofobia, sexismo, racismo, regionalismo. Reconhecem-se as diferenças e desigualdades para além de visões generalistas que inspiraram e inspiram políticas públicas em um padrão único socioeducativo ou em uma concepção de sujeito único para reconhecer que há sujeitos diversos, coletivos diversos em relações sociais, raciais, sexuais, étnicas, regionais tensas, até intolerantes e inferiorizantes. Um avanço no campo das políticas a ser reconhecido na cultura escolar e docente.

As políticas de atenção a essa diversidade significariam um avanço sobre as políticas abstratas, generalistas, garantia de direitos abstratos para sujeitos únicos, porém tendem a se reduzir a políticas e ações de tolerância. Se esse reconhecer a diversidade se limita a políticas, metas de tolerância entre esses sujeitos coletivos ou para tolerância em relações interpessoais de deferentes em orientações sexuais, em religião, em raça, em região, em gênero, políticas que favoreçam a tolerância entre diferentes, as questões postas são: Qual a força dessas políticas como instrumento de persuasão para a tolerância? Qual a força social, política e cultural da tolerância entre diversos? Os próprios coletivos diversos reduzem seus autorreconhecimentos a relações interpessoais de tolerância? O racismo, sexismo, são apenas atitudes interpessoais ou são estruturais e estruturantes dos padrões de poder, de trabalho, de conhecimento?

Seria aconselhável mapear a diversidade de políticas e programas que partem do reconhecimento da diversidade, até das tensas relações entre coletivos diferentes marcados pelo sexismo, racismo, homofobia, regionalismo, que trazem essas marcas de educação para a **tolerância** e o **respeito** às **diferenças**. Até a educação em direitos humanos para na tolerância. Quando nos aproximamos dessas políticas de reconhecimento tolerante podemos observar que a ênfase no reconhecimento da diversidade é um avanço, pretendem criar bases para uma tolerância mais fundamentada, menos moralizante. Carregam a dimensão política de reconhecê-los como alguém, existentes, diferentes.

A partir daí pode-se avançar para políticas afirmativas, porém ficam em uma visão fraca sem aprofundar nos processos históricos, estruturais e nas tensões brutais de produção e dos tratos dessas diferenças. Daí terminar escorregando para políticas débeis de tolerância entre os coletivos diferentes, entre culturas, como se as diferenças se dessem em cenários inocentes, interpessoais, morais, culturais ausentes das relações e padrões políticos históricos de classe, de poder, dominação/subordinação entre os coletivos diferentes. Entre culturas. Multiculturalismo tolerante?

Nos dias de estudo, nas oficinas e na pluralidade de ações afirmativas os coletivos em movimentos criticam e reagem a essa visão a-histórica, apolítica que leva a políticas da igualdade que enfatizam como alternativa a tolerância entre os diferentes. Ou a educação para o convívio tolerante, para reconhecer o outro como igual, respeitar suas diferenças, sobretudo culturais. A crítica mais radical é que essas políticas e programas perdem o chão histórico tenso das representações e conformações dos diferentes feitos tão profundamente desiguais e inferiores em nossa história. Por vezes os programas de educação em direitos se limitam a educar para uma tolerância civilizada ou para o respeito aos direitos dos outros.

Outra questão a ser analisada nesse tipo de política de respeito às diferenças é **quem** confere o reconhecimento. Quem os tolera ou quem educa quem para a tolerância. São aqueles coletivos que não se reconhecem diferentes porque representam o padrão de ser humano civilizado, racional, produtivo, ético, cidadão. São os de dentro desse padrão e a partir desse padrão de normalidade que conferem o reconhecimento tolerante àqueles indivíduos e coletivos fora do padrão. Os reconhecem como diferentes a eles, ou ao seu padrão de racionalidade, sexualidade, cultura, raça, etnia, classe ou região, prometendo tolerá-los. Em realidade, as políticas de tolerância não são tanto para que os diferentes se tolerem entre si, mas políticas/promessas do máximo a que os de dentro, os iguais, os civilizados se propõem condescender: tolerar as diferenças, os diferentes, os pobres, os trabalhadores, os povos de cor. "Os Outros." Contanto que sejam trabalhadores, ordeiros, educados, pacíficos. Para aqueles que lutam por terra, espaço, moradia, teto, trabalho, comida, diversidade sexual... tolerância zero, ordens judiciais de reintegração de posse, repressão. Até a tolerância das unidades policiais pacificadoras.

Perguntar-nos por quem confere o reconhecimento dos diferentes e a partir de que padrão e quem institui esse padrão de tolerância como legítimo é fundamental para a análise das políticas de respeito e reconhecimento oficial e para a análise dos programas de educação para a tolerância. Políticas e programas que focalizam educar para o respeito àqueles coletivos, apesar de não coincidência com o padrão legítimo. Apesar de serem diferentes do Nós, que os confere o reconhecimento. Que os tolera.

Logo, educar para tolerá-los ou até tolerar-nos, num convívio harmonioso entre desiguais, entre agronegócio e agricultura familiar, entre capital e trabalho, entre classes, entre etnias e raças, o ideal tolerante da democracia racial, social, cultural, sexual. As políticas socioeducativas terminam reduzidas a políticas de tolerância fora e dentro das escolas.

Essa mesma lógica orienta programas e políticas de inclusão, de superação da marginalidade e até de conscientização dos diferentes ainda inconscientes. Essa lógica orienta programas e políticas de educação para a cidadania dos subcidadãos ou de educação em direitos humanos. Quem define essas políticas e programas são os grupos de dentro da cidadela cidadã. Como quem definia quem entrar, reconhecer e com que critérios aqueles reconhecidos dignos de entrar na cidadela eram aqueles de dentro, os senhores da cidadela ou da cidade. Os incluídos, os cidadãos por direito. Quem define as políticas, os currículos de inclusão, reconhecimento tolerante, são os coletivos que se autorreconhecem dentro da cidadela. Os cidadãos incluídos, reconhecendo os não cidadãos, os excluídos. Ao menos tolerando-os, contanto que na lei e na ordem. Contanto que apresentem o visto de entrada, o diploma escolar.

O Estado e os contraditórios processos de reconhecimento das diferenças

Como as políticas e suas análises tendem a ver o Estado e como é visto pelos coletivos em ações de reconhecimento das diferenças? Os coletivos diferentes em suas ações e movimentos lutam por políticas de Estado, mas veem o Estado não como inocente e bondoso promotor de convívios, tolerâncias, educação em direitos, políticas de igualdade, mas como poder que está e esteve presente, ativo, protagonista nos brutais processos de seu despossuimento, desenraizamento, opressão/segregação, ocultamento, inferiorização, porque trabalhadores, camponeses, ou diferentes em gênero, etnia, raça. Aí está uma das raízes das tensões entre os movimentos sociais e as políticas de um Estado que oculta mais do que reconhece seu papel nesses processos históricos e em sua manutenção.

Como convencer aos movimentos sem terra ou indígenas que o Estado e suas políticas agrária, fundiária, de financiamento do agronegócio nada têm a ver com a destruição da agricultura familiar e de ocupação dos territórios indígenas e quilombolas? Ou que o Estado nada tem a ver com o fechamento das escolas do campo? Ou como convencer os sem-teto que o Estado nada tem com as políticas urbanas que os relegam a terrenos sem regulação, sem posse, sem infraestruturas? Ou como dizer aos afro-descendentes que sua exclusão das universidades e escolas públicas nada tem a ver com a política educacional e com a omissão do Estado nas lutas por ações afirmativas de garantia do direito à educação?

Nesses embates os movimentos sociais acumularam saberes sobre o Estado. Ao trazer à sua agenda política a questão do poder, do Estado e de suas políticas os movimentos sociais repolitizam e radicalizam o campo da formulação de políticas, de avaliação e de análise. Repolitizam os marcos conceituais que as inspiram. Os coletivos, ao remexer na perversa história de suas inferiorizações e ocultamentos, extraem dimensões onde aparecem o Estado e suas políticas e opções com um rosto que contradiz o rosto neutro, salvador que predomina nas análises de políticas distributivas, inclusivas e compensatórias.

A questão que se impõe à gestão e às análises de políticas é como os destinatários em ações e movimentos, não mais receptores agradecidos, mostram suas vivências e aprendizados sobre as formas de poder, o papel de Estado e de suas instituições e políticas. As políticas não se revelam pelos objetivos que se propõem para os setores populares, mas são eles em reações, ações e movimentos que revelam os sentidos políticos do papel do Estado e de suas políticas. Revelam até o alcance, os impasses e os limites. Nos dias de estudo dos militantes dos movimentos sociais está posta essa tensão entre saberes sobre o Estado e suas políticas e avaliações.

Uma forma de avaliação e de análise de políticas de reconhecimento, da igualdade na diversidade poderia passar por confrontar os objetivos do Estado e das políticas com as ações dos supostos destinatários. Como se pensam em suas ações, em contraposição a como são pensados nas políticas, como pensam os processos históricos de sua segregação nas políticas econômicas, sociais e como vem o papel do Estado nesses processos de sua produção/reprodução como segregados e como as políticas e suas análises representam o Estado.

Trazendo as análises de políticas para o papel do Estado na produção/reprodução dos tratos desiguais dos diferentes e nas tentativas de assumir seu papel no seu reconhecimento, as políticas se tornam mais políticas ou exigem novas radicalidades políticas. Nem na formulação e nas avaliações e análises de políticas se podem dar por suposto representações do Estado, das políticas, nem dos setores populares, seus destinatários. Quando se parte de concepções dadas ou se dão por supostas concepções e papéis do Estado e dos setores destinatários termina limitando-se à possibilidade de análises mais críticas e aprofundadas das próprias políticas. A militância dos movimentos dá centralidade à crítica ao Estado e seu papel histórico contraditório na sua segregação e dá centralidade à visão que tem do Estado e deles mesmos como sujeitos políticos. Nessas visões desencontradas sobre o Estado está um dos polos de tensões.

Quando se dispensam análises mais críticas das políticas e do papel do Estado termina-se caindo em uma narrativa inocente, despolitizada de uma história progressiva, linear, conduzida por um Estado movido a boas intenções com as diversidades e desigualdades. As políticas de reconhecimento oficial das diferenças seriam mais um capítulo dessa narrativa inocente progressiva que tem o Estado como seu promotor. Por que esses reducionismos e ocultamentos dos antagonismos mais de base persistentes na conformação dos diferentes? Porque tais reducionismos e ocultamentos possibilitam a formação e a defesa dos juízos normativos que orientam as políticas e suas análises. Destacar as contradições que esses juízos normativos carregam tem sido uma função das críticas ao Estado vindas dos movimentos sociais.

O papel do Estado na produção dos diferentes como desiguais

Reduzir o reconhecimento das diferenças a ações políticas de inclusão e de igualdade termina enfraquecendo a oportunidade de ir mais fundo no papel histórico do Estado, de suas políticas e instituições na tensa história de produzir os diferentes em desiguais, porque vistos como inferiores e segregados. Quando as análises não chegam aos antagonismos mais de fundo, onde o papel do Estado, de suas instituições e políticas tem sido decisivo, terminamos propondo programas inclusivos dos excluídos para ocultar o antagonismo. Melhor, ocultando-o, não enfrentá-lo. Pela percepção desses limites passam as reações das vítimas, dos destinatários às políticas inclusivas e de reconhecimento. Sua crítica é que elas terminam ocultando antagonismos históricos mais radicais, onde o Estado e suas políticas tiveram e têm um papel central.

Reagem a políticas de inclusão porque sua história não é de exclusão, mas de opressão, segregação, desenraizamentos e inferiorizações. De ser vistos e tratados como sub-humanos, subcidadãos, fora da lei, sem direitos. A libertação dessa opressão histórica eles não esperam de políticas inclusivas porque não se reconhecem nessa nomeação de excluídos. Quando as análises não chegam a essas radicalidades e antagonismos em que foram pensados e alocados os setores populares, os supostos destinatários das políticas de reconhecimento oficial, cai-se facilmente em programas de reconciliação, de convivência, de paz, de tolerância com os diferentes, em políticas de multiculturalismo, de respeito à diversidade de identidades, de democracia étnica, racial, de classe, de gênero, de região. Cai-se numa visão idealizada de Estado de direito, promotor da igualdade e de superação das desigualdades herdadas.

O papel histórico dos próprios diversos feitos tão desiguais é apontar que se trata de relações políticas, de padrões de dominação/subordinação, de apropriação/expropriação da terra, do espaço, da riqueza, dos meios de produção etc. Consequentemente remetem às formações e estruturas de poder, ao Estado e seus métodos de coação e de controle, de repressão a tantas tentativas dos Outros de lutar por autorreconhecimento, por direitos e justiça. As concepções que inspiram tantas políticas de inclusão, de paz, de consciências, de tolerância pelo reconhecimento oficial terminam legitimando a coação, controle, repressão estatal às ações, lutas e mobilizações dos coletivos populares porque não esperam políticas de inclusão e de convívios ordeiros.

Os militantes aprendem que a ação estatal de condenação e repressão das mobilizações populares se justifica em que se respeitem as ações e medidas de políticas públicas oficiais: agrária, fundiária, urbana... que têm como meta avançar na igualdade, na garantia dos seus direitos por métodos pacíficos, de respeito à lei, à propriedade, à ordem de que o Estado é guardião.

Por aí passam os confrontos entre as políticas públicas para os setores diversos, os Outros e suas ações e movimentos populares, em todas as áreas de lutas por direitos: trabalho, estabilidade, previdência, reforma agrária, fundiária, urbana, reconhecimento dos territórios indígenas e quilombolas, cotas nas universidades e no trabalho, igualdade racial, sexual. As políticas públicas inspiradas em princípios de inclusão, reconhecimento das diferenças, promoção dos direitos estão saturadas de poder, de afirmação do poder estatal necessário para a promoção dos direitos dos sem-direito a ter direito, mas um poder que precisa se afirmar como o Poder nessas políticas e que se reserva a condução e a definição do alcance desses direitos, a regulação da inclusão, na afirmação do controle e até da coação estatal contra os métodos que vêm das ações e lutas dos setores populares pelos mesmos direitos que as políticas prometem.

As políticas de inclusão, de promoção dos direitos dos sem-direitos pressupõem políticas de poder dentro de pressupostos da função do Estado que determina as possibilidades e limites dessas políticas: estado de Direito, mas dentro da ordem, do respeito aos direitos legitimados de propriedade da terra, do solo ou de mérito para a garantia dos direitos. Dentro desses marcos da função do Estado operam as políticas públicas e os programas de promoção dos direitos dos sem-direitos. Em outros termos, os movimentos sociais põem de manifesto que as políticas e programas públicos são exercícios do poder nas possibilidades e limites do Estado e de seu exercício do poder. Limites que ficam mais expostos na medida em que os diferentes contrapõem ações de libertação e de autorreconhecimento.

Alargar os limites do reconhecimento oficial das diferenças

Há ainda uma função do Estado que se revela forte nessas políticas públicas de promoção dos direitos para os sem-direitos: a função configurante que o Estado sempre teve em nossa tradição de conformar o como são pensados e alocados esses Outros. O Estado se julga no dever até de proteção para a produção desses coletivos e de seus direitos nos limites dados pela ordem social, econômica, política, cujos antagonismos ele mesmo produz e reforça. As políticas tendem a fugir desses antagonismos em que os sem-direitos foram produzidos e mantidos e de que o poder estatal é protagonista. Tendem a limitar a ação das políticas a corrigir efeitos demasiado perversos ou a controlar os "excessos", desordens dos sem-direitos nas ações e lutas por direitos que saem dos controles ou dos marcos pacíficos das políticas. A satanização dos movimentos sociais, a repressão policial e jurídica mostram os limites até do reconhecimento oficial das diferenças.

As contradições estão dentro desse papel do Estado de ser conformador desses antagonismos mais profundos em que os direitos são negados e de pretender ocultá-los oferecendo políticas leves de apenas correção de alguns efeitos mais gritantes. Os sem-direitos e suas ações, lutas e movimentos têm o mérito político de explicitar essa contradição interna ao poder estatal, a suas instituições e políticas na configuração histórica da segregação, negação de direitos. Difícil ao poder estatal, a suas instituições e políticas reconhecer que as tensões vêm de dentro da própria função do Estado. A tendência tem sido responsabilizar os movimentos sociais como os produtores dessas tensões na política agrária, urbana, no reconhecimento dos territórios indígenas e quilombolas, na educação do campo, nas lutas por saúde, moradia, escola ou direito a ações afirmativas/cotas nas universidades.

Responsabilizar os sem-direitos, suas lutas por direitos como produtores do antagonismo que vem de dentro do Estado é uma forma de ocultar a complexidade da produção dos diversos em desiguais, em sub-humanos, subcidadãos, sem direitos e as responsabilidades do próprio padrão de poder nessa produção e manutenção.

Em outros termos, as políticas de reconhecimento das desigualdades, de promoção dos direitos nos limites da ordem são obrigadas a operar ocultando antagonismos históricos e o papel do Estado nesses processos de sua produção/manutenção. Os movimentos sociais explicitam essa contradição: propor políticas de reconhecimento das diferenças via ocultamento da complexidade dessa produção e do ocultamento não reconhecimento do papel histórico conformante do poder estatal. Esses ocultamentos do papel histórico do Estado predefinem os limites e possibilidades das políticas de igualdade e de promoção dos direitos dos diferentes.

Sem esses ocultamentos dos antagonismos tão radicais e do papel do poder estatal as próprias políticas de reconhecimento oficial e de promoção dos direitos dos setores populares não seriam possíveis, uma vez que a simplificação dos antagonismos históricos é precondição para as políticas simplificadas propostas como possíveis. Questões complexas que desafiam a formulação, implementação e análises de políticas públicas de reconhecimento das diferenças feitas desigualdades.

12

A AFIRMAÇÃO DE IDENTIDADES ÉTNICAS E RACIAIS

Nos dias de estudo, nas oficinas da Universidade Popular dos Movimentos Sociais (UPMS) e no conjunto de ações coletivas das classes e dos grupos sociais em reação à subalternização, uma expressiva maioria dos(as) militantes são indígenas, negros, mestiços, mulheres articulando as lutas por terra, territórios, moradia, água, por escolas, universidades, às lutas por afirmações de suas culturas, memórias, identidades coletivas, étnicas, raciais, de gênero, orientação sexual.

Essas presenças militantes afirmativas revelam a consciência de terem sido submetidos desde a colonização a um padrão de poder/dominação/subordinação legitimado em um sistema de classificação racista, etnicista e sexista dos coletivos humanos. As presenças afirmativas revelam, sobretudo, que nessa história se deu outra história ocultada de construção de identidades coletivas étnicas, raciais, de gênero, camponesas, quilombolas. Tentemos captar alguns dos processos antipedagógicos de subordinação com que os coletivos diferentes em etnia, raça foram inferiorizados e, sobretudo, destacar os processos/pedagogias de libertação de que são sujeitos nas reações e movimentos. Tentemos captar ainda se nesses encontros são afirmadas identidades étnicas, raciais, de gênero, de orientação sexual que se articulam e reforçam com identidades de camponeses(as) trabalhadores(as). Como são afirmadas e aprendidas?

Uma história de classificação social/racial/étnica

Nos encontros-oficinas fica exposta a consciência de que a história experimentada e padecida pelas classes sociais, pelos trabalhadores, pelos coletivos étnicos, raciais, sexuais é uma história de imposição de um lugar de inferioridade em um sistema de classificação social, política, econômica e cultural (até pedagógica), inseparável de uma classificação étnica, sexual e racial. Mas também como reação. Podemos identificar uma longa história de resistências a esse padrão de classificação/inferiorização, subalternização. Nos encontros e na diversidade de ações coletivas fica exposta a consciência de que nesse sistema de classificação tentaram ser construídas, "educadas" identidades subalternizadas, inferiorizadas e que nos tensos processos de resistência foram construídas outras identidades coletivas afirmativas. Resistentes. Emancipatórias.

Dessa história de tensos processos de inferiorização/resistência/afirmação sexual, étnico-racial chegam indagações nucleares para a história da educação das classes sociais e dos grupos populares. Como se configura o sistema de classificação social étnico-racial/sexual em nossa história? Que papel teve e tem a pedagogia na legitimação desse sistema de classificação social? Com que pedagogias se tentou e tenta conformar identidades subalternizadas? Chegam ainda outras questões mais indagadoras: Que pedagogias se afirmam na diversidade de processos de reação, resistência a essa classificação social inferiorizante? Com que pedagogias vêm construindo identidades de classe, raciais, sexuais, étnicas coletivas? Podemos falar em pedagogias de libertação da histórica classificação sexista, racista, etnicista? Essas indagações trazidas pelos movimentos sociais põem de manifesto que em nossa história foram construídas antipedagogias brutais de produção dos coletivos como subalternizados, mas também foram produzidas pedagogias de emancipação. Uma história ausente nas narrativas da história oficial.

Comecemos pela indagação de base: **Como se configurou o sistema de classificação social**? Quijano (2009) defende que aqui se configurou um sistema de classificação racial-étnica da população do mundo (não apenas da periferia colonizada); que essa classificação é expressão da colonialidade do poder/saber que se impôs à escala societal a partir da América colonizada. Sistema de classificação que o capitalismo torna mundial. Esse poder e o sistema de classificação que o sustenta configuraram identidades sociais: índios, negros, brancos, mestiços.

Além da desterritorialização tão desestruturante da conformação das identidades dos Outros, Quijano chama nossa atenção à ideia de raça como critério básico de classificação e inferiorização dos coletivos humanos. A questão da terra e da raça permeia a formação social, econômica, política, cultural e pedagógica em nossas sociedades, especificamente nos modos de pensar e conformar os outros como inferiores, sub-humanos. Converter a diversidade racial em padrão de superioridade/inferioridade humana, intelectual, cultural, moral tem sido em nossa história um dos mecanismos pedagógicos mais perversos e persistentes.

A ideia de raça, em seu sentido moderno, foi constituída como referência a supostas estruturas biológicas diferenciais entre conquistadores e conquistados. A formação de relações sociais fundadas nessa ideia produziu identidades sociais novas com uma conotação racial. "Na medida em que as relações sociais que se estavam configurando eram relações de dominação, tais identidades foram associadas às hierarquias, lugares e papéis sociais correspondentes, con-constitutivas deles, e, consequentemente, ao padrão de dominação que se impunha. Em outras palavras, raça e identidade racial foram estabelecidas como instrumentos de classificação social básica da população" (QUIJANO, 2005: 228).

Ainda o autor nos lembra em suas análises sobre a construção do padrão colonial de poder e de classificação social, racial e etnicista: "O que começou na América foi mundialmente imposto. A população de todo o mundo foi classificada, antes de mais, em identidades 'raciais' e dividida entre os dominantes/superiores 'europeus' e os dominados/inferiores 'não europeus' [...] A 'cor' da pele foi definida como a marca 'racial' diferencial mais significativa [...] Desse modo, adjudicou-se aos dominadores/superiores o atributo de 'raça branca' e a todos os dominados/inferiores o atributo de 'raças de cor'. A escala de gradação entre o 'branco' da 'raça branca' e cada uma das outras 'cores' da pele foi assumida como uma gradação entre o superior e o inferior na classificação social 'racial'".

Em nota o autor lembra que "o processo de produção da 'cor' como o sinal principal de uma classificação social universal do mundo colonial/moderno e eurocentrado do capitalismo é ainda uma questão cuja pesquisa histórica está por fazer". Como está por fazer a pesquisa na história da educação e da produção das ideias pedagógicas dos seus vínculos com a construção desse padrão racista de poder e de classificação/dominação social. As reações das vítimas dessa classificação racista estão a exigir essa reconstrução histórica. Ninguém melhor do que as vítimas para fazer essa reconstrução.

Com que pedagogias de subordinação se configurou o sistema de classificação social, racial, étnico?

A empreitada catequética, educativa e as concepções pedagógicas que a legitimam foram elaboradas nessa construção desse sistema de classificação racial e étnica e nesse padrão de poder dominação/subordinação. Na experiência colonial se produzem conhecimentos, concepções, teorias e práticas de como "educar" para legitimar as relações sociais intersubjetivas correspondentes a esse sistema de classificação e de poder/subordinação dos povos indígenas, negros, mestiços. Essa especificidade histórica de constituição do poder colonial e do sistema de classificação racial e étnica vai dar uma especificidade à história de constituição das concepções, teorias e práticas pedagógicas não apenas da colonização, mas da Modernidade. A pedagogia moderna se constrói atrelada a esse sistema de classificação e contribuiu para reforçá-lo. As teorias pedagógicas são concebidas em função da malha de relações de poder e do lugar de cada coletivo racial, étnico, de gênero nas relações racistas de dominação/subordinação. O que classifica os coletivos – raça, etnia, gênero – determina as diferenças sociais e econômicas, no padrão de apropriação/expropriação da terra, dos territórios, no padrão de trabalho, de dominação ou subordinação. Será determinante da especificidade do projeto pedagógico aqui gestado para cada um desses coletivos na colonialidade e na pós-colonialidade republicana.

Os militantes em movimento mostram que as teorias e práticas pedagógicas até o presente se pensam em função do lugar dos sujeitos nas relações de produção, de trabalho e de gênero e de raça/etnia. Da colonização para cá as teorias pedagógicas, as políticas não conseguem se pensar fora dessa classificação social. Pensam-se a si mesmas conforme pensam cada coletivo social, étnico, racial, de gênero nessa classificação e nesse padrão de poder racista, etnicista, sexista. As tentativas de avançar para políticas de igualdade social, educacional encontram nesses padrões classistas, racistas as maiores resistências.

Os militantes trazem em sua história que para cada um desses coletivos na hierarquia social mudam as práticas pedagógicas e até as teorias. A sua "educação" teve como papel central construir e manter entre os coletivos étnico-raciais o reconhecimento de carregar identidades e culturas inferiorizadas. Foram objeto de pedagogias de construção de identidades hierarquizadas em função do seu lugar no padrão de poder/dominação/subordinação colonial e de seu lugar no sistema de classificação social em função de sua etnia e de sua raça e gênero. Pedagogias de subordinação que continuam se renovando na construção, permanência de identidades subalternizadas na educação republicana e até democrática.

Se a raça e a identidade racial se constituíram em um instrumento de classificação, de dominação dos Outros subalternizados, por que as teorias pedagógicas, inclusive críticas, libertadoras, não têm dado a centralidade histórica e pedagógica que elas tiveram e têm em nossa formação? A conformação das categorias de superioridade/inferioridade, de dominação subordinação/opressão social, política e no trabalho passam pela classificação racial. "A ideia de raça foi uma maneira de outorgar legitimidade às relações de dominação."

Aí radica uma das forças conformadoras radicais de desconstrução/construção de identidades e de naturalização das supostas inferioridades/superioridades. Os padrões de poder, de saber, de trabalho, de territorialização passam a ser e continuam racializados. Raça, trabalho, conhecimento, poder se reforçam mutuamente. As teorias pedagógicas, de formação, aprendizagem foram construídas atreladas aos padrões racializados de poder, conhecimento, trabalho.

Resulta preocupante que esses processos tão estruturados e reforçados não ocupem o lugar de destaque nas pesquisas, nas teorizações e nas pedagogias nem sequer progressistas, críticas. O próprio movimento de educação popular se limitou a uma caracterização dos Outros como povo, ignorando ou secundarizando as identidades históricas produzidas sob a ideia de raça e os processos brutais e persistentes dessa configuração racializada. Os movimentos sociais repõem a centralidade histórica conformadora que a ideia de raça teve e tem em nossa formação, assim como a urgência de pesquisar a diversidade de processos em que opera, inferioriza, desconstrói identidades singulares essa racialização dos padrões de trabalho, conhecimento, cultura, poder estruturantes de todas as nossas relações sociais. Entender mais esses processos tão persistentes e tão desumanizantes deveria ser uma tarefa do pensamento sociopedagógico e da história da educação. Vai sendo acumulada uma rica produção sobre essas pedagogias de subordinação, porém ainda não reconhecida na produção pedagógica legítima.

Outra narrativa da história da educação

Ao historicizar as pedagogias produzidas e aplicadas aqui na periferia colonizada nesses contextos de poder e de classificação racial/étnica e estendidas às relações sociais capitalistas, somos obrigados a indagar com maior atenção essas marcas étnico-raciais que estão na origem e foram configurantes da história das ideias e práticas educativas. Não será suficiente lembrar nas narrativas de nossa história a educação jesuítica como o primeiro capítulo de nossa história.

Os povos originários das Américas tinham seus processos de socialização, educação, formação de saberes, modos de pensar e de pensar-se. Tinham suas leituras de seus mundos e de si. Na medida em que foram pensados pré-históricos, primitivos se legitimam o ocultamento e a destruição de seus processos educativos, de sua história. Legitimam-se que a história das Américas e desses povos originários começava com a colonização, com a educação jesuítica. A ignorância dessa outra história da educação de que eram e continuam sendo esses povos é um dos mecanismos de seu ocultamento como etnias. A ignorância da história da educação dos africanos escravizados no cativeiro e como libertos reproduz com maior perversidade esses ocultamentos para reproduzir e legitimar sua subalternização. Etnias, raças pensadas sem história, sem educação porque pensadas sub-humanas na origem da nossa história e após longos anos de história.

A história da educação, das teorias pedagógicas carrega essas marcas racistas de ocultamento dessas outras histórias da educação. A história única, digna de ser narrada, começa com os colonizadores, povos com história civilizatória, de pensamento, de valores, de teorias socráticas, humanistas, renascentistas, de educação. Passa-se uma história de teorias trazidas da metrópole civilizada, educada para os povos primitivos, bárbaros, incultos. Nem sequer se destaca que esse pensamento pedagógico civilizador teve de ser repensado aqui. Que deixou de ser o pensamento de lá, civilizador, humanista, para ser colonizador de outros povos, outras raças. Um humanismo usado para classificar os colonizadores como humanos e os povos originários como sub-humanos.

A educação jesuítica construída no centro "civilizado" para reagir à Reforma, como toda educação colonizadora, teve de ser repensada no padrão racista e etnicista de poder e de classificação social instaurado na periferia colonizada. A educação colonizada deixa de ser um catecismo para conversão católica e é repensada para alocar os indígenas na sub-humanidade a que foram relegados no sistema de poder e de classificação etnicista e racista. Reconstruir esse padrão e essa classificação racista e etnicista, assim como entender que concepções e práticas pedagógicas foram conformadas para legitimá-los e reproduzi-los, é o primeiro capítulo obrigatório de origem na nossa história da educação.

Os coletivos étnico-raciais em movimento trazem essa história exigindo seja recontada como outra história. Essa história pode ser considerada como o primeiro capítulo da pedagogia moderna que a organização capitalista incorporará na educação/exploração dos trabalhadores, onde a classificação social racista, etnicista e sexista continua como fatores determinantes na exploração do trabalho, da terra ou da apropriação da renda e do conhecimento. Pesquisadores e historiadores vêm somando na reconstrução dessa outra história iniciada e ensaiada na periferia colonizada.

Os militantes em seus movimentos e ações e nos dias de estudo, nas oficinas da UPMS expressam a consciência de seus coletivos de que essa história continua. Sabem-se submetidos a essa perversa desconstrução de suas identidades positivas e as tentativas "pedagógicas" de imposição de identidades subalternizadas. As críticas à educação capitalista nos anos de 1970 e

1980 retomaram como essas pedagogias continuaram. Trouxeram análises sobre como essa prática conformadora continua eficaz na desconstrução das identidades positivas dos trabalhadores e de seus(suas) filhos(as) e na socialização para trabalhos subalternos. Inclusive continuava em pedagogias que não abandonam a centralidade da raça, etnia, gênero como classificação social básica nas relações capitalistas de trabalho, de apropriação dos meios de produção e de poder. Até de apropriação/expropriação da renda, da terra e do conhecimento.

O que não ficou destacado nessas críticas à escola capitalista é como a racialização da educação, das teorias e práticas pedagógicas se prolonga como uma constante desde a colonização, não apenas nas periferias colonizadas, mas no centro colonizador com os trabalhadores e grupos subalternizados. As formas de nomeá-los na organização do trabalho tentam ocultar os critérios racistas e sexistas de inferiorização dos salários, dos postos de trabalho. Porém, os dados mostram o sexismo e racismo prevalecente institucionalizado até o presente.

As formas de "nomeá-los" nas políticas e avaliações quando conseguem chegar como crianças, jovens ou adultos no sistema escolar e na diversidade de mecanismos de classificação tentam ocultar essa marca racista em categorias genéricas, "neutras" como alunos excluídos, pobres, analfabetos, repetentes, defasados, desacelerados. Categorias que em sua "neutralidade" terminam reproduzindo no próprio sistema escolar as inferiorizações racistas. Pesquisas mostram a cor, a raça dos defasados, repetentes e dos pobres (HENRIQUES, 2001).

Nos sistemas latino-americanos de educação, da primeira infância à universidade, não há como ocultar que se reproduzem a inferiorização racial/étnica desde o acesso à permanência. Até na polarização entre sistema escolar público/privado não há como ocultar a permanência da polarização dos grupos étnico-raciais.

As diferenças étnico-raciais continuam usadas para legitimar o padrão de dominação desde a colonização até o presente. A diversidade de lutas dos movimentos indígenas, negros por escolas e por políticas afirmativas de acesso e permanência na educação, desde a infância à universidade mostra a consciência desses coletivos de continuar presente a segregação étnica e racial. Por que continua tão persistente o ocultamento dessas diferenças até nas políticas, no sistema educacional e nas teorias e práticas pedagógicas? Por que não são reconhecidas? Uma história ocultada na própria história da educação e das teorias pedagógicas. Ocultamento que se revela numa forma de resistência ao reconhecimento do padrão racista de poder/saber.

O mito da democracia racial tem contribuído para as tentativas de ocultamento da centralidade da etnia e da raça na produção e manutenção das relações de dominação ao longo de nossa história social, econômica, política e cultural. A mistificação da democracia racial via educação tem contribuído para as lacunas tão lamentáveis nas pesquisas e nas análises de políticas sobre a racialização das teorias, das políticas e práticas pedagógicas.

Os movimentos sociais indígenas, negros, quilombolas põem de manifesto a persistência dessa racialização nas relações de poder, de trabalho, de justiça, de conhecimento, de apropriação/expropriação da terra, dos territórios, da renda, da moradia... Ao reagir a tantos processos de inferiorização e segregação expõem a racialização das concepções e práticas educativas para sua inferiorização. Ao afirmar suas identidades coletivas mostram que as pedagogias com que tentaram desconstruir e inferiorizar essas identidades por séculos carregam esse traço racista como constituinte. Racialização de que as teorias e práticas pedagógicas não conseguem se desfazer, optando por encobri-la sob o misticismo ingênuo da democracia racial, ou das políticas universalistas, igualitárias... Antiafirmativas das diferenças. Ou antipolíticas de reconhecimento das diferenças, sobretudo raciais e étnicas. Qual o peso deformador dessas antipedagogias em nossa história? Peso que carregam desde crianças para as escolas, a docência, aos currículos. Como trabalhar essas vivências de segregação?

Libertar-se desse padrão de Poder – Classificação racista

Mas há Outras Pedagogias que fazem parte de nossa história. Os movimentos negro, indígena, quilombola, em sua diversidade de ações e fronteiras de luta, repõem a centralidade da raça e da etnia e da identidade racial e étnica em nossa formação. Suas pedagogias passam pela desconstrução do caráter racista que perpassa os padrões de poder, de saber, de trabalho, de segregação espacial, de sua redução a uma identidade racial, negativa, inferiorizada. Mostram o racismo como estruturante do padrão de poder, de conhecimento, de cultura, de trabalho, de justiça, de apropriação/expropriação da terra, do espaço, da renda. O racismo institucional.

Suas ações coletivas são pedagógicas ao desocultar a perversidade de sua conformação como raças inferiores. Expõem como e por que reduzidos à nova identidade racial, colonial, negativa, índios, negros, todos esses povos foram despojados de suas próprias e singulares identidades históricas e de seu lugar na história da produção cultural e intelectual da humanidade. Daí em diante, carregando essa identidade racial negativa, seriam nada mais do que raças inferiores, capazes somente de produzir culturas inferiores (QUIJANO, 2005: 249). Se por aí passaram os processos antipedagógicos brutais de sua conformação, no ato de revelá-los e desconstruí-los se dão processos pedagógicos de outra formação positiva da identidade racial. Na luta por outros padrões de poder, de trabalho, de conhecimento, de igualdade, de justiça revelam Outras Pedagogias.

Suas pedagogias passam, sobretudo, por reafirmar suas identidades coletivas singulares, históricas que esses padrões racializados não conseguiram destruir. Passam por se contrapor aos processos brutais de tentar despojar-lhes de seu lugar na produção cultural, intelectual, moral da humanidade e especificamente de nossa história. Mostram sua rica produção como coletivos. Contrapondo-se e afirmando-se, ocupando lugares, territórios do trabalho, do poder, do conhecimento, da cultura, da justiça, afirmam-se sujeitos de formação de Outras Pedagogias.

As ações dos coletivos afro-brasileiros, quilombolas, indígenas, do campo revelam que toda pedagogia que ignore e silencie o peso da questão racial na formação dos Outros não dará conta dos processos racializados que conformam a estrutura e a cultura social, política e pedagógica brasileira e latino-americana, nem contribuirão nos processos formadores, libertadores, pedagógicos que esses coletivos estão pondo em nossa dinâmica social.

Na riqueza de ações coletivas estão sendo construídos outros conhecimentos, outras formas de pensar os Outros e o Nós e Outras Pedagogias de formação de Outros como sujeitos sociais, políticos, humanos. Diante dessa rica diversidade de saberes e de práticas, de sentidos e de intenções transformadoras e, sobretudo, de sujeitos coletivos em movimento reinventando Outras Pedagogias, a tradução intercultural-pedagógica poderá ajudar a construir a inteligibilidade recíproca, a busca de convergências e de superações. Esta vem sendo uma das tarefas da Universidade Popular dos Movimentos Sociais (UPMS): abrir outros espaços para a descoberta e valorização dessas Outras Pedagogias.

Explicitar esse padrão racista de poder e de classificação e mostrar com que antipedagogias foram e continuam inferiorizados e segregados como etnias e raças é uma forma de desconstrução desse padrão de poder. É uma forma de ele se libertar. De construir pedagogias de libertação. Como reagir a tantos ocultamentos a que as teorias pedagógicas se têm prestado como a mistificação da democracia racial/étnica via educação inclusiva é também uma forma de sua desconstrução. Uma forma de se libertar do ocultamento e avançar como coletivos que se revelam presentes/(des)ocultados, exigindo políticas afirmativas de reconhecimento de suas identidades, de sua cultura, de sua memória e de sua história na *história*.

Nos encontros de militantes nas oficinas da UPMS ou no Fórum Social Mundial ou na Escola Florestan Fernandes e tantos centros de formação fica de manifesto uma consciência da globalização das lutas a partir das identidades de processos de dominação/subordinação em que foram e continuam subalternizados e a partir das identidades de lutas por libertação. Lutas articuladas das mulheres camponesas, indígenas, das comunidades agrícolas negras, dos quilombolas. Identidades construídas em torno das duas questões centrais de nossa história comum: **terra e raça**. Centralidade na classificação social e no padrão de poder/dominação/subordinação. Mas também centrais nas lutas por libertação. A ocupação/expropriação dos territórios, dos espaços, das terras esteve e continua articulada às identidades étnicas e raciais. Como reação, os movimentos de libertação articulam em suas ações e movimentos as lutas por terra, territórios, espaços à afirmação de suas identidades étnico-raciais. Como reconhecer e incorporar na história das ideias e práticas pedagógicas essa história de pedagogias de que os movimentos sociais são atores? Como a escola, a docência podem ser tempos de reconstrução, afirmação de identidades raciais positivas?

Libertar-se da inferiorização intelectual e cultural

Quijano (2005) nos lembra ainda como a inferiorização das "raças de cor" foi elevada a uma hierarquização cultural, intelectual e moral, a uma inferiorização nas capacidades mentais, racionais, cognitivas das "raças de cor". A classificação social racista, sexista significou também uma configuração intelectual, cultural e moral racista, sexista. As hierarquias raciais e étnicas levaram a legitimar hierarquias mentais e morais. No topo das hierarquias os coletivos raciais dominantes porque se autodefiniram superiores em cultura, racionalidade, civilização, valores... Na superioridade humana. Logo dominantes. Na base das hierarquias, os coletivos subalternizados porque pensados ignorantes, irracionais, bárbaros, primitivos. Submetidos por sua inferioridade humana. Sub-humanos. Dominados. A pedagogia moderna se conforma assumindo essas hierarquias, as legitima e reproduz.

Um dos capítulos mais constantes na história da educação é escrito pelos coletivos étnicos e raciais por se libertar dessas inferiorizações mentais e culturais. Reagem às teorias pedagógicas produzidas nesses contextos de dominação racista reféns dessa classificação e configuração de hierarquias intelectuais, culturais, morais, racializadas. Os militantes nas oficinas e dias de estudo e na diversidade de ações e resistências coletivas reagem a toda classificação racista não apenas dos conhecimentos, da cultura e dos valores, mas das capacidades mentais, culturais e morais de produzi-las. Ao classificar os povos indígenas, os negros, mestiços como primitivos, irracionais, imorais, bárbaros estão sendo classificados nas capacidades de produzir conhecimentos, valores, culturas.

Uma vez que a categoria raça tem centralidade nessa configuração cultural, intelectual e moral, as teorias e práticas pedagógicas que atuam nessa configuração passam a ser inevitavelmente racializadas. As teorias e práticas pedagógicas passam a ser pensadas e a pensar-se para levar os coletivos raciais e étnicos, decretados inferiores em racionalidade, cultura, civilização, valores, conhecimentos para atrever-se a pensar. Para passar da irracionalidade, da incultura e imoralidade ao exercício da racionalidade, da cultura e da moralidade. O que dará sentido às teorias pedagógicas desde a configuração cultural, intelectual e moral racista e etnicista é ajudar os coletivos pensados inferiores nessa configuração a fazer a passagem de minoridade/inferioridade mental, cultural, moral para a maioridade. Toda a história das ideias/ideais pedagógicos dos últimos 500 anos assim se pensam.

Sem essa configuração cultural, intelectual, moral, racista e inferiorizante desses povos ou "raças de cor" o pensamento educacional não seria o mesmo. Sua autoidentidade e a identidade da educação social seriam outras. Na medida em que a raça/etnia teve tal centralidade em nossa história, ela teve e tem extrema centralidade na história da educação e das ideias e ideais pedagógicos. Ignorar, ocultar essa história não é uma forma de racismo? Os esforços dos movimentos sociais e dos coletivos de intelectuais de educadores, de pesquisadores da Associação Brasileira de Pesquisadores Negros (ABPN), por exemplo, tem um papel histórico de desocultamento. De antirracismo e de afirmação de sua contribuição na história intelectual, cultural, moral da humanidade.

Quijano (2005) nos lembra: "Todo esse acidentado processo (de configuração cultural, intelectual) implicou no longo prazo uma colonização das perspectivas cognitivas, dos modos de produzir ou outorgar sentido aos resultados da experiência material ou intersubjetiva do imaginário, do universo de relações intersubjetivas do mundo; em suma, da cultura". Não é aí que entra a educação? Nos modos de produzir, de outorgar sentido às novas identidades, saberes, valores de cada coletivo nessa classificação social, racial/étnica? Na imposição de uma determinada racionalidade ou modo de pensar, de ler o mundo e, sobretudo, de pensar-se, de ler-se e na inferiorização de outros modos de pensar, de outras racionalidades e de outros saberes? Na inferiorização desses povos e raças?

As reações a essas "pedagogias" de sua inferiorização cultural e mental afloram nas oficinas e dias de estudo. Dos militantes desses movimentos raciais, étnicos vem a desconstrução dessas pedagogias e das concepções inferiorizantes que tentaram legitimá-las. Mostram à história social e educacional que a classificação social racista exige uma classificação racista de racionalidades, de modos de pensar, de conhecimentos. Até exigiu a legitimação de determinados processos, didáticas, pedagogias e a deslegitimação de outros e outras. A história das ideias pedagógicas é inseparável dessa classificação hierarquizada, racista e etnicista. Porque é inseparável dessa configuração cultural, intelectual, moral dos coletivos humanos que lhe é inerente como área de conhecimento e de práticas sociais.

Na reação e resistência a essas "pedagogias" étnico-raciais inferiorizantes foram se configurando Outras Pedagogias de construção das identidades positivas que os militantes afirmam nos movimentos. O que aprender dos movimentos sociais étnico-raciais? Que a história da educação, de produção das ideias e teorias pedagógicas é inseparável das tensas relações raciais/étnicas em que se legitimaram e que legitimam. Uma história de tensas relações entre antipedagogias de inferiorização/dominação e pedagogias persistentes de reafirmação de culturas, identidades, racionalidades, conhecimentos, modos de pensar e de pensar-se dos diferentes em etnia, raça.

A história da educação e das teorias pedagógicas ficaria mais complexa e mais rica se reconhecesse essas tensões entre pedagogias racistas/etnicistas/ sexistas, de um lado, e as pedagogias de afirmação racial/étnica/sexual, de outro. Faltam pesquisas sobre essas tensões porque a história das ideias pedagógicas que é narrada não incorpora essas pedagogias de afirmação de que são sujeitos as classes e grupos sociais pensados inferiores e feitos subalternos. Ao longo de nossa história foram pensados como meros destinatários de políticas e de ações educativas vindas dos educados pensantes para os incapazes de serem sujeitos de pensar e de agir formadores. As teorias pedagógicas reproduzem essas pedagogias inferiorizantes, racializadas.

As pedagogias de sua libertação foram ignoradas. Uma ignorância extremamente empobrecedora da história da educação e das teorias pedagógicas. Como abrir-se a essa outra história de outras pedagogias antirracistas, antissexistas? Uma abertura extremamente enriquecedora da história do pensamento pedagógico que vem dos movimentos sociais. Dos diferentes em tensos processos de afirmação de suas identidades étnicas e raciais.

13

MOVIMENTOS SOCIAIS E AS POLÍTICAS DE AÇÃO AFIRMATIVA

Os movimentos sociais com suas presenças afirmativas têm trazido para o debate político a necessidade de tirar do ocultamento os grupos discriminados, marginalizados ao longo de nossa formação política. A pauta das políticas públicas vem sendo obrigada a repensar-se para incorporar ou ao menos não mais desconsiderar alternativas para seu reconhecimento. Mas que políticas? Universalistas? Distributivas? Compensatórias? De ação afirmativa? Essas questões são debatidas nos dias de estudo dos militantes ou estão implícitas nas tensões entre Estado, suas instituições e políticas e a diversidade de coletivos, grupos historicamente discriminados. Questões presentes nas políticas educacionais, no repensar dos currículos, do material didático e da prática docente.

Que respostas políticas vêm do Estado?

Os diversos grupos sociais, étnicos, raciais, de gênero, orientação sexual, das periferias e dos campos passaram não mais a esperar, mas a exigir ações concretas do Estado para garantia do direito à saúde, à moradia, ao trabalho, à terra, renda, educação. As respostas do Estado têm oferecido políticas universalistas, abstratas, genéricas para a igualdade universal individualizada pela inclusão de cada excluído. Ou políticas compensatórias, distributivas legitimadas em princípios de garantia da igualdade de oportunidades de saúde, vida, trabalho, renda, educação, consumo. Igualdade de oportunidades de acessos aos serviços sociais que garantam esses direitos e igualdade de resultados das políticas, daí a ênfase na avaliação de resultados para a igualdade de oportunidades.

A intenção dessas políticas compensatórias, distributivas, de oportunidades, de resultados tem sido erradicar, ao menos diminuir paulatinamente, as desigualdades sociais com ênfase na diminuição da pobreza, por meio de políticas de renda mínima, de bolsa família. A hipótese orientadora é que as desigualdades entre pobres e ricos são a causa determinante de toda desigualdade, inclusive de raça e gênero, campo, periferias, consequentemente a solução para diminuir todo tipo de desigualdade seriam políticas distributivas, compensatórias para eliminação da miséria e da pobreza.

Nessa hipótese legitimadora dessas políticas não se reconhecem os coletivos em movimentos sociais. Não se pensam pobres pedintes. É sintomático que a centralidade dada às desigualdades sociais, à distância entre pobres e ricos a partir de políticas distributivas compensatórias ignora ou secundariza as desigualdades de classe, de raça, etnia, gênero, região, campo, periferias tão destacadas na diversidade de coletivos em movimentos. Estes coletivos têm pressionado o Estado e suas instituições para equacionar programas e políticas específicas que diminuam as distâncias sociais entre classes e relações de trabalho, entre raças, etnias, gêneros, campo, periferias. Na cultura social e política ainda predomina a crença de que na medida em que as políticas distributivas universalistas diminuam as distâncias entre pobres e ricos, as distâncias de raça e gênero, orientação sexual, campo, periferias serão eliminadas.

Há ainda uma hipótese ou crença forte legitimando essas respostas corretivas das desigualdades sociais: a causa originária estaria no ponto de partida: o desigual acesso e permanência na educação básica de qualidade. Se as oportunidades educativas forem iguais às competências, o mérito será igual para a disputa em todos os campos sociais. Consequentemente, a solução são políticas socioeducativas universalizantes que deem a todos as mesmas oportunidades de se qualificar e educar e todos terão o mesmo mérito para disputar trabalho, renda, saúde, moradia, terra, espaço, até o poder. Políticas de mérito ou inspiradas na defesa de critérios de mérito individual para concorrer no sistema escolar, até público, no mercado de trabalho, na renda, no poder. Essas crenças são fortes na cultura social, política e inspiram as políticas educativas. Inspiram até o compromisso de tantos docentes/educadores. Essas crenças conseguiram impregnar a cultura popular, pobres porque sem letras. As desigualdades são atribuídas à falta de educação, de preparo, de mérito; logo, dar mérito igual inspira as políticas de igualdade de oportunidades e de resultados. Políticas e práticas educativas inspiradas no individualismo meritocrático.

As teorias pedagógicas estão marcadas por essas representações das desigualdades e pela crença no poder igualizante da igualdade de oportunidades de aprendizagem para esse individualismo meritocrático. Há tensões e resistências no próprio campo da educação para superar essas concepções.

As críticas dos movimentos sociais a essas políticas

Os coletivos em seus movimentos vêm lutando por igualdade de direitos e de serviços sociais, porém criticam as limitações dessas políticas. Não apenas porque seus efeitos igualitários são escassos, lentos, mas por secundarizar a centralidade na história de nossa formação das desigualdades de classe, de etnia, raça, gênero como legitimadores da negação dos direitos a terra, trabalho, renda, saúde, educação, moradia ou de acesso aos bens e serviços públicos. Suas lutas por direito a saúde, educação não se inspiram em ter mérito para disputar o mercado, estão atreladas a lutas por terra, trabalho, moradia, renda, memória, identidades, igualdade racial, étnica, sexual, espacial. Por emancipação das estruturas sociais, econômicas, políticas que produzem e reproduzem todas as desigualdades.

A diversidade de coletivos em movimentos criticam não apenas a timidez e os limites dessas políticas de igualdade de oportunidades, de mérito para concorrer no mercado de trabalho ou de renda e do poder, mas criticam o reducionismo ideológico e cultural de reduzir as desigualdades às distâncias entre pobres e ricos ou ao não acesso dos(as) filhos(as) dos pobres à educação, qualificação para a disputa individualista no mercado meritocrático. Tem consciência por experiência histórica como coletivos diversos que a sua produção como desiguais está atrelada às formas de segregá-los e inferiorizá-los porque diferentes. A produção dos diferentes em desiguais traspassa nossa história. Desigualdades e diferenças de raça, etnia são inseparáveis nos padrões de poder, de trabalho, de renda, de moradia, de escolarização.

A crítica dos movimentos sociais vai mais longe. Vem na timidez e limites dessas políticas distributivas, compensatórias estratégias de controle e de regulação da radicalidade de suas lutas por direitos, por igualdade social, étnica, racial, de gênero, de orientação sexual por direito a terra, trabalho, espaço, memória, identidades. Até por direito a outra educação. Por outras políticas. Dada a radicalidade e diversidade de pressões por igualdade que vêm dos coletivos em movimentos as respostas do Estado no seu universalismo genérico e distributivista resultam em formas de ocultar essa radicalidade e diversidade, e consequentemente em estratégias políticas de seu controle. Os próprios grupos feitos tão desiguais porque diferentes põem na pauta política que a produção das desigualdades é bem mais complexa e exige respostas/políticas mais complexas. Uma tensão nas formas de entender a história da produção/reprodução das desigualdades dos coletivos diversos.

Os grupos produzidos como desiguais porque diferentes criticam ainda essas políticas universalistas, genéricas, distribucionistas, compensatórias e corretivas porque terminam justificando suas desigualdades e autorresponsabilizando-os pelas desigualdades, porque pensados inferiores, irracionais, primitivos, sem valores de trabalho, sem mérito para concorrer nas disputas da sociedade meritocrática moderna.

Os próprios termos políticas distributivas, compensatórias carregam a histórica visão supletiva de carências, de faltas, de inferioridade dos coletivos destinatários dessas políticas. As desigualdades reduzidas a carências. Os diferentes feitos desiguais pensados como carentes, sem mérito, à espera de programas que os tirem dessa inferioridade. Políticas compensatórias que terminam reproduzindo a histórica visão negativa dos grupos populares que reagem a continuarem a ser pensados e tratados como inferiores porque diferentes. Os diferentes feitos tão desiguais reagem às representações deles que reproduzem essas políticas compensatórias de carências. Não se veem como carentes.

Os nomes dados às políticas que se pretendem de reconhecimento oficial são múltiplos: políticas e programas da diversidade ou de interculturalidade, de multiculturalismo ou políticas de promoção dos direitos humanos, de educação para a cidadania e a igualdade etc. Essa diversidade de políticas pretende se legitimar em um marco normativo, em princípios. Toda formulação de políticas vem precedida da proclamação de princípios. A questão central passa a ser que caráter normativo será dado aos princípios e juízos de valor para políticas ditas afirmativas, de reconhecimento dos Outros. Porque para os diferentes se propõe fundamentá-las e legitimá-las nos mesmos princípios e marcos normativos em que são legitimadas as políticas distributivas, reparadoras?

Os coletivos diversos exigem seu reconhecimento como diversos nos princípios de direitos humanos, de pertencimento, de igualdade, cultura e cidadania. Mas que significados políticos atribuem a esses princípios e valores? Pensam as políticas afirmativas de autorreconhecimento como a reafirmação desses princípios universais para todos, incluindo os Outros, diversos, porque merecedores do reconhecimento como iguais nesses princípios universais?

O Estado e suas políticas na produção das desigualdades

Os movimentos sociais trazem essa história para a agenda política e vão além, mostrando em suas trajetórias o papel central do Estado e de suas políticas ao reproduzir essa história. Ao levar suas críticas ao papel do Estado politizam o papel do Estado na sua produção como desiguais.

A crítica dos movimentos sociais a essas políticas se torna mais radical. Nas suas análises dos processos históricos de sua produção como desiguais destacam o papel do Estado, de suas instituições e políticas. As persistentes desigualdades de classe, raça, etnia, gênero, campo, periferias urbanas são fruto de opções políticas. São uma produção política. São uma questão de Estado que teve e tem políticas de segregação/dominação/subordinação/opressão. A produção de sua inferiorização foi acompanhada e produzida por meio de estratégias, de políticas de Estado.

As políticas universalistas, genéricas, distributivas fingem ignorar essa história de políticas de Estado, do seu papel na produção/reprodução da diversidade de desigualdades, de classes sociais, étnicas, raciais, de gênero etc. Por exemplo, o movimento negro mostra a história da escravidão, da exclusão, após a abolição, dos trabalhadores afro-brasileiros do mercado de trabalho, do direito a terra, de impedir sua diversificação profissional ou as políticas de tratamento preferencial aos imigrantes. Exemplos de políticas de Estado produtoras da segregação racial. As políticas de redução das desigualdades e suas classificações "não dão conta dessa dimensão objetiva que representou a presença do Estado na configuração sociorracial da força de trabalho no momento da transição do trabalho escravo para o trabalho livre, nem da ausência de qualquer política pública voltada à população ex-escrava para integrá-la ao novo sistema produtivo. Daí poder afirmar que a presença do Estado foi decisiva na configuração de uma sociedade que se funda com profunda exclusão de alguns dos seus segmentos, especialmente da população negra" (SILVÉRIO, 2002: 225; GOMES, 2011: 133-154).

O modelo agroexportador que financia o agronegócio e destrói a agricultura camponesa é política de Estado. Alguns entre tantos exemplos do papel central do Estado e de suas políticas na produção/reprodução das desigualdades que os movimentos sociais desocultam. Ignorar esse histórico papel e pensar as desigualdades como uma triste herança maldita do passado que o Estado benevolente tenta corrigir é uma das críticas das vítimas dessas desigualdades e desse Estado que as perpetua. A crítica dos movimentos sociais é aos processos/políticas de produção dessa diversidade de desigualdades e a crítica ao papel histórico do Estado que é ocultado ao se limitar a políticas corretivas da pobreza.

Os coletivos diferentes em seus movimentos mostram que trazer a correção de desigualdades produzidas e reproduzidas em relações sociais e políticas tão complexas para políticas universalistas, corretivas, de mérito é não tocar e ocultar essa complexidade. As raízes estruturais, políticas, econômicas da produção e reprodução da diversidade de desigualdades exige políticas mais radicais e estruturais do que os tímidos programas de diminuição de distâncias sociais.

É a pressão por outras políticas de Estado que os movimentos sociais colocam na agenda política. Porque tem vivências de que as desigualdades de que são vítimas são construtos sociais, políticos, econômicos, culturais e que o Estado e suas políticas teve e tem um papel decisivo. As próprias "carências", os "deméritos" e falta de mérito para concorrer no mercado são produções históricas de discriminações nas políticas de emprego, de acesso à terra, à moradia, à educação, de discriminações na preservação de suas culturas e identidades. As políticas universalistas, distributivas e até compensatórias e corretivas não mudam essa história persistente de discriminação produzida pelas políticas estruturais do Estado.

Os grupos que vivenciam essa discriminação histórica carregam o saber de que a produção de discriminação por classe, raça, gênero, etnia, lugar em nossa história tem agido como mecanismo e estratégia e como política do próprio Estado de monopolização/segregação da terra, da renda, do poder e dos recursos públicos, como saúde, educação. As políticas compensatórias ou simples oferta de acesso a esses serviços sem mudar essas políticas estruturais de monopolização/segregação/discriminação ou os programas distributivos não produzirão efeitos igualitários. Apenas cumprirão a função de ocultar as estruturas econômicas, sociais, políticas que as políticas de Estado e o padrão de poder/dominação/subordinação perpetuam, reproduzindo essas desigualdades porque diferentes.

As vivências cruéis das desigualdades e as tímidas respostas do Estado e seu papel na manutenção de estruturas segregadoras levam os coletivos vítimas de desigualdades de classe, gênero, raça, etnia, campo, periferias a aprendizados políticos que incentivam suas resistências e movimentos. Levam a exigir políticas de Estado mais radicais. São vivências radicais produtoras de consciência política radical.

A defesa de políticas de ação afirmativa

Os coletivos sociais, étnicos, raciais, de gênero, campos, periferias aprendem em suas experiências sociais que a sua produção histórica como desiguais é inseparável dos processos de discriminação, segregação e inferiorização porque diferentes. Estão sub-representados, excluídos do trabalho, da terra, dos serviços sociais, da renda, do poder, das principais posições da sociedade porque diferentes. As ações distributivas, compensatórias de carências não superam essa visão inferiorizante de origem; ao contrário, terminam reafirmando-a ao continuar pensando-os como carentes.

Contra esse mito ôntico de origem, contra esse ponto de partida histórico, deficientes porque diferentes, reagem esses coletivos em movimentos. Consequentemente levam sua crítica às políticas corretivas, compensatórias na raiz de sua legitimação histórica: vê-los como inferiores, carentes, até inexistentes. Reagem à raiz das iniquidades da discriminação: sua histórica inferiorização. Toda política igualitária que não mude a persistência das discriminações e inferiorizações não apenas terá efeitos irrisórios, mas reforçará a própria raiz da produção histórica dos diferentes como desiguais porque discriminados e inferiorizados.

Os coletivos em movimentos nas suas vivências de discriminações e inferiorizações tão radicais aprendem a defender políticas antidiscriminatórias e anti-inferiorizantes mais radicais do que apenas distributivas. Suas experiências coletivas os levam a exigir políticas antidesumanização e anti-inferiorização: políticas afirmativas. Desde a colonização experimentam ser tratados como inexistentes, sub-humanos, subcidadãos, não membros legítimos da comunidade social, econômica, política e cultural. Essa condição de inexistência, subcidadania e sub-humanidade em que foram classificados torna a história da produção das desigualdades sociais, raciais, étnicas, sexuais inseparável dessa radicalidade discriminatória. Consequentemente, superar as desigualdades passa por superar seus tratos inferiorizantes. A consciência adquirida nessas vivências tão radicais os leva à defesa de ações afirmativas.

Os movimentos sociais são em si mesmos as ações afirmativas coletivas mais radicais, porque são ações coletivas afirmativas de sua existência, humanidade, memória, história, identidade. Aí radica sua defesa de políticas de ação afirmativa. Ao se afirmar existentes, visíveis, humanos, cidadãos, membros legítimos da comunidade econômica, social, política, cultural exigem políticas de ação afirmativa, na contramão das políticas e programas que o Estado lhes oferece, compensatórias, de mérito, de inclusão. Políticas de ação afirmativa, de reconhecimento positivo das diferenças sociais, de gênero, étnicas, raciais, do campo. Políticas que vão além do universalismo individualista que, ao ignorar as diferenças, termina ocultando-as e segregando-as como inferioridades. Como deméritos de origem.

Esse caráter afirmativo tem uma longa história nas resistências à opressão, discriminação, nas resistências indígenas à ocupação de seus territórios, nas resistências dos afro-descendentes à escravidão, desde suas lutas por liberdade, nos quilombos, ou nas lutas por terra, trabalho, em defesa da agricultura familiar, do espaço/moradia nas cidades. Resistências afirmativas reprimidas contra as inferiorizações e discriminações racistas e sexistas. Presenças históricas afirmativas exigindo reconhecimento e políticas afirmativas.

Os movimentos sociais como o movimento operário repõem essas presenças afirmativas. Suas lutas pelos direitos do trabalho, terra, espaço, moradia, território têm sido lutas por políticas afirmativas do Estado, exigindo elevar esses direitos a direitos de cidadania. Direitos políticos a ser reconhecidos e afirmados em políticas de ações afirmativas do Estado. É a ausência de políticas afirmativas que leva à ineficiência igualitária das políticas com pretensão universalista. Estas políticas se tornam paliativas em uma sociedade com relações sociais, econômicas, políticas e culturais tão inferiorizantes dos grupos diferentes. Políticas universalistas que têm ignorado a polarização racista e sexista, consequentemente não têm conseguido desracializar as próprias políticas nem distributivas nem compensatórias.

A defesa de políticas de ação afirmativa dá prioridade a essa desracialização e a intervenção nessa longa história de segregação/inferiorização com base no pertencimento a um coletivo racial, étnico, sexual, do campo ou das periferias. A consciência desse pertencimento a um coletivo tratado em nossa história como inferior tem levado a uma identidade intercoletiva de consciências, de memórias e identidades. A identidade de mulheres, indígenas, negras, camponesas, quilombolas ou faveladas sem terra, sem teto, sem trabalho, sem escola ou universidade leva a um entrelaçamento de identidades, de memórias e de lutas. Presenças afirmativas entrelaçadas que exigem políticas afirmativas entrelaçadas.

É significativo que nas marchas, ocupações, lutas ou comemorações cada vez mais se dão esses entrelaçados de presenças afirmativas de coletivos com pertencimentos diversos: trabalhadores(as), camponeses(as), ribeirinhos, favelados, mulheres, indígenas, negros atingidos pelas barragens, desempregados(as). A raça, o gênero, a etnia, até o espaço como condição de classe, de renda, de poder político e econômico, logo consciências e lutas entrelaçadas. Essa marca dos movimentos sociais cada vez mais entrelaçados em suas identidades ou nas memórias de inferiorizações/segregações os leva a exigir políticas públicas, de Estado, afirmativas entrelaçadas. Até transnacionalizadas. O Fórum Social Mundial é um desses marcos dessa transnacionalização de lutas de movimentos e presenças afirmativas exigindo políticas afirmativas na contramão das políticas transnacionais de concentração, segregação.

Na defesa dos movimentos sociais por uma diversidade de políticas de ação afirmativa, outras políticas e outros significados são postos na pauta do Estado. As resistências dos movimentos sociais e suas presenças afirmativas colocam na pauta da ação do Estado, de suas instituições e políticas mudanças de pensamento, de princípios, de valores e de políticas: tratar diferencialmente os grupos diferentes. Tratos positivos, afirmativos do Estado frente a tantos tratos históricos negativos.

Como repensar as políticas educativas, a docência, os currículos, o campo das teorias pedagógicas nessas tensas relações entre movimentos sociais, Estado, políticas? Resistirão a se repensar como ações afirmativas? A escola, a universidade se repensarão como espaços de reconhecimentos afirmativos dos diferentes?

14

LUTAS POR AUTORRECONHECIMENTOS

Para os coletivos em movimentos o reconhecimento da diversidade e até as políticas do Estado são respostas tímidas as suas pressões por afirmar-se visíveis, presentes. Colocar-se na agenda política ou pedagógica, e até na pauta das análises de políticas o reconhecimento da diversidade, das diferenças vem representando uma conquista das lutas dos diferentes, e suas pressões não param por aí: pressionam por que sejam reconhecidos seus processos, suas lutas por autorreconhecimentos. Por reconhecimento das Outras Pedagogias, autopedagogias coletivas em que produzem suas autoidentidades positivas.

Na diversidade de lutas, de presenças e de ações afirmativas se dão processos de autorreconhecimento dos excluídos, marginalizados, diferentes, trabalhadores. Suas lutas não são porque lhes seja permitida entrada em tantas cidadelas proibidas, em tantas terras, espaços e lugares onde não foram reconhecidos, mas pelos processos históricos de se afirmar e se formar como sujeitos de autorreconhecimentos.

Tensões entre reconhecimentos

Nas suas presenças afirmativas mostram que seus processos de autorreconhecimento têm sido outros ao longo da história. Na contramão dos ocultamentos e até dos reconhecimentos oficiais. Mas também na contramão dos marcos normativos dos reconhecimentos oficiais. São eles que se autoconferem o reconhecimento e impõem ao Nós reconhecer esse autorreconhecimento. Impõem outros valores e princípios. Seus processos não enfatizam a educação para serem reconhecidos, nem para sua elevação cultural, nem para sua consciência. Seu ponto de partida é não ver-se na cidadania condicionada, logo ver-se descondicionados de processos de educação e de reconhecimento que vêm por parte dos Nós. Tensões entre reconhecimentos que chegam às escolas diante do protagonismo da infância/juventude que leva suas identidades juvenis, suas culturas, seus autorreconhecimentos, com pertencimentos de classe, geração, gênero, raça, orientação sexual, periferias, campos. Há lugar nos tímidos reconhecimentos escolares para esses autorreconhecimentos? Só se disciplinados, com percursos exitosos?

Suas lutas por educação e conhecimento ultrapassam a visão de precondições para serem reconhecidos cidadãos. Adquirem outra densidade política. Autorreconhecem-se pensantes, conscientes, cidadãos, membros da comunidade política e escolar. Suas pedagogias são de ocupação das cidadelas, latifúndios, praças, espaços instituídos sem esperar o visto/passaporte outorgado pelo Nós a partir dos programas de reconhecimento oficial e de educação inclusiva. As políticas públicas e os programas oficiais de reconhecimento/educação resistem a esses outros processos de autorreconhecimento dos próprios diferentes e continuam apegados a serem agentes do reconhecimento oficial dos Outros supostamente incapazes de autorreconhecimento.

Até as fronteiras por reconhecimentos são diferentes. As fronteiras do reconhecimento oficial são tímidas: políticas socioeducativas, de bolsa escola/família. As fronteiras dos autorreconhecimentos são radicais: reforma agrária, urbana, da saúde, da educação, da igualdade racial, sexual, de outras relações de produção e de trabalho. De outra escola e Outras Pedagogias.

Há tensões entre reconhecimentos. Dependendo de quem confere o reconhecimento teremos uns ou outros reconhecimentos, umas ou outras práticas pedagógicas de reconhecimento. Umas ou outras políticas.

Uma das exigências que chegam à formulação e análise de políticas é pesquisar que formas adota o reconhecimento, dependendo de quem o confere. Mas assumir essa questão como nuclear supõe reconhecer não apenas que há coletivos diversos, mas que também os segregados como inferiores porque pensados diversos são sujeitos de práticas, lutas históricas, por autorreconhecimento. Por outros reconhecimentos e por meio de outros processos.

Há uma diferença radical entre os reconhecimentos que vêm de dentro do Estado a partir de políticas *para* os excluídos, os desiguais e os reconhecimentos que vêm deles, de suas ações e lutas coletivas afirmativas. Suas presenças afirmativas mostram a radicalidade de seu não reconhecimento histórico como humanos, existentes, legais, cidadãos. Mostram também que há tensões por reconhecimentos.

Tímidos reconhecimentos para radicais ocultamentos

Diante de ocultamentos e de não reconhecimentos tão radicais de que foram e são vítimas respondem com um autorreconhecimento radical: visíveis, existentes, humanos, legais, cidadãos, conscientes, sujeitos políticos e de políticas. Quanto mais brutais e radicais seus não reconhecimentos históricos, mais radicais suas lutas por autorreconhecimentos.

Uma das diferenças é que as políticas oficiais ocultam essa brutal história de ocultamentos, de inferiorizações e segregações enquanto suas lutas por autorreconhecimento trazem as lembranças dessa brutal história de segregações e inferiorizações ou de não reconhecimentos. A radicalidade política e histórica de seus autorreconhecimentos vem da reação positiva à longa e perversa história de ocultamentos negativos, de decretá-los inexistentes, sub-humanos, subcidadãos. Inclusive de reações a tímidos reconhecimentos que terminam reproduzindo históricas formas de ocultamento, de tolerâncias e de inferiorizações.

Neste quadro de tensões entre reconhecimentos fracos e ocultamentos tão radicais teremos de avaliar as políticas oficiais. Assumem essa radicalidade? Nos dias de estudo, a militância revela a falta de radicalidade de tantos programas de correção das desigualdades. Mostra que há tensões entre os reconhecimentos que vêm de dentro das escolas e dos órgãos formuladores de políticas e os autorreconhecimentos dos coletivos que se afirmam presentes. Tensões que trazem novas questões. Mas o que é ser reconhecido? O que se prioriza reconhecer nos programas e políticas de reconhecimento oficial? O que os Outros priorizam em seu autorreconhecimento?

Não só há tensões entre reconhecimentos, mas entre o que reconhecer. Cada política oficial prioriza determinados conteúdos: a inclusão, a permanência, a qualidade, o letramento, o domínio de resultados quantificáveis em avaliações... Por sua vez os educandos e os grupos populares em ações coletivas e em movimentos lutam por seus conteúdos de reconhecimento. Em cada tempo social, político e cultural os próprios movimentos sociais priorizam o que reconhecer: a cultura popular, a cidadania consciente e participativa, a libertação da opressão, o direito ao conhecimento, a escola de igualdade/equidade, a igualdade de gênero, raça, etnia, o direito à orientação sexual, à memória, cultura e identidade... O direito a terra, espaço, trabalho, vida, a soberania alimentar...

Essa riqueza e diversidade de reconhecimentos são pautados em suas prioridades na própria dinâmica social, política e cultural. Até na dinâmica escolar. Mas quem os põe em cena, em evidência e exigência são os coletivos vitimados pelas visões elitistas, inferiorizantes de povo, de criança, de jovem, pela subcidadania, pela segregação política, econômica, sexual, de gênero, etnia, raça ou região, pelas relações sociais de produção, pelas relações de trabalho, pela apropriação da terra e do espaço e da riqueza coletiva, pelas relações de classe. Têm sido os coletivos vitimados que em suas ações/reações põem esses reconhecimentos mais radicais na pauta das políticas e programas de reconhecimento oficial. São esses outros educandos que põem reconhecimentos mais radicais na pauta da gestão escolar.

As políticas, pesquisas e programas se fazem ou não eco a essas dimensões/pressões de reconhecimento de suas presenças. Mas quais seus sentidos? A tendência pode ser encaixar esses reconhecimentos nos marcos normativos das pesquisas, políticas, avaliações e análises. Mais ainda, a tendência tem sido a partir desses marcos normativos julgar o que é reconhecível ou não e que objetos de reconhecimento merecem ser levados em conta, priorizados, apoiados ou não, em função dos próprios sujeitos diferentes que os defendem e põem na pauta. Essa função das políticas oficiais de reconhecimento oficial nos leva a uma questão pouco frequente nas análises de políticas: Que papel político elas cumprem ao normatizarem sobre que reconhecimentos merecem reconhecimento e que sujeitos coletivos são passíveis de serem ou não reconhecidos. São políticas seletivas que se legitimam com a função de definir os critérios de inclusão de reconhecimento ou de segregação dos diferentes.

Os autorreconhecimentos emancipatórios regulados

As políticas e programas pensados, implementados e analisados/avaliados do lado de dentro dos órgãos do Estado e do sistema escolar têm tido a função de ampliar a inclusão, mas reafirmando sua função de definir marcos reguladores, normativos dos pré-requisitos para reconhecer ou não determinados objetos e sujeitos de reconhecimento. Exemplo: os homossexuais são reconhecidos? Privilegiam-se políticas contra homofobia? Que homossexualidade terá prioridade? O mesmo acontece em relação ao reconhecimento de outras diferenças. As diferenças étnicas serão mais fáceis de reconhecer do que as diferenças raciais? As políticas, estatuto da igualdade racial, no trabalho, na universidade... serão bloqueados, privilegiando e reforçando marcos normativos históricos que reforçam a democracia racial.

Tensões semelhantes podem ser encontradas se analisarmos a política agrária, fundiária, a opção pelo agronegócio explorador contra a agricultura familiar ou as políticas do TCU contra os programas de educação na reforma agrária, Pronera, ou a desmobilização dos movimentos do campo, até a secundarização de suas lutas por Educação do Campo reduzida a programas pontuais como escola ativa, pró-jovem do campo, Prona-campo. Ou o reconhecimento da educação quilombola, mas nos marcos, diretrizes e normas da educação universal, logo descaracterizando as possibilidades de respeitar e reconhecer a especificidade racial, histórica, cultural desses coletivos.

Exemplos múltiplos de políticas para a diversidade e seu reconhecimento controlado, esvaziado e sem a radicalidade que os movimentos sociais incorporam.

Um exemplo que expõe essas tensões por quem define os marcos de reconhecimento encontramos na criação de órgãos do governo por pressões dos coletivos diferentes para seu reconhecimento: Secadi, no MEC; Secretarias dos Direitos Humanos, da Mulher... Quem define as identidades diferentes? A tendência tem sido descaracterizar a radicalidade dos autorreconhecimentos dos coletivos que lutaram por esses espaços nas instituições do Estado. Os próprios órgãos terminam sendo espaços de disputa por que tipo de reconhecimento. Na Secadi-MEC se disputa reconhecer a radicalidade de políticas afirmativas que os diversos coletivos diferentes exigem ou se as respostas não passarão de programas regulados de inclusão, compensatórios, reparadores.

A tensão de fundo, reconhecer a radicalidade de políticas das diferenças ou apenas programas de inclusão e de igualdade genérica, mais palatáveis ao Estado do que políticas afirmativas de autorreconhecimentos emancipatórios. O republicanismo genérico igualitário ou a democracia igualitária, social, racial, genérica são menos ameaçadores do que o reconhecimento das tensas relações de raça, etnia, gênero, campo, classe, orientação sexual tão na raiz de nossa formação política. Tão incrustadas nas estruturas e padrões de poder. A politização tão radical dos autorreconhecimentos dos coletivos em ações afirmativas emancipatórias trazem tensões novas às instituições do Estado e aos formuladores e analistas, gestores das políticas oficiais de inclusão, superação das diferenças e das desigualdades.

A consciência dessas tensões aumenta na pluralidade de lutas por outras políticas e outras presenças nas instituições do Estado. Aprendem por experiências tensas que as hierarquias de reconhecimentos que as políticas e programas reproduzem cumprem o papel de fortalecer padrões de diferenças e o papel de ordenar, regular e controlá-los como sujeitos, suas ações, lutas e movimentos por direitos, a partir de hierarquias predefinidas em nossa história. Se a finalidade é reconhecer e fortalecer os grupos sociais diferentes como sujeitos sociais, cidadãos, trabalhadores, de igualdade, por que não partir da centralidade que eles dão a sua condição de trabalhadores ou a sua orientação sexual, a sua identidade de classe, étnica, racial, do campo, cultural...? Por que não partir de suas práticas de educação indígena, do campo, quilombola? A tendência dos órgãos oficiais e de suas políticas e programas de reconhecimento oficial tem sido predefinir os traços que predefinem cada diferença ou cada coletivo e as formas de reconhecê-los de dentro nos parâmetros de um universalismo genérico, regulador.

Tem aumentado programas para os coletivos diferentes, porém a tendência tem sido predefinir, normatizar sobre que sujeito merece ou não servir de padrão de cada reconhecimento. Não são os diferentes em suas identidades e práticas os que definem esses padrões.

Nem sequer são chamados a definir as funções dos próprios órgãos e secretarias supostamente destinados às políticas da diversidade, da igualdade racial, de gênero etc. Há resistências a reconhecer os movimentos sociais como atores políticos dentro do Estado, das suas instituições nos partidos e associações. Há resistências, sobretudo, a reconhecê-los sujeitos políticos e de políticas. Sujeitos de autorreconhecimentos. Como há resistências nas escolas a reconhecer os educandos como sujeitos políticos e de políticas.

Avançam políticas oficiais reconhecendo a diversidade, porém sem pesquisar como eles se pensam, por que lutam, mas reforçam formas de pensá-los e alocá-los predefinidas de dentro por aqueles que definem os reconhecimentos oficiais e seus critérios. Continua a radical forma de pensá-los inexistentes, invisíveis, sem saber de si mesmos, inferiores, logo, incapazes de formular políticas do próprio reconhecimento. Se vistos como inexistentes, como reconhecê-los produtores de autorreconhecimentos?

Essas tensões entre padrões, hierarquias de reconhecimento levam ao fracasso a tantas políticas e programas de reconhecimento oficial, uma vez que os reconhecíveis não se veem nessas políticas de reconhecimento pró-inclusão, pró-escola ativa, pró-campo, pró-jovem, pró-memória, pró-identidades, pró-reforma agrária ou urbana. Tantos programas e políticas "pró" os diferentes em que eles mesmos não se reconhecem, porque não foram reconhecidos sujeitos nem capazes de mostrar os rasgos definidores de suas reais diferenças e identidades históricas. O próprio termo Pro mostra que continuam pensados como destinatários não sujeitos.

Essas políticas "pró" os diferentes ou de reconhecimento a partir de dentro se tem arvorado na função de definir o sujeito diferente, ignorando a complexidade de diferenças que se dão em um mesmo sujeito e as diferentes formas de se ver e identificar como coletivos diferentes feitos tão inferiores. Tem-se arvorado até na pretensão de definir e normatizar o sujeito humano ideal-único, excluindo outras diferenciações do sujeito. Sobretudo dos sujeitos coletivos, não incluíveis nesse padrão de sujeito humano ideal-único.

As teorias pedagógicas carregam a autoidentidade de ter por missão predefinir desde a infância o adulto humano civilizado, culto, consciente. Autoidentidade hoje em crise com a chegada dos diferentes, afirmando-se sujeitos culturais humanos.

O confronto entre como são pensados os diferentes e como se pensam

Os princípios e marcos legitimadores das políticas e das diretrizes reproduzem formas inferiorizantes de pensar os Outros. Ao legitimar as políticas destinadas aos pobres, negros, favelados, indígenas, dos campos e das florestas como garantidoras dos direitos à humanidade, à igualdade, à cultura, ao conhecimento, à cidadania, à educação... está implícita ou explícita a persistência das formas de pensá-los como ainda não humanos, não iguais, não cidadãos, sem cultura, conhecimento, educação. Há um juízo, uma forma de pensá-los que persiste ao longo de nossa história política, cultural e pedagógica. Reconhecem-se nessas formas de pensá-los subjacentes ou explícitas nas justificativas das políticas públicas e das ações pedagógicas de que são destinatários? Reagem a essas formas de pensá-los e a esses princípios, juízos e valores? Que juízos, valores explicitam nas formas de pensar-se e de autorreconhecer-se?

Nas oficinas e dias de estudo os militantes e os docentes/educadores e educandos trazem suas experiências, suas práticas e seus saberes aprendidos nas suas afirmações de autorreconhecimento. Mas sempre em tensas críticas aos processos históricos de ocultamento, de segregação e inferiorização. De não reconhecimentos. Pressionam as políticas públicas a incorporar essas críticas e a equacioná-las a partir de como eles se pensam e se afirmam ao longo de nossa história. A partir de suas lutas por autorreconhecimentos, desconstroem as formas como são pensados e tratados na ordem social, econômica, política, cultural e pedagógica e afirmam suas formas de pensar-se. O que os movimentos sociais propõem é que as tentativas de outras políticas de reconhecimento somente avançarão em políticas de outros reconhecimentos das diferenças se primeiro questionarem e superarem os marcos normativos em que marcam seus reconhecimentos e, segundo, libertarem-se desses marcos e padrões históricos de seu não reconhecimento. Sobretudo, se reconhecerem os seus processos históricos e atuais de afirmação e de autorreconhecimento como humanos, cidadãos conscientes.

Esses autorreconhecimentos deslocam as lutas abissais e sacrificiais em que foram classificados. Ao não reconhecer-se como inexistentes mostram que as linhas abissais não são fixas. Os Outros com suas resistências as deslocam. Os movimentos anticolonialistas ou os reconhecimentos das identidades, memórias, culturas negras, indígenas, quilombolas deslocam as fronteiras rígidas do racismo, da inferiorização étnica, racial. Como os movimentos do campo deslocam as linhas divisórias da visão do campo rude, atrasado e da cidade moderna. Entretanto, esses deslocamentos que provocam nas formas abissais de pensar e alocá-los provocam reações de controle, reafirmação dessas históricas formas inferiorizantes de pensá-los. As violências de gênero, ou contra lideranças indígenas, camponesas, têm aumentado como reação aos autorreconhecimentos positivos que tentam deslocar as linhas abissais. O agronegócio repõe as fronteiras à agricultura familiar, invade e destrói a agricultura camponesa, ribeirinha, indígena, quilombola. O aparato repressivo e judicial tenta repor as linhas divisórias abissais. Ao movimento emancipatório é reposto um movimento regulador.

Nesse quadro de tensas reações tem um significado político radical todo gesto de autorreconhecimento afirmativo vindo dos coletivos em movimentos.

Uma das exigências primeiras que os movimentos sociais põem na pauta das políticas será aprofundar com maior radicalidade as formas, as políticas históricas de conformação dos Outros como inexistentes, logo não reconhecíveis. Confrontar as políticas de reconhecimento com essas formas históricas mais radicais e construir análises de políticas que mostrem como – com os padrões de políticas oficiais ou não – se chega a essa radicalidade ou se oculta e até reforça ou reproduz.

Por exemplo, aprofundar sobre constatações como estas. Quando os coletivos sociais, étnicos, raciais, os jovens e adolescentes se mostram outros, mais complexos do que o modelo normativo possível de intervenção pelos limites das políticas e programas, por que processos suas autoidentidades são ignoradas e até condenadas como irreais, ou como radicais demais? Quando se sabe ou prevê que os Outros se mostram outros da representação em que as políticas são capazes de operar, a saída política e estratégica é ignorá-los para reconhecê-los apenas nos traços passíveis de intervenção das políticas e programas oficiais, traços consubstanciados nos marcos normativos legitimadores das políticas. Porque se aceita a representação que esses coletivos carregam e expõem em suas resistências e lutas, será preciso aceitar que o reconhecimento oficial e os marcos normativos estão fora de foco. Questões postas pelos educadores e educandos, pela militância dos movimentos e que explicitam as tensões entre as formas de pensá-los nas políticas e nos marcos normativos e as formas de pensar-se.

Superar visões "inocentes" da produção histórica como inferiores porque diferentes

Ignorar essas questões é uma solução simples: declaremos falsa sua autor-representação como Outros em raça, etnia, classe, gênero, geração ou orientação sexual, campo, região ou periferia para que as políticas e programas oficiais não sejam condenadas como falsificadoras da história real de produção dos diferentes como inferiores. Uma pergunta que desafia as políticas, formulações, avaliações e análises: Em que medida, ao operar a partir de um modelo normativo, precisa para operar partir de uma determinada visão dos destinatários de políticas, não resultam essas políticas em um juízo falsificante ou reducionista da complexidade da produção/reprodução dos diferentes como inferiores em nossa história? Inclusive na história das teorias pedagógicas.

As imagens dos coletivos diferentes em que operam tantas políticas e programas socioeducativos de reconhecimento partem de um juízo demasiado inocente da história brutal de sua conformação como inferiores ou porque diferentes em gênero, geração, orientação sexual, etnia, raça, classe, região, campo, favela. Esse é um dos traços mais imorais de nossa história contra o qual reagem esses coletivos: minorar, descaracterizar e inocentar a perversa produção das diferenças sociais, étnicas, raciais, de classe, gênero, região para inocentar a nossa história e para responsabilizar esses coletivos de *sua* condição.

Ao surgirem políticas e programas que pretendem superar essas desigualdades se defrontam com um ponto de partida: ou programar ações, intervenções para corrigir essas visões tão "inocentes", superficiais, descaracterizadas e palatáveis, tão incorporadas nas formas de pensá-los desde o lado de cá ou ir ao lado de lá, ouvir suas vivências de como foram e continuam produzidos como desiguais porque diferentes. Mas esse ir até esses profundos processos históricos revelaria quão falsificador e "inocente" é o olhar que orienta os marcos e juízos das políticas oficiais de reconhecimento reduzidas ora a programas de inclusão, ora de superação de visões genéricas de desigualdades apenas sociais.

Esse juízo "inocente", parcial da conformação como desiguais porque diferentes termina sendo um juízo moral que tem consequências políticas sérias. Inocenta nossa história e termina condenando-os por permanecerem tão desiguais em escolarização, trabalho, renda, valores, desempenhos e empenhos ou esforços. Até tão desiguais em humanidade, cidadania, valores, consciência, racionalidade. As políticas oficiais de reconhecimento, quando partem e legitimam essas visões tão inocentes da conformação e manutenção dos diferentes como desiguais, ignorando o peso histórico das diferenças pensadas como deficiências, terminam deslegitimando tanto a visão que têm da complexidade, brutalidade e persistência de sua conformação como desiguais porque diferentes, como terminam desacreditando e até desmoralizando as formas mais radicais de sua afirmação e as exigências de políticas e programas mais radicais de autorreconhecimento.

Aí pode estar uma das causas da ignorância sobre os Outros de que partem as políticas e programas para os diferentes. Se melhor conhecidos, desafiariam as formas de pensá-los e desafiariam as políticas de inclusão e de superação das desigualdades sem o reconhecimento das diferenças. Se conhecidos com maior profundidade, as políticas serão desafiadas e a gestão e análise terão de avançar em maior profundidade e complexidade para entender a produção dos diferentes em inferiores e inexistentes, subcidadãos, sub-humanos.

Os destinatários não se veem nessas políticas e programas porque parecem operar sob a convicção de que não precisam entender e levar em conta os processos históricos abissais e sacrificiais da sua produção/reprodução como desiguais. Processos tão brutais e persistentes que essas políticas e programas não darão conta de reverter, apenas se propondo educar, persuadir, tolerar os diferentes e incorporá-los em reconhecimentos inclusivos de categorias genéricas como humanidade, igualdade, cidadania, civilização.

Reconhecimentos de identidades coletivas

O caráter coletivo dos movimentos sociais mostra que há ainda outros aspectos nas lutas por autorreconhecimentos. As afirmações não são de indivíduos isolados por sair da condição de excluídos ou de subcidadania e inconsciência via percurso escolar exitoso para a cidadania consciente. As afirmações são de identidades coletivas em ações e movimentos coletivos. Não temos uma tradição de formulação, gestão e análise de políticas de cidadania de coletivos sociais, étnicos, raciais, de gênero, orientação sexual, território, campo. Outros saberes a aprender com esses coletivos e com seus processos de afirmação, de cidadania coletiva, de culturas e de direitos coletivos.

O padrão de "direitos" que inspira as políticas tem sido construído e aplicado como pertencendo a indivíduos. Entretanto, as lutas por terra, teto, comida, vida, trabalho ou contra a discriminação étnica, racial, de gênero ou de orientação sexual são lutas de classe, de grupos reconhecíveis entre si, conformados em relações sociais e políticas como diferentes, feitos desiguais como coletivos, não reconhecidos na lei, mas tidos como fora da lei como coletivos. Consequentemente, agem como coletivos com suas identidades coletivas para defender seus direitos, redefinindo e alargando a visão liberal, republicana de direito individual. Trazem outros saberes sobre os direitos e afirmam dimensões mais radicais de direitos. Um exemplo de não se reconhecerem apenas destinatários dos direitos proclamados, mas se afirmarem produtores e legitimadores de direitos.

O movimento operário em sua longa história de lutas pelos direitos do trabalho tem se constituído em agente histórico na consolidação dos direitos do trabalho e da cidadania. Direitos dos trabalhadores como coletivo, como classes, consequentemente direitos politizados e elevados a direitos da cidadania coletiva. Nessa tradição histórica se afirmam e autorreconhecem os movimentos sociais conquistando, legitimando os direitos dos diversos coletivos em movimento, mulheres, jovens, negros, indígenas, quilombolas, trabalhadores do campo etc. Direitos sociais, culturais, políticos de coletivos.

Esse é um exemplo de como o conceito de "direitos", conformado como pertencente ao indivíduo, está sendo repolitizado pelos próprios coletivos trabalhadores em lutas por direitos coletivos. Os avanços na construção de direitos coletivos exigem redefinir os padrões em que operam as normas e políticas e em que se estruturam os órgãos do Estado. Avança-se para que órgãos específicos e políticas específicas tentem operar nessa concepção de direitos coletivos tensionando o próprio Estado e suas políticas. A criação desses órgãos estatais para a diversidade e os próprios coletivos afirmando-se sujeitos coletivos de políticas terminam tensionando todo o Estado e suas políticas. As políticas afirmativas de reconhecimento e o fortalecimento de órgãos específicos de políticas terminam questionando o Estado, suas políticas e todos os seus órgãos de gestão. Tensionam a formulação, a análise e a avaliação de políticas; tensionam as teorias pedagógicas.

Análises próximas podem ser feitas das lutas por outros direitos como terra, teto, universidade, cidadania, participação, reconhecimento cidadão, juvenil, direitos da infância e da adolescência, como direitos coletivos. Ficam contestadas as tradicionais políticas de inclusão cidadã de cada subcidadão pela educação para a cidadania como um ritual de passagem de cada um, contanto que os conteúdos sejam críticos e aprendidos. As afirmações dos coletivos como cidadãos se dão em movimentos, em uma dinâmica tensa, de lutas e correlações de forças na sociedade e no Estado, nas relações de classe, de trabalho e de produção.

Essas presenças afirmativas de coletivos trazem questões radicais: Como formular, gerir e analisar esses processos sociais tão dinâmicos de formação, afirmação de cidadanias coletivas? As tradicionais análises e formas de gestão de políticas pela cidadania dão conta? Terão de ser inventadas outras capazes de analisar esses processos de dinâmica social provocados pelos coletivos em movimentos afirmativos de cidadania e de direitos. O ponto de partida para estar atentos a essa dinâmica social será assumir que a condição da cidadania e de sujeitos de direitos está em permanente reinventar-se nas lutas dos setores pensados como não cidadãos, subcidadãos ou sem direito a ter direitos ao pertencimento à comunidade política.

Coletivos diferentes em processos de fazer-se cidadãos, sujeitos de direitos, afirmar-se e mostrar-se sem esperar as políticas de sua conformação, logo, exigindo reconhecimento social e político de serem já sujeitos de cidadania ou sujeitos de direitos, em ação, afirmação, uma afirmação radical que supõe superar a visão reducionista e segregadora dos setores populares como não sendo ou em uma subcidadania, sub-humanidade em uma cidadania condicionada a políticas de torná-los humanos e cidadãos. Papel tão caro às teorias pedagógicas.

Se já são, se pressionam pelo reconhecimento legal de todos como sujeitos de direitos de cidadania porque sujeitos de ações de interação social constituinte da cidadania e dos direitos, o sentido das políticas de educação para a cidadania ou para os direitos é obrigado a mudar para políticas de reconhecimento e de afirmação e não de passagens para a cidadania, para a igualdade de direitos, contanto que instruídos, educados, conscientizados, críticos e participativos. Logo, superar políticas de descondicionamento de uma humanidade e cidadania condicionada ou de direitos condicionados a políticas inclusivas, distributivas e compensatórias, uma vez que, como coletivos sociais, não se pensam sujeitos de direitos condicionados.

A tensão se instala entre os saberes que inspiram as políticas para os diferentes e os saberes produzidos nas suas experiências sociais, reagindo a políticas compensatórias ao ser pensados meros destinatários de políticas e, sobretudo, os saberes produzidos nas experiências coletivas de afirmar-se sujeitos coletivos de políticas. Processos formadores de coletivos em ações e movimentos, como incorporá-los na história das teorias e práticas pedagógicas? As lutas dos diferentes sujeitos por autorreconhecimentos representam um dos capítulos mais radicais de construção de Outras Pedagogias ao longo da especificidade de nossa história de tantos ocultamentos e de tímidos reconhecimentos.

15

A LIBERTAÇÃO DO MITO DA
INFERIORIDADE DE ORIGEM

Se a história das pedagogias de inferiorização dos coletivos étnico-raciais foi silenciada ou mal contada, as pedagogias de afirmação/reação/libertação desses coletivos foram ignoradas e desprezadas no narrar a história das ideias, teorias e práticas pedagógicas. O desocultar e recontar essa história vem dos sujeitos sociais em movimentos, ações coletivas, dias de estudo, oficinas, UPMS, cursos de Formação de Professores indígenas, quilombolas, do campo... Vem de intelectuais pesquisadores.

Por que esse ocultamento e esse desprezo das pedagogias de afirmação dos coletivos indígenas, negros, quilombolas e até das identidades de gênero e de orientação sexual? O ocultamento e o desprezo é inerente à produção desses coletivos como inferiores. Por onde passa ou o que justifica essa inferiorização?

Inferiores por natureza

Comecemos por um dado central na história da colonização: decretá-los inferiores por natureza. De origem. Classificar as "raças de cor" como inferiores seria apenas reconhecer um dado da natureza ou de origem com que os colonizadores se depararam ao descobrir – o "descobrimento" – outros povos, em condição de primitivos, pré-humanos, logo, sendo bárbaros, incultos, irracionais. Não feitos inferiores, mas sendo inferiores por natureza. A inferioridade desses povos/raças é pensada e decretada como um dado de origem anterior à história da colonização e à história da própria classificação social. Nessa visão dos coletivos étnico-raciais como inferiores por natureza se naturaliza o modo de pensá-los e de alocá-los no padrão de poder de dominação/subordinação/classificação. Despolitiza-se o próprio padrão de poder e de inferiorização.

Em realidade, a história e especificamente a história da educação não tem apenas ocultado ou ignorado a história cultural, intelectual desses povos. Foi decretada como inexistência. Mas por que se decreta sua inexistência na história? Porque decretados povos primitivos, pré-humanos. Antes da empreitada educativa colonizadora não existe história da educação. Não existe qualquer possibilidade de existência de vida intelectual, cultural, moral, social, humana. Com a colonização começa a história nas Américas. Começa a história da educação. A história da educação na América começa com a educação jesuítica.

Na medida em que foram decretados pré-humanos, primitivos, foi decretada sua inexistência mais radical como humanos, logo decretada a inexistência ou a impossibilidade de existência de qualquer história cultural, intelectual, humana porque em estado de natureza. O que há de mais perverso nessa forma de pensá-los é que se oculta sua existência porque não são reconhecidos existentes como humanos, ou porque pensados em estado de natureza não há como pensá-los humanos nem como reconhecê-los na história humana, cultural e intelectual, civilizatória e educativa.

Ao postular um estado de natureza inferior desses coletivos, anterior à história da colonização e persistente após séculos de tentar civilizá-los, está se afirmando que as relações sociais, políticas, culturais e pedagógicas entre os brancos (pensados como superiores também por natureza) e os povos/raças de cor inferiores por origem foram e continuam a ser relações definidas previamente em um reino a-histórico, apolítico. O termo "primitivos" com que esses povos/raças foram nomeados e pensados revela a visão de estarem ainda no reino da natureza anterior à história humana, cultural, ética, intelectual. Anterior à história política.

As ideias e práticas educativas colonizadoras se alimentam ou agem nessa visão de "primitivos" ou em estado de natureza. Pré-humanos. Na pré-história. As pedagogias do Renascimento humanista no centro colonizador são radicalmente redefinidas diante dessa forma de pensar os povos/raças de cor como pré-humanos, primitivos de origem. Com que pedagogias educar pré-humanos? Pedagogias coladas a essa visão de educar povos em estado de natureza que persistiram durante estes séculos e que marcaram não só a educação/civilização dos povos/raças de cor, mas também as classes e grupos sociais, populares, trabalhadores e seus(suas) filhos(as), dos campos e das periferias urbanas.

Um mito metafísico que perdura

Quijano (2009) lembra que "[...] não se trata em rigor de nenhuma história ou nem sequer de um mito histórico, mas de um mito metafísico: postula o estado de natureza, com indivíduos que não possuem entre si genuínas relações sociais [...]. Ou seja, como se fossem relações definidas previamente num reino ôntico, a-histórico ou trans-histórico".

Esse mito metafísico, esse postulado de pensar os povos indígenas, de cor como seres pré-humanos, primitivos, leva a classificação social que se instaura com a colonização ao que há de mais perverso. Para esse mito não há sequer lugar para esses povos nos estratos mais baixos da classificação social porque vistos primitivos, em estado de natureza. E nem sequer entre si possuem genuínas relações humanas, sociais que os tornem indivíduos na classificação social. Consequentemente não foi a classificação colonial que os inferiorizou. Eles são inferiores. Seres pré-humanos por natureza. A responsabilidade é deles, de sua condição ôntica.

As consequências políticas perduram: esse postulado de inferioridade legitimou e legitima o padrão de dominação/subordinação. Foi construído para legitimar esse padrão. Apelando a esse mito metafísico, ôntico, a-histórico ou de condição primitiva, bárbara, irracional, sub-humana por natureza, a empreitada colonizadora desses povos/raças se exime de responsabilidade ética e política. Não é o padrão de classificação, de poder/dominação que os inferioriza, mas é *sua condição de inferioridade* étnico-racial que exige esse padrão de dominação/inferiorização e exige essas pedagogias de correção da natureza. A mesma lógica com que continuam pensadas as políticas e programas sociais para esses povos e para os grupos sociais pensados como inferiores até o presente. Não são condenados a trabalhos, lugares precarizados ou sem trabalho, sem lugar na justiça, sem terra, sem escola, sem universidade, mas é sua condição de inferioridade natural, mental, melhor a sua inexistência moral, cultural, *humana*, o que os classifica e aloca nesses sem lugares. Não é a organização do trabalho ou a ordem social que os inferioriza, nem a escola que os reprova, mas são eles que se reprovam ao carregar para a escola ou para o trabalho sua condição de inferioridade natural. De origem.

Desse postulado de natureza ou desse mito metafísico, a-histórico se deixou contagiar a empreitada catequético-colonizadora ao elaborar as teorias pedagógicas para a educação dos povos/raças tidos como inferiores por natureza. Diante dos povos pensados primitivos ou em estado de natureza, pré-humanos não havia lugar para pedagogias humanas, nem humanizadoras. A orientação educativa se limita apenas a partir de sua condição pré-humana para corrigir seus mitos, sua barbárie, irracionalidade e inferioridade de origem. Corrigir a natureza. A lógica capitalista das relações sociais de trabalho incorporou esse mito de origem para legitimar a exploração histórica dos trabalhadores, sobretudo negros, mulheres e indígenas.

Ao longo de tentativas de corrigir nesses povos e nos diversos grupos populares seu estado de natureza, as teorias pedagógicas foram criando a imagem de impossibilidade de conseguir esse salto do estado de natureza para o estado de humanidade. O imaginário pedagógico sobre a **in-educabilidade** desses coletivos é perversamente inferiorizante até o presente. Daí a ausência por séculos de políticas educativas indígenas, quilombolas, das comunidades negras, populares, porque se continua a pensá-los com o imaginário ou mito metafísico, ôntico de sua inferioridade de origem. Aos pedidos régios para abrir escolas para os gentios as respostas dos vice-reis eram contundentes: sua condição primitiva os torna in-educáveis.

Essa dúvida de ineducabilidade ainda recai sobre a infância e adolescência popular, negra, dos campos quando teimam em chegar à escola e nela permanecer pichados de violentos, desatentos, com problemas de aprendizagem. Cabeças não feitas para as letras. Nesse pensá-los não educáveis a cultura da reprovação é mais do que cultura. É a permanência do mito da inferioridade de origem.

Essa persistente visão de primitivos, inferiores porque ainda em estado de natureza continuou marcando não apenas a ausência de políticas educativas para esses povos/raças inferiores. Poderíamos levantar a hipótese de que esse persistente mito metafísico, ao estender-se às classes e grupos subalternizados na ordem capitalista, condicionou a lenta e deficiente configuração de nosso Sistema Público de Instrução republicana e de educação democrática. Se o povo não é educável por estar em estado de natureza, perde sentido constituir um Sistema Público de Instrução/Educação. Sua lenta conformação virá das pressões desses coletivos ao não se reconhecerem como inferiores por natureza, mas inferiorizados no padrão de poder/saber.

Entretanto, esse mito metafísico, essa visão inferiorizada de origem, por natureza não será superada nem ao pressionarem por escola, educação. Na medida em que os(as) filhos(as) das classes e coletivos populares chegam às escolas, esse mito metafísico se renova: Se parte de uma forma de pensá-los inferiores, com problemas de aprendizagem incapazes de aprender, sem valores, violentos, bárbaros de origem. Logo, reprovados porque portadores de deficiências mentais, culturais, morais por natureza. Do berço. De família. Há coletivos de docentes/educadores que reagem a essa constante, ainda, na cultura pedagógica e docente atribuir os problemas de aprendizagem e as reprovações e repetências dos(as) filhos(as) dos grupos populares à origem familiar, ao analfabetismo dos pais, à falta de hábitos de trabalho no povo, até a violência popular.

Esse mito ôntico continua a justificar que os negros, mestiços, caboclos continuem *no seu lugar*, nos trabalhos mais desqualificados e precarizados e que seus filhos continuem reprovados por problemas de aprendizagem. Mitos de inferioridades de origem ainda não superados nem nas concepções, culturas e práticas pedagógicas. As políticas de formação e de sua qualificação profissional se alimentam e reproduzem essa inferiorização de origem.

Destruindo o mito da inferioridade de origem

Esse pressuposto metafísico de inferioridade de origem é uma das pedagogias mais perversas de desconstrução de suas identidades coletivas. Por aí passa uma das funções mais antipedagógicas da educação. Consequentemente, destruir esse mito metafísico de inferioridade de origem e destruir essas pedagogias passou a ser um dos processos pedagógicos de libertação mais radicais que vem dos próprios coletivos, povos/raças inferiorizados. Mostrar sua humanidade carrega um sentido de libertação do mito metafísico, a-histórico de sua inferiorização como seres humanos.

Por onde tem passado essa libertação? Em que medida ao libertar-se desse mito metafísico, a-histórico inferiorizante as vítimas, os coletivos em movimento libertam as teorias pedagógicas desse mito metafísico? Nos dias de estudo e na diversidade de ações coletivas põem de manifesto e reagem aos processos e às concepções epistemológicas com que foram desclassificados como não humanos ou predefinidos como pré-humanos, ainda em estado de natureza. Consequentemente, põem de manifesto e reagem aos pressupostos epistemológicos, ao mito metafísico que as teorias e práticas educativas incorporaram.

Essa é uma das contribuições mais radicais dos coletivos vítimas desse mito metafísico: mostrar que sua perversidade antipedagógica não passa por este ou aquele catecismo na educação dos povos indígenas, nem por esta ou aquela didática escolar, nem pela negação da escola e do saber escolar, ou pelo não domínio do letramento, mas a perversidade mais radical dessas pedagogias inferiorizantes está em ter assumido como mito metafísico a sua condição de pré-humanos, pensá-los e tratá-los como em estado de natureza. Como in-educáveis. Essa inferiorização desses coletivos humanos está nas bases epistemológicas das pedagogias colonizadoras e capitalistas até o presente. Está na base da negação da escola e da participação na história intelectual e cultural da humanidade porque não reconhecidos humanos.

Libertar-se e libertar as pedagogias desse mito metafísico, dessas epistemologias tão des-humanizadoras vem sendo uma das contribuições mais radicais dos povos vítimas dessas epistemologias inferiorizantes. Ninguém mais radical nessa crítica a essas epistemologias inferiorizantes do que as próprias vítimas que experimentam por séculos ser pensadas e tratadas como pré-humanos, em estado de natureza, na pré-história da civilização e da humanidade.

Consequentemente, as pedagogias em movimento vindas desses coletivos e classes inferiorizadas de maneira tão radical não se limitam a reivindicar escola nem a ensaiar novos métodos, didáticas de autoeducação popular, nem se limitam a exigir que seus saberes, culturas sejam reconhecidas e incorporadas de forma participativa nos processos de sua educação. A contribuição desses coletivos étnico-raciais em movimento passa por se contrapor às pedagogias com que foram e continuam inferiorizados no que elas têm de mais radical: contrapõem-se às concepções epistemológicas, ao mito metafísico, ôntico, com que foram pensados e tratados como seres pré-humanos, em estado de natureza. Sua crítica às pedagogias que assim os inferiorizam é uma *crítica epistemológica* ou uma crítica de raiz no cerne constituinte dessas pedagogias inferiorizantes. Deles – vítimas em reações, em movimentos – vem a crítica mais radical às concepções e práticas de empreitada educativa, civilizatória colonizadora, pós-colonial e até republicana. Com essa crítica somam os militantes, intelectuais, pesquisadores, docentes/educadores(as), sobretudo aqueles que têm suas origens nesses coletivos que reagem a essas inferiorizações de origem.

Mostrando-se existentes

Se sua inferiorização foi tão radical a ponto de não ter sido reconhecida sua existência humana, a sua reação mais radical passa por afirmá-la. Sua autolibertação e a libertação que trazem para as pedagogias ou para as teorias e práticas educativas passa pela desconstrução desse mito metafísico, na medida em que se mostram não primitivos, nem pré-humanos, mas humanos; não em estado de natureza, mas de cultura; não pré-racionais ou irracionais, mas com suas formas peculiares de pensar, de ler o mundo, de pensar-se; não na infantilidade humana, *in-fans* não falantes, mas defendendo, preservando suas línguas, suas linguagens múltiplas, corpóreas, artísticas... Esse o sentido pedagógico mais radical de tantas ações afirmativas da diversidade dos movimentos sociais e de tantas construções teóricas que operam em outras epistemologias.

Há uma radicalidade política e epistemológica nesse afirmar-se existentes: mostrar como a construção desse mito se articula com as relações políticas de dominação/subordinação. As presenças afirmativas carregam uma radicalidade política ao desmascarar as articulações entre esse mito metafísico e o padrão colonial e capitalista de poder e de dominação, de expropriação das terras, de submetê-los a trabalhos escravizantes, de submetê-los à ordem escravocrata até quando "livres".

A desconstrução desse mito metafísico de sua inferioridade humana, de estar e persistir no estado de natureza, tem como consequências, de um lado, mostrar que esse pressuposto metafísico não passa de um mito para legitimar o padrão de poder/dominação/subordinação. De outro lado, mostrar a fraqueza ou o caráter político antipedagógico da empreitada pedagógica colonizadora e pós-colonial ao assumir como epistemologia esse mito da inferioridade, da pré-humanidade, dos povos, raças, classes e coletivos subalternizados. As teorias e práticas pedagógicas aqui gestadas nesse mito de origem se legitimam na legitimação dessas relações políticas: educar para a conformação de identidades coletivas inferiorizadas, primitivas. Logo, subalternizadas.

Há um dado de relevância teórica para o pensamento educacional: esses coletivos ao mostrar-se existentes em ações e movimentos afirmam *outras epistemologias*, afirmam-se sendo. As marchas, as ocupações de terras, de moradias, de escolas, de universidades, das instituições do Estado carregam uma radicalidade político-pedagógica libertadora do mito epistemológico, ôntico, em que se pretendeu ocultar/legitimar sua dominação/subordinação política porque inferiores, primitivos, pré-humanos. Inexistentes. Os povos, raças, coletivos assim inferiorizados ao experimentar a brutalidade de sua inferiorização como não existentes como humanos aprenderam que, enquanto esse mito metafísico não for desconstruído, não avançariam em sua libertação política. Se vê-los e tratá-los nessa naturalização foi e continua a forma mais radical de legitimar sua dominação, subalternização, desconstruir e reagir, mostrar-se na condição de humanidade, fazendo-se visíveis existentes passa a ser a forma mais radical de libertação.

Uma história de confrontos político/pedagógicos/epistemológicos que cresce nos dias de estudo, nas oficinas da UPMS, nos centros de formação de professores, militantes, intelectuais... Confrontos que chegam às salas de aula. Como ver e tratar os(as) filhos(as) desses coletivos como portadores desse mito inferiorizante? Como reagir ao peso de tantas inferiorizações? Afirmando-se visíveis, existentes até em suas indisciplinas? Há coletivos de docentes/ educadores que têm consciência desses confrontos que estão postos na sociedade, nos movimentos sociais, até juvenis e que chegam às escolas.

Nesse quadro de confrontos entre decretados inexistentes, pré-humanos e afirmando-se existentes encontramos explicação de um lado para a centralidade dos movimentos sociais em mostrar-se e privilegiar estratégias políticas chocantes de ocupação, de marchas, de gestos, de uso de símbolos identitários com a finalidade política de se fazer visíveis existentes. Até nas salas de aula.

Explicação de outro lado para a centralidade política dada pelos órgãos de repressão e da mídia a reprimir essas manifestações ou interpretá-las como desordem, como barbárie dos ainda primitivos, violentos. Desmobilizar as suas presenças afirmativas como forma de perpetuar o mito. Históricas tensões tão do passado e do presente entre reproduzir ou perpetuar o mito de sua inferioridade, inexistência humana e reagir afirmando, mostrando sua existência, sua humanidade. Um embate histórico entre pressupostos metafísicos, entre epistemologias, concepções e práticas pedagógicas.

Poderíamos levantar uma hipótese, o silenciamento e até a resistência de pensamento social e especificamente educacional aos movimentos sociais teria como uma justificativa a percepção de estar em jogo, em tensão esse embate histórico entre pressupostos metafísicos, entre epistemologias e pedagogias. Podemos ver aí as históricas tensões políticas entre as pedagogias de produção/legitimação de concepções epistemológicas que negam suas existências humanas e as pedagogias de afirmação de outras epistemologias: ao afirmar-se humanos, existentes. Tensões entre epistemologias que perpassam a história da educação das classes e grupos subalternizados e que perpassam a história das ideias pedagógicas, inclusive escolares. Não narrar essas tensões, ignorá-las e ocultá-las faz parte da perpetuação do mito ôntico, no próprio campo da pedagogia e das políticas educativas. Do embate epistemológico.

Jogados à pré-história da condição de natureza

Os coletivos vítimas desse mito da inferioridade de origem reagem a mais um dos seus traços inferiorizantes. Quijano (2009) lembra que um dos traços constituintes desse mito é pretender ser *a-histórico*. De um lado, a-histórico por pensar os povos, raças, coletivos "primitivos", pré-humanos na pré-história da humanidade, da civilização, selvagens, bárbaros. De outro lado, a-histórico porque essa condição é vista como um dado, *ab-inicio*, de origem com que a empreitada colonizadora, o sistema de classificação/dominação se deparavam. A-histórico ou anterior a essa história, não produto dessa história nem política nem pedagógica. Porque a história do descobrimento seria o início da história nas periferias colonizadas. Antes do "descobrimento" aqui não havia história.

Esse traço, ser um mito a-histórico carrega intenções pedagógicas e políticas extremamente perversas. Se sua condição é de natureza, não histórica ou a-histórica esses povos, raças, grupos sociais são os responsáveis de permanecerem nessa condição inferiorizante. Não foram inferiorizados pela história político-pedagógica colonizadora, mas se autoproduziram e reproduzem nessa condição de natureza, a-histórica. Anterior à colonização.

A brutalidade pedagógica desse mito a-histórico de sua inferioridade humana e a consequente responsabilização desses coletivos e as tentativas de inocentar essa perversa história político-pedagógica de dominação/inferiorização estão merecendo pesquisas mais detidas e aprofundadas e outra história da educação. Mostrar esse eixo epistemológico, esse mito a-histórico que foi e continua estruturante dessas epistemologias pedagógicas. As vítimas desse mito a-histórico colocam às teorias pedagógicas a urgência de buscar as bases epistemológicas de que se alimentam, indo além de uma história de tendências pedagógicas e de didáticas e metodologias de aprendizagem.

Até hoje a história da educação nas Américas começa com o descobrimento, com os catecismos, as escolas jesuíticas, com as missões, com as escolas régias etc. porque se continua mantendo como pressuposto epistemológico e mito a-histórico de que antes do descobrimento ou do início da história não há como buscar a história da educação, das ideias e práticas educativas, das concepções e modos de pensar e de educar pré-humanos na pré-história. Essa visão foi incorporada pela autoidentidade do sistema escolar. Com o acesso da infância na escola começa a história: o percurso de sua educação. Fora da escola não há educação. Aqueles que não fizerem o percurso escolar não terão feito o percurso educativo. Consequentemente, permanecerão na pré-história da humanização, da civilização.

Aprofundar nessa radicalidade epistemológica configurante dessas pedagogias de inferiorização exigirá mostrar e aprofundar as resistências desses coletivos e as afirmações de outras pedagogias de libertação desse mito a-histórico. Por onde tem passado e por onde os próprios coletivos em movimentos mostram que estão se libertando? Que Outras Pedagogias com outras concepções epistemológicas constroem? Como reconhecê-las configurantes de outra história das ideias pedagógicas? De outra concepção do tempo e da história?

Afirmar-se sujeitos de história

Um traço forte de libertação desse relegá-los na pré-história passa por mostrar que nessa história colonizadora não ficaram passivos, resistiram, foram sujeitos de histórias de resistência à ocupação de seus territórios e à desconstrução de seus modos de produção da vida, da cultura. A história da colonização, como a história posterior, fez-se como resposta a essa suas resistências a sua escravização e a seu extermínio, logo, como tentativa de desconstrução dessa história já existente de que esses coletivos foram atores.

A história da colonização seria outra se esses povos/raças tivessem sido passivos, a-históricos. A história oficial contada do campo, da desterritorialização seria outra se os movimentos sem terra, indígenas, quilombolas, ribeirinhos não se mostrassem resistentes, históricos. Como o capitalismo seria outro, se os operários não tivessem sido tão resistentes, históricos no movimento operário internacional.

Ao mostrar-se históricos essas classes e grupos decretados fora da história põem no debate epistemológico e político-pedagógico uma das contestações mais radicais ao mito ôntico e a-histórico de sua inexistência. Desconstroem as narrativas hegemônicas da história política, cultural, pedagógica. Decretar-se os "povos de cor" como inexistentes leva a decretá-los fora da história, afirmar-se na história é uma das pedagogias mais radicais para se libertar de continuar sendo pensados inexistentes. Mais ainda, ao desconstruir o caráter a-histórico do mito colonizador desconstroem seu caráter metafísico, ôntico: mostrar-se na história é mostrar-se existentes. Não em estado de natureza, mas de história, de cultura. Desconstroem as concepções de tempo, de história impostas pela colonização e a pós-colonialidade.

A forma de reagir a ser jogados na pré-história é mostrar a outra história onde são sujeitos. Nos movimentos e ações coletivas, nos encontros, oficinas dos diversos grupos sociais e especificamente dos povos indígenas, negros, mestiços, quilombolas, camponeses, ribeirinhos se afirmam sujeitos de uma longa história de construção de culturas, valores, memórias, identidades alicerçadas em processos de sociabilidade, de produção da vida, de diálogo com a natureza... Uma história anterior e posterior à história da colonização/dominação. Não apenas mostram e afirmam sua condição de sujeitos éticos, culturais, de saberes, modos de pensar, mas se mostram sujeitos dessa história. Não se veem em estado de natureza na pré-história da humanidade. Nesse civilizá-los, educá-los, letrá-los, nos catecismos e nas escolas trazem suas experiências de civilização, de educação e de letramento para a diversidade da história cultural, intelectual, moral. Para a história humana.

Esse mostrar-se sujeitos de história e de processos de humanização, socialização, aprendizagem antes da história pedagógica da colonização obriga a história da educação e das ideias pedagógicas a se repensar e recontar. Obriga a reconhecer essa história e esses povos como sujeitos da história da educação. De outra educação.

Se a história da pedagogia se reconhece como a história de um processo de humanização/formação, esses povos, raças, coletivos estão mostrando que são sujeitos de pedagogias que fazem parte da diversidade de experiências e concepções pedagógicas. Nessas afirmações de sua condição humana e desse rico e diverso acúmulo construído em sua história se contrapõem ao mito ôntico, a-histórico, que os relega a um estado de natureza a-histórico. A essa persistente reação desses povos e dos coletivos sociais inferiorizados e todas as suas lutas por afirmação e reconhecimento como sujeitos de história, memória, culturas, valores, saberes vem resistindo o mito metafísico, a-histórico, que teima em jogá-los a uma condição a-histórica de estado de natureza. Tensão epistemológica que está posta nas ciências sociais e nas teorias pedagógicas com especial destaque.

Por que essa reação a não reconhecer nesses coletivos humanos a condição de humanos, pensantes, éticos, culturais, se por séculos assim se mostram e afirmam? Porque o mito epistemológico, a-histórico que os classifica no estado de natureza de tal maneira está incrustado nas epistemologias sociais e pedagógicas civilizatórias que esse reconhecimento exigiria desconstruir o arcabouço epistemológico constituinte dessas ciências. Nesse quadro de tensões epistemológicas se revela a radicalidade teórica, política e pedagógica desses coletivos se afirmarem sujeitos históricos, de história, humanos, não pré-humanos nem primitivos. Por que depois de séculos esse mito ôntico, a-histórico, continua tão arraigado? Por que por séculos de história colonial e pós-colonial se tenta ocultar essas histórias, memórias, culturas, valores, modos de pensar desses coletivos? Invisibilizá-los faz parte de manutenção desse mito, de torná-los como inexistentes, não reconhecíveis como sujeitos de história. Qual o papel das teorias pedagógicas na perpetuação desse mito?

Nesse quadro de persistente invisibilização dessas histórias para manter o mito de sua condição de primitivos adquire um significado radical que os próprios invisibilizados se tornem visíveis e os pensados/decretados inexistentes ou pré-históricos se mostrem existentes sujeitos de história. O significado dessas presenças/existências afirmativas vindas dos invisibilizados é de extrema relevância histórica, epistemológica e pedagógica. Para desconstruir o mito metafísico, ôntico, a-histórico que os inferioriza nada mais pedagógico do que mostrar-se existente, histórico, sujeito de história e de existência. Politizar em lutas e movimentos de afirmação suas existências humanas. Hobsbawm (2002) nos ajuda a interpretar a radicalidade que vem para a história das lutas e presenças dos primitivos: "É a tomada de consciência política – das populações primitivas – que tornou nosso século (XX) o mais revolucionário da história" (HOBSBAWM, 2002).

Há uma construção histórica, intencional desse mito "a-histórico"

Essas "populações primitivas" não se limitaram a se mostrar sujeitos de história e avançam mostrando que o mito metafísico que se pretende a-histórico e que os relega a um estado pré-humano de natureza é ele mesmo uma construção histórica, intencional. Que esse mito inferiorizante faz parte da história de construção do padrão de poder e de classificação social. Não foram classificados como inexistentes inferiores porque encontrados/descobertos pré-humanos, em estado de natureza, na pré-história, mas assim foram pensados e tratados para justificar serem alocados na classificação social como inferiores. Foram decretados inexistentes para excluí-los da classificação social. Houve e continua havendo uma intencionalidade e uma opção histórica, epistemológica de decretá-los inexistentes para legitimar a classificação que a colonização exigia ou que a organização social republicana, democrática ainda exige. Foi e continua sendo uma produção, opção histórica. Legitimadora do padrão de poder construído intencionalmente como opção política.

Este é um ponto que os coletivos em movimento destacam: a expropriação de seus territórios, terra, espaços, moradias assim como todas as formas de segregação/inferiorização no trabalho, no poder, no conhecimento, na cultura, na justiça são opções e intenções históricas. Como tantas formas de negação de seus direitos à saúde, educação, moradia, trabalho, renda... são opções históricas inerentes ao padrão de produção, de poder, de dominação/subordinação. Padrão intencional, histórico de que faz parte a história do sistema de classificação racista, etnicista que decretou sua inexistência.

Os coletivos em ações e movimentos de libertação destacam esse campo de confrontos. Não apenas denunciam a pretensão da a-historicidade do mito de sua inferiorização, mas mostram a historicidade e intencionalidade política do próprio mito. E ainda a ele se contrapõem mostrando-se sujeitos de história. Politizando a intenção política de decretar sua inferioridade e inexistência para submetê-los e politizando a radicalidade de sua afirmação como sujeitos históricos. Existentes.

As teorias pedagógicas continuam resistentes a reconhecer que o modo de pensar os coletivos populares, os trabalhadores e seus(suas) filhos(as) como inferiores, com problemas de aprendizagem, éticos, é uma produção histórica que faz parte do padrão de poder/dominação/subordinação em que as teorias pedagógicas hegemônicas se enredam. Quando chegarem à escola serão pensados como inferiores, ignorantes, com problemas de aprendizagem e com problemas morais de condutas. Continuarão sendo classificados como realmente inferiores, de origem, filhos de pais, avós ignorantes, sem condutas. As teorias e a cultura pedagógicas resistem não apenas a reconhecer que essa inferiorização é uma construção intencional, histórica, política, mas resistem a reconhecer-se cúmplices nessa história ou a reconhecer-se legitimadoras dessa história intencional, político-pedagógica de convencer os coletivos populares, negros, indígenas, os trabalhadores e seus(suas) filhos(as) de que o seu destino é continuar nos trabalhos e espaços mais precarizados porque inferiores por natureza, raça, etnia, classe social, campo, periferia.

O não reconhecimento dessa intencionalidade histórica de subordinação de que as teorias pedagógicas fazem parte leva a perpetuar e não desconstruir os tradicionais processos de reprovação, segregação, inferiorização por problemas de aprendizagem e de conduta tão arraigados e persistentes no sistema, na cultura e na prática educativa. Na cultura pedagógica persiste uma visão naturalizada a-histórica desses processos de inferiorização que o sistema reproduz. Uma forma perversa de naturalizar tantos mecanismos inferiorizantes ainda persistentes no sistema político e escolar.

Nas últimas décadas um dos embates mais politizados no campo da educação dos grupos populares tem sido contrapor outras formas de pensá-los mais positivas. Contrapor outra cultura escolar e docente menos segregadora e inferiorizante, mas ainda há resistência a desconstruir o mito a-histórico que os vê inferiores por origem. Onde estão as resistências? Em não se reconhecer que toda segregação e inferiorização desses coletivos sociais, raciais, étnicos, dos campos e das periferias é uma construção histórica, intencional. Aí se dão as tensões no campo educacional: superar ou continuar reproduzindo o mito epistemológico, a-histórico que vem desde o sistema de classificação social e o padrão de poder que se conformaram na colonização e que continua na ordem social capitalista e que a organização escolar e a pedagogia moderna incorporaram.

Um traço que persiste desse mito é que a história humana a ser reconhecível de alguém como gente começa com a escolarização, com o letramento. Antes a inexistência humana, racional, civilizada. É significativo que a história da educação nas sociedades colonizadas comece com os catecismos, as escolas jesuíticas. Como a história da humanização das classes subordinadas é pensada começando com a chegada da escola indígena, quilombola, do campo ou da favela pacificada. Na empreitada colonizadora fora do catecismo não haveria salvação, na empreitada democrática fora da escola não será reconhecido o estatuto de humanização. Se se pensa que a história de sua condição de gente começa com o percurso escolar, os milhões de crianças, jovens e adultos condenados à condição de sem escola ou em percursos truncados serão classificados na pré-história da condição humana. Por aí as teorias pedagógicas e as políticas educativas perpetuam o mito ôntico de classificação social das classes e grupos subalternizados como pré-históricos, pré-humanos.

As vítimas desse mito indagam as teorias pedagógicas

Os coletivos inferiorizados e segregados ao reagir a esse mito que se pretende a-histórico e ao demonstrar que faz parte de uma construção histórica pressionam para que as teorias pedagógicas se reconheçam parte dessa história ou contestadoras ou legitimadoras da construção desse mito inferiorizante. Os coletivos em ações e movimentos mostram que a pressão para esse reconhecimento de caráter histórico, intencional na construção dessa inferiorização vem das vítimas que mais padeceram essas inferiorizações no trabalho, na moradia, no seu viver tão precarizado e até nas inferiorizações ainda tão persistentes no sistema escolar. Negar-se a reconhecer a construção histórica, política desse mito inferiorizante é uma tentativa de legitimar a persistência de tantas formas de segregação, inferiorização desses coletivos até no sistema escolar que por séculos tentavam nele se legitimar.

Na medida em que os grupos sociais, raciais, étnicos, populares se afirmam já humanos se contrapõem a essa visão de que fora da escola não será reconhecido o estatuto de humanos. Lutam por uma escola e uma teoria pedagógica que os reconheça já como humanos. Ou reinterpretam a função social e política da escola, da educação.

As vítimas desse mito ôntico da inferioridade de origem, ao desconstruírem esse mito, redefinem a função da escola. Ao lutar por outra escola, por outra função social e política da educação em suas reações e movimentos sociais, indagam a história da educação, do sistema escolar e das teorias pedagógicas a se reconhecer como uma produção histórica colada à construção histórica, intencional dos padrões de poder, subordinação e classificação das classes e grupos subalternizados. Das teorias pedagógicas esperam não apenas que se reconheçam nessa história de inferiorização dos povos, raças, classes, coletivos segregados, mas que reconheçam as teorias pedagógicas de libertação de que eles são sujeitos: libertação desse mito ôntico de inferiorização de origem.

Esse reconhecimento das pedagogias de libertação tão radical que vêm dos movimentos sociais só será possível se superada a visão de que desses coletivos não virão pedagogias porque inferiores, ignorantes, primitivos, na pré-história da humanidade. Superar essa visão ou esse mito ôntico, a-histórico de inferiorização desses coletivos ainda que afirmativos, em movimentos não será fácil às teorias pedagógicas que construíram sua identidade social histórica marcada por esse mito. Nesse território tão cercado, as tensões que os movimentos sociais trazem para a história da educação e das teorias pedagógicas ainda têm uma longa história a ser pesquisada, teorizada e narrada.

PARTE IV

Pedagogias de desenraizamento e desterritorialização

16

DESENRAIZADOS À PROCURA DO LUGAR

Nossa hipótese nestes textos é que as mudanças mais de fundo na educação seja escolar, seja popular vêm das novas crianças e dos novos adolescentes que chegam às escolas. Vêm dos novos sujeitos que se afirmam nas cidades, nos campos, nas florestas em ações coletivas e em movimentos sociais. Um dos traços mais constantes em nossa história tem sido as lutas e movimentos desses coletivos por seus territórios, por terra, por espaços nas cidades, por lugares de cidadania, escolas, universidades, judiciário, Estado.

A partir da colônia os povos indígenas resistem à ocupação de seus territórios, os quilombolas resistiram a ser confinados nas senzalas, construíram seus lugares, os migrantes ocuparam espaços nas periferias urbanas. As lutas pelo direito à terra, ao espaço, ao território, ao lugar, às escolas e universidades pela ocupação das fábricas, tem um significado político denso na história dos setores populares, dos trabalhadores dos campos e das cidades.

Longa história de desenraizamentos

Essa história de lutas por lugar pode ser vista como reações a se libertar de uma das formas mais brutais de opressão: desenraizá-los, expropriá-los da terra, dos meios de produção da vida, dos territórios e espaços de reprodução de suas identidades culturais coletivas. Enfraquecê-los como coletivos. Manter esses coletivos sem terra, sem teto, sem território, sem lugar de produção de sua vida, de sua cultura tem operado em nossa longa história como o mecanismo "pedagógico" mais brutal de negar-lhes o direito à vida, à cultura, a reproduzir seus valores e linguagens, suas memórias e história. Brutais processos de desculturização. Culturicídios. Expropriados de ser, de se constituir e formar porque expropriados de seu lugar. Desenraizados (MANZANO, 2007: 137-164).

Por que em nossa formação social, política e cultural têm tido tamanha centralidade as expropriações de terras, espaços, territórios? Como essas expropriações têm operado na destruição de formas de trabalho e de produção da existência e na destruição de identidades, culturas, valores, memórias, sociabilidades dos povos indígenas, afro-descendentes, quilombolas, dos campos e das periferias urbanas? O que há de tão radical que tem provocado lutas radicais por terra, espaço, territórios, por culturas e identidades coletivas? A radicalidade de suas resistências mostra que não se veem apenas como pobres relegados a espaços precarizados de moradia, de pobreza e miséria onde reproduzem suas existências nos limites, na exclusão, nas desigualdades, na miséria social e humana. Essa é a visão de fora, oficial que legitima soluções parciais, programas de renda mínima, de saneamento ou de pacificação, de tornar esses espaços menos indignos, de escolarização para ascensão social, sair desses espaços saindo da pobreza.

É significativo que os movimentos sociais são radicais em suas lutas por terra, territórios, espaços, sugerindo que a expropriação de seus espaços tem sido o mais radical na nossa história, legitimando processos radicais de sua inferiorização/segregação. Por aí passa a demarcação radical das linhas abissais.

No texto "A produção dos Outros como inexistentes", vimos que as formas de pensá-los e de alocá-los na ordem social, econômica, política e cultural não foram apenas tratá-los como excluídos, marginais, nem sequer desiguais, mas como inexistentes, invisíveis. No outro lado da linha, do lado de lá. Uma produção abissal e sacrificial dos Outros e de seus espaços, territórios como ilegais, de inexistência. A expropriação de seus territórios, espaços, terras se legitimou decretando-os inexistentes, sub-humanos.

Na medida em que esses coletivos foram produzidos como inexistentes, do outro lado da linha, a divisão é tal – como nos lembra Boaventura de Sousa Santos (SANTOS & MENEZES, 2009) – que o outro lado da linha desaparece enquanto realidade, torna-se inexistente. Ao produzir os indígenas, escravos, libertos, camponeses, ribeirinhos, favelados, como inexistentes, seus lugares, espaços, territórios foram e continuam produzidos como inexistentes. Logo, excluídos de ser reconhecidos territórios legais, da lei, de direitos, exteriores ao aparato legal: terras, territórios, espaços, vilas, conglomerados, favelas, pensados sem lei, do lado de lá e terras, espaços, bairros reconhecidos como existentes, legais, do lado de cá da linha.

Nessa lógica da produção dos Outros e dos espaços, territórios se pressupõem uma impossibilidade de copresença entre territórios, espaços da existência, legais e da inexistência, ilegais. A expansão imobiliária ao criar espaços existentes legais se permite o direito de invadir, desocupar os espaços ilegais dos coletivos pensados inexistentes, porque seus espaços inexistentes são invisíveis à ordem legal, ao direito. Como a conquista das novas terras na colônia ao decretar os povos indígenas como sub-humanos, como inexistentes e invisíveis ocupara seus territórios. Até pensando seus extermínios como legítimos porque povos inexistentes, ilegais. Se a mera existência legal formal dos grupos populares não tem significado que tenham um lugar na ordem social, política, econômica e cultural, menos ainda quando lhes têm sido negada a condição de pessoas humanas.

Processos que continuam e se radicalizam com a expansão do capitalismo no campo: expansão do agronegócio e apropriação/violência legitimadas na decretação da ilegalidade e da inexistência dos povos do campo, logo, sem direito a territórios, terra, espaço. Os Outros, seus territórios, terras, espaços no campo do ilegal porque inexistentes. E o Nós, no campo da existência legal, logo com direito a usar a força, o direito, a legalidade do Estado para a ocupação legal das terras, territórios, espaços dos coletivos indígenas, camponeses, quilombolas, ribeirinhos, das florestas, ou das vilas, favelas, conglomerados urbanos, atingidos pelas barragens ou pela expansão e modernização urbana, como esquecer essas brutais antipedagogias tão específicas de nossa história?

Longa história de desenraizamentos culturais, identitários

As vítimas desses processos mostram o caráter deformador dessa longa história de desenraizamentos.

Os trabalhadores(as) dos campos e das cidades na centralidade que dão em suas ações de resistência à ocupação/expropriação de suas terras, espaços, territórios trazem essas experiências brutais, abissais da produção dos territórios em nossa longa história colada a sua produção na ordem social. Vivenciaram e continuam vivenciando que esses processos de tornar seus espaços, territórios como ilegais, como inexistentes perante a lei, o direito, a ordem jurídica têm operado não apenas para legitimar a conquista, a expropriação de suas terras, mas também têm operado como processos brutais, de desenraizamento e destruição de suas identidades, culturas, memórias, valores produzidos e enraizados nas formas de seu viver, trabalhar, de produzir na terra e de produzir-se como humanos.

Desenraizar os povos originários e a diversidade de grupos populares foi e continua sendo os processos mais desumanizadores em nossa história. Na medida em que se decretam seus territórios como ilegais, inexistentes, decreta-se a inexistência das bases de sua produção como humanos, culturais, sujeitos de memórias, valores, identidades coletivas. Destrói-se o chão, a base material, os processos de trabalho e de produção de seu viver e ser sujeitos de humanidade, culturas, valores, conhecimentos, logo, disponíveis para a cultura, o conhecimento, as representações de si e do mundo impostas como as únicas legítimas, hegemônicas.

Esses processos brutais de desenraizamento foram e continuam sendo as opções pedagógicas escolhidas para destruição dos saberes, culturas, valores, identidades dos povos indígenas, negros, quilombolas, camponeses, trabalhadores dos campos e das periferias. Essas brutais pedagogias de desenraizamento, de desterritorialização deixaram e deixam as pedagogias, os catecismos, o material didático e até a escolarização dos Outros como processos secundários, ineficazes. Na história de nossas pedagogias do Sul, a inculcação, os catecismos, a escolarização não tiveram e ainda não têm centralidade como políticas de persuasão, "educação" dos Outros porque aqui foram ensaiadas pedagogias mais radicais, de raiz: o desenraizamento, a desterritorialização, a desculturização. O culturicídio a partir da expropriação de seus territórios.

A usurpação original de terras como prerrogativa do conquistador se reproduz nas relações entre agronegócio e agricultura camponesa, entre a legitimidade jurídica de propriedade privada da terra, do solo e as lutas por terra, territórios, indígenas, quilombolas, ribeirinhos, das florestas ou entre empresas de loteamentos urbanos e trabalhadores sem teto, nas favelas e conglomerados. A propriedade ou apropriação das terras desde a colônia se legitima no decretar os povos originários como sub-humanos, selvagens, sem lei, ilegais. O controle da terra, do solo da produção continua a exigir o controle dos grupos sociais, étnicos, raciais, dos trabalhadores e de suas lutas por espaços de vida e de dignidade humana.

Esses processos deformadores de desterritorialização/desenraizamento de decretar coletivos inexistentes e sem lugares, ilegais, sem direitos a espaço, continuam nos campos, nas florestas, das comunidades indígenas, quilombolas, camponesas. Mais recentemente se generalizaram com as migrações os fluxos, os êxodos forçados do campo para as periferias urbanas, de um país para outro. As migrações em massa. Novas formas de desenraizamentos, de desterritorialização e destruição de suas culturas, saberes, identidades coletivas, sair do lugar pela exclusão socioeconômica, ou pelas novas formas de expropriação da terra obriga agricultores, nações indígenas, coletivos quilombolas, das florestas, expropriados à procura de terra agricultável para a sobrevivência, à procura de materialidade do viver ou de outras terras, de outros territórios, onde reconstruir suas identidades culturais. Grupos atingidos pela seca, ou por barragens obrigados a migrar à procura de outros territórios, obrigados a transplantar suas culturas, identidades e reenraizar-se, reterritorializar-se.

Ao se organizar em movimentos põem de manifesto essas brutais pedagogias de desenvolvimento e as trazem para as oficinas. Quantas crianças e adolescentes, jovens e adultos chegam às escolas carregando essas vivências de migração, deslocamentos, desenraizamentos. Vivências ignoradas nas pedagogias escolares? Como reconhecer as marcas de desumanização que essas vivências deixaram nos educandos? Como trabalhá-las?

Mas essas crianças, jovens e seus coletivos trazem as reações a esses desenraizamentos. Trazem questões radicais para as escolas e para as oficinas e dias de estudo. Como manter suas identidades socioculturais nos novos espaços? Que condições de reproduzir uma outra base material da vida, de reprodução de suas referências simbólicas, de reconstrução/reinvenção identitária? Que capacidades e condições materiais, culturais lhes são dadas para reconstruir, recriar os novos territórios? Serão excluídos ou mantidos em uma inclusão precária nos novos espaços? Reconstruirão uma identidade de fora do lugar? Sentem a fragilidade de suas relações com o novo meio social/espacial? Experimentam sua segregação como estranhos, invasores, destruindo suas identidades coletivas? O espaço escolar representará a oportunidade de construir novas identidades? De aprofundar essas questões?

As teorias pedagógicas não têm aprofundado essas pedagogias de desenraizamento, essas tensões entre destruição/construção de saberes, culturas, identidades de tantos coletivos humanos desenraizados em nossa história. Nem sequer as pedagogias escolares têm aprofundado sobre essas vivências de desculturização que crianças, adolescentes, jovens e adultos levam às escolas. Reconhecer essas antipedagogias como parte da história da "educação" tornaria essa história mais complexa e incentivaria a construir pedagogias/lugares de refazer identidades desenraizadas.

A segregação espaço-étnico-racial

Os movimentos sociais ao lutar por terra, espaço, territórios, por escolas, universidades, por postos de saúde, pela Secad, pelo judiciário... lutam por lugares de pertencimento político, cidadão. O grito da ocupação colonizadora: "Terra à vista!" inaugura as lutas por terra, por territórios, por lugares de pertencimento. Lutas por propriedade de terras, de lugares, por territorialidades, por culturas e identidades.

O grito "Terra à vista!" foi logo seguido do grito: Outros povos à vista! Os povos originários, indígenas. A partir do início, a ocupação da terra significou sua expropriação dos povos indígenas, as tentativas de sua escravidão, os genocídios. Uma ocupação racializada. Esses povos serão humanos para ter direito às terras? Terão alma para não serem escravizados? O processo de ocupação/expropriação destas terras, destes territórios trouxe desde seus começos essa marca de opressão étnico-racial. Espaço-geo-racialidade é uma marca que perpassa essas lutas até o presente nas ocupações degradadas das periferias urbanas, na expropriação das terras de agricultura camponesa e quilombola pelo agronegócio, como nas reclusões das missões jesuíticas e nas reclusões atuais dos povos indígenas.

Contra essas segregações espaço-político-étnico-raciais lutam os movimentos sociais do campo, indígenas, negros, quilombolas. Como lutam contra o colonialismo interno que continua na república e na democracia, na segregação dos coletivos diferentes em favelas, vilas-miséria, "comunidades pacificadas". Lutam por ser reconhecidos como membros da comunidade política nacional e da cidadania, sem cidadanias diferentes para cada classe, etnia, raça, região e até gênero. Cada coletivo no seu lugar? Ainda é frequente a expressão: "nego, fique no seu lugar". Somos de lugares sociais, políticos, econòmicos, culturais diferentes, dependendo dessas diferenças étnico-raciais não apenas sociais. Até a criança irá a um lugar escolar, educativo e cultural público ou privado, dependendo do lugar de classe, de raça, de trabalho de seus coletivos. Ou ocupará um lugar nas estatísticas dos bem-sucedidos, aprovados ou defasados, reprovados, fracassados, dependendo da classe, da raça, do ser do campo ou das vilas e favelas. Os mesmos nos lugares legais ou ilegais.

A ocupação social do espaço urbano e do espaço brasileiro reflete a distribuição segregadora das classes e das raças até em tempos de democracia e de desenvolvimento. Ao longo de nossa história tanto os desenraizamentos quanto as lutas por lugares tiveram e continuam tendo uma conotação étnico-racial. Os padrões mais determinantes de lugar, assim como os padrões de poder, de propriedade, de trabalho, de justiça e até de conhecimento e de cultura sempre estiveram transpassados por padrões étnico-racializados. Por serem indígenas, negros, mestiços não tiveram direito a terra, territórios. Nem direito à humanidade. Nem à cidadania republicana.

O direito ao trabalho e a que trabalhos, a que lugares na hierarquia, na segmentação do trabalho e dos salários está marcado pela condição sociorracial. A partir da escravidão se estabeleceram as relações entre raça e trabalho a tal ponto que até o presente não é possível conceber nossa estrutura de trabalho, de salários sem a condição racial. Uma relação silenciada ou secundarizada no pensamento social e educacional que ignora essa relação racializada e fica repetindo interpretações genéricas: sem trabalho ou nos lugares mais desqualificados do trabalho, nos salários mais mínimos porque sem estudos, sem documento, sem diploma de conclusão do fundamental ou médio. A condição racial ignorada: "estuda, negro, e terás trabalho, emprego, sairás do teu lugar social, mas sempre condicionado a teu lugar racial".

Desde crianças experimentam como a condição racial condiciona seu perambular pelas ruas, seu trabalho infantil e adolescente. Seu subemprego até com diploma. Uma longa história de aprendizados do padrão racista de trabalho que se lastra após a libertação. Quando libertos não tiveram direito ao trabalho livre e foram preteridos a trabalhadores brancos importados da Europa e até do Oriente. As lutas pelo trabalho, lugar de vida, de reconhecimento da igualdade, têm sido uma constante no movimento negro porque o trabalho tem sido ao longo de nossa história um lugar negado por sua raça. Como até hoje não têm direito aos lugares do poder, da justiça, do conhecimento. Raça e espaços físicos e lugares sociais, políticos e de trabalho tão atrelados em nossa história.

As lutas por políticas afirmativas, por cotas nesses lugares do conhecimento, do trabalho, do poder... são lutas não apenas por direito a lugares, mas pela desracialização dos padrões de poder e de justiça, de propriedade, de trabalho e de conhecimento. É nesses padrões tão radicais ao viver humano onde se instalou em nossa história a invisibilidade racializada da diferença. Invisibilidade que as próprias vítimas põem de manifesto em suas lutas e movimentos por um dos direitos/lugares mais determinantes do nosso viver, ser, o trabalho, a terra, o teto, a escola, a universidade como lugares de direito.

A diversidade de coletivos, na diversidade de lutas por terra, por justiça, por teto, por renda, educação, saúde, trazem essas identidades étnico-raciais. Lutas articuladas contra segregações geo-espaço-políticas inseparáveis das segregações raciais. Volta a questão trazida por esses coletivos para as teorias pedagógicas: Qual a especificidade dos processos pedagógicos dessa longa história de tantas segregações espaço-étnico-raciais? Como saber mais sobre esses processos específicos? Como trabalhá-los na diversidade de ações educativas? Que sabem as teorias pedagógicas das marcas negativas dessas pedagogias de desterritorialização que os educandos crianças, jovens ou adultos levam às escolas e aos dias de estudo?

Ocultamento da história da segregação espaço-étnico-racial

Essa persistência histórica desses padrões racializados criou e legitimou um imaginário social e político, cultural e pedagógico que terminou naturalizando que estejam os negros, mestiços nos lugares mais precarizados, nas vilas e favelas, nos lugares de trabalho mais desqualificados: subemprego, economia informal, como serventes de pedreiro ou domésticas desde adolescentes.

Terminou até naturalizando que a infância/adolescência negra, mestiça seja maioria nas turmas de repetentes, desacelerados, no mais-educação, nos extraturnos, na EJA. São esses seus lugares naturais, sem estranhamento. Uma tradição naturalizada na cultura e na estrutura da opressão racial, mas ocultada como racial e pensada apenas como opressão social: pobres, miseráveis, porque desiguais em escolarização dos pais ou porque desiguais em percursos escolares, fracassados, de baixa qualidade.

Uma das tarefas dos movimentos sociais, do campo, indígena, negro, quilombola é mostrar que essas análises tão presentes no pensamento e nas políticas educacionais, na cultura pedagógica, escolar e docente carregam e reproduzem a etnorracialidade de nosso imaginário histórico, mas sobretudo de nossas estruturas. Tão racistas que se negam a reconhecer o peso da etnorracialidade nos padrões de poder, de trabalho, de conhecimento, até de escolarização. Chegamos a ter sensibilidade comprometida com sua condição de pobreza, porém continuando ocultando sua condição racial. Que milhões de crianças e de adolescentes negros e mestiços tenham ficado fora da escola por séculos e que agora lutem por chegar nesses lugares, mas passem a engrossar a partir da primeira série as estatísticas de reprovados, repetentes, desacelerados, defasados idade/série, que se concentrem na EJA ou que não sejam alfabetizados na idade certa e que não consigam aceder às universidades públicas será interpretado como natural ou como consequência apenas de sua condição social. Nada a ver com nossa histórica segregação espaço-étnico-racial.

Os movimentos sociais mostram que se reconhecer as desigualdades raciais vem sendo um avanço, ainda é um retrocesso continuar sendo pensadas no pensamento social, político e educacional apenas como um indicador das nossas desigualdades sociais. Não raciais e menos racistas. O problema apenas é que são pobres, filhos de analfabetos, dos desempregados e dos milhões de trabalhadores informais ou filhos(as) dos milhões de condenados à pobreza absoluta. Tão pobres que ficaram negros, pretos, mestiços! Se saírem da pobreza branquearão! Essas resistências a reconhecer a etnorracialidade – até por sua negação e naturalização – transpassam a cultura política, social e pedagógica e reforçam a realidade da raça ter sido e continuar a ser constituinte de nossa história. De nossas vergonhas a serem ocultadas. Não reconhecidas. Naturalizadas.

Mignolo (2005) nos lembra que "a etnorracialidade transforma-se na engrenagem da diferença colonial" (MIGNOLO, 2005: 80). Republicana e democrática poderia ser acrescentado. Transformou-se também em uma das engrenagens das múltiplas resistências e lutas contra a ocupação dos territórios indígenas, contra a escravatura, contra o caráter racista dos padrões de propriedade, de trabalho, de renda, de conhecimento ou de poder. A tal ponto que a maioria dos movimentos populares são antirracistas. São movimentos por afirmação de identidades, culturas, memórias, histórias étnico-raciais.

Ocultar ou negar essa centralidade das diferenças étnico-raciais na engrenagem de nossa história é empobrecê-la e empobrecer o pensamento e as políticas e diretrizes educacionais. É empobrecer os currículos de educação básica e de formação docente. É continuar negando a todos indígenas, negros, brancos o direito a conhecer essa engrenagem estruturante de nossa história. A consciência dessas vivências tão negativas tem levado a resistências crítico-afirmativas da diversidade de movimentos étnico-raciais.

Essas vivências tão persistentes de opressão tão radical como humanos têm levado esses coletivos sociais, étnicos, raciais a reações por defesa de suas identidades, de sua cultura, sua memória e história. Lutas coladas à recuperação dos territórios, da terra, do lugar. Até o presente, essas lutas por lugares vêm sendo um dos processos mais conscientizadores, mais afirmativos, mais "pedagógicos" na reafirmação de seus valores, saberes e identidades, memórias e histórias. Têm sido dos processos mais educativos de sua formação, humanização. Entre as pedagogias dos oprimidos já reconhecidas no movimento de educação popular, poderíamos destacar a Pedagogia da Terra, das lutas por terra, territórios, espaços, lugares tanto nos campos, nas florestas, nos quilombos quanto nas periferias urbanas. As lutas pelas bases materiais do seu viver, de sua humanização. Nas lutas por escola, por ações afirmativas de acesso às universidades, ao trabalho podem ser vistas lutas por lugares de direitos, de existência. Reações a tantas vivências de sem lugares, de reclusão em lugares ilegais.

Se os processos brutais de expropriação de suas terras, territórios, de seu lugar de moradia têm agido como as "antipedagogias" que tentaram submetê-lo, des-humanizá-lo, a esses processos reagem construindo as pedagogias mais formadoras como coletivos. Politizam a condição de sem terra, sem teto, sem território, sem lugar. Das resistências e ocupações fazem as pedagogias mais formadoras. As pedagogias mais radicais dos oprimidos. Uma lição para as teorias pedagógicas que descuidaram o peso formador e deformador, pedagógico e antipedagógico da destruição/reação/luta pelas bases materiais do viver. Por lugares de enraizamento.

Os coletivos populares afirmam que a terra, o território, o espaço, o lugar são uma das matrizes formadoras dos seres humanos na totalidade de sua condição biológica, corpórea, cultural, identitária. Os movimentos sociais, étnicos, raciais instigam as teorias pedagógicas a refletir e levar mais a sério essas dimensões deformadoras/formadoras das vivências do lugar, do espaço, da terra, da produção material da existência. Do trabalho, como processo totalizante de formação humana e da construção de identidades coletivas, de memórias, culturas, saberes e valores.

Pedagogias das lutas por território, terra, espaço

Se essas pedagogias tão deformadoras merecem mais atenção na história do pensamento educacional, os movimentos sociais em suas ações coletivas apontam para outras pedagogias politicamente mais radicalizadas. De um lado, apontam para a desconstrução do pensamento abissal, sacrificial ao afirmar-se sujeitos políticos, de cultura, de saberes, de racionalidades. Não pararam no ponto zero, no estado de natureza, de pré-humanidade como foram pensados. Ao mostrar e afirmar sua humanidade roubada nas fraturas sociais, nas múltiplas e refinadas segregações põem de manifesto que resistiram e reinventaram formas de recuperação e preservação de seus saberes, culturas, valores, identidades, memórias. De outro lado, articulam essa preservação às lutas históricas de resistência a expropriação de seus territórios, terras, espaços, a reinventar suas formas de produção material da existência, das sociodiversidades e intersubjetividades coletivas nos espaços reocupados. O nuclear dos movimentos sociais é a luta pela terra, pelo trabalho, o sobreviver, o espaço, o território, pelas formas básicas de produção da vida cotidiana. Por aí passam as virtualidades pedagógicas de suas ações e movimentos. Por aí recuperam suas identidades coletivas.

Porque radicalizam as lutas pela vida digna e justa e por suas formas de objetivação, territorialização, produção, trabalho, os coletivos em movimento repõem e radicalizam os confrontos históricos no campo do conhecimento, dos valores, das culturas e identidades, das cosmovisões, dos modos de pensar. Aí estabelecem os confrontos mais radicais.

Essa territorialização dos direitos ao conhecimento, à cultura, à memória e identidades está presente nas lutas por escola básica, das creches aos cursos de EJA, para os jovens, adolescentes e crianças populares. Os movimentos sociais urbanos carregam uma longa história de lutas por escolas nas ocupações, loteamentos, vilas e favelas. As mesmas lutas se dão nos campos, quilombos, territórios indígenas: escola do campo **no** campo, escolas indígenas e quilombolas **nos** territórios. Um dos capítulos de luta dos movimentos do campo é por escolas públicas nos assentamentos e até nos acampamentos dos sem-terra. Uma das formas de tentar enfraquecer essas lutas é adiar a construção de escolas públicas nos assentamentos e considerar como ilegais as escolas itinerantes dos acampamentos. Ou pior, fechar suas escolas e transportá-los para escolas nucleadas fora de seus lugares de cultura e identidades.

Como reação, os movimentos sociais repolitizam as lutas por escolas. A presença física da escola como espaço, organização, fortalece o direito a terra ocupada como a presença da escola itinerante fortalece os acampados em suas lutas pela terra. Igualmente a luta pela escola indígena ou quilombola fortalece a luta pelo pertencimento dos territórios indígenas e quilombolas. A negação ou adiamento da presença da instituição escolar enfraquece os movimentos porque desterritorializa suas lutas pelo próprio conhecimento, mas, sobretudo, porque os deixa expostos à desterritorialização, à perda de suas terras e territórios.

O recente movimento dos trabalhadores do campo contra o fechamento de escolas, contra a nucleação e o transporte dos alunos a centros fora dos seus territórios é movido por essa territorialização do direito à educação ou por vincular as escolas a suas comunidades, às suas formas de vida, de produção de suas existências, a sua visibilidade e do direito a seus territórios e das formas materiais de estar e produzir. A presença material, física da escola reforça seu lugar, sua existência e visibilidade coletiva. Sua condição de humanos. Não ter escola ou fechá-la e levar os filhos para outro lugar é sacrificar sua existência como comunidade humana. Mais um mecanismo de tornar a comunidade inexistente, invisível. Desterritorializada.

Ocupar os espaços, os territórios, as instituições como escolas, universidades, "os latifúndios do saber" é uma pedagogia formadora que se contrapõe à histórica exclusão desses espaços, instituições de produção do conhecimento e da existência. Pedagogias que se contrapõem às pedagogias que conformaram esses coletivos como inexistentes, sem lugar, sem território, sem instituições públicas, sem escola, sem universidade, sem teto, sem terra.

Às perversas virtualidades pedagógicas de torná-los inexistentes porque sem lugares contrapõem às pedagogias de luta por lugares, inclusive do conhecimento. Nesta tradição de lutas, as ações coletivas por escola, por universidade carregam novos significados além de se articular às lutas por letramento, habilidades, saberes críticos, competências, certificados escolares. Os significados mais radicais vêm de serem mais uma das lutas por espaços, territórios. Nessa direção podemos ver na negação do acesso e permanência dos coletivos populares à escola, à universidade não apenas a negação das competências e saberes escolares críticos e vê-la como a negação do direito a espaços, territórios instituídos. Direito à existência e copresença nos territórios sociais, de cidadania e, sobretudo, de vida digna, humana. A copresença por direito nas instituições da cultura e do conhecimento.

As escolas públicas em princípio seriam um dos espaços dessa copresença dos coletivos segregados de tantos territórios porque pensados e tratados como sem direito a espaços de cidadania, de igualdade. Há coletivos de docentes/educadores(as) que tudo inventam para que a escola pública seja esse espaço de copresenças de um digno ensinar/aprender, viver. Mas as estruturas do sistema escolar, as lógicas e culturas segregadoras, reprovadoras terminam se impondo, reproduzindo as segregações sociais, raciais tão enraizadas na cultura política, anulando tantos esforços por fazer da escola pública um espaço de copresenças socializadoras da igualdade e equidade. Poderíamos ver nas crianças, adolescentes, jovens e adultos e de seus coletivos desenraizados como retirantes à procura de lugar? Ao menos das escolas, universidades públicas como um lugar? Seu lugar?

Ocupar os espaços de conhecimentos

Os sem-lugar, os imigrantes, os sem-terra, os sem-teto, os jogados nos espaços mais precarizados das periferias urbanas se afirmam lutando por lugares de direito. Nessas lutas se aprenderam sujeitos de direitos a lugares. Aprenderam estratégias de afirmação e de resistência por ocupação de lugares. Um dos espaços negados e porque lutam são as instituições do conhecimento, escolas, universidades, centros de pesquisa e de produção do conhecimento. Articulam as lutas por terra, teto, territórios a ter acesso e permanência nas instituições do conhecimento e da cultura.

Porque indígenas, negros, mestiços, trabalhadores dos campos, das florestas e das cidades foram decretados à margem das instituições, da história intelectual e cultural. Nas suas lutas entra com centralidade a defesa da escola indígena, quilombola, do campo, da vila ou favela ou a defesa de cotas de acesso à universidade e políticas de permanência. Direito aos lugares da produção do conhecimento como garantia de seu direito ao conhecimento às ciências e tecnologias, à cultura.

Para além da dicotomia do verdadeiro e do falso

Os militantes dos movimentos sociais mostram que entre os processos de decretá-los sem conhecimentos, sem cultura, estão de um lado desenraizá-los de seus lugares, de outro decretá-los incapazes de produzir conhecimentos e verdades porque situados no outro lado da linha do verdadeiro. Jogados aos espaços do falso. O verdadeiro ou o falso alocados, relacionados a lugares de existência ou de inexistência. O conhecimento define que há coletivos sociais e há lugares da forma legítima de conhecer, de produzir conhecimento, ciência, verdades, como há coletivos e lugares de produção/reprodução do falso, das crenças, dos entendimentos intuitivos, do senso comum, que não obedecem aos cânones científicos de verdade.

As análises que apenas destacam o acesso ou não às escolas e universidades ficam na superfície. O conhecimento não é apenas um bem a que uns têm acesso e outros não. A concepção de conhecimento é reguladora ao polarizar conhecimentos verdadeiros e falsos. Sujeitos de conhecimentos verdadeiros e falsos. O conhecimento ao produzir essas dicotomias abissais vem agindo como um dos campos de segregação dos coletivos sociais, étnicos, raciais, de gênero não apenas por negar o acesso, mas por não reconhecê-los capazes de conhecimentos verdadeiros.

A negação da legítima presença dos Outros nas instituições e espaços do verdadeiro, do saber científico, como escolas, universidades, centros de pesquisa e produção do conhecimento verdadeiro obedecem a essas lógicas abissais entre o verdadeiro e o falso, entre os coletivos que pensam, produzem conhecimentos e os Outros atolados na ignorância e irracionalidade. Essa forma abissal de pensar o conhecimento é segregadora e traspassa o pensamento pedagógico: Como abrir os espaços/latifúndios do saber àqueles coletivos que vivem e reproduzem suas existências ou inexistências do outro lado da linha onde não há conhecimento real, mas apenas crendices? A negação da escola, das universidades por séculos aos indígenas, negros, quilombolas, camponeses, povos da floresta e das vilas, favelas e conglomerados encontra sua explicação histórica mais radical nesse caráter abissal do próprio campo do conhecimento e da ciência. Inexistentes ao conhecimento, logo ausentes das instituições.

Essa concepção abissal de conhecimento é segregadora *per se*. Antipedagógica. Quando as teorias pedagógicas discutem com que didáticas alfabetizar, ensinar, aprender o conhecimento acumulado, sobretudo para que os(as) filhos(as) dos grupos populares aprendam na idade certa, terminam encobrindo que o problema é mais de fundo. É uma questão também epistemológica. Que radica na própria concepção de conhecimento e nos processos segregadores que são inerentes a essa concepção abissal de coletivos, uns capazes de produzir conhecimentos verdadeiros e aqueles incapazes ou atolados no senso comum, em misticismos e falsidades. Enquanto essa concepção abissal segregadora do próprio campo do conhecimento não for superada, toda política de acesso, permanência, aprendizagem na hora certa ou incerta terá efeitos escassos.

A questão de base das teorias e didáticas, das políticas de garantia do direito de todos ao conhecimento passam por ir além da dicotomia do verdadeiro e do falso modo de pensar. Ir além da classificação de uns coletivos como racionais e os outros como irracionais, sem saberes ou atolados na ignorância e nas falsidades. Faltam análises mais críticas do papel histórico do próprio campo do conhecimento como segregador, hierarquizador dos coletivos humanos. A visão do campo do conhecimento em que opera a pedagogia e as instituições escolares é demasiado inocente, o que leva a autoidentidades inocentes.

Nessas vidas há vida para o verdadeiro

Os coletivos em movimentos reagem a ser classificados e jogados na outra linha do verdadeiro onde reina o falso. Trazem aos movimentos, aos dias de estudo, às escolas, saberes de experiências feitos, de sofrimentos, de resistências e de lutas por direitos aos espaços do conhecimento. Por ser reconhecidos pensantes, produtores de saberes do mundo e de si porque sujeitos de experiências de mundo e de si mesmos.

A negação do direito a lugares de conhecimento está relacionada à negação de lugares de existência, de seu reconhecimento como humanos, como produtores de verdades, de conhecimentos. Consequentemente, na medida em que os relegados à inexistência se afirmam existentes, resistentes a ser pensados do outro lado da linha, dão centralidade política a lutar por espaços de existência, pelas instituições de conhecimento. Uma marca de todos os movimentos sociais é se fazer presentes em marchas, ocupações nas escolas e na universidade. Migrantes/retirantes por escola, por lugares de dignidade. Seus(Suas) filhos(as) estão chegando nas últimas décadas às escolas. Como jovens e adultos chegam à EJA e como militantes/educadores chegam aos cursos de formação, ou aos cursos de agronomia, direito, saúde... Como militantes criam seus espaços de estudo, cursos ou se reúnem em oficinas-UPMS (Universidade Popular dos Movimentos Sociais). Criam suas associações de pesquisadores negros.

As teorias pedagógicas, as didáticas, seja nas escolas ou nos movimentos, nas oficinas ou cursos de formação, são obrigadas a perguntar-se que saberes trazem de suas experiências/vivências tão duras de sem lugar e de lutas por lugares, especificamente por lugares do conhecimento? Nessas vidas com trajetórias tão desenraizadas, há vida para o pensamento e para o conhecimento, para a cultura e para os valores? Os coletivos populares em movimentos ou em idas diárias às escolas até no noturno, na EJA, chegam vazios ou guiados no mal-viver apenas por um senso comum quase intuitivo?

A visão social tradicional dos setores populares que prevalece a partir da colonização dos indígenas tem dado uma resposta negativa a essas perguntas: não há saberes nessas experiências dos sem-lugar, sem-territórios, ou no exílio, na diáspora negra, na condição de imigrantes. De retirantes. Esses coletivos populares chegam às escolas ou a suas marchas e movimentos, a seus encontros sem saberes. Mentes desenraizadas, sem a possibilidade de uma vida intelectual, cultural e moral, sem tradição, sem sociabilidade porque condenados a sem lugar, sem terra, sem espaço, sem teto, sem escola. Sem letras. Filhos de iletrados.

Entretanto, nos encontros de militantes, educadores dos movimentos, de projetos de educação popular e das escolas, essas experiências dos sem-lugar são vistas como mais positivas. Inclusive contestam a visão tradicional dos coletivos condenados a sem lugar como sem pensamento, sem dignidade e sem humanidade. Sem leituras de mundo e de si mesmos.

Essas visões tão incrustadas na cultura política e até pedagógica estão sendo contestadas pelas próprias vítimas dessas visões inferiorizantes, mas também por coletivos de docentes/educadores(as) das escolas públicas que orientam suas práticas pedagógicas em reconhecimentos positivos dos educandos e de si mesmos como educadores(as) populares.

Em defesa da pluralidade de territórios de conhecimentos e de culturas

Mas os educandos e os coletivos em suas ações vão mais fundo. As pressões dos movimentos sociais por suas presenças nas instituições do conhecimento e da cultura trazem indagações ao próprio conhecimento, às formas de pensá-los nos territórios do falso, da irracionalidade e da ignorância. Contestam o pensamento abissal entre o verdadeiro e o falso. Duas formas de contestação se destacam nos encontros dos militantes: de um lado, afirmar-se sujeitos de saberes, de verdades, ou afirmando seus espaços de existência como espaços de conhecimentos e culturas. De outro lado, mostrando os espaços tidos como de cultura, civilização, de verdades como espaços de falsidades, inculturas, barbáries, atrocidades cometidas contra os coletivos sociais pensados e tratados como bárbaros, incultos, primitivos.

Organizados em ações coletivas de ocupação dos espaços do verdadeiro, do conhecimento e ao ocupar terras, territórios, mostram-se mais sabidos, conscientes e racionais do que foram pensados. Mostram-se sujeitos de valores, conhecimentos, culturas, contrapondo-se às visões abissais entre coletivos, lugares, culturas, conhecimentos, racionalidades. Rejeitam que eles, suas culturas e seus conhecimentos sejam classificados como inexistentes, inferiores, como misticismos e que apenas os espaços "legítimos" sejam impostos como espaços do verdadeiro conhecimento, da cultura nobre, dos valores, da língua culta.

Entretanto, os movimentos em lutas pelos espaços do conhecimento demandam entrar nesses espaços do conhecimento legítimo, verdadeiro, não para sair do lado de lá, do não conhecimento, da ignorância, mas para pôr em diálogo horizontal a diversidade de conhecimentos. Ao afirmar-se sujeitos de conhecimentos, de culturas, ao defender seus territórios de existência, de trabalho, de lutas como lugares de culturas, de memórias, valores, conhecimentos, trazem para o campo do conhecimento a diversidade de experiências sociais de produção de conhecimentos. Trazem a diversidade de verdades em contraposição à dicotomia saber verdadeiro *vs* saber falso. Trazem a pluralidade de sujeitos de produção do conhecimento em contraposição à dicotomia coletivos produtores e meros consumidores do saber verdadeiro, único.

Como prova dessa diversidade se afirmam existentes, trazendo seus passados, memórias, culturas, valores produzidos na base material espacial em que se produzem e por que lutam. Mostram que há experiência de humanidade, de saberes, nos seus territórios, ainda que decretados inexistentes, na produção camponesa, nas vilas, aglomerados, favelas. Na diversidade de ações e movimentos sociais.

Essa diversidade de coletivos ao defender seus territórios como lugares de cultura, de conhecimentos ampliam a própria experiência e história cultural e intelectual pensada como exclusiva aos lugares legítimos de existência, de conhecimento e de cultura. Ao dar tamanha centralidade a seu direito aos espaços do conhecimento os enriquecem trazendo outros conhecimentos, outras formas de pensar, de produzir conhecimentos.

Sua presença nas instituições do conhecimento vai além e traz uma crítica radical ao decretar o lado de cá como único espaço de conhecimento, de verdades, de culturas. Sabendo-se decretados do lado de lá, mostram que tudo o que foi atribuído aos lugares do lado de cá, valores, conhecimentos, culturas, verdades, eles produzem também do lado de lá. Há histórias de pensamento onde foram pensadas apenas falsidades, inculturas, misticismo e modos instrutivos de pensar. Logo, em vez de elevar certos lugares à síntese do verdadeiro, da cultura, da civilização, os coletivos diversos ao entrar nos territórios do conhecimento verdadeiro propõem que é necessário reconhecer verdades, culturas, valores, modos de pensar e de ler o real nos outros lugares e outros coletivos sociais, étnicos, raciais, de gênero classificados como fora da lei, do conhecimento, da cultura e até da humanidade.

Repõem ao campo do conhecimento e do pensamento pedagógico não apenas se abrirem para que eles e seus(suas) filhos(as) também tenham acesso, mas pressionam para que superem a pretensão de ser os únicos espaços dos conhecimentos verdadeiros, que se abram ao reconhecimento da pluralidade de formas de pensar, de conhecimentos. Que superem pensá-los e tratá-los como atolados em falsidades. Enquanto não for superada essa forma de pensá-los, as teorias pedagógicas e as didáticas permanecerão bloqueadas e continuarão segregadoras, inclusive ao abrir-se ao acesso e permanência.

Desocultando falsidades e violências do lado do verdadeiro

Ainda esses coletivos nos dias de estudo, nas suas análises e leituras da história de que foram vítimas vão além e desocultam traços de nossa história e da história da cultura, do conhecimento e do processo civilizatório do lado de cá. Desocultam um dado histórico: que a forma abissal de classificar seus lugares, seus conhecimentos, suas culturas e seus valores como primitivismo, barbárie, incultura, ignorância, irracionalidades tiveram e tem a função histórica, sacrificial, não apenas de elevar a história do lado de cá à síntese da cultura, da verdade, dos valores, mas também teve e tem a função histórica de ocultar tantas brutalidades, ilegalidades, violências, genocídios e culturicídios existentes e persistentes nos lugares do legal, da cultura, da verdade e da humanidade.

Ao ocultar tantas ilegalidades, inculturas, falsidades e violências do lado do verdadeiro, a estratégia sacrificial tem sido inventar e expor com todo requinte uma imagem dos grupos populares como bárbaros, primitivos, incultos, irracionais, atolados no misticismo. À medida que os aparatos do conhecimento, até as escolas, o judiciário, os aparatos de repressão e da ordem se esforçam por mostrar o estado de fora da lei, sem valores, de irracionalidade, violências, desordens nas vilas, conglomerados, favelas, nos campos se reproduz a produção abissal e sacrificial no campo do conhecimento, da cultura, dos valores para legitimar os espaços legais, como culturais, dos valores do conhecimento legítimo. Os Outros ao ocupar esses territórios desconstroem essas representações. Levam em suas histórias de coletivos outras histórias da cultura, do conhecimento, mas mostram também os contravalores, as atrocidades de que são vítimas.

Podemos levantar a hipótese de que a negação do acesso e permanência dos grupos populares nos territórios legítimos do conhecimento encontra explicação na certeza de trazerem uma radical contestação desse pensamento abissal sobre os espaços do conhecimento e sobre o conhecimento: mostrar em suas lutas por terra, espaço, teto, território que os espaços tidos como de cultura, humanidade, da lei, da ordem se mostram e reafirmam, ao reprimir suas lutas, como espaços de dominação/segregação, de repressão, extermínios. De incivilidade desumanidade. Os coletivos em movimentos pensados como sem lei, bárbaros, primitivos, pré-políticos, desmascaram as barbáries de que foram e continuam vítimas nos espaços da lei, da cultura, da civilidade e humanidade. Uma função histórica de desmascaramento do humanismo da empreitada colonizadora civilizatória de que os povos indígenas, escravizados, quilombolas foram vítimas. Brutais antipedagogias vitimadoras, que com suas reações convertem em pedagogias de revelação, desocultamento da história real. Desmascaramento da exploração das relações de trabalho, de que foi sujeito e movimento operário e de que são vítimas os trabalhadores dos campos e das cidades.

Com suas resistências revelaram a arrogância de uma empreitada cultural colonizadora, civilizatória marcada por extermínios, genocídios, culturicídios. Os diferentes coletivos sociais, étnicos, raciais pensados nos lugares da inexistência e incultura, do conhecimento falso e da desumanidade, desvelando processos de incultura, desumanidade, anticivilizatórios vindos dos cultos, civilizados, humanos, nos territórios da cultura, civilização, humanidade. Essa função de desvelar o pensar abissal dos conhecimentos e das culturas, dos territórios e dos seus coletivos acompanha a história da nossa produção socioespacial, intelectual e pedagógica. As lutas tão centrais dos movimentos sociais por terra, espaço, territórios retomam e ampliam essa tensa experiência histórica. Desocultam essas concepções e práticas abissais no território da cultura e do conhecimento.

Nos dias de estudo, nas oficinas os militantes trazem essas tensas vivências, as socializam e aprofundam. Tempos/espaços de aprendizagem, de produção de outros conhecimentos. Há experiências nas escolas e universidades que reconhecem os educandos a partir da infância/adolescência como sujeitos de saberes sobre tantas vivências sofridas. Experiências que buscam tratos pedagógicos no sistema escolar, mas até onde esses territórios não reproduzem práticas abissais com as infâncias e adolescências populares?

Experiências de posicionamento/pensamento

Os coletivos desenraizados ao lutarem por lugares e por lugares de conhecimento põem de manifesto que as experiências de desenraizamento são experiências de posicionamento, de indagação, de pensamento, que há saberes e valores, leituras produzidas nas vivências do desenraizamento e de luta por lugares. Inclusive nas lutas por presenças nas instituições do saber legítimo. As lutas populares por conhecimentos e pelos espaços do conhecimento são um dos capítulos mais constantes de nossa história.

Dessa visão positiva vem a urgência de pesquisas e análises em áreas como sociologia e história da educação ou na filosofia, na construção do pensamento educacional, sobre o peso deformador, mas por isso tão formador dessas vivências tão radicais que os coletivos populares levam a seus movimentos e aos percursos escolares. Há questões a serem aprofundadas. Que resistências provocam ser desenraizados de seu lugar, sua terra e seu território, de seu modo de produção camponesa, indígena, quilombola, das florestas? A que desarraigos culturais e identitários resistem? A que destruição da memória, história, dos saberes da produção da vida, da experiência da terra resistem...? Essas vivências levam a um não saber-se ou a **Outro saber-se**? Resistem à destruição de sua língua e a ter de aprender outra língua que não é a sua e outras formas de sociabilidade de seu coletivo? O que se aprende no desarraigo e na hostilidade da acolhida na cidade grande, nos lugares provisórios, hostis? O que se aprende até na escola, tão diferente e até tão dura, reprovadora e hostil a suas formas de falar, de pensar, de ler o mundo, de ler-se? Mas também o que se aprende com as novas leituras e saberes, com as novas sociabilidades entre colegas e com professores(as) acolhedores? O que se aprende nas oficinas da UPMS?

As respostas a essas perguntas serão negativas se ainda prevalece um olhar negativo das vivências dos sem-lugar, dos que vão chegando nas escolas e universidades ou nos movimentos sociais exigindo presenças afirmativas, ocupando terras, escolas, universidades, moradias. Entretanto, as respostas serão positivas se prevalece um olhar positivo reconhecendo que, apesar dos limites dessas vivências, incluso como reação a elas, esses coletivos desenraizados tomaram posição e foram instigados a fazer suas leituras dessas vivências e do mundo, das relações sociais e políticas que os oprimem. Como sem lugar, foram instigados a reler seu passado, sua história e sua memória. Obrigados a construir um outro pensamento sobre a situação vivida de incertezas no campo expropriados da terra ou na cidade grande, nas periferias, na sobrevivência ou no subemprego. Aprenderam como migrantes seu direito a lugares porque vivem da própria distância do seu lugar e das incertezas no novo lugar ou nas novas formas de não lugar. Os militantes em suas narrativas mostram essas aprendizagens. Mostram que do lado de lá há também conhecimentos verdadeiros. Há indagações desestabilizadoras que trazem às instituições do conhecimento.

Cada nova situação vivida e padecida leva a novas indagações, novas aprendizagens. A incerteza do viver e do porvir obriga a pensar com maior profundidade do que a certeza do fácil viver. Há uma vivência comum aos coletivos populares que se organizam e lutam por direitos a lugares de um digno e justo viver e até por direito à educação, ao conhecimento, à cultura: por décadas, séculos, suas vidas estiveram expostas, vidas mutiladas, incertas. Um dos traços marcantes de suas culturas comuns é de lutar por viver. A cultura popular é a cultura do espaço do viver. A música popular recolhe expressões fortes sobre como pensam do viver cotidiano, na linguagem popular mostram suas leituras do mundo, de si mesmos: Cultura colada ao lugar de viver, de resistências, de lutas por reconstruir um lugar de dignidade. "Abrir o tempo a uma procura; fugir às armadilhas da mata obscura [...]".

Pedagogias de posicionamento/formação

Nesse estar expostos à luta pelo viver mais essencial há um saber, uns valores, uma cultura e uma identidade coletiva construídos. Há uma tomada de posição. Há eleições e escolhas nos limites. Há amadurecimentos humanos. Se educar é amadurecer, desenvolver-se, formar-se, nessas trajetórias há formação, há desenvolvimento, há amadurecimento. Há conhecimento, educação. Nas oficinas e encontros aflora essa densidade formadora. Essa foi a percepção aguda do movimento de educação popular, como é a pedagogia dos movimentos sociais marcados por essa tomada de posição de luta por direitos. A toda tomada de posição corresponde um exercício de pensamento. De formação. Na tomada de posição por lugares, espaços se aprendem saberes do espaço, da sua apropriação/expropriação.

Pedagogias de maturidade teórica porque pedagogias de estado de guerra. De tomadas de posição política. Um traço da cultura popular não é a passividade do viver tranquilo, do nada querer, da certeza, do nada procurar, da estrada aberta e certa. É uma cultura do estado de alerta, do permanente abrir o tempo a uma procura. Do resistir à ocupação das terras, à destruição da agricultura familiar. De perguntar-se por que, que estruturas sociais legitimam essas expropriações. Uma cultura de resistência desde crianças a perambular na cidade por trabalho, por comida e até por teto. Uma cultura de fortalecer-se em movimentos coletivos. Quem faz sua trajetória humana nesse estado de guerra, obrigado a tomar posição para sobreviver, para um lugar de viver, não pode ser preguiçoso, desatento, sem hábitos e valores de esforço, de luta, de procura. Sem pensamento exercitado, sem leituras e escritas da cidade e do campo, das estruturas de dominação/subordinação.

Os(As) educadores(as) ativistas, assim como os educandos desde crianças nessas lutas, constroem um outro pensamento educacional e didático porque percebem esses amadurecimentos forçados nesse estado de alerta com que, quando criança, aprendem e chegam aos movimentos sociais, às escolas e universidades (quando conseguem chegar). Há educadores(as) que se surpreendem: Como é possível que nessa precariedade do viver a que são condenados/desenraizados, deslocados, tenham produzido valores, posturas, saberes, leituras e escritas de si e do mundo tão penetrantes! Nem os condenam se sucumbiram a limites de extrema precariedade.

As determinações de seu real são tão óbvias porque tão dramáticas que provocam sua interrogação à procura das múltiplas determinações. Os depoimentos das mães sem saber onde acolher, proteger seus filhos diante da "tragédia das chuvas e dos desmoronamentos" revelam uma nitidez explicativa de sua situação social que contrasta com os depoimentos dos técnicos e gestores formados especialistas em gestão das cidades. As análises destes repetem argumentos que fogem do real social que está na raiz e apelam para a naturalização do social, tragédias da natureza, encostas em risco... As mães vão ao cerne da explicação: "somos tratados como cachorros, não como gente", "não há lugar para pobre", "os terrenos bons têm dono". "Não temos emprego, vivemos na miséria." Há uma sabedoria sobre o espaço, a terra, a moradia colada a uma sabedoria sobre as relações sociais, políticas e econômicas. Relações que os estudos e a gestão oficial do espaço, da terra, da propriedade encobrem. Até o material didático encobre.

Ser sem terra, sem território, sem lugar é um estado de guerra. É um saber de guerra por espaços, que não coincide com os saberes oficiais repetitivos, superficiais sobre a legitimidade do espaço seguro e garantido pela lei, pelo atestado de posse, de propriedade, pelo mercado do espaço. Seu saber popular sobre o espaço não coincide com os saberes sobre a questão do espaço e a proteção da propriedade. Não coincide com os saberes dos currículos e do material didático.

Os saberes dos imigrantes, dos sem-lugar são outros, aprendidos no estar de prontidão, de pegar os poucos haveres e deslocar-se, retirar-se à procura de um outro lugar porque despejados, porque o barraco derrubado, uma experiência de viver do essencial, logo, de ir a explicações, leituras essenciais. Quando esses grupos sociais com outros saberes chegam às instituições do conhecimento legítimo as tensões entre conhecimentos se instalam. Um saber de experiências feito na penetrante frase de Paulo Freire.

Outras leituras, outras linguagens

Assumir a posição de desterritorializados, inclusive das instituições do conhecimento, leva a modos de pensar o real, a cidade, o campo e de pensar-se feitos das explicações mais essenciais. Análises tão sucintas que parecem simples de tão condensadas quanto as frases curtas, as orações diretas com que expressam suas leituras de mundo e de seu viver. Outras linguagens porque outras formas de leitura, de pensar aprendidas em formas tão essenciais de viver. Leituras, linguagens em perfeita concordância com suas experiências sociais coletivas.

Com essas experiências vividas e com essas formas de pensá-las e de pensar-se, com essas linguagens e escritas tão em concordância com seu viver chegam às oficinas e programas de educação popular, de alfabetização, da EJA e às escolas. Todos esses aprendizados serão ignorados ou reconhecidos? Ao chegar à educação fundamental, média ou superior terão de esquecê-los porque sem concordância com o letramento da língua culta ou da racionalidade científica. Lutar tanto pela universidade e pela escola como outro lugar –"retirantes" por escola – e chegando lá ter de desaprender suas leituras de mundo e de si e suas linguagens, seus saberes essenciais colados a seu essencial viver! Serão obrigados a renunciar a suas leituras, seus saberes, seu viver e seus modos de pensar o real e de pensar-se para ser aprovados em letramento e na cientificidade legítima?

Um tributo demasiado passado a ser pago pelo direito ao letramento, ao conhecimento do espaço e das relações sociais, pelos sem-lugar. Tensões de modos de pensar, de conhecer que também os adultos da EJA e os militantes do campo, indígenas, quilombolas vivenciam ao chegarem aos cursos de Pedagogia, de Direito, de Agronomia ou de Formação de Professores.

Aumenta o número de docentes/educadores(as) que começam por tentar entender esses saberes, leituras, linguagens que desde crianças aprendem em suas formas tão essenciais do sobreviver, que criam estratégias para que os educandos expressem seus saberes e leituras. Educadores(as) que os valorizam e tentam pôr em diálogo com os saberes e leituras dos currículos, das áreas que vêm de outras experiências sociais, humanas, espaciais. Esses diálogos horizontais de saberes, de leituras, de modos de pensar, de culturas é uma das experiências mais desafiantes que acontecem nas salas de aula e nos projetos de educação popular e de formação dos movimentos sociais, nas UPMS. Diálogos que exigem outras teorias pedagógicas, outras didáticas e outros letramentos. Outros currículos de formação.

Outros saberes de experiências feitos nessa pluralidade de sujeitos que disputam as instituições do conhecimento. Reconhecer esses Outros Sujeitos pressiona por Outras Pedagogias.

Saber-se nas relações sociais, políticas

Os coletivos populares para se entender são obrigados a tomar posição e a saber-se não apenas sobre seu viver, mas sobre os contextos, as relações sociais e políticas, sobre a história que produz as histórias de sem lugar, sem terra, sem teto, sem escola. Aprendem logo que não são protagonistas isolados, autônomos de seu viver sem lugares. Essa é uma das características dos coletivos em movimentos: tomam **posições políticas**. Logo, produzem conhecimentos políticos. Suas marchas, suas ocupações ou seus acampamentos como suas místicas são falas de posição, linguagens político-pedagógicas. Não falam apenas para si mesmos, mas para a sociedade, para os opressores, para a cultura política e as estruturas sociais, econômicas a que suas histórias estão atreladas. Falam para o conhecimento científico oficial, para os currículos e os formuladores de diretrizes curriculares. Têm consciência das tensões e contradições em que suas ações tentam se afirmar.

Em suas ações coletivas há uma intenção político-pedagógica. Propõem-se ensinar e educar, provocar uma reflexão sobre sua condição de sem terra, sem teto, sem saúde, sem escola/universidade... Mas se propõem, sobretudo, uma tomada de posição sobre a sociedade, sobre as políticas agrária, urbana, de saúde, educação, sobre as relações de classe, de gênero, raça. À procura de entender suas experiências sociais sentem a necessidade de entender as relações/estruturas sociais, políticas, econômicas. Uma tomada de posição político-pedagógica na luta por outro projeto de campo, cidade e sociedade. Por outros saberes. Por lugares. Mas tomadas de posição nos limites estruturais e políticos.

Essa tomada de posição sobre sua situação e sobre as relações políticas em que se dá leva os coletivos em movimentos a estar atentos e a procurar informar-se para entender-se e entender essas relações sociais, políticas de classe, de gênero, de raça, de campo, cidade etc. O estudo, a reflexão aprofundada passam a ser uma característica desse estado de tomada de posição e de resistência política.

A luta pelo conhecimento e por produzir outros conhecimentos é uma marca dos movimentos sociais. Tomar uma posição política nos dias de estudo, nas oficinas da Universidade Popular dos Movimentos Sociais obriga a um estado de permanente indagação, de levantar perguntas: Que saberes dominar para melhor entender-se e entender essas relações em que sua condição está amarrada? Que saberes aplicar para conquistar o direito a terra, teto, trabalho, memória, identidade? Para intervir na elaboração e implementação de outras políticas, outro projeto de campo, de cidade e de sociedade? Outro projeto de educação?

Buscam e produzem conhecimento crítico, pedagogias críticas com outra densidade crítica. Produzem seus conhecimentos e suas pedagogias emancipatórias sobre a produção/apropriação do espaço, da terra, da renda, da justiça, do conhecimento, das linguagens. Os movimentos sociais não lutam apenas pelo conhecimento, mas são produtores de outros conhecimentos, outras leituras do real, outra crítica. Outras epistemologias que exigem legitimidade no campo disputado do conhecimento. Outras Pedagogias fundamentadas em outras epistemologias.

Disputam espaços de outros conhecimentos

As teorias pedagógicas, o próprio campo do conhecimento oficial não tem dado a devida importância a essa tomada de posição político-pedagógica dos coletivos populares em movimentos no campo do conhecimento. Como pesa sobre eles a representação social de ignorantes, analfabetos, irracionais, incultos, o máximo que se reconhece é que brigam por alfabetização, por escola primária, por letramento para sair da sua histórica condição de ignorantes. Pouco se sabe dos seus centros de formação de educadores/militantes, de sua produção teórica, de sua tomada de posição em debates sobre reforma agrária ou urbana, sobre o direito a terra, moradia, escola, universidade, sobre Outras Pedagogias, outros currículos, outras teorias pedagógicas e sociológicas.

Outras epistemologias. Com suas ações coletivas ou nos dias de estudo, nos cursos de formação entram no debate por conhecimentos menos abstratos e menos distantes, mais concretos e em relação direta com as atuais tensões sociais, políticas, econômicas, culturais e pedagógicas. Não buscam conhecimento contemplativo, mas de intervenção, não apenas crítico, progressista, mas de emancipação.

Quando lutam pela escola ou pela universidade defendem seu direito ao conhecimento, à ciência, às tecnologias, mas reagem contra um conhecimento que inferioriza seus conhecimentos, seus letramentos, seus saberes e culturas como imprecisões, misticismos, irracionalidades políticas... Um dos traços marcantes dos coletivos que carregam experiências históricas tão tensas é rejeitar interpretações filtradas ou falsificadas da realidade que vivem e a que resistem.

Quando lutam por escolas e universidades, pelo conhecimento científico ou por cursos de formação em espaços próprios ou na escola, na verdade buscam saberes que os ajudem a entender as verdades das experiências vividas. Os coletivos em disputa por conhecimentos, por interpretações conformes com a verdade tentam confrontar os conhecimentos das áreas curriculares com as verdades de suas experiências vividas. Mostram uma outra imagem contrária às formas de pensá-los como ignorantes, irracionais, sem leituras de mundo. As crianças e adolescentes, os jovens e adultos da EJA ou que lutam pela universidade não levam também ao sistema escolar essa procura das verdades de entender-se? Será que as indisciplinas e seu desinteresse pelas lições das escolas não são um alerta sobre o desencontro entre suas leituras de mundo e as leituras das cartilhas, entre as verdades de suas cruéis vivências e os conhecimentos das disciplinas?

Um alerta que chega aos currículos e que os mestres percebem a partir das linguagens radicais desses adultos, jovens e crianças nas músicas, danças e até nas indisciplinas dos seus corpos. Um alerta que se manifesta nos extraturnos ou nas oficinas e nos estudos por projetos onde não falta interesse e a dedicação dessas mesmas crianças e adolescentes tão desinteressados nos turnos. Haveria no extraturno e nas oficinas e projetos mais espaço para seus saberes, suas imagens e linguagens inconformadas, críticas do que na rigidez dos conhecimentos abstratos do turno? Conhecimentos sérios no turno e linguagens sem significados no extraturno?

Há docentes/educadores que tentam superar esses dualismos de saberes, linguagens. No convívio diário com essas infâncias/adolescências ou com jovens e adultos, com militantes aguçam sua sensibilidade para entender a história desses educandos, a realidade social com que se debatem os saberes e leituras que aprendem e que levam às escolas ou às oficinas e aos dias de estudo. Essas experiências vivenciadas pelos educandos não são vistas sem sentido. Os docentes/educadores as reconhecem como experiências sociais, humanas, densas, até extremas para suas idades. Vivências para ser escutadas, captando suas indagações para pô-las em diálogo horizontal com os saberes curriculares a que têm direito.

A chegada dessas vivências tão extremas às escolas, às oficinas, aos cursos de Pedagogia da Terra ou de Formação de Professores do campo, indígenas, quilombolas, obriga os docentes a reinventar a docência e a reinventar Outras Pedagogias. Há voz, falas, significados, indagações nos seus corpos, suas linguagens musicais, culturais, suas letras por vezes tão duras quanto suas experiências sociais. São vozes de seus coletivos de experiências sociais históricas. São linguagens de pensamento, de leituras de mundo a ser decifradas nas oficinas, nos projetos e nas áreas do conhecimento. A escola, a docência, os currículos não são o território do pensamento? Por que ignorar, desconsiderar suas linguagens de pensamento? Que vivências, que indagações, que pensamentos sobre si e sobre os mundos a que são relegados? A escola, a universidade, as oficinas não teriam a função de garantir seu direito a saber-se, a interpretar-se nesses mundos?

Aumenta a consciência pedagógica de que os coletivos em seus movimentos trazem outras vivências e outros exercícios de pensamento, como seus(suas) filhos(as) ao chegar às escolas ou à EJA, outras leituras e escrituras de si, de sua história. Avança-se para não ignorar esses exercícios e essas escrituras que trazem para reconhecê-los, tentar decifrá-los e pô-los em diálogo horizontal com os exercícios de pensamento e as leituras e escritas das áreas do conhecimento, dos currículos. Afinal, todo conhecimento dos currículos foi produzido a partir de indagações que vêm de tantas experiências sociais tão parecidas com as experiências que essas crianças e adolescentes, jovens ou adultos, militantes vivenciam e com tantas experiências coletivas que os movimentos sociais afirmam.

É significativo que, ao lutarem pelo direito ao conhecimento, sempre colocam essas lutas na ocupação dos espaços, das estruturas, dos territórios do conhecimento e no criar espaços próprios, alternativos. Como lutam pela vida, ocupando a terra, espaço de produção da vida. Traduzem o direito à vida, identidade, cultura, tradição, aos saberes em ocupação dos territórios, de sua produção: a terra, o espaço, o trabalho, os territórios quilombolas, indígenas, de moradia. Ao lutarem pelo direito à educação, ao conhecimento, à herança cultural operam na mesma lógica: "Ocupemos o latifúndio do saber" passou a ser o grito político dos militantes/educadores que chegam aos cursos de Pedagogia da Terra, de Formação de Educadores indígenas, quilombolas, do campo.

Ocupar os espaços do conhecimento tem movido as lutas pelo acesso e permanência na universidade dos jovens negros em suas ocupações, pressões por ações afirmativas, cotas. Como tem sido as lutas históricas dos movimentos urbanos por espaços de proteção para seus(suas) filhos(as) nas escolas. Escola, espaço negado entre tantos espaços negados, precarizados. Luta por escola, espaço de um digno e justo viver (ARROYO, 2011c).

18

OS MOVIMENTOS SOCIAIS REPOLITIZAM
O DIREITO AO CONHECIMENTO

As presenças dos setores populares, seja nas escolas, nos postos de saúde, ou seja, nas periferias urbanas e nos campos, é uma presença nova, até de estranhamento. As políticas públicas, educacionais, as escolas, as universidades não foram pensadas para eles. Por séculos ficaram de fora, mas foram chegando e chocando. A terra, a cidade, não foram pensadas para os coletivos populares, nem a saúde, e menos o judiciário, o poder, a participação na renda do trabalho. Pensados e mantidos sem direito a ter direitos ao conhecimento porque indígenas, negros, quilombolas, dos campos e periferias. Diferentes.

Na medida em que foram chegando, lutando por terra, teto, posto médico, escola, até por cotas de acesso às universidades públicas, por justiça igual para todos, instigam a política, o Estado, a sociedade, as escolas a se repensarem. Na medida em que contestam as formas como foram pensados ao longo de nossa história colonial, republicana e democrática, contestam as políticas públicas. Essas formas históricas de pensá-los e tratá-los são contestadas com suas presenças incômodas, agressivas, inclusive nos espaços do conhecimento.

Os coletivos em ações e movimentos estariam contestando as formas como as teorias pedagógicas escolares os pensam e como se pensam e pensam a função social e política das instituições do conhecimento?

Escola é mais do que escola

Com essa frase os movimentos sociais dos campos expressam o sentido político que dão às lutas por escola do campo, escola indígena, quilombola, ribeirinha, das florestas. Ao colocar as lutas por escola/universidade, conhecimento atreladas a outras lutas por espaços, terra, territórios repolitizam a escola e o direito ao conhecimento como um dos territórios negados, a serem ocupados. A escola, as instituições do conhecimento adquirem a dimensão política de territórios/direitos de conquista, não de doação do prefeito, do coronel, ou do Estado. Fazer da escola/universidade um território de conquista as torna mais do que escola/universidade. Adquirem outra dimensão política. Fazer do conhecimento objeto de conquista repolitiza o conhecimento.

Consequentemente o direito ao conhecimento adquire outros significados políticos. Não de acesso ao conhecimento tal como pensado na função segregadora abissal, no padrão de poder/saber que classifica os coletivos e seus conhecimentos em verdadeiros ou falsos, em racionais e irracionais, na linha de lá, onde só existem crenças, magia, falsidades, e na linha de cá, onde existem verdades, conhecimento real. (Cf. texto: "Pedagogias gestadas no padrão de poder/saber".) Ao lutar pelos espaços do conhecimento os coletivos em movimentos não se pensam no lado de lá do falso à procura do verdadeiro no lado de cá. Pensam-se sujeitos de saberes, modos de pensar verdadeiros. Logo, conferem outros significados ao conhecimento e a suas instituições como espaços de copresenças.

Nas lutas por escola/universidade, o que há de mais incômodo é que na medida em que os grupos populares põem ao descoberto as formas históricas de pensá-los e de tratá-los contestam e deixam a descoberto as formas como se tem pensado o Estado, as políticas e a política e a função social das instituições públicas. A escola, o sistema educacional, as teorias pedagógicas, a docência, a educação do povo, são obrigados a repensar-se na medida em que os setores populares, seus filhos e filhas não aceitam ser pensados e tratados como sempre foram e exigem outras formas de pensá-los e de tratá-los.

O conhecimento oficial, hegemônico sobre eles, é contestado como não verdadeiro e exigem que seja outro. Em movimentos desestabilizam o lado de cá, do verdadeiro, ao mostrar que as formas de pensá-los, de narrar sua história, suas culturas, sua expropriação da terra, seus genocídios são faltos. Ao desocultar as falsidades do lado do verdadeiro hegemônico desestruturam velhas crenças do campo do conhecimento. Exigem que as escolas, a docência, as teorias pedagógicas, o próprio conhecimento se reinventem diante de suas presenças coletivas. Que pressões por reinventar-se trazem os movimentos sociais às instituições do conhecimento?

Percursos humanos de coletivos

Comecemos por uma forma familiar de pensar os educandos e de tratá-los. Nas concepções pedagógicas, nas didáticas e até nas políticas de avaliação internas e de fora, o foco familiar é o aluno, cada aluno enquanto aprendiz, bem ou malsucedido. Percurso escolar de cada aluno. A pedagogia se especializou em acompanhar processos individuais de aprendizagem. Vê indivíduos, postos no mundo para se realizar por si mesmos, acompanhados pelo adulto indivíduo também – discípulo/aluno, educador/educando indivíduos. As teorias pedagógicas vêm até os processos de formação e desenvolvimento humano como processos individuais. Cada um terá seu desenvolvimento e seus percursos de aprendizagem, de sucesso ou fracasso. Cada indivíduo que chega ao mundo se apropriará da herança cultural, aprenderá as competências, os saberes acumulados. Aprendizagem a ser feita por cada indivíduo, seja nas suas experiências pessoais, seja no seu percurso escolar.

Essas concepções estão arraigadas nas políticas públicas curriculares e na própria cultura escolar e docente: a função da escola, do currículo, do magistério é oferecer a todos, a cada um, as mesmas condições de êxito nas aprendizagens do currículo, núcleo comum de conhecimentos e habilidades. O ideal de um núcleo comum, de didáticas comuns, percursos e processos comuns, conteúdos para casa, tempos, provas comuns se justifica na visão de que cada indivíduo, aluno tem uma mente comum, genérica, enquanto indivíduo aprendiz. O rendimento exigido em provas únicas individuais será o mesmo para todos. Uma visão homogênea do ser humano, aprendiz que leva a uma organização e trato homogêneo do que ensinar e como aprender por cada aluno em particular.

Essa visão individualizada está presente nas propostas de educação de jovens e adultos e de tantos programas e projetos não escolares. Essas políticas curriculares, avaliativas e essas práticas escolares são vistas como as mais democráticas e igualitárias porque tratam a todos como indivíduos homogêneos, iguais, oferecendo os mesmos conhecimentos, os mesmos processos, os mesmos tempos a cada um. Logo, exigindo os mesmos resultados nos mesmos tempos. Alfabetização na idade certa. É a concepção liberal de sociedade dos indivíduos supostamente iguais, genéricos com oportunidades iguais, genéricas. Logo, exigências iguais, genéricas. O ideal é que cada indivíduo na sociedade veja os outros indivíduos como se fosse ele mesmo. O convívio respeitoso entre indivíduos genéricos é visto como base da harmonia democrática até na escola.

A docência é preparada para essa visão homogênea. O ideal é que cada professor ao entrar na sala de aula veja seus alunos como indivíduos indistintos, cada um apenas diferente no número da lista. O ideal é que prepare os mesmos conteúdos, métodos, que cada um escute e aprenda os conteúdos comuns que lhes são passados. No dia da prova, que cada um tenha aprendido o que a todos foi passado. Dentro dessa visão individualizada, as teorias pedagógicas, as didáticas, o núcleo comum dos currículos, as avaliações e o próprio magistério não precisam preocupar-se por conhecer nem sequer cada aluno, cada ser humano em sua especificidade individual. Todos são o mesmo indivíduo genérico.

As pressões dos movimentos sociais por ocupar os latifúndios do saber e as presenças das crianças e dos adolescentes populares nas escolas deixam a descoberto que essa é uma visão bastante simplista e empobrecedora de sociedade, de escola, de sala de aula e de ser humano e do direito ao conhecimento. Empobrecedora das concepções de educação, de desenvolvimento humano, de currículo e de docência. Empobrecedora dos complexos processos de ensino/aprendizagem e dos processos históricos de produção do conhecimento.

Na medida em que os alunos(as) chegam dos coletivos diferentes e mostram sua classe social, sua raça, seu gênero, suas orientações sexuais, essa visão genérica, homogênea de indivíduo se quebra, não dá conta. A frase que se escuta nas escolas: os alunos são Outros. A mesma frase que se repete nos gestores de políticas, nas intervenções nas favelas, nas ruas, nos campos: Os camponeses são Outros, os pobres são Outros, os indígenas são Outros, as mulheres são Outras. Começamos a ver coletivos sociais, étnicos, raciais, de gênero, campos, periferias, trabalhadores, desempregados... As políticas e as teorias pedagógicas, o trabalho docente e educativo são obrigados a mudar as formas de ver os educandos, de ver os grupos sociais. Coletivos que vêm reeducando essa visão genérica, esse individualismo social e pedagógico. As teorias pedagógicas reeducadas pelos coletivos em momentos.

Aprender a lidar com direitos coletivos

Os programas e experiências de educação popular partem do reconhecimento da diversidade de coletivos com que trabalham. A escola até pública, popular tem resistido a reconhecer essa especificidade. Os professores são os primeiros a experimentar que em cada sala de aula tem de aprender a lidar com coletivos de alunos menos genéricos. O movimento de educação popular aprendeu a dialogar com o povo, com a diversidade de grupos populares como coletivos. Não são números. Ainda que todo seja pensado de maneira genérica, homogênea, os educandos são diversos, agem e aprendem de maneira diversa. Os(As) professores(as) aprenderam que essas pedagogias e didáticas, conteúdos e núcleos comuns para indivíduos genéricos revelam uma extrema ingenuidade contestada na diversidade tensa com que são obrigados a lidar na escola como um todo e na especificidade das salas de aula, até nas turmas homogêneas. Toda turma é heterogênea porque os seres humanos são diferentes, desde crianças. Tentar encobrir essa diversidade com ideários, políticas e didáticas, núcleos comuns e provas unitárias e genéricas é um ideal destruído nas primeiras experiências de magistério e de educação.

Os movimentos sociais desde os anos de 1950 vêm agindo como coletivos redefinindo o movimento de educação popular. Reconhecer os educandos como coletivos redefine as concepções e práticas educativas. O movimento de educação popular representa outras formas de pensar a educação porque reconhece o povo como coletivos sociais. A chegada dos(as) filhos(as) dos setores populares às escolas está pressionando para serem vistos como membros dos coletivos populares. O direito à educação, ao conhecimento, à cultura como direitos coletivos, negados a coletivos. A ser garantidos a coletivos.

Os professores e educadores populares quanto mais identificados com os alunos/educandos, com o povo, com maior rapidez são obrigados a destruir esses ideais liberalistas de que cada um dos trinta ou mais alunos é apenas um indivíduo genérico, homogêneo em percursos únicos, aprendizagens únicas, provas únicas, tratos homogêneos. Na medida em que a diversidade de infâncias, de adolescentes e de jovens foi chegando às escolas, a heterogeneidade que entrava nas escolas e nas salas de aula foi desmontando esses ideários. A escola, a docência foi percebendo que a aparência unitária e "democrática" com que se pretendia ver a sociedade e a escola encobria uma sociedade e uma escola profundamente desiguais e heterogêneas.

Aparentar desconhecer essa realidade tão desigual termina operando como um mecanismo de sua reprodução e legitimação. Lições temos em nossa história. Os ideais de democracia racial, sexual, étnica, regional, cidadã, têm operado como mecanismos de legitimação/manutenção das brutais desigualdades sociais, de poder, de renda, étnicas, raciais, sexuais, regionais, cidadãs. De classe. No caso específico da aparente igualdade dos educandos termina encobrindo as brutais desigualdades do próprio sistema escolar. Desigualdades sociais entre escolas públicas e privadas, entre escolas do campo e urbanas, entre escolas centrais e das periferias, entre as condições escolares das regiões avançadas e pobres. Termina encobrindo as desigualdades de condições de trabalho e salário docente.

As escolas não fogem às brutais desigualdades da sociedade. Sobretudo, as desigualdades de coletivos, de classe, raça, gênero, campo, periferias, desigualdades de poder, trabalho, de renda, moradia, propriedade, da terra... desigualdades do direito mais básico a viver. Os movimentos sociais trazem os rostos coletivos das vítimas dessas desigualdades históricas. Reagem a tantos mecanismos de ocultamento. Trazem sua consciência, identidades coletivas.

Voltamos à questão: Por que esse obscurantismo pedagógico e político em não reconhecer essas desigualdades de coletivos no campo da educação? Uma das causas está na forma de pensar genérica da sociedade e dos seres humanos, dos educandos, que oculta as diversidades e desigualdades sociais, raciais, de gênero, regionais que chegam às escolas, aos cursos de Pedagogia da Terra, de Formação de Professores do campo, indígenas, quilombolas, porque estão postas em nossa sociedade. Se a sociedade estrutura classificando os coletivos humanos, sociais em classes, gêneros, raças, regiões, poder, renda, propriedade... resulta ingênuo que as teorias pedagógicas, a cultura escolar e docente não reconhecem essa realidade social, política e cultural tão desigual, tão diversa que os educandos e educadores levam para as instituições e projetos educativos. Os coletivos em movimentos obrigam a reconhecer essa diversidade ao se fazerem presentes nas escolas/universidades, nas marchas, ocupações, nos campos e cidades.

E quando às escolas chegam os mais desiguais?

O sistema escolar é uma expressão síntese dessas desigualdades e diferenças de coletivos. Os professores das escolas públicas são os mais convencidos de que a suas salas de aula chegam os mais desiguais. Não chegam indivíduos genéricos, homogêneos, mas profundamente desiguais como membros de coletivos. Defender e lutar por uma escola igualitária em uma sociedade igualitária só tem sentido quando se reconhece e não se oculta que nem a sociedade, nem a escola são igualitárias, mas ainda são escandalosamente desiguais e tratam como desiguais as diferenças. Há lugares onde essas escandalosas desigualdades no trato dos coletivos diferentes estão expostas, nas moradias das periferias urbanas, nas ruas, nos transportes públicos, no subemprego. Também nas escolas públicas. No sistema escolar tão desigual, da creche à universidade.

É justo reconhecer que nos discursos que legitimam até políticas e diretrizes, projetos, currículos unitários, os ideais de igualdade na educação têm sido uma constante. Entretanto, têm se ocupado maiores energias em reafirmar ideias abstratas de igualdade na e pela educação do que em reconhecer as profundas e vergonhosas desigualdades na sociedade, no trabalho, no poder, na terra e no solo, na moradia e no próprio sistema escolar. Menos ainda se tem mostrado como o próprio sistema, suas lógicas homogêneas, reprovadoras, contribuem para reproduzir essas desigualdades.

Os movimentos sociais questionam o sistema escolar, as universidades e a escola reprodutora das desigualdades. Por exemplo, mostram como a escola reproduz as desigualdades de acesso ao trabalho, por causa da cultura/prática da reprovação/repetência/retenção. Milhões de adolescentes e jovens e adultos filhos dos coletivos populares condenados como desiguais, sem direito ao trabalho, ao viver porque condenados pelo sistema de Ensino Fundamental, Médio e até EJA a não ter um diploma, porque multirrepetentes. Os movimentos sociais vêm mostrando quem são os desiguais, os diferentes em raça, etnia, gênero, classe social, campos, periferias. Mostram as estruturas, os padrões de poder, de apropriação/ expropriação da terra, do trabalho, da renda e do conhecimento. Para esses coletivos as desigualdades escolares não são de mérito individual de cada aluno, são a expressão escolar das desigualdades sociais. Nas décadas de 1970 e 1980 essa relação escola/sociedade estava mais explicitada. O recuo conservador, neoliberal oculta essa relação. Os movimentos sociais a repõem e radicalizam.

Os movimentos de trabalhadores têm denunciado que o sistema teima em se proclamar a porta para a igualdade social e condena milhões de negros, mulheres, dos campos e das periferias à desigualdade de um dos direitos mais básicos do ser humano, o direito ao trabalho. A concorrer com um diploma no desigual mercado de trabalho. Na maioria dos países essa perversa função desigualizante do sistema escolar já é contestada. Em nossa cultura política extremamente segregadora dos setores populares e de seus(suas) filhos(as), essa função é um tabu intocável. É mais fácil prometer escola de qualidade, letramento na idade certa, provas nacionais unitárias por desempenhos do que mexer na cultura e nas estruturas escolares, seletivas, segregadoras, reprovadoras, que condenam ao trabalho informal, de sobrevivência, milhões de jovens e adultos reprovados, sem o carimbo escolar para concorrer sequer no mercado de emprego. O sistema ou a política nacional de avaliação por resultados homogêneos termina reforçando esse papel do sistema escolar de selecionar o direito ao trabalho.

Voltamos à forma como a escola, as teorias pedagógicas, as concepções de direito ao conhecimento pensam indivíduos genéricos, números, alunos, submetidos a rituais genéricos, destinados a uma sociedade e a uma organização do trabalho, do poder, da renda, do solo... genérica, supostamente igualitária, aberta a concorrência por mérito individual que a escola promete, contanto que o percurso seja de mérito, exitoso. Os movimentos sociais em suas lutas por entrar nas instituições do conhecimento contestam essas formas de pensá-los e de pensar seu direito ao conhecimento como uma questão de mérito individual.

E quando as diferenças/desigualdades ficam expostas?

Na medida em que os(as) filhos(as) dos trabalhadores empobrecidos, dos sem-teto, sem-terra, sem-poder, sem-renda e sem-escola vão chegando às escolas públicas conscientes de sua condição de vítimas e exigem o direito às universidades, ao conhecimento, as desigualdades ficam expostas nas salas de aula e na diversidade de projetos educativos. Que reações provoca essa presença exposta das desigualdades e das diferenças? Provocam uma análise crítica contundente do sistema escolar, da escola e de seu ideal de instituição igualitária porque homogênea.

Os ideários únicos, genéricos, de escola e de projetos e políticas homogêneas, de rituais e conteúdos, de processos e avaliações homogêneas de alfabetização na idade certa, explodem e revelam sua função mais perversa: expor as desigualdades nos tratos dos coletivos diferentes, legitimá-las e até reproduzi-las e sentenciá-las pelo próprio sistema escolar ranqueador, hierarquizante dos coletivos sociais. É significativo que nas sociedades onde décadas atrás foram chegando às escolas essas infâncias/adolescências filhos(as) dos segregados como desiguais na classe, na raça, na etnia, no trabalho, na moradia, no poder, na terra ou na renda, logo surgiram análises questionando o ideal de escola igualitária, de currículos, avaliações genéricas e denunciaram a função reprodutora do sistema escolar das desigualdades sociais, raciais, de gênero... Um capítulo denso e tenso no pensamento e nos estudos sociológicos da escola nos anos de 1970.

Mas não tardou entre nós a reação a essa crítica mais radical ao sistema educacional, a suas estruturas, lógicas e culturais segregadoras. Logo as análises foram se deslocando para culpar os educandos e suas famílias populares. Os tão desiguais são aqueles que levam as desigualdades da sociedade, das famílias e comunidades, dos coletivos sociais, raciais para o igualitário sistema educacional, para os igualitários currículos e avaliações, para os projetos e programas de qualidade que tentavam incluí-los no reino da igualdade.

Essa ênfase nas desigualdades trazidas pelos educandos, suas famílias e coletivos de origem pelas lutas dos diferentes em classe, raça, lugar, região, teve o papel de desviar das críticas a função desigualizadora ou reprodutora das desigualdades do próprio sistema escolar. Mas teve o mérito de reconhecer que os alunos não eram números de indivíduos genéricos, mas membros de famílias, coletivos, classes, etnias, raças, diferentes feitas tão desiguais. Os coletivos diferentes em lutas por direitos reafirmam essa condição de membros de coletivos.

Fomos obrigados a reconhecer que no sistema escolar como na sociedade as diferenças/desigualdades estão expostas. Tentar ocultá-las até nas escolas ou em projetos educativos é ingenuidade analítica e política. Essas análises, ainda que tentando inocentar o sistema escolar, seus currículos, suas estruturas e processos reprodutores das desigualdades no trato das diferenças, terminam reforçando uma visão lúcida já avançada no corpo de profissionais das escolas públicas: os(as) alunos(as) são diferentes feitos desiguais; carregam suas diferenças/desigualdades para as salas de aula. É ingênuo pensá-los como indivíduos genéricos. Cada vez se torna mais difícil, até impossível, não reconhecer suas diferenças de coletivos feitas desigualdades tão expostas nas salas de aula e em todo projeto educativo. Tão expostas nas ações e movimentos de seus coletivos.

Podemos levantar a hipótese de que são os(as) filhos(as) dos coletivos diversos feitos tão desiguais quem reeducam os docentes/educadores(as) para superar visões genéricas de alunos, inclusive para questionar políticas, currículos, processos, avaliações homogeneizantes. Os diferentes produzidos tão desiguais em nossa história reeducam as teorias pedagógicas, as políticas curriculares e avaliativas para o reconhecimento das diferenças e desigualdades na sociedade e no sistema escolar. Reconhecer e lutar pela igualdade de todos como ideal político exige reconhecer as diferenças, as desigualdades reais não apenas de acesso e permanência na escola, mas a desigualdade com que os diferentes são tratados nos padrões de poder, de trabalho, de apropriação/expropriação da terra, do espaço, da renda. Essa é a lição que vem dos movimentos sociais para o pensamento pedagógico.

Reconhecer que os alunos são diferentes/desiguais nas dificuldades de aprendizagem é um avanço extremamente tímido. Até aí chegamos. Um aparente avanço, pois simplifica ao extremo as diferenças feitas desigualdades dos coletivos de educandos, encobrindo aquelas mais dramáticas que marcam suas trajetórias coletivas sociais, raciais. Um avanço que se converte em um retrocesso na medida em que se responsabiliza cada criança por **suas** dificuldades de aprendizagem ou por suas desigualdades nos processos de aprender. É cada criança/adolescente que por incompetências mentais ou atitudinais não consegue aprender os conteúdos previstos no tempo previsto. Na idade certa.

Mas há a destacar um traço antiético e segregador nesse reconhecimento. A compreensão de diferentes/desiguais em capacidades de aprendizagem carrega uma certa anormalidade ou anomalia individual. Logo, a solução será tratar essas anomalias de capacidades de aprendizagem com medidas anormais: reforço, apoio, recuperação, turmas especiais, de aceleração... Mecanismos de compensar suas anormalidades pessoais e de origem. Coletivas.

Essa visão escolar de tantos alunos como anormais é perversa, antiética, uma vez que os dados mostram que a maioria dessas crianças e adolescentes, jovens e adultos que a escola rotula com problemas de aprendizagem ou como anormais coincide com aqueles que a sociedade também rotula com anormais, fracassados sociais. Rotulados na sociedade, lutam pela escola onde reconstruir suas autoimagens positivas, mas serão rotulados de incapazes mentais e morais. Identidades humanas que a sociedade destrói e a escola confirma como merecedoras de destruição. O sistema escolar não consegue ocultar que, quando não há como não reconhecer os coletivos que chegam, sua reação tem sido reproduzir rotulações de coletivos sociais, raciais. Uma denúncia constante em todos os movimentos sociais. O sistema escolar os reconhece de maneira subalternizada.

Muitas pesquisas e estudos têm se concentrado em avaliar se esses tratos são fidedignos, se essas medidas compensatórias são eficazes, se recuperam, se melhoram as capacidades de aprendizagem, se corrigem distúrbios de condutas etc. Porém, o problema é mais sério, mas pouco estudado e denunciado: a função ético-política que termina provocando ou legitimando essas análises e medidas, esse reconhecimento das desigualdades de alunos porque diferentes. O pensamento social e pedagógico não consegue livrar-se de inferiorizações racistas dos coletivos sociais nem quando chegam às escolas e universidades.

Ao longo das últimas décadas essas medidas para constatar e corrigir as dificuldades de aprendizagem têm provocado críticas vindo do campo ético e político: Quais as consequências de rotular crianças/adolescentes como "portadores" de problemas de aprendizagem? Com problemas mentais e atitudinais? A instituição escolar, o Estado e suas políticas têm direito a rotular como anormais seres humanos? As teorias pedagógicas podem compactuar com essas rotulações tão negativas de crianças e adolescentes? É pedagógico segregar, inferiorizar para ensinar e para corrigir? Um dos direitos do ser humano, desde a infância, é construir imagens sociais positivas.

Os coletivos em movimentos vão mais fundo em suas indagações e mostram que o que há de mais preocupante nessa rotulação como deficientes, com problemas de aprendizagem, é que ao longo de nossa história esses mesmos coletivos sociais, raciais, dos campos e periferias, foram assim rotulados. As pesquisas são unânimes em mostrar que têm sido rotulados como inferiores, irracionais, imorais as crianças e os adolescentes pobres, negros, das periferias urbanas, do campo, das regiões tidas como atrasadas. São os(as) filhos(as) dos coletivos sociais, raciais, regionais, dos trabalhadores informais, no desemprego, na sobrevivência, nos espaços mais precarizados, aqueles rotulados com problemas de aprendizagens e de condutas. Do outro lado da linha da racionalidade, do verdadeiro. Como o pensamento abissal e sacrifical está incrustado no pensamento e na prática educacional!

A exigência de reconhecimentos mais radicais

Esses coletivos em suas resistências a toda segregação mostram que essas constantes mostradas nas pesquisas nos obrigam a reconhecer uma postura política segregadora, persistente em nossa formação social e política, cultural e pedagógica. Reconhecer que o sistema escolar reproduz, como tantos projetos inclusive reproduzem as formas segregadoras, inferiorizantes de pensar e segregar os coletivos sociais, étnicos, raciais, os trabalhadores como inferiores em capacidades mentais, culturais, morais, porque vistos como primitivos, incultos, irracionais, sem valores. Uma forma de pensá-los que vem dos tempos da empreitada colonizadora.

A chegada nas escolas dos(as) filhos(as) desses coletivos coloca o sistema escolar no dilema de como reconhecê-los e como não rotulá-los, como pensá-los e tratá-los. A opção tem sido durante décadas republicanas por manter essas representações negativas, inferiorizantes, incrustadas nas estruturas e nos modos de pensá-los e classificá-los na cultura social, política e pedagógica. A esse perpetuar formas de segregá-los reagem os movimentos sociais ao lutar por outra escola, outras instituições do conhecimento.

O movimento docente, junto com outros movimentos sociais, vem lutando pela educação como direito de todo cidadão e dever do Estado. Entretanto, como garantir esse direito pensando-os como inferiores? Os professores percebem como fica difícil manter essas representações tão negativas. As formas de pensar os diferentes ao chegarem às escolas têm sido e continuam sendo o teste mais radical da função democrática e igualitária que o discurso educacional e as políticas públicas republicanas vêm proclamando. As infâncias/adolescências, os jovens e adultos populares ao chegarem às escolas e universidades públicas colocam em xeque esses ideários democráticos e igualitários. Logo, são rotulados diferentes, desiguais em capacidades mentais e morais. Rótulos tão parecidos com aqueles que esses coletivos carregam a partir da empreitada colonial: primitivos, incultos, irracionais, incapazes de participar da história intelectual, cultural e moral de que a instituição escolar é símbolo e guardiã.

Os diferentes feitos desiguais cumprem em toda a nossa história política e cultural e na história da educação uma função político-pedagógica da maior relevância: expor as contradições dos padrões de igualdade e de justiça, de conhecimento, de cidadania e de democracia. A rotulação dessas crianças, adolescentes e jovens como diferentes em capacidades de aprendizagem e de valores ao ousarem entrar na instituição escolar, do conhecimento, da cultura e dos valores, leva os programas educativos e as escolas a pensá-los como um problema. Eles são o problema escolar. O que há de constante nas formas de ver os diferentes em nossa história é vê-los como problema. Como o problema social, político, econômico, cultural e até pedagógico. As diferenças, os diferentes como um peso, um fardo, um problema para a sociedade, para o Estado, suas políticas e instituições. Um problema até para os ideais/ideários de desenvolvimento, de igualdade, de democracia e de cidadania. De qualidade da educação.

Na medida em que os ideários/ideais de escola/universidade são vistos como a síntese de todos esses ideais e ideários, a presença dos diferentes nas instituições escolares é o problema dos problemas na medida em que se espera (no discurso) que a escola seja a síntese/resposta de todos esses ideais/ideários de igualdade e de cidadania republicana. Se os diferentes são problema para a instituição escolar, serão problema para a sociedade e o Estado. Se na escola contestam com seus retardos mentais e morais os ideais/ideários de igualdade de cidadania republicana, contestarão os mesmos ideais/ideários de uma sociedade igualitária e de um Estado cidadão.

Talvez por essa preocupação política com o trato das diferenças nas escolas o Estado cria uma política pública de avaliação das diferenças de aprendizagem. A constatação dessas diferenças e as medidas para superá-las ficaram por décadas por conta das escolas, de cada professor, de suas avaliações e de sua criatividade. Dado o caráter político, nacional do problema trazido pelos diferentes produzidos tão desiguais ao fazer-se presentes nas escolas/universidades, nas periferias urbanas e nos campos, o Estado assume para si avaliar a presença dos desiguais/diferentes nas escolas, nas suas lutas pelo conhecimento, até superior, nas universidades, mas também nas suas ações coletivas e movimentos sociais, nas suas lutas por terra, espaço, justiça, trabalho, alimentação.

O Estado cria suas políticas de avaliação nessa diversidade de áreas onde os desiguais se fazem presentes. Inclusive no sistema escolar, o Estado define que medidas e intervenções, não apenas para cada sala de aula e para cada escola, mas para os municípios, estados e regiões, para as cidades e para os campos. Esse elevar a avaliação das desigualdades de aprendizagem escolares à condição de política nacional avança no reconhecimento de que o problema das desigualdades/diferenças não é apenas das escolas e menos apenas de diferenças de aprendizagens. O problema para o Estado em sua diversidade de instituições e de políticas é como equacionar as presenças afirmativas, incômodas, contestadoras dos diferentes feitos tão desiguais, exigindo igualdade de direitos a terra, espaço, teto, escola, saúde, igualdade, equidade. É a resposta controladora do Estado à diversidade de ações emancipatórias dos movimentos sociais.

Por que essa elevação das avaliações das presenças dos diferentes à condição de políticas de Estado? Porque as diferenças e desigualdades não são de aprendizagem, mas são reações políticas de coletivos sociais às desigualdades. São os próprios diferentes/desiguais em coletivos se afirmando como atores políticos, exigindo políticas de Estado nas suas lutas por terra, teto, trabalho... e até nas suas presenças incômodas no sistema escolar que se tornaram problema político a ser controlado pelo Estado.

Um indicativo para as escolas e seus gestores e professores, um indicativo para as teorias pedagógicas e de aprendizagem: a presença das crianças e adolescentes filhos(as) dos coletivos diferentes feitos desiguais é um fato político da maior seriedade. Lembram ao sistema escolar e aos formuladores de políticas que essas diferenças/desigualdades não podem ser simplificadas como problemas de aprendizagem, nem resolvidas com enturmações especiais, turnos especiais, medidas corretivas, mas exigem ser tratadas como uma realidade nacional, produto dos brutais processos, abissais processos de segregar, inferiorizar, invisibilizar os grupos sociais, étnicos, raciais.

Mas, sobretudo, não podem ser simplificados diante das suas presenças em ações coletivas afirmativas de sujeitos políticos e de políticas, repolitizando o direito ao conhecimento. Repolitizando as concepções de conhecimento, suas instituições e seu papel segregador dos coletivos sociais pensados no lado de lá, do falso.

19

RESSIGNIFICANDO OS ESPAÇOS
DO CONHECIMENTO

Destacamos que um traço da história dos movimentos sociais em sua diversidade é lutar por espaços, porque a segregação espacial é um traço que vem desde a colonização. Expropriar dos territórios, da terra, do lugar, desenraizar para submeter. Nessa consciência de sem lugar, sem direito a lugares de direito se aproximam na diversidade de coletivos em ações e movimentos. Na medida em que essas vivências e identidades de sem lugares de direito se aproximam e fortalecem, ampliam-se as lutas por ocupar a pluralidade de territórios cercados de que foram e continuam segregados. Ocupar a diversidade de espaços em que as relações sociais e políticas se materializam.

As lutas por ocupar territórios cercados

Consequentes com essa percepção da centralidade formadora das lutas por terra, território, teto, escola, os coletivos populares estendem suas ações para outros espaços, para sua presença nos lugares da justiça, do poder, do conhecimento. Espaços de que foram segregados porque apropriados, cercados feito latifúndios. As suas pressões por entrar nesses territórios cercados, por ocupá-los são formadoras e os leva a que suas lutas por terra, espaço, teto venham atreladas a lutas por escolas a partir da educação infantil, fundamental, média, até por acesso à universidade, por ações afirmativas, por estar nos lugares reservados de formulação de políticas, de avaliação, de alocação de recursos. Por estar nas instituições públicas, no Estado como sujeitos de políticas.

Essa diversidade de lutas por espaços revela a consciência da centralidade de sua expropriação nos processos de opressão, segregação e marginalização de que são vítimas ao longo de nossa história. Não são apenas sem escola, sem universidade. Há outros espaços de direitos, de existência, de humanização de que foram segregados. Os militantes trazem a atenção a ser dada pela pedagogia à segregação desses espaços de um digno e humano viver. Mas também a centralidade de ocupá-los nas lutas por direitos, por sua afirmação como sujeitos políticos e de políticas. Por sua dignidade humana.

Se os espaços, territórios são tão centrais tanto nos processos de segregação, desumanização quanto nos processos de luta, ocupação e afirmação dos coletivos populares, que lugar deveria ter essa tensa história nos conhecimentos curriculares, seja de formação docente, seja de educação básica nas escolas urbanas, do campo, indígenas, quilombolas, das florestas? Essa tensa história de que os coletivos populares têm sido e continuam tanto vítimas quanto atores não tem merecido espaço no território dos currículos, nem das políticas, das pesquisas e análises pedagógicas.

Se a apropriação/expropriação do espaço tem sido tão antipedagógica e se as lutas por sua ocupação têm sido tão pedagógicas em nossa história desde a empreitada colonial, como não ignorar essa história, mas incorporá-la como conformante da especificidade de nossa história política, cultural e pedagógica? Como recontar essa história incorporando as estreitas relações entre educação/humanização e as lutas por espaço, por terra, por lugar? A história dos processos antipedagógicos e pedagógicos em nossa história social, política e econômica tem sido rica porque tão tensa nesse subsolo da produção do viver. Incorporá-la enriquecerá a história da educação e do pensamento pedagógico. O conhecimento dessa rica e tensa história é um direito devido aos docentes/educadores das escolas e da educação popular para repensar currículos, didáticas, relações com educandos sem lugar, mas lutando por espaços de dignidade (ARROYO, 2011b).

Os movimentos sociais repolitizam as instituições do conhecimento

No conjunto de lutas por lugares de humanização e contra a expropriação destes lugares entram as lutas populares e dos movimentos sociais étnico-sociais por escola, por universidade, pelos espaços e instituições de produção do conhecimento. Este dado merece dois destaques. Primeiro, que as lutas por escola e universidade não vêm isoladas, mas atreladas às lutas por lugares de produção da existência, da realização como humanos, por terra, território, teto, história, memória, por identidades coletivas como direitos ou como o conjunto de lugares negados a serem ocupados. A educação/escola do campo é inseparável das lutas por terra, reforma agrária. Como a educação/escola indígena ou quilombola é inseparável das lutas por territórios. A mesma lógica nos movimentos populares urbanos, as lutas por escola têm sido inseparáveis das lutas por ocupações, por moradia e teto ou por transporte.

O segundo destaque é que o acesso da infância, da adolescência, da juventude ou da EJA na educação básica ou na universidade não são vistos como distantes dos lugares e das bases da produção da existência porque se organizam e lutam. Para os coletivos populares a escola, a universidade são espaços centrais nessa produção, afirmação. Em outros termos, da escola para os(as) filhos(as) a partir da infância não se espera apenas que seja de qualidade na transmissão de competências e conteúdos, mas que seja um espaço de direito a um digno e justo viver. Nesse sentido, os movimentos sociais alargam, enriquecem as funções sociais da escola, da universidade, na medida em que atrelam as lutas por escola a lutas por espaços.

Poderia ser levantada a hipótese de que as lutas por escola e por universidade fazem parte do conjunto de lutas por espaços negados, por sua recuperação como processo de afirmação, de presenças afirmativas, de reconhecimentos enquanto coletivos não mais inferiorizados, marginalizados, mas sujeitos de pleno direito à vida, à humanidade, à identidade, à memória e história. Sujeitos de pertencimento ao conjunto de espaços, instituições da condição humana e da cidadania plena.

Neste quadro histórico de negação/segregação desses coletivos dos espaços do viver, da cidadania e, sobretudo, nesse quadro histórico de lutas por espaços, ocupar os espaços das escolas, das universidades, do poder, do judiciário, dos centros de formulação de políticas no mesmo movimento de ocupação da terra, dos territórios, da moradia, adquire uma dimensão política nova que extrapola a função social e política atribuída à escola e às universidades nas políticas públicas e nas teorias pedagógicas. Às políticas e teorias pedagógicas cabe pesquisar e incorporar essa nova dimensão política trazida pelos movimentos sociais e pela infância e juventude populares ao lutarem por escola.

Repensar essa função e assumir novas funções a partir dessa dimensão política afirmada pelos movimentos sociais traz seriíssimas exigências para o repensar das políticas públicas educacionais, para a função do sistema educacional. Podemos constatar que as lutas dos sem-lugar por lugares dignos, sobretudo a presença incômoda de milhões de crianças e de adolescentes sem lugar ou em lugares precarizados na moradia ou nas ruas e periferias urbanas está tornando as políticas socioeducativas mais sensíveis à garantia de lugares de dignidade. Até os programas socioeducativos passam a ser pensados para a garantia do direito a lugares de um digno e justo viver. Quando os Outros Sujeitos chegam às escolas, às universidades, os espaços do conhecimento têm de assumir outras funções sociais.

O direito a lugares de um digno e justo viver

Quando repetimos "toda criança na escola", a que crianças nos referimos? Aquelas que pensamos sem lugar, na rua, nas vilas e favelas, na mendicância, no trabalho infantil, até no tráfico. Pensamos na infância sem lugar ou sem lugares dignos do viver. Querer que todas essas crianças sem lugar digno tenham um lugar digno na escola expressa o reconhecimento de que há milhões de crianças/adolescentes sem lugares de dignidade. Expressa o reconhecimento de que têm direito a um lugar de dignidade. Que a escola lhes promete ser esse lugar e que esta aparece como um lugar de dignidade porque aumenta a consciência social, política e pedagógica de existência de tantas e tantas infâncias e adolescências sem lugares de um digno viver.

Já nas décadas de 1970 e 1980 um dos movimentos sociais urbanos mais ativos e reivindicativos foi o movimento pró-creche nos bairros, vilas e favelas. As mães trabalhadoras lutando por espaços de proteção para seus filhos menores, junto às lutas por escolas para as crianças e adolescentes. A inserção das mães no trabalho deixava um vazio social de proteção da infância, a precarização dos espaços de viver da classe trabalhadora urbana deixa um vazio de espaços de dignidade para o viver das infâncias/adolescências populares. Os movimentos sociais urbanos atrelando suas lutas por creches, escolas ao conjunto de lutas por lotes, teto, transporte, água, luz, trabalho. Esse atrelamento das lutas por escola ao conjunto de pressões por espaços de um digno e justo viver vem de longe nas estratégias dos movimentos sociais.

Quando essa luta pela escola vem associada a outras lutas por outros lugares, estamos perante um duplo reconhecimento por parte dos coletivos populares. De um lado, que toda criança tem direito a lugares dignos, sobretudo aquelas às quais lhes é negado esse direito. De outro lado, que a escola tem de ser um lugar de direito a um digno e justo viver. A escola tem de ser pensada ou tem de assumir como sua função social ser um lugar de um digno e justo viver para tantas crianças/adolescentes sem direito a lugares de dignidade. A frase-ideal "toda criança na escola" pode expressar que a crescente consciência social, política e pedagógica da centralidade do direito ao lugar traz novos apelos à escola como lugar de um digno viver, sobreviver. Mas esse direito à escola, associado à garantia de direito à diversidade de espaços de um digno e justo viver, por que lutam seus coletivos sociais, étnicos, raciais, do campo ou das cidades.

Só a escola, mais tempo de escola não garantirá o direito a um justo e digno viver se a moradia, o trabalho, a sobrevivência continuarem vivências de um indigno e injusto sobreviver ou mal-viver. Quando se promete a escola como lugar de direito, mas se negam os direitos a outros lugares de dignidade, justiça, humanidade, a própria escola perde sua radicalidade de promessa de um justo e digno viver. Daí que todos os movimentos sociais lutem por escola para si e para seus(suas) filhos(as), porém sempre lutas atreladas ao direito a terra, espaço, teto, trabalho, território, transporte, alimentação... Pensar primeiro a garantia do direito a escola desde criancinhas e o resto dos direitos virão por acréscimo é ingenuidade política. Os movimentos sociais apontam que estão além dessa visão ingênua e atrelam educação, conhecimento, escola, universidade a lutas pelos direitos básicos como humanos, trabalhadores. Repolitizam os significados sociais da escola.

Essa articulação de lutas por espaços traz novos apelos para entender com maior profundidade essas infâncias/adolescências populares das periferias e dos campos que nos últimos anos vão chegando às escolas públicas: Vê-las como sem lugar à procura de lugar. Vê-las sem direito em lutas coletivas por direitos. Não apenas à escola.

Retirantes à procura de escola

Há um dado marcante que muitas dessas crianças e adolescentes, de jovens e adultos carregam. Uma grande percentagem tiveram uma experiência de migrantes ou filhos(as) de famílias que se deslocaram à procura de um lugar. Filhos(as) daqueles retirantes que Portinari destacou em seus quadros, retirantes da seca, da condição de sem terra, carregando suas trouxas, os poucos e pobres haveres, caminhando o pai na frente, abrindo caminho, os filhos em fileira, do maior ao menor amparados pela mãe.

O primeiro traço é sua experiência de desenraizamento: são famílias deixando seu lugar, desenraizadas do seu chão, pela seca, a fome, a expropriação de suas terras, à procura de outro lugar. Esses quadros de Portinari, *Os retirantes*, mostram os milhões de homens, mulheres, jovens, crianças que nas últimas décadas foram forçados a deixar seu lugar e caminhar errantes à procura de outro lugar. Desenraizados de seu lugar à procura de outro lugar. Motivados pelo direito ao lugar de um digno viver. Depois de longas migrações chegam aos lugares sonhados? Chegam às escolas? Como ver estas famílias e essas crianças e adolescentes, jovens ou adultos? Que representações trazem da escola, do trabalho, do novo lugar na cidade? Instalaram-se em barracos, casas de parentes, amigos, ocuparam terrenos, lutaram por um pedaço de chão na cidade. Densas vivências e densos saberes foram incorporados nos currículos das escolas por que lutam?

Este é outro traço marcante. A escola para os filhos estava no horizonte de sua saída do lugar e da procura/luta por outro lugar. **São *retirantes* por**

escola. A escola no horizonte do lugar desejado, esperado. Essa vinculação entre deixar o lugar, sair à procura de um lugar digno do viver e a escola é um componente básico da representação popular da escola. Escola, lugar de dignidade para os filhos, que merece até deixar o lugar de origem, caminhar na incerteza de encontrar a cidade e a escola para os filhos. A escola que os pais não tiveram no campo. Merece arriscar tudo, ser retirantes para enraizar-se em outro lugar onde os(as) filhos(as) tenham escola. Essa articulação entre migrar à procura de outro lugar e escola lugar de dignidade para os(as) filhos(as) confere à escola uma dimensão social de extrema centralidade nas representações e lutas dos setores populares. De milhões de retirantes por escola, que vivem nas periferias urbanas.

Como esses aprendizados sobre a função social esperada da escola nas lutas e na cultura popular estão distantes da própria visão que a escola tem de si mesma, que as políticas públicas, os currículos, as diretrizes curriculares e a própria docência têm da escola pública onde vão chegando essas infâncias/adolescências retirantes por escola.

Falta à reflexão e teoria pedagógica, às políticas aproximar-se mais do lugar, da função da escola por que lutam os movimentos sociais. Lutam por lugares e saberes menos ilustrados, civilistas sobre a função da escola popular. Saberes e direitos a outra escola, com outras funções sociais mais radicais. Tão radicais quanto suas experiências sociais e suas lutas por territórios de dignidade e de justiça.

Na história das Américas a escola pública popular não é uma dádiva das elites republicanas para a inclusão cidadão do povo, nem para sua civilização/ilustração desde criança. Os lentos processos da construção dos Sistemas de Instrução Pública vêm das pressões dos coletivos populares por espaços de dignidade, de proteção para seus filhos e filhas. A certeza de que só lutando por escola os(as) filhos(as) terão espaços de dignidade é configurante da cultura política popular.

O direito à escola, espaço de dignidade repolitizado

Os movimentos sociais repolitizam e radicalizam essa cultura popular sobre o direito à escola.

As fotografias de Sebastião Salgado sobre os sem-terra, sem-teto não são de famílias, mas de coletivos sociais. Não expulsos pela seca, mas pela expropriação de suas terras pelo agronegócio, pelas barragens ou pelo mercado imobiliário nas cidades. Coletivos não retirantes, mas ocupantes de terra, espaços, moradias, escolas, universidades. Umas décadas de distância e outros retirantes/ocupantes. Outra consciência de direitos. Outra consciência dos direitos a terra, espaço, território, teto, escola, universidade. Outros significados políticos do direito à escola e outros significados sociais para a frase "toda criança na escola".

Dos movimentos sociais vêm ressignificações mais radicais, repolitizações do tradicional direito à escola quando atrelado a lutas por direito a espaços, terra, territórios. "A escola é mais do que escola na pedagogia dos movimentos sociais" (CALDART, 2000).

Lutam por escolas que são mais do que escola, por universidades que são mais do que universidades: por Universidades Populares dos Movimentos Sociais (UPMS). Nos campos o processo pode ser inverso, mas com idênticas conotações: lutar por terra, escola no campo para não migrar, para que os(as) filhos(as) permaneçam no lugar, enraizados na agricultura camponesa, ribeirinha, das florestas. Conotações tão próximas entre o direito ao lugar e à escola como lugar ou como condição para ficar e não migrar.

Este o novo sentido dado à escola pelos movimentos do campo: escola do campo no campo, universidade no campo. Vida digna e justa na agricultura camponesa, ribeirinha, das florestas, indígena, quilombola. Escola indígena, quilombola nos territórios indígenas, quilombolas. Não retirantes, mas permanentes, ocupantes por escola.

Os movimentos sociais mostram que pouco sabemos sobre essas relações tão determinantes entre o direito ao lugar e à escola como garantia desse direito primeiro de todo ser humano: a vida boa, digna e justa. Como estão ausentes essas relações tão estreitas nas análises pedagógicas tão ilustradas. A escola na cultura popular é mais do que escola ou mais do que a concepção reducionista, ilustrada de escola, de ensino de qualidade. Vincular o direito à escola com o direito ao lugar que está nas trajetórias das crianças e adolescentes, dos jovens e adultos dos coletivos que chegam às escolas públicas das periferias e dos campos poderá dar maior centralidade social e política ao direito à escola/lugar de viver justo e digno.

Esse alargar a função social da escola a esvaziará da função de garantia do direito ao conhecimento? Ao contrário, alarga os vínculos entre a escola, a universidade e o direito ao conhecimento. Radicaliza e amplia seu direito ao conhecimento, na medida em que reconhece o direito a saber-se nessas experiências de retirantes, de imigrantes e de ocupantes. Outras questões são postas aos currículos e à docência.

Os currículos de formação e de educação básica, da EJA em alguma matéria os ajudarão a entender esses dramas de tantas famílias arrancadas do seu lugar, da terra? Os ajudará a saber-se retirantes por lugares/escola de dignidade? Valorizará suas trajetórias? Os saberes escolares os ajudarão a aprofundar seus saberes de desenraizados, de resistentes/ocupantes de lugares de um digno e justo viver? O direito a saber-se é o primeiro direito ao conhecimento (ARROYO, 2011).

Outro traço/vivência forte que essas crianças/adolescentes levam: não são apenas retirantes, desenraizados do lugar de origem, familiar, mas continuam desenraizados nos lugares onde passam suas infâncias e adolescências. A cidade não acaba de acolhê-los. Eles com suas famílias tiveram de fazer seu lugar distante do trabalho, dos serviços de saúde, por vezes até da escola. Continuaram retirantes no novo lugar, no conglomerado, na favela, na vila, na cidade grande. Continuam retirados nos lugares mais abandonados das políticas públicas, dos serviços públicos. Histórias tão parecidas que essas infâncias/adolescências carregam para as escolas públicas onde chegam a pé, percorrendo, por vezes, longas distâncias. Histórias vividas por tantas crianças e adolescentes dos campos retiradas e transportadas do seu lugar, de sua terra para a escola nucleada da cidade. Os desenraizados da terra desde crianças continuam retirantes/transportados/desenraizados. Para garantir o direito à escola perdem o direito a suas raízes, a seu chão, seu lugar social, cultural, identitário. Os novos retirantes por escola no transporte escolar?

Histórias de migrantes à procura permanente de trabalho e sobrevivência desde crianças. Ou histórias de trabalhos informais, inseguros. De desemprego ou subemprego. De incertezas do viver. Vivências compartilhadas por tantas crianças/adolescentes que chegam cada dia às salas de aula. Como entender o que procuram na escola sem entender essas trajetórias de vida, de desenraizados à procura do seu lugar? Como entender-se a escola e a docência, os currículos sem entender essas trajetórias? Quando o desemprego cai sobre uma família pobre tudo fica vazio. Quando o lugar é incerto a vida é incerta. Até o percurso escolar é incerto. Quando os(as) professores(as) se aproximam dessas trajetórias humanas dos educandos se torna mais humana a docência e a escola. A escola, os currículos, a docência poderiam ser outras se essas trajetórias dos(as) educandos(as) fossem reconhecidas.

Para a família de migrantes, de trabalhadores das periferias o trabalho ainda que explorado da segurança básica do viver ou sobreviver, o desemprego, o biscate é a sensação de insegurança mais vital. Contaminados ou solidários com essa insegurança familiar chegam às escolas as crianças e adolescentes, os jovens e adultos. Algumas das disciplinas os explicarão o porquê do desemprego e dessas inseguranças? Há docentes/educadores que sensíveis às vivências dos educandos reinventam o que ensinar, trazem alguma explicação para as interrogações que vêm dessas vivências tão extremas. Há muita criatividade nos docentes para que os educandos entendam suas trajetórias. Trajetórias tão próximas dos próprios docentes/educadores e de seus coletivos sociais, raciais.

Escola, um lugar que materialize seu direito a viver

A condição de migrantes retirantes e, sobretudo, de ocupantes em lutas por terra, teto, confere ao novo lugar na cidade, no campo e na escola uma experiência, um sonho de uma vida melhor para toda a família, um lugar que materialize esse sonho. A escola faz parte dessa materialidade de seus sonhos de uma vida mais digna. Sonhos curtos na precariedade do lugar na cidade, do trabalho incerto, da falta de condições para viver a infância/adolescência com dignidade. A materialidade da escola e seu papel formador ou deformador merecem maior destaque nas teorias pedagógicas.

Quando o sonho que carregavam como migrantes se desfaz no lugar precarizado, no desemprego, na violência, a escola para os filhos e o diploma aparecem como a esperança de retomar e realizar os sonhos frustrados. Quanto mais vão sendo destruídos os sonhos postos no migrar para um novo lugar e quanto mais indigno e inseguro é o novo lugar, quanto o desemprego frustra tantas vidas, mais crescem os sonhos depositados na escola para os(as) filhos(as). A escola é um dos últimos sonhos desfeitos para as famílias de trabalhadores empobrecidos dos campos ou das cidades. Os movimentos sociais em suas lutas por espaços repolitizam a função social da escola pública popular. Repolitizam sua materialidade.

Será que a própria escola e os seus profissionais e gestores valorizam a centralidade que a escola tem na cultura popular, na esperança das famílias populares? Se a escola, o diploma materializam a possibilidade de realizar o sonho que os arrancou do lugar e os trouxe à procura de um novo lugar na cidade, ou se a escola indígena, quilombola, do campo no campo os fixa à terra, território, a responsabilidade dos governos, dos gestores, das escolas será que esse sonho ao menos não seja frustrado, que se torne realidade.

É reconhecido o empenho das mães, sobretudo pelo estudo dos(as) filhos(as), para que frequentem a escola, para que passem de ano. Sobretudo, o empenho das mães para que permaneçam na escola, lugar seguro, de proteção contra tantas inseguranças dos lugares precarizados onde foram relegados e segregados. Quanto mais inseguros e desprotegidos os lugares de moradia, maior a esperança depositada nas escolas e nos seus(suas) professores(as). Da insegurança social, da desproteção da infância/adolescência, da precarização dos espaços de moradia vêm exigências para outra função social da escola e da docência. Dos movimentos sociais das mulheres, sobretudo pela proteção da infância/adolescência populares, vêm exigências por reinventar a escola e a docência. De reinventar as teorias pedagógicas.

Nas representações sociais populares, a escola, a professora, o professor representam não apenas a esperança de que seus filhos aprendam, mas a esperança de que continuem seguros, protegidos. **Vivos**. Ouvi de um grupo de mães cujos filhos tinham sido expulsos da escola: "Por favor, que sejam readmitidos. Se não voltarem à escola não voltarão vivos a casa". Quando a vida dos(as) filhos(as) é ameaçada pelas violências e pela precariedade do viver a que as famílias populares são submetidas pela sociedade e pelo Estado, a escola e a docência se reforçam como a única garantia do direito à vida. Para mães e filhos(as) populares a escola é mais do que escola, é mais do que a representação escolar oficial, ilustrada, é a garantia de que os filhos permaneçam vivos. Que não estejam entre os milhares de crianças/adolescentes mortos, exterminados nos fins de semana. O direito à escola radicalizado como condicionante e garantia do primeiro direito, a viver. Uma lição que vem dos movimentos sociais.

Que a escola seja representada e procurada como o lugar de proteção da vida, da infância/adolescência ameaçadas, precarizadas no viver, não desmerece nem a escola como instituição da aprendizagem nem desmerece a nossa identidade profissional. Porque viver é preciso para aprender. A segurança no viver assegura o aprender. Sobretudo, porque o primeiro direito humano é à vida, a um justo e digno viver. Nessas experiências tão tensas por viver os coletivos populares aprendem os conhecimentos mais radicais, que levam aos aprendizados escolares. Os currículos seriam outros se os conhecimentos do seu viver forem incorporados, se as radicais indagações trazidas do seu mal sobreviver forem respondidas, aprofundadas nas escolas e universidades.

A cidadania pressupõe a humanidade

Os movimentos pró-terra, pró-teto, pró-trabalho são movimentos por vida. Por humanidade. Por aí repõem as estreitas articulações entre viver/aprender, entre vida/escola/docência.

O direito a aprender pressupõe o direito a viver. O direito ao conhecimento para a cidadania pressupõe o direito primeiro a viver como gente. A ser humanos. A cidadania pressupõe a humanidade. Para os trabalhadores empobrecidos, jogados nas periferias da condição humana, todo esforço será por ter trabalho, por viver, sobreviver, ser gente, fazer que seus(suas) filhos(as) tenham vida de gente. De humanos. Todas suas lutas por trabalho, moradia,

252

comida, proteção, por outro projeto de campo, de relações de produção... são lutas por viver como humanos. Por humanidade.

Por não ser tratados como bichos, mas como gente. Na destruição de centenas de barracos pelo fogo na favela as famílias ocuparam outro terreno, levantaram barracos para se proteger. Foram logo expulsas pela polícia cumpridora fiel e rápida de uma ordem judicial de reintegração de posse. As mães reagiram: "Somos tratados como bichos, sem lugar para proteger nossos filhos".

A escola e seus(suas) professores(as) entram nesses horizontes estreitos, nessas lutas por viver, por humanidade, por ser gente, ao menos para os(as) filhos(as) por umas horas ao dia. As lutas dos anos de 1970 e 1980 das mães pobres pró-creche e agora por mais tempo de escola têm a mesma motivação das lutas por trabalho, moradia, comida, segurança, proteção. Pró-vida, sobrevivência. Por humanidade, dignidade para seus(suas) filhos(as). Ainda há escolas e profissionais e até políticas curriculares, de formação docente que se escandalizam de que a escola e eles sejam pensados e desejados nesses processos tão materiais/humanos do viver, sobreviver, cuidar, proteger vidas infantis e adolescentes desprotegidas, ameaçadas de não sobreviver.

Para as políticas e as teorias pedagógicas o central na instituição escolar, nos currículos e na docência é que os alunos **aprendam o conhecimento socialmente acumulado**, canalizado, transposto nos currículos ou as competências requeridas para o êxito escolar. As famílias populares querem e lutam por isso e muito mais. Nesse reducionismo do pensar pedagógico o viver como humanos não é nem equacionado nem como precedendo o aprender. O viver, a proteção, é visto como problema da família, da esfera privada, da mãe que os gerou. À escola, à esfera pública, ao Estado e a suas políticas, aos mestres cabem missões mais elevadas: garantir o direito público à educação cidadã, ao preparo para a participação cidadã, ativa, consciente. Esquecem que a humanidade do viver é um pressuposto da cidadania.

As teorias pedagógicas e docentes, as políticas curriculares e as didáticas são obrigadas por essas crianças e adolescentes tão desumanizados que a humanidade precede a cidadania. Que não há como formar cidadãos se não lhes for garantido como precondição ser humanos. Diante da condição de sub-humanidade com que a sociedade e o Estado tratam os trabalhadores empobrecidos, condenados ao desemprego, a trabalhos informais precarizados, a lugares de miséria, a viver abaixo da linha da pobreza... como formar cidadãos, conscientes, ilustrados pelo domínio do saber socialmente produzido se chegam às escolas carregando vidas/corpos tão precarizados? Desumanizados? São os seus docentes/educadores(as) os primeiros a perceber o que as mães aprenderam nas vivências da opressão: garantir o viver, sobreviver dos filhos, garantir sua humanidade é também tarefa da docência porque o viver precede o aprender. A humanidade precede a cidadania. Conquistam-se juntos. É a lição dos movimentos sociais.

Reconhecer essas estreitas relações entre vida/humanidade/aprendizagem/ educação/cidadania será um caminho para aproximar os coletivos populares, as famílias a maternagem, o cuidado, a vida e a escola/docência. Quando essa relação se perde ou se ignora, a tendência da escola e da docência será prejulgar e até condenar as famílias e as comunidades populares, sobretudo as mães dos alunos como ausentes no processo de educar/aprender.

A escola se isola e cai em posturas autossuficientes e até condenatórias das famílias, sobretudo das mães populares, na medida em que não reconhece a impossibilidade do educar/aprender sem reconhecer o viver, a humanidade como precedentes. Só recuperando esses inseparáveis condicionantes do educar/aprender será possível reinventar outras relações mais estreitas e respeitosas entre as comunidades populares, as famílias, as mães e a escola/docência/ aprendizagem/educação.

Escola, espaço de um humano viver

Essas aprendizagens que vêm dos movimentos sociais, sobretudo de mulheres e de tantos mestres estão levando a reconhecer que uma das funções sociais primeiras da escola é ser humana, espaço de um viver digno, justo, humano, espaço de cuidar da vida, se pretende ser espaço de aprender e de educar. De formação humana. De formar a cidadania. A escola no imaginário popular é vista como uma passagem de não trabalho, do trabalho precário, do mal-viver para o viver menos indigno. Viver é preciso. Só aqueles coletivos que desde crianças vivenciaram tão precarizado viver têm lucidez para buscar na escola, no diploma essa passagem do mal-viver para um digno viver. Lucidez com que os movimentos sociais lutam por escola, universidade. Por recuperar o sentido mais radical da pedagogia.

A pedagogia nasce colada à infância porque é o tempo de iniciar, afirmar o viver. Na medida em que a pedagogia vira docência, ensino vai se afastando de seu sentido social originário. Distancia-se de sua relação com a infância, com a vida. Distancia-se do direito primeiro a viver. Direito deixado por conta da esfera privada, da família, das mães ou por conta dos profissionais da saúde, da pediatria ou dos programas assistenciais.

Ainda persiste nas escolas e na docência que cuidar, proteger, garantir um digno e justo viver não é sua função. É assistencialismo ou é problema da família, da mãe. Essa velha dicotomia, de um lado o direito a viver, ao cuidado deixado por conta da família, da esfera privada, da mãe, sobretudo, ou deixado por conta das instituições de assistência como creches, orfanatos, Febens. De outro lado, o direito a aprender, ao conhecimento, ao domínio das competências deixado por conta das escolas, dos profissionais do conhecimento, da formação para a cidadania e para o trabalho. Dicotomias conservadoras que separam no mesmo e único ser humano de um lado, sua condição de humano, de viver sua condição corpórea por conta da esfera privada e assistencial desprofissionalizadas. De outro lado, sua condição de cidadão, a formação de seu espírito e de seu intelecto por conta da esfera pública, da escola e da universidade, das instituições e profissionais da cultura e do conhecimento.

Quando a essas instituições e a esses profissionais chegam Outros Sujeitos, crianças e adolescentes, jovens e adultos corporificando vidas precarizadas, com o direito a viver e a humanidade ameaçados, essas dicotomias entre viver/aprender, entre corpo/vida/humanidade de um lado, e, de outro, espírito, intelecto/cidadania ficam fracas, não funcionam. Às escolas chegam seres humanos únicos, que exigem outras concepções pedagógicas menos dicotômicas, mais unitárias da formação e do desenvolvimento humano/cidadão, total. Um dado que os movimentos sociais repõem em suas lutas por terra, teto, trabalho, vida, humanidade, escola, conhecimento, aprendizagens.

Quantos docentes/educadores estão à procura de temas pedagógicos mais unitários ao perguntar-se como ensinar/aprender em vidas/corpos tão precarizados? Como cultivar o espírito, o intelecto em vidas/corpos na sobrevivência, na desumanidade? Essas indagações cada vez mais constantes e tensas nas reuniões de professores, de militantes e de educadores populares exigem redefinições radicais das concepções pedagógicas, das didáticas e das políticas educativas, dos currículos e da formação docente. Exigem Outras Pedagogias. Quantos mestres estão cansados de reprovar/reter essas crianças e adolescentes porque catalogados como lentos, desacelerados, com problemas de aprendizagem (porque lhes é negado o direito a viver como gente). Mas as normas dos egrégios conselhos exigem reter/reprovar enquanto suas mentes não se acelerem. Enquanto não superem os problemas mentais de aprendizagem, de letramento, na idade certa de domínio das competências para a próxima série. Políticas, diretrizes, teorias pedagógicas para ensinar mentes incorpóreas?

Quantos docentes no convívio diário com essas infâncias/adolescências percebem que o problema é mais profundo, que lutam por sobreviver, que se debatem pelo primeiro dever humano: viver carregando vidas/corpos tão precarizados. Que carregam indagações seriíssimas sobre esse mal-viver. Quantos docentes/educadores(as) estão superando dicotomias e percebem que os(as) educandos(as) vão à escola à espera de alguém que os ajude a interpretar seu viver, sua condição de fora de lugar, à procura de ser tratados como humanos. De alguém que os ajude a saber-se lutando por ser humanos.

Docente é quem ensina e ajuda a interpretar a vida. É o que esperam, sobretudo, as crianças e adolescentes, os jovens e adultos condenados a vidas sem explicação. Absurdas porque indignas de um ser humano. Enquanto os currículos, as matérias, as disciplinas não trazem explicações para esse indigno e injusto viver, muitos docentes/educadores estão inventando sérias e pedagógicas explicações. Nos dias de estudo, nas UPMS os movimentos sociais inventam Outras Pedagogias ou sistematizam os aprendizados construídos nas suas lutas por humanidade.

Se a escola, o conhecimento a que têm direito não tem condições de tornar suas vidas e seus lugares mais humanos, ao menos duas tarefas são possíveis: que os conhecimentos escolares os ajudem a entender-se a ler a sociedade, as relações sociais e políticas e os padrões de trabalho e de lugar que os segregam. Mas também que o tempo curto que conseguirão permanecer na escola, no percurso escolar sejam tempos, espaços, percursos onde experimentam seu direito a ser tratados como humanos. Seu direito a um digno e justo viver (ARROYO, 2011c).

PARTE V

Tensas lutas por direitos no campo do Direito

20

PRESSÕES POR SEREM RECONHECIDOS SUJEITOS DE DIREITOS

Os coletivos em movimentos sociais lutam por direitos no próprio campo do direito, da lei. Que seus territórios indígenas, quilombolas, ribeirinhos, das florestas, que suas terras e seus espaços nas vilas, favelas sejam reconhecidos como legais, de direito. Que o judiciário legitime e não deslegitime suas lutas por ocupações, por escola, por cotas e ações afirmativas. Que sejam reconhecidos os direitos das mulheres, do LGTB, os direitos da infância e da adolescência, os direitos dos deficientes...

Por que a centralidade dessa fronteira por ser reconhecidos legais, sujeitos de direito? Porque em nossa história foram decretados como fora da lei. Carregam vivências dessa segregação histórica e reagem. Aprenderam-se sujeitos de direitos ao vivenciar ser tratados sem direitos. Os movimentos sociais trazem seus confrontos ao campo da lei, da legalidade. Repolitizam esses campos. Que significados carregam esses confrontos?

A dicotomia abissal entre o legal e o ilegal

Boaventura de Sousa Santos (2009) nos lembra que um dos campos onde se manifesta o pensamento abissal é no direito moderno... "Onde este lado da linha é determinado por aquilo que conta como legal ou ilegal de acordo com o direito oficial [...] o legal e o ilegal são as duas únicas formas relevantes de existência perante a lei [...] esta dicotomia central deixa de fora todo um território social onde ela seria impensável como princípio organizador, isto é, o território sem lei, fora da lei, o território do ilegal" (SANTOS & MENEZES, 2009: 260).

Essa linha abissal que separa o território do direito do território sem lei teve e tem uma força pedagógica na conformação dos Outros como fora da lei, fora do domínio do direito, sem direitos, ou no território do domínio do não direito. Alocar os grupos populares no território do não direito significa não reconhecê-los nem tratá-los como sujeitos de direitos. Conformá-los sem direito a ter direitos. Consequentemente não lutam apenas por ter direito à saúde, escola, mas por ser reconhecidos existentes perante a lei. Por sair do território do ilegal. Da condição de ilegais.

Por aí passaram e continuam passando os processos, as pedagogias sacrificiais conformadoras dos grupos populares como inexistentes: nega-lhes a condição de sujeitos dos direitos mais humanos: vida, terra, território, trabalho, existência, identidade, condição legal. Nesses campos mais básicos da produção da existência são demarcadas as fronteiras do legal ou ilegal. Nesses campos têm sido produzidos como fora da lei. Aí foram alocados em não territórios do legal.

Por ser demarcado seu lugar de existência como um território sem lei, a violência contra os coletivos nele alocados será legitimada. O extermínio, o despojo de suas terras e territórios, de suas culturas e identidades, de seus modos de produção da vida tem sido uma prática histórica. Por outro lado, toda ação coletiva de existência vinda dos territórios produzidos como sem lei será condenada como expressão de violência, barbárie. Qual a força conformadora desses processos de violência extrema, de desterritorialização e de extermínio no passado e no presente?

Boaventura de Sousa Santos argumenta que esta realidade é tão verdadeira hoje como era no período colonial. Continua a reprodução de não territórios em termos jurídicos e políticos, espaços impensáveis para o primado da lei, dos direitos humanos e da democracia. Territórios de discriminações sexuais e raciais quer na esfera pública, quer na privada, nas zonas selvagens das megacidades, nos guetos, prisões, nas novas formas de escravatura, no tráfico ilegal de órgãos humanos, no trabalho infantil e na exploração da prostituição (p. 31).

Qual a força antipedagógica da segregação dos grupos populares em territórios do não direito? As teorias pedagógicas pouco sabem dessas pedagogias de produzi-los em direitos, ilegais, porque se concentram em pensar, teorizar sobre didáticas de ensino/aprendizagem escolar e porque estiveram mais voltadas para as pedagogias com que salvá-los, trazê-los para o lado de cá. Nem as pedagogias escolares, nem as críticas conseguiram seus intentos porque sabemos pouco da radicalidade deformadora das pedagogias compulsórias de pensá-los ilegais e de segregá-los em territórios sem lei, do não domínio do direito. Processos antipedagógicos que continuam familiares em nosso cotidiano, como que desconstruindo nossas pretensões de vincular educação e direitos, cidadania, conscientização.

A mídia, as ações repressivas, os extermínios de lideranças indígenas, quilombolas, camponesas e suburbanas, as CPIs do MST, a expropriação das terras e territórios, das línguas, culturas... continuam agindo nessa linha abissal no campo do direito. Toda ocupação de terra, espaços e instituições pelos coletivos sem direitos será condenada como vinda dos fora da lei, classificadas como invasões, destruições, atos de vandalismo, violências. Distanciando ainda mais as linhas, aprofundando o abismo e a configuração do território sem lei onde continuam alocados e pensados os povos indígenas, quilombolas, favelados, camponeses, negros, trabalhadores, desempregados ou com outras orientações sexuais.

As ações coletivas com sua carga de lutas, ocupações, resistências põem de manifesto que essas têm sido as pedagogias históricas na sua conformação, desterritorialização. A violência, o extermínio, o despojo de suas identidades foram e são extremamente violentos, legitimados no decretá-los ilegais. Suas virtualidades mais antipedagógicas, compulsórias vieram dos processos violentos, nada consensuais. Na conformação como ilegais foram construídas, aprendidas e testadas pedagogias não da conversão, nem sequer do conflito, mas da violência extrema. Essas pedagogias não fazem parte da história da pedagogia?

Nos encontros de formação, a memória das violências, do extermínio de lideranças, de indígenas, de sem terra, de jovens nas periferias passou a ser um ritual de extrema "densidade pedagógica". A luta pelo direito a essas memórias é uma das pedagogias mais radicais dos movimentos sociais. A memória de seus extermínios sempre ocultada na história oficial, até legitimada porque coletivos ilegais é central no direito à memória.

A expropriação de suas terras, cultura, saberes, identidades, foi e continua sendo de extrema violência. Menos por assimilação do conhecimento, da religião, da cultura hegemônica do que pela violenta destruição das bases materiais da produção de sua cultura, conhecimento, identidade. Por aí chegamos a uma das pedagogias mais radicais: decretá-los fora da lei. "Pedagogias" da violência, do extermínio ainda vigentes, sofridas pelos coletivos e trazidas nos seus encontros de formação e da Universidade Popular dos Movimentos Sociais (UPMS). Por aí contestam e destroem um dos traços das pedagogias legítimas pretenderem ocultar essas persistentes pedagogias da violência e mostrar apenas as pedagogias de consenso. Pacificadoras, inclusivas.

A lei em defesa da propriedade da terra e do espaço

Demarcar territórios legais e ilegais tem sido uma função do direito moderno. A terra em nossa história entra com centralidade nessas demarcações. A pergunta se impõe: Onde se dão as tensões mais radicais entre os movimentos sociais e o direito, o judiciário? Na questão da terra e da raça. Os militantes nos encontros mostram que repõem, ampliam suas fronteiras de lutas por direitos articulados nesses dos campos, terra, etnia/raça. Às tradicionais reivindicações acrescentaram as lutas por terra, espaço, moradia, territórios, por reforma agrária, urbana, por trabalho, por direito a cotas nas universidades e no trabalho. Como reação o Estado e o setor jurídico passaram a ampliar seus controles em defesa da propriedade da terra e do solo. O caráter regulador e até repressor do Estado e do direito entram com toda a racionalidade jurídica. Com a mesma radicalidade com que os coletivos sociais radicalizam suas lutas por terra, territórios, espaço, teto, trabalho, a resposta tem sido reprimir essas lutas que deslocam as políticas tradicionais. Decretar suas ocupações de terra como ilegais, condenáveis. Satanizar os movimentos sociais, suas ações e seus militantes.

É significativo que as tensões entre Estado e movimentos sociais se manifestem com maior radicalidade nas instâncias jurídicas. Diversos movimentos levam a essas instâncias suas reivindicações por direito a terra, territórios indígenas, quilombolas, a cotas nas universidades e no trabalho. Por sua vez, as instâncias jurídicas negam, retardam esses direitos ou concedem reintegrações de posse. Nas decisões jurídicas se aprova a repressão policial aos movimentos sociais.

O setor jurídico vem cumprindo esse papel porque aqueles coletivos sociais tratados ao longo de nossa história como ilegais se atrevem a "invadir" o direito mais básico: a propriedade da terra e do espaço tão centrais na ordem capitalista. Quanto mais se radicalizam as lutas sociais em disputas por terra, território, espaço, trabalho, mais expostos ficam os controles do Estado e de suas instituições do direito e da lei. Os movimentos sociais desocultam essa face do poder. Desocultam o caráter abissal do direito moderno que continua a decretá-los ilegais, fora da lei.

Tensas experiências de aprendizados que a militância carrega para os dias de estudo. Nesses processos/antipedagogias de repressão e até de extermínios aprendem não apenas a resistir aos controles da lei, mas se aprendem em processos pedagógicos por libertação das inferiorizações históricas e por desconstrução do imaginário dos projetos de campo, de desenvolvimento nacional para todos. Desconstroem as imagens do Estado, do direito e das instâncias da lei. As vivências dessas tensões nas instâncias do direito e da lei são um dos aprendizados mais libertadores e inspiradores de lutas no próprio campo do direito. Nas lutas por se afirmar legais não fora da lei. Os movimentos sociais sujeitos da educação em direitos.

Mas os aprendizados vão mais longe. Por que logo eles decretados ilegais, fora da lei se defrontam com as instituições da lei? Nossa história, desde a colonização/apropriação das novas terras, responde a essa indagação. Nesses confrontos com o direito à propriedade e com a centralidade política da terra, do espaço no padrão de poder/dominação/subordinação os coletivos em movimentos aprendem sua longa história de desterritorialização, de expropriação de seus territórios, de destruição da agricultura familiar, de ser sem terra, sem teto, uma história colada a sua decretação de ilegais. Aprendizados que não encontram lugar nas instituições nem do conhecimento, nem do direito, nem nos saberes sociais, mas saberes que encontram lugar e se explicitam nos dias de estudo e nas oficinas. Constroem novos saberes sobre a centralidade conflitiva da terra e do espaço na história de nossa formação e na história específica de ser tratados como ilegais. Aprendem que sua história de decretá-los ilegais é inseparável da história de expropriação da terra.

Ainda um aprendizado mais radical: os coletivos e os militantes camponeses, indígenas, quilombolas, sem teto, sem espaços de um digno e justo viver, jogados em espaços precarizados nas periferias urbanas aprendem e vivenciam que o Estado, o seu sistema jurídico não renunciam a defender a propriedade da terra e do espaço e põem em ação todo seu poder jurídico e repressivo. Aprendem por experiência que os movimentos mais reprimidos têm sido aqueles que lutam por terra, espaço, teto, trabalho. Aí opera com especial eficácia jurídico-científica a função reguladora do Estado em defesa da ordem econômica, da propriedade privada reprimindo toda tentativa de ocupações e de recuperações da terra, repondo sua condição de ilegais.

Nesses tensos confrontos entre Estado, sistema jurídico e movimentos sociais se revela a defesa da propriedade da terra como a constante e central função do Estado e do sistema jurídico e repressivo. Os povos do campo, das florestas, indígenas, quilombolas, comunidades negras rurais, aprendem experimentando a centralidade de decretá-los ilegais, fora da lei para decretá-los sem direito a territórios, a terra, a espaço, a trabalho. Aprendem novos saberes sobre sua história na História ou novos saberes sobre como a questão da terra foi e continua sendo a questão que traspassa a história da formação social, do padrão econômico e de poder/dominação/segregação. Do padrão até republicano de direitos e de cidadania.

Por sua vez, aprendem a ser outros, de invisíveis, visíveis, de ilegais, legais, sujeitos de direitos ao colocarem com centralidade as lutas pela terra, espaço, territórios. Se decretá-los ilegais tem sido a justificativa para desterritorializá-los e expropriar seus territórios, seus espaços, suas terras, afirmar-se em lutas por terra passa a ser um dos processos mais pedagógicos de emancipação, de afirmar-se existentes legais, sujeitos de todos os direitos. Esse passa a ser um dos significados político-pedagógicos mais emancipatórios dos coletivos mantidos na nossa história, na inexistência e na ilegalidade. Se decretá-los fora da lei tem agido como instrumento "legal" para justificar a expropriação de suas terras, reafirmar seu direito a terra adquire uma relevância histórica nas suas lutas por reconhecimento como "legais", como sujeitos de direitos. Apelar a leis e às instâncias jurídicas tem o significado de exigir ser reconhecidos dentro, não fora da lei.

Com essas vivências de sem terra, sem teto e de lutas por terra, teto, território chegam aos encontros como militantes, como jovens/adultos na EJA e até como adolescentes e crianças nas escolas públicas populares. Como trabalhar essas vivências antipedagógicas de destruição de seus espaços, seus territórios? Como trabalhar suas experiências de resistências e de construção de espaços do seu viver, trabalhar, produzir? Há docentes/educadores que dão centralidade pedagógica ao trato dessas experiências em oficinas, eixos temáticos, temas geradores.

Etnia, raça, ilegalidade, legalidade

O direito moderno não demarcou apenas territórios do legal e do ilegal, demarca coletivos humanos, raças, legais e ilegais. O direito e o padrão de poder, de legalidade é racista desde a empreitada colonizadora, na ordem republicana e democrática. Terra e raça se articulam nos confrontos dos movimentos sociais com o Estado e o judiciário. Com o campo do direito.

Nos conflitos entre Estado, direito, justiça e os movimentos sociais se revelam essas tensões específicas: o racismo que acompanha o padrão de poder/dominação/segregação na história da formação social e política. Não é por acaso que entre os "ilegais", os fora da lei estejam os povos indígenas, os afro-descendentes escravizados e libertos, os mestiços. Coletivos ainda sem direito a ter os direitos mais básicos da cidadania republicana. Coletivos étnico-raciais que concentram as estatísticas dos sem-trabalho, sem-moradia, sem-terra, sem-comida, sem-escola, sem-saúde, sem-universidade. A expropriação dos territórios e dos espaços se deu e se dá articulada à segregação étnico-racial. As reações do Estado e de seu sistema jurídico e repressivo carregam o significado de defesa da propriedade da terra, mas também o significado específico de reiteração da história de decretar esses coletivos como ilegais, inexistentes, porque diversos em classe, etnia, raça. Carrega a tradicional segregação abissal etnicista, classista e racista.

As reações tão repressivas das instâncias jurídicas revelam a judicialização das duas questões que cruzam nossa história a partir da colonização e que o capitalismo reforça: a questão racial e a da terra. Os militantes reprimidos e massacrados articulam as identidades coletivas de trabalhadores, camponeses, quilombolas, indígenas, caboclos, negros, construídas em defesa da terra, dos territórios, dos espaços, mas também em defesa das suas culturas, memórias e identidades coletivas. A força dos aprendizados vem dessa constante em nossa história de articular as lutas pelos direitos mais radicais: terra, espaço, trabalho com as identidades mais segregadas: étnicas, raciais. A força dos aprendizados políticos vem de articular-se como movimentos na desocultação, reação não padrão de poder/dominação/subordinação racista, sexista e etnicista que vem das origens de nossa história e que o capitalismo perpetua e a ordem jurídica republicana não supera.

É significativo que, quanto mais avança a opção por um projeto capitalista no campo com a expansão do agronegócio, maiores e mais aceleradas as invasões dos territórios indígenas, quilombolas, das comunidades agrícolas negras, dos povos das florestas, mais brutal a destruição da agricultura camponesa. Também maiores as reações dos trabalhadores dos campos, da agricultura camponesa, das comunidades negras agrícolas, quilombolas, indígenas. Tensões tão próximas da ocupação dos espaços urbanos, da reclusão dos trabalhadores empobrecidos nos lugares mais precarizados, mas também maiores e mais politizados os movimentos por teto, moradia.

O avanço desse projeto de desenvolvimento econômico aprofunda as tensões no campo e nas cidades e provoca reações e movimentos articulados. Reforça identidades em que se cruzam identidades de gênero, raça, etnia, campo, da floresta, quilombola, favelado... Reforça estratégias de luta e aprendizados. Por sua vez, com a expansão do projeto de desenvolvimento se sofisticam os processos de controle. As periferias urbanas, as favelas, os campos como territórios sem lei, violentos a ser pacificados, porque neles proliferam os marginais, sem-lei. Extermináveis, reprimíveis e até "pacivicais" porque ainda fora da lei, da paz social.

Produzidos como fora da lei – Com que pedagogias?

Ter sido decretados fora da lei, ilegais, nos territórios sem lei é mais antipedagógico do que ter sido tratados como excluídos. Com suas resistências tornam visíveis essas pedagogias e sua função sacrificial no próprio campo do direito. Dão destaque a esses processos nos tempos de formação. As teorias pedagógicas inclusivas, críticas, participativas, conscientizadoras, não têm destacado essa condição de ilegais, a que os Outros foram relegados, nem têm dado centralidade a suas lutas no campo do direito. Por onde passam suas lutas?

Reagem a ter sido jogados no reino da ilegalidade, da inexistência perante a lei. A lição radical que os decretados ilegais trazem para tantas políticas em defesa dos direitos humanos é que há uma questão de princípio, epistemológica, de origem: superar ou continuar decretados ilegais ou inexistentes perante a lei e o direito. Suas lutas levam a garantia do direito a ter direitos a sua radicalidade. Superar sua condição de ilegais, de fora da lei é precondição para avançar na garantia de direitos. Inclusive do direito à educação de seus filhos e de suas filhas.

Como coletivos pensados e postos à margem da lei, da cidadania, dos direitos, trazem ações extremamente novas no próprio campo do direito. Afirmam-se legais, desconstroem e se contrapõem a um dos direitos mais sagrados ao direito oficial: a propriedade da terra e os mecanismos legais de sua posse. Levam suas ações coletivas a desconstrução da linha abissal, território da lei *vs* território do alegal, mais tensa em nossa história: terra, território, espaço. Obrigam a ações de reintegração de posse, ocupação/reintegração, colocando em disputa o campo do direito nada menos do que no seu cerne, a propriedade. Como que dizendo ao pensamento sociopedagógico: se esse é um dos campos de demarcação mais profunda da linha abissal em nossa história e da nossa conformação como coletivos sem lei, sem direitos, aí estabelecemos o campo de confronto, de aprender-nos sujeitos de direito, redefinindo o domínio do direito nesse campo tão estruturante em nossa conformação histórica: território, terra, espaço.

Essas pedagogias dos Outros, de suas ações e movimentos recolocam as novas pedagogias no mesmo campo radical, abissal em que foram colocados os processos de sua conformação como ilegais. A radicalidade das **novas, Outras Pedagogias** que perpassam as ações coletivas adquirem toda relevância de serem a contraposição nos mesmos campos dos processos abissais que em nossa história tentaram pensá-los e conformá-los como Outros. Ilegais. Como que alertando que qualquer pedagogia que se afaste desses campos radicais de sua formação/resistência/reconformação como coletivos serão ingênuas, de escassa relevância político-pedagógica, porque pensadas para os Outros do lado de lá sem lei, para incluí-los no território de cá, o único legal.

A novidade das virtualidades pedagógicas das ações coletivas que vêm do lado de lá é que se contrapõem radicalmente às dicotomias, às linhas abissais que os jogaram no lado de lá como sem lei, sem conhecimento, sem validade, sem existência, sem humanidade – e por isso sem território, sem terra, sem espaço, sem vida, sem cultura. Falta à teoria pedagógica crítica, progressista reconhecer essas pedagogias, explicitar seus significados político-pedagógicos. Para tal, será necessário começar duvidando de toda pedagogia, inclusive crítica, progressista, emancipatória, conformada do lado de cá, para incluir alguns do lado de lá, os fora da lei, no campo da lei. Dos direitos.

O que os coletivos decretados fora da lei colocam é que incluí-los no campo dos direitos exige como precondição reconhecê-los legais ou existentes perante a lei, o direito. Mais superar a dicotomia entre territórios do legal e do ilegal. Do Nós legais e os Outros ilegais.

As virtualidades pedagógicas dessas ações coletivas obrigam o pensamento pedagógico a sair do lado de cá, a superar processos, pensamentos, pedagogias que eliminaram o lado de lá e os coletivos do lado de lá como sem lei, inexistentes, sem racionalidade, sem direitos porque sob o domínio do não direito. Até as teorias pedagógicas críticas com toda sua radicalidade são instigadas a colocar-se na radicalidade que esses coletivos e suas ações põem no campo do conhecimento, da teoria pedagógica e do direito. Sua presença é incômoda, por invadirem o lado de cá se afirmando legais, coexistindo em lutas, em um dos campos mais tensos – o direito de propriedade – e nos campos mais disputados em nossa história, território, terra, espaço.

Essa presença radicalizando esses campos históricos traz dimensões formadoras desestabilizadoras de teorias e pedagogias pensadas em abismos de campos. Apontam que essas pedagogias abissais em que foram conformados como ilegais não têm merecido o destaque que tiveram e ainda têm em nossa história, e que as dimensões pedagógicas de suas ações radicais nesses campos continuam não merecendo a centralidade que os próprios coletivos dão como constituintes da força pedagógica de seus movimentos.

Os militantes/educadores em seus dias de estudo dão centralidade a entender esses processos em que foram decretados fora da lei, mas não se limitam a denunciar essas pedagogias de inferiorização e expõem as pedagogias com que se afirmam legais.

Se a teoria e o pensamento pedagógico pretendem se repensar não podem ignorar, desperdiçar essa afirmação dos Outros nesses campos tão radicais em que colocam suas lutas e afirmações: sair de sua demarcação territorial como fora da lei, reafirmando a centralidade da demarcação territorial em que foram recluídos pelos processos brutais de desterritorialização, de expulsão de seus territórios, terras, espaços, de conformação como coletivos sem terra, sem território, sem espaço, porque decretados ilegais, sem lei. Ao centrarem aí suas lutas revelam a centralidade dada na nossa história, na história de sua conformação como inferiores, inexistentes perante a lei, o direito a essa desterritorialização, ou alocação em territórios sociais do alegal, do não direito. Revelam a centralidade de sair desses territórios, mostrar-se, ocupar suas terras, territórios, lugares, afirmando-se sujeitos de outro-legal, outro-direito, outra existência, outra cidadania, outra ética. Outra pedagogia.

As ações dos coletivos desterritorializados da justiça, da lei, ou recluídos em territórios do domínio do não direito pressionam as pedagogias legítimas por ir além, entendendo que não reconhecer seus territórios de vida como territórios de direitos tem sido a forma mais brutal de destruí-los. Das pedagogias e das políticas se exige des-demarcar esses territórios de vida como fora da lei, como sob o domínio do não direito. Des-demarcá-los como ilegais. Por aí apontam suas pedagogias nas ações coletivas contra a sua desterritorialização desses espaços da lei. Como dar centralidade a essas pedagogias nos tempos de estudo e de formação?

Essas pedagogias exigem ser assumidas como conformantes de nossa história e da tensa história das teorias pedagógicas. Como trabalhar essas vivências de fora da lei que já levam às escolas os(as) filhos(as) dos coletivos decretados ilegais, jogados a territórios pensados sem lei? Como trabalhar sua participação como crianças e jovens nas lutas de seus coletivos por espaços de direito, por acesso à justiça pela legalização de suas terras, lotes, moradia?

Pedagogias de afirmação de sujeitos de direitos

Para avançar na construção de Ouras Pedagogias será urgente aprofundar nesta questão: Como os coletivos sociais, raciais, étnicos, dos campos e das periferias reagem às pedagogias de conformá-los como fora da lei? Afirmando-se sujeitos de direitos. Legais. Contra ser pensados e alocados no território do não direito se afirmam ocupando territórios de direito. Contra a negação da condição humana, logo sua negação de sujeitos de direitos humanos se afirma humana, plena, com direito aos direitos humanos: vida, terra, trabalho, escola, universidade... Contra a violência, o extermínio e o despojo de suas identidades e culturas se afirmam sujeitos de cultura, identidades, memórias.

O aprendizado dos direitos pode ser destacado como uma dimensão educativa dos movimentos sociais, mas o aprendizado de sua condição de sujeitos legais é ainda mais radical. Continuar tratados como ilegais à espera de políticas de direitos pontuais, inclusive escola, educação é uma contradição. Dos "ilegais" vêm lutas mais radicais. Colocam suas lutas no campo dos direitos, da lei, da legalidade, reagindo a ser relegados a territórios sem lei. Afirmam-se legais na fronteira de uma pluralidade de direitos: a saúde, a moradia, a terra, o teto, a segurança, a proteção da infância, a cidade. A escola e a universidade, o conhecimento e a cultura. A brutal segregação dos setores populares urbanos dos serviços públicos, mais básicos, provocou, desde a década de 1950, reações e mobilizações pela inserção social. Pelo direito à cidade, aos bens e serviços públicos. Nas décadas de 1970 e 1980 os movimentos sociais urbanos se afirmaram em uma pluralidade de lutas por direitos a espaços de legalidade. A luta pela escola pública foi e continua sendo uma fronteira de suas lutas por espaços de direito, mas por ser reconhecidos existentes perante a lei, o direito.

As camadas urbanas em toda América Latina foram crescendo e ocupando o espaço urbano de maneira caótica. Como se inserir? Como ter parte ou ter direito à cidade? A inserção social passou ao debate político, social e educativo. Passou a inquietar e mobilizar as próprias camadas populares urbanas. Processos diversos e dispersos de mobilização por ser reconhecidos legais que vão contribuir para a conformação dos direitos sociais dos segregados, os fora da lei. Entre esses direitos, com destaque o direito à educação e à escola pública, à saúde, transporte... O direito ao espaço, à moradia. Lutas por direitos que se prolongam nos movimentos sem teto. Os mesmos coletivos decretados ilegais, relegados ao território do ilegal repõem suas lutas emancipatórias nesses territórios do legal. Lutas tão concretas por sair da condição de inexistentes perante a lei, o direito, e de se mostrar existentes lutando por direitos.

O direito a ter direitos, a ser reconhecidos existentes no território do direito vai deixando de ser visto como uma dádiva da política clientelística e vai sendo exigido como um direito. Vai se dando um processo de reeducação da velha cultura política, abissal e sacrificial, vai mudando a velha autoimagem que os próprios setores populares carregavam como clientes agraciados pelos políticos e governantes. Nessa reeducação da cultura política tem tido um papel pedagógico relevante os movimentos sociais, tão diversos e persistentes na América Latina, na diversidade de lutas por direitos, por afirmar-se legais e afirmar seus territórios como legais.

Essa reeducação da cultura política que vai pondo o espaço, a moradia, o posto de saúde, a educação e a escola popular na fronteira do conjunto dos direitos humanos se contrapõe ao discurso oficial e por vezes pedagógico que reduz o espaço ou a escolarização a mercadoria, a investimento, a capital humano, a nova habilitação para concorrer no mercado cada vez mais seletivo. Especificamente, as lutas coletivas pela escola básica explicitam essas tensões no próprio território do direito à educação e das concepções de educação, mas vão mais fundo explicitando lutar por construir seus espaços, vilas, favelas, ocupações, assentamentos como territórios legais. De direito. A escola confere legalidade a seus territórios seja nas vilas, favelas, nos campos ou nos quilombos. As lutas por escola no campo, no quilombo, na favela é parte de uma luta maior para que seus espaços sejam reconhecidos legais, não territórios do ilegal.

De alguma forma os movimentos sociais reeducam o pensamento educacional, a teoria pedagógica, a reconstrução da história da educação básica como uma luta mais ampla por ser reconhecidos sujeitos legais de direitos. Reeducam a cultura política. Reeducam uma cultura e um pensamento que tinham como tradição pensar a história dos direitos como apêndice da história oficial, das articulações do poder, das concessões das elites, das demandas do mercado... Seria de esperar que até a reconstrução da história da democratização da escola básica popular na América Latina não esquecesse de que ela é inseparável da história social dos setores populares. De seus avanços na consciência dos direitos por territórios legais. Seria de esperar que as teorias pedagógicas se interrogassem sobre que concepções de educação, de direito e de educação inspiram essas lutas. Lutas por libertação da condição de ilegais.

Por exemplo, a expansão da escola básica popular se torna realidade não tanto porque o mercado tem exigido maior escolarização, nem porque as elites se tornaram mais humanitárias, mas pela consciência social dos direitos reeducada pelas pressões populares. Estas podem até sonhar na escola como porta do emprego, entretanto as grandes massas pobres que se debatem com formas de sobrevivência elementaríssimas agem por outra lógica. Não será a desarticulação de suas vidas que as leva a pressionar pelos serviços públicos mais básicos? Por espaços e tempos de dignidade e cuidado para seus filhos e filhas? O espaço e o tempo de escola é equacionado nesse horizonte de dignidade para o cuidado e proteção da prole. É a sensibilidade humana popular que pressiona por humanidade. Que avança na consciência de ser sujeito de direitos (ARROYO, 2010).

Pedagogos do aprendizado dos direitos

Essas dispersas e diversas mobilizações populares por direito se prolongam por todas as últimas décadas. Controladas, cooptadas ou reprimidas brotam e rebrotam tão persistentes quanto a opressão e marginação, quanto a negação de direitos a que continuam submetidos os setores populares ao longo dessas décadas. Não é temerário, portanto, supor que essas mobilizações agiram como pedagogos no aprendizado dos direitos sociais, especificamente do direito à educação. Pedagogos das próprias teorias pedagógicas. As pedagogias progressistas se pensaram com a função de educar, conscientizar os grupos populares em seus direitos à educação, à escola. Mas os ilegais, os decretados inexistentes perante a lei levaram suas lutas mais longe, para seu reconhecimento como existentes perante a lei.

Essas opções político-pedagógicas por conscientizar os oprimidos, segregados, excluídos do direito à educação e à escola e aos direitos humanos básicos trouxeram contribuições relevantes para o pensamento educacional, para as teorias pedagógicas. Reconhecer que os trabalhadores, os coletivos populares se mostram conscientes desses direitos e em ações e movimentos passam a ser sujeitos, atores na garantia desses direitos exige indagações pedagógicas, políticas mais radicais: Com que pedagogias, em que processos tomaram consciência? Com que estratégias e com que leituras de sociedade, de si mesmos se aprenderam legais, sujeitos de direitos e atores na garantia desses direitos? Constituíram-se pedagogos do aprendizado dos direitos? Exigem ser vistos como atores de Outras Pedagogias? Qual a especificidade das pedagogias dos grupos, classes sociais em movimentos ao reconhecer-se e afirmar-se sujeitos de direitos? Legais? Ao reagir a que seus territórios sejam decretados fora da lei?

Essa pedagogia que pode ser encontrada nas lutas e mobilizações dos setores populares das cidades e dos campos se encontra e reforça com o aprendizado dos direitos vindo da inserção no trabalho. O movimento operário, o novo sindicalismo se articulam de formas diversas, ao menos se aproximam dessas dispersas mobilizações populares. Os atores não são tão diferentes. A consciência do direito ao trabalho, à cidade e à terra se alimentam e contaminam. A consciência dos direitos se radicaliza na inserção na produção e se amplia nas lutas pela inserção nos serviços básicos para a reprodução digna da existência. O movimento operário e a diversidade de movimentos sociais ao afirmar-se sujeitos de direitos, legais, têm sido os atores políticos mais expressivos na destruição da concepção abissal do direito.

Os sindicatos tiveram um papel pedagógico relevante e reconhecido no avanço da consciência dos direitos do trabalho e da cidadania. Agiram como escolas de formação de lideranças e de formação política das diversas categorias de trabalhadores. Os movimentos sociais não deixaram de ter papel pedagógico, formaram lideranças também e contribuem para educar as camadas populares nem sempre tocadas pela mobilização operária. Em frentes diversas cumpriram papéis educativos próximos. Pedagogias outras de afirmação de direitos em diálogos que, ao afirmar-se e mostrar-se outras, mostram que a história das teorias pedagógicas exige ser recontada como uma história tensa e diversa por direitos. Por autorreconhecimentos dos Outros como legais.

Pressões pelo reconhecimento como sujeitos legais

Há dados novos nas lutas dos movimentos sociais por reconhecimentos: de um lado, o poder judiciário ora controla suas reivindicações por direitos, ora as ignora. De outro lado, os movimentos sociais em sua diversidade tentam levar suas lutas por direitos ao campo da lei. Como interpretar esses dados e que consequências podem trazer para a formulação de políticas de reconhecimento?

O espaço do reconhecimento seria o espaço da lei? Falta na formulação e análise de políticas dar a devida centralidade à lei. Damos mais importância à relação educação/cidadania do que lei/cidadania; damos maior importância para o reconhecimento da cidadania às condições de comparecimento à escola do que do comparecimento à lei, às instituições da justiça e dos direitos.

A classificação dos coletivos populares indígenas, negros, quilombolas, trabalhadores, dos campos e periferias como fora da lei faz parte da nossa cultura política. Fora da lei, logo não incluíveis, não reconhecíveis como dentro da lei, das garantias que os estatutos, leis conferem à cidadania e ao trabalho, à terra, ao teto; não passíveis de comparecer perante a lei ou não reconhecidos trabalhadores, cidadãos sujeitos de direitos. A subcidadania em que são mantidos não passa tanto pelo estarem fora da escola, mas fora da lei que regula a propriedade, as leis do trabalho, por não ser reconhecidos na condição de comparecer perante a lei. Avançamos mais no direito a frequentar a escola do que no direito a comparecer perante a lei.

Os coletivos cuja terra, território, lote, casa, barraco, existência, trabalho informal, do campo, sobrevivência não estão determinados pela lei reagem a estar fora da lei, consequentemente na condição de um trabalho e uma existência precária, uma cidadania, não cidadã, não determinada pela lei nem capaz de ser garantida nos estatutos legais que regulam a propriedade, a moradia, o terreno, o trabalho, a estabilidade, a aposentadoria, que regulam e garantem os direitos legais, até a saúde e educação como direitos. Classificados ao longo de nossa história como sem direito a ter direitos porque ilegais.

As lutas pelo reconhecimento como sujeitos legais adquirem centralidade nos movimentos sociais. Por onde pautam essas lutas? Uma das fronteiras mais tensas está posta de um lado em desconstruir a propriedade privada como o estatuto legal que os mentem sem direito a terra, moradia, território. De outro lado, as lutas por reconhecer como legais as ocupações de terras, espaços, tetos, como espaços de direito à vida. Mas a garantia dessas lutas pressupõe seu reconhecimento como sujeitos legais.

Outra fronteira está posta em lutar por políticas públicas de direitos, com respaldos e garantias legais. Que a lei seja o princípio organizador das políticas. Na medida em que as políticas públicas, sua formulação e análise secundarizam ou ignoram as condições legais de garantia dos direitos que proclamam e pretendem defender terminam reduzidas a diretrizes e proposições voluntaristas, a estratégias de boa vontade, metas decenais, PNE, sem o cuidado de remeter a estruturas, ordenamentos jurídicos. Nem os responsáveis sentem-se obrigados perante a lei, nem os supostos destinatários sabem a quem recorrer, em que ordenamento legal exigir as políticas propostas. Os direitos.

O campo da educação, o próprio direito à educação está fora da lei regulado apenas por diretrizes que repetem princípios avançados, mas sem valor de leis. O princípio "toda criança na escola, toda criança tem direito à educação" representa um avanço, mas milhões de crianças são obrigadas a caminhar horas para a escola, obrigadas no campo a caminharem quilômetros para esperar um ônibus ou caminhão para viajarem ainda mais quilômetros para ir e voltar à escola nucleada porque a escola do campo foi fechada. A quem apelar para esse desrespeito aos direitos mais elementares da infância/adolescência? Para os coletivos populares uma lição fica explícita: não é suficiente formular políticas que proclamem que todos são sujeitos de direitos. Não basta essa linguagem generalista, persuasiva. A mera proclamação de direitos passou a ser um instrumento débil de políticas, inclusive débil de poder de persuasão porque a persuasão é débil se não respaldada por ordenamentos jurídicos que garantam os direitos proclamados.

A ênfase agora nas políticas educativas passou a ser educação em direitos. Eduquemos persuadindo para respeitar os outros, tolerar, conviver com os outros reconhecidos sujeitos de direitos. A meta normativa dessas políticas para o trato dos diferentes porque reconhecidos sujeitos de direitos ainda fica na denúncia e em campanhas contra a homofobia, o racismo, o sexismo, o regionalismo e em projetos de educação para convívios mais tolerantes entre os grupos diferentes. Como se esses problemas sociais e políticos fossem de tolerância entre os segregados. Oculta-se que as pedagogias mais abissais vão decretá-los como ilegais, inexistentes perante a lei e o próprio direito.

Os coletivos populares exigem garantias legais para seus direitos. Entretanto, no campo da educação e das políticas e diretrizes educativas há uma tendência a acreditar na sua função persuasiva. Custa-nos aprender que essas medidas persuasivas e que a própria educação enquanto instrumento persuasivo se tem mostrado débeis quando se continua decretando-os ilegais e se secundarizam instrumentos legais que já existem ou deveriam ser definidos como parte das políticas públicas. Os movimentos sociais colocam uma questão nuclear: Por que essa constante secundarização dos instrumentos legais e essa crença no papel persuasivo do convencimento? Por que a educação se autoidentifica com a crença no convencimento para a conformação das condutas. Porque se parte de que a questão é de diferenças de condutas e de valores individuais.

A educação se autodefiniu na história social como um instrumento de persuasão a dispensar outros instrumentos. A lei entre eles. Pela educação em direitos se espera conformar uma sociedade igualitária; pela educação sexual se espera conformar o respeito às diversas orientações sexuais, superar toda homofobia; pela educação na igualdade racial, étnica, espera-se superar todo preconceito étnico-racial acumulado em nossas instituições sociais, educacionais, jurídicas, literárias, midiáticas. No Estado e nas relações de trabalho e de produção.

Essa crença na educação como instrumento persuasivo está presente na cultura política, o que leva ao enfraquecimento de instrumentos compulsórios, legais, que deem condições aos sujeitos individuais e, sobretudo, aos coletivos sem direito a ter direitos a comparecer perante a lei. O avanço dos direitos foi entregue a políticas e programas de persuasão e não de condições de acesso ou de poder comparecer a lei, porque ou não existem ou não é facilitado esse acesso. O ordenamento normativo em educação dedica mais tempos e páginas a proclamar princípios do que a normatizar sobre as bases, as estruturas e as condições. Sobram diretrizes e faltam bases legais, estruturais que as efetivem. Uma longa história que se aplica nas políticas e diretrizes socioeducativas destinadas aos setores populares. Vistos apenas como destinatários de aconselhamentos, de diretrizes, não reconhecidos como legais, sujeitos da lei. De direitos.

Os coletivos sociais, étnicos, raciais, pensados e tratados como fora da lei colocam na agenda política uma pergunta histórica: Por que esses fracos instrumentos legais e essas dificuldades de comparecer perante a lei? Inclusive por que essa secundarização dessa ênfase no acesso às leis nas políticas públicas? Porque os destinatários dessas políticas são os coletivos populares pensados e alocados em nossa história como fora da lei. A ênfase na lei implicaria deixar de reconhecê-los como fora da lei. Daí que suas políticas se situam em campos extralegais – persuasão, proteção, tolerância, solidariedade. Educação até em direitos.

Pela copresença dos diferentes no território da lei

Acompanha a história das Américas alocar os diferentes em etnia, raça, no território do ilegal ou alegal. Classificá-los como fora da lei. Na medida em que esses grupos sociais se organizam em movimentos por direito às diferenças, novas fronteiras de tensão são desocultadas e as disputas pelo legal, ilegal se instauram no próprio campo do direito à diversidade, igualdade e equidade.

Os debates recentes em torno do parecer CNE sobre como trabalhar preconceitos e representações sociais racistas presentes no material didático e literário que chega como material oficial às escolas revela que há consenso em que os(as) professores(as) trabalhem pedagogicamente com as crianças e adolescentes a tolerância, o convívio sem preconceitos. Reafirma-se a função de persuasão e se acredita na educação como instrumento de persuasão para a tolerância inter-racial, porém as reações violentas se concentram na intolerância a consolidar leis, normas, instrumentos legais que sequer contextualizem o material e os livros didáticos. Accita-se que as tensas relações inter-raciais em nossa sociedade sejam um campo de educação/persuasão, não um campo de possibilidades de comparecer perante a lei. Reage-se a possibilidade de qualquer lei em nome da defesa da persuasão como único instrumento de correção das racistas relações de nossa sociedade, de suas instituições e até do material didático e literário.

A mesma resistência, ou ainda maior na aprovação do Estatuto da Igualdade Racial no Congresso ou na aprovação de normas legais que garantam o direito à educação superior e ao acesso a partir de ações afirmativas e cotas para os afro-descendentes, indígenas, quilombolas, do campo. A política que prevalece é que o direito à igualdade não seja regulado, não garantido em lei, mas deixado a critério das universidades ou da política de emprego de cada empresário ou gestor, em nome da autonomia legal de cada universidade, de cada empresa ou em nome da igualdade republicana de todos genericamente iguais perante a lei maior, a Constituição.

Por aí chegamos à questão que nos acompanha: Em que norma e concepção, ou em que marco legal garantir o reconhecimento legal à diversidade? Boaventura de Sousa Santos (2009) nos lembra que "a linha abissal invisível que separa o domínio do direito do domínio do não direito fundamenta a dicotomia visível entre o legal e o ilegal que deste lado da linha organiza o domínio do direito" (SANTOS & MENEZES, 2009: 34).

Por essa dicotomia abissal entre o legal e o ilegal ou entre os legais e os ilegais – os diferentes passam as resistências a políticas de reconhecimento dos direitos à igualdade e as diferenças no terreno do legal. Como tratar como legais os coletivos diferentes pensados em nossa história como ilegais ou no território do alegal? Afirmar-se legais ou que suas lutas sejam legalizadas, reconhecidas no território do legal passa a ser uma estratégia dos movimentos.

Nessa dicotomia que acompanha nossa história podemos entender que as políticas socioeducativas e até de reconhecimento para os coletivos diversos nem cogitem em ser políticas de legalidade e se limitem a ser políticas persuasivas, até específicas para os diferentes, reproduzindo a negação histórica de sua copresença nos territórios da lei e do direito. Essas políticas reproduzem a imagem social de coletivos ilegais destinatários de políticas e programas de inclusão subalterna, condicionada ou de reconhecimento como legais, contanto que passem pela escola e por tantos projetos de passagem da condição de ilegais para o território da legalidade.

Aqueles coletivos não pensados como ainda no território da legalidade são os destinatários preferenciais das políticas públicas socioeducativas: bolsa escola, pró-infância, pró-jovem, pró-igualdade, pró-reconhecimento, porém sem tocar e sem desconstruir essa dicotomia histórica entre o legal e o ilegal, os legais e os ilegais. Por que essas políticas públicas que giram nessas dicotomias e que têm como destinatários os coletivos pensados no território do ilegal, alegal não questionam essa dicotomia, mas a aceitam como natural e a reforçam? Repetem princípios e diretrizes progressistas, mas carecem de base legal, compulsória. Belas recomendações, mas fracas, que não obrigam os responsáveis políticos e não possibilitam os destinatários a aceder à lei. Por que tão poucas políticas de reconhecimento legal, de defesa de leis que garantam a equidade ou o direito às diferenças e à igualdade? Porque as políticas públicas para os ilegais pretendem situar-se para além da legalidade e ilegalidade. Situam-se em um limbo da inclusão e de igualdade fora das coordenadas e dicotomias que acompanham nossa formação social. Aí radica sua ineficácia.

Por que as políticas de reconhecimento dos diferentes persistem em situar-se nesse limbo da inclusão? Talvez por ser mais complicado situar-se na radicalidade de reagir a pensá-los e alocá-los como fora da lei em nossa história. Boaventura de Sousa Santos (2009) acrescenta em sua análise: "As formas de negação radical produzem uma ausência radical, a ausência de humanidade, a sub-humanidade moderna. Assim, a exclusão torna-se simultaneamente radical e inexistente, uma vez que seres sub-humanos não são considerados sequer candidatos à inclusão social. A humanidade moderna não se reconhece sem uma sub-humanidade moderna" (SANTOS & MENEZES, 2009: 38).

Diríamos que a legalidade e aqueles que se autodefinem legais não se reconhecem sem uma ilegalidade ou sem ilegais. Quem tem interesse em manter esse estilo de políticas fracas, sem força legal, compulsória quando se trata de garantir direitos dos setores populares? Chegamos às políticas de Estado, ao papel do Estado nas políticas de reconhecimento.

21

Resistências aos controles jurídicos

Os próprios coletivos em movimentos têm politizado o campo do direito, na medida em que ampliaram e radicalizaram suas fronteiras de lutas. Às tradicionais reivindicações de direito a escola, saúde, transporte, acrescentaram direitos mais radicais à terra, ao espaço, à moradia, aos territórios, à reforma agrária, urbana, à soberania alimentar, ao trabalho. Defendem seu direito real de posse como comunidades indígenas, quilombolas, camponesas, negras, ribeirinhas, das florestas e das periferias urbanas. Como trabalhadores, defendem os direitos do trabalho ameaçados.

Ao colocar suas lutas nessas fronteiras tão radicais vivenciam processos formadores radicais, passam a entender o sentido de lutar por outro projeto de campo, de sociedade e de justiça. Esse é o aprendizado mais destacado nos encontros: aprender-se sujeitos desses direitos mais radicais que tocam na estrutura urbana e fundiária, que questionam o direito da propriedade da terra e do espaço. Que tocam nas relações de classe. Aprendizado articulado a reconhecer-se diversos em etnia, gênero, raça, orientação sexual, identidades coladas às lutas por terra, espaço, territórios ou ações afirmativas. Aprendizados que trazem tensões radicais ao campo do direito, da função do Estado e do sistema jurídico. Esses autorreconhecimentos como sujeitos legais, de direitos levam a novos confrontos entre os movimentos sociais, o Estado e o judiciário.

A ampliação e radicalização das lutas no campo jurídico

Boaventura de Sousa Santos (SANTOS & MENEZES, 2009) lembra que o conhecimento e o direito modernos representam as manifestações mais bem conseguidas do pensamento abissal, da decretação da inferioridade e inexistência dos Outros. No campo do direito moderno se define o que conta como legal ou ilegal de acordo com o direito oficial do Estado. Nas oficinas e dias de estudo fica de manifesto que no campo do direito se estabelecem conflitos tensos entre os movimentos sociais e o Estado. Uma das questões postas pela militância é como reagir e resistir à dominação jurídica, cada vez mais explícita. Questões postas em toda a América Latina, onde os movimentos sociais se mostram ativos em novos confrontos com o Estado e com a ordem jurídica. Mas também ativos para que seus direitos sejam legalizados. Ocupar o território cercado da justiça, do direito passa a ser uma ocupação libertadora.

Os próprios coletivos em suas lutas por direitos apelam ao judiciário, reivindicam o acesso à justiça para a legalização do direito a seus territórios indígenas, quilombolas ocupados, ou contra a construção de usinas hidroelétricas, ou pelo direito a ações afirmativas e cotas nas universidades. Por que esses confrontos e esse apelo à ordem jurídica? Estaria se dando uma judicialização das lutas por direitos? Das lutas por emancipação?

Nos encontros e oficinas ficam explícitos os tensos confrontos com a lei. Fica explícita a consciência de que as instituições do direito têm sido e são centrais, tanto na garantia quanto na negação dos seus direitos. Sobretudo, dos direitos a terra, território, espaço e dos direitos à diversidade de identidades coletivas: indígenas, negras, de gênero. O que há de mais tenso com as instituições do Estado e da lei é que os movimentos sociais se articulam nessas tensas fronteiras: terra, raça, gênero, tão conflitivas ao longo de nossa história. Reivindicam a legalização de terras das comunidades indígenas, quilombolas ou lutam por escola, universidade dos afro-descendentes, ou pelo estatuto da igualdade racial ou de gênero, pelo direito a cotas no trabalho de mulheres, afro-descendentes... Os direitos a terra, trabalho são articulados pelos movimentos sociais aos direitos à diversidade de gênero, etnia, raça. Campos históricos de tensões específicas na especificidade de nossas relações políticas, sociais, econômicas e até culturais e pedagógicas.

As diversidades que as classes sociais e os grupos étnicos, raciais, de gênero, dos campos e das periferias expõem deixam de manifesto que a ordem jurídica como legitimadora de direitos é pressionada a reconhecer a diversidade social, cultural, política e para levar em conta o pluralismo jurídico ou de origens, de concepções e práticas de direitos constituintes da diversidade de nossas sociedades.

Em realidade essa diversidade foi levada em conta ou tem justificado a expropriação de seus direitos. Decretados sem direito a ter direitos porque diferentes. Consequentemente são os movimentos dos coletivos diversos que trazem questões mais radicais ao campo dos direitos. São eles os reprimidos em nome da lei, do direito oficial por lutarem por direitos. Por que as instituições da justiça limitam e reprimem as lutas desses coletivos diversos por seus direitos? Porque esses coletivos foram decretados sem direito aos direitos mais básicos: terra, trabalho, espaço, comida, vida. Porque os mesmos continuam exigindo do judiciário o reconhecimento de suas lutas por esses direitos mais tensos, conflitivos em nossa história política. Tensões vivenciadas pelos movimentos sociais de extrema força pedagógica. São as novas fronteiras de lutas. As novas pedagogias de sua formação.

Os movimentos sociais ao trazer essas pedagogias com essa densidade pedagógica não apenas exigem incorporar esses processos formadores na história das teorias pedagógicas, exigem superar narrativas de pedagogias/didáticas miúdas, que tanto tempo/espaço ocupam na história do pensamento educacional. Exigem trazer outras, aquelas que se dão nos processos mais radicais, de raiz da humanização/desumanização dos coletivos humanos. Quanto mais determinantes do viver, de ser humanos são os direitos negados, essas antipedagogias serão mais determinantes e deformadoras. E quanto maiores as lutas coletivas por esses direitos, tão determinantes as pedagogias carregarão densidades formadoras mais radicais. A história das teorias pedagógicas ganharia em densidade se incorporasse essas densas pedagogias e antipedagogias.

Sentenciando que lutas são legais e ilegais

Há um motivo especial que torna de extrema relevância política e pedagógica os aprendizados dos movimentos sociais em seus confrontos com o Estado e especificamente com o sistema jurídico: conhecer-se em nossa história política, conhecer as brutais inferiorizações que pesam sobre esses coletivos diversos e conhecer o papel histórico do campo do direito, da justiça nessa produção.

No campo do direito moderno se define o que é legal ou ilegal. Sobretudo, **quem são legais ou ilegais**. Esse campo do direito continua sentenciando que lutas são legais ou ilegais. Sobretudo, que coletivos continuam tratados como fora da lei. Nesse ponto está a radicalidade dos confrontos e dos aprendizados, não apenas em decretar que as lutas dos movimentos sociais são ilegais, mas que eles como trabalhadores, coletivos sociais, raciais, étnicos, de orientação sexual, são ilegais. Nessa histórica decretação dos coletivos diversos como ilegais se legitima que do judiciário venha a força coercitiva, legitimadora das desocupações de terra, das repressões a suas lutas e até dos extermínios de lideranças de coletivos porque ilegais, fora da lei. Desse decretá-los ilegais vem a satanização dos seus movimentos e as tentativas de despolitização de suas lutas e ações políticas por direitos. Como reconhecer coletivos ilegais sujeitos de direitos? Os movimentos sociais, seus militantes experimentam, aprendem e entendem que o poder judiciário, que o campo do legal ao continuar pensando-os como ilegais exerça sua força política coercitiva mais radical. Como resposta se politizam os confrontos no campo do judiciário, do que é legal e ilegal. De que coletivos e que lutas são legais e ilegais.

A questão se têm ou não direito a terra, espaço, territórios ou a entrada na universidade, o campo do direito justifica em uma questão de origem: não têm direito, nem poderão tê-lo porque decretados ilegais, fora da lei a partir do início de nossa história colonizadora. A República e a democracia, o Estado de Direito não os libertou dessa condição de ilegais. Apenas aqueles reconhecidos legais têm direito a ter direitos e serão iguais perante a lei. Terão de seu lado a justiça.

Diante dessa função segregadora do campo do direito, os coletivos decretados ilegais, logo fora da lei, não lutam apenas por ter direitos, por conquistar este ou aquele direito, mas por superar sua condição de ilegais, de fora da lei. Por desconstruir o campo do direito moderno que predefine o que é legal ou ilegal e quem são os coletivos humanos, sociais, políticos legais ou ilegais. Essa é a contraposição radical nos confrontos entre o judiciário e os movimentos sociais dos coletivos ilegais.

Aprender-se nessas lutas por direitos é de extrema densidade pedagógica e política. Aprendem a continuidade da longa história de sua produção como ilegais em cada gesto de decretação de suas terras, territórios, moradias como territórios sem lei. Aprendem que cada decisão judicial decretando suas ocupações como ilegais é mais uma forma de continuar decretados ilegais, condenáveis, coercíveis. Aprendizados, saberes de extrema relevância por vir do próprio campo do direito em lutas por direitos. Pelo campo do direito passam também processos deformadores, antipedagogias persistentes nos processos de dominação/subordinação.

Se a experiência da opressão tem sido uma matriz formadora, a experiência de ser pensados e tratados como ilegais, fora da lei é uma matriz de aprendizados extremamente radicais, pois os afeta no cerne da condição política: o aprendizado de ser mais do que oprimidos, decretados inexistentes, fora da lei nas relações políticas, no pertencimento à comunidade política e social. Na inexistência como sujeitos de direitos. Nem sequer coletivos excluídos, negados nos direitos, mas inexistentes perante a lei para serem reconhecíveis sujeitos de direitos. Cada decisão da justiça de reintegração de posse reafirma o decretá-los do lado de lá da ilegalidade. É o mecanismo mais abissal para mantê-los sem direitos. Os fora da lei não terão direito à lei.

Essa história está guardada nas memórias coletivas. Entretanto, o que os movimentos sociais repõem é mais do que essa história. É a outra longa história de reações e de resistências a ser tratados como ilegais. Resistências ocultadas nas narrativas e teorias do direito. Como coletivos revelam que o caráter segregador do direito moderno tem sido uma constante em nossa história política ao continuar decretando-os ilegais. Que se sabem vítimas dessa longa história ocultada. Que estão cumprindo o papel histórico de desocultá-la. Suas reações e resistências foram decretadas ilegais porque foram uma constante em nossa história. Os coletivos sociais foram decretados fora da lei porque reagiram à expropriação de seus territórios, espaços, suas terras. Porque existentes, incômodos. Longa história de resistências emancipatórias no campo do legal.

Por essas radicalidades políticas passa a relevância formadora/pedagógica das tensas relações entre coletivos em movimentos e o Estado e suas instituições da lei, do direito nos novos confrontos de lutas por direitos.

Decretados ameaçadores da ordem social

A imagem de perigo social no campo e nas cidades e até nas escolas passa a justificar a intervenção reguladora e até repressora do Estado e das instituições da lei. O Estado jurídico se afirma impondo a ordem a todo preço pela repressão, desmobilização dos movimentos sociais fora da ordem.

Nos tempos/espaços de oficinas de estudo aparece um aprendizado novo: ser pensados e tratados pelo Estado e especificamente pelas instituições da lei como um perigo para a ordem social. Essa visão vem crescendo como reação a suas presenças resistentes, afirmativas. Uma visão do povo que se contrapõe à tradicional forma de pensar os coletivos populares como pacíficos, ordeiros, porque inexistentes. A visão de povo no atraso, mas ordeiro, era um traço da visão das elites sobre os povos do campo, indígenas e até das massas da cidade lutando pela sobrevivência nos morros. Essa visão está em desconstrução. Os próprios coletivos ao mostrar-se existentes destroem essa imagem. As representações sociais das elites também mudaram a imagem do povo, de pacíficos e ordeiros para violentos. Dos morros, dos campos e das florestas vem a ameaça à ordem social, à paz, logo políticas, ações de polícias pacificadoras, repressoras, até exterminadoras de lideranças e de adolescentes e jovens populares, negros em cada fim de semana. Os imaginários da infância/adolescência como flores tenras a ser cuidadas nas escolas, jardins da infância, por zelosos jardineiros, educadores(as) também mudaram. Essas imagens se quebraram ao chegar as infâncias populares, ameaçadoras da ordem e da paz nas escolas. Como garantir a paz nas escolas?

Persistentes processos/antipedagogias de perpetuação de representações sociais dos grupos populares. A justiça, os aparatos repressivos, a mídia e as instituições do Estado, as escolas, agindo como inculcadoras, reprodutoras dessas representações negativas. Como construir identidades coletivas positivas de si mesmos nesse bombardeio de representações e tratos sociais tão inferiorizantes a que são submetidos a partir da infância? Os movimentos sociais, seus militantes e educadores(as) reagem a essas representações. Fazem dessas vivências um aprendizado libertador.

Nessas experiências de tratos tão violentos aprendem como a visão inferiorizante se perpetua e se radicaliza com traços como violentos, ameaçadores, sem limites, sem valores de convívio humano e social. Antes sub-humanos porque pensados primitivos, atolados na pré-história e na tradição, agora sub-humanos, subcidadãos porque pensados violentos, ameaçadores da ordem social, do convívio civilizado. Nessas vivências novas de opressão, inferiorização e repressão se dão aprendizados sobre a continuidade das formas de produzi-los como inferiores não superadas, mas aprofundadas como reação a suas afirmações como existentes, sujeitos de direitos. Sobretudo, um aprendizado novo: o papel do Estado, de suas políticas e especificamente do sistema jurídico na repressão a suas ações e presenças afirmativas, em nome da ordem social e do convívio civilizado.

A histórica visão das classes sociais e grupos populares como bárbaros, incivilizados é reposta nas relações entre Estado, políticas e o sistema jurídico. Como reconhecer sujeitos de direitos nesses grupos sociais se violentos, sem valores de ordem civilizada? Representações sociais tão persistentes dos povos indígenas, dos negros, mestiços, dos povos dos campos e das florestas e dos que imigraram segregados nos morros e periferias das cidades. Na medida em que se revelam menos pacíficos e submissos e se tornaram mais reivindicativos de direitos obrigam essas representações negativas, inferiorizantes e segregadoras a radicalizar a repressão, os controles políticos e da lei. Os coletivos populares obrigam a desconstruir as formas de pensá-los e passam a ser pensados e tratados sob novas representações sociais, de pacíficos, ordeiros a resistentes, até ameaçadores da ordem e da paz social.

Às tentativas dos coletivos em movimentos de obter o apoio da sociedade, ao menos dos coletivos populares, o Estado, a mídia e especialmente os defensores da lei e da ordem contrapõem a imagem de desordem, de ameaça, de violência, com que tentam justificar a necessidade do Estado e da lei de reprimir toda manifestação de luta por direitos que venha desses coletivos "violentos", "ameaçadores da ordem". Dos fora da lei.

Diante das lutas dos movimentos sociais por desconstruir as linhas abissais que ao longo de nossa história os têm classificado como inferiores, bárbaros, primitivos, sub-humanos, essas linhas abissais se recompõem, reafirmam e radicalizam. As formas de pensá-los a partir do Estado, o judiciário, os aparatos da ordem são mais sacrificiais, mais inferiorizantes: violentos, ameaçadores da ordem, logo, ou pacificados ou exterminados. O uso da repressão até contra seus movimentos se justifica nesse catalogá-los como violentos. Repressão, extermínio dos adolescentes e jovens populares, dos líderes dos movimentos em nome da ordem, da segurança nos campos, nas cidades, nos morros e nas ruas, até nas escolas. Difícil demarcar as linhas, logo, difícil demarcar a função do Estado, do judiciário, dos órgãos de lei, da ordem, diante do deslocamento das linhas abissais pelos coletivos em reações de libertação. Difícil ocultar a verdadeira face do Estado.

Revelando outras imagens/funções do Estado e da justiça

Nos dias de estudo, nas oficinas se revelam que os aprendizados que os coletivos aprendem nessas lutas, tensões por direitos, também são novos: a natureza e função do Estado e especificamente das instituições da lei se revelam com nitidez. Fica exposta ao aprendizado dos militantes como os controles das instituições da lei sobre os movimentos sociais correspondem com a função controladora, repressiva do Estado e de suas políticas.

Um aprendizado que se contrapõe e destrói a imagem benevolente, igualitária, inclusiva do Estado, de suas políticas e instituições, sobretudo das instituições do direito e da lei. Os militantes mostram que nessas lutas aprendem as inconsistências dessas imagens políticas quando transpostas para os conflitos reais por direitos e, sobretudo, pelo direito à terra, ao espaço, aos territórios e o direito às identidades étnicas, raciais. Perante a lei, a defesa da propriedade e da ordem prevalecem, consequentemente se aprofunda a velha justificativa: não merece ser reconhecido o seu direito a ter direitos, porque ao lutarem por terra, espaço, territórios, identidades se mostram contra essa ordem. Logo, mostram não serem sujeitos de direitos porque ainda primitivos, bárbaros, violentos, ameaçadores da ordem. Sobretudo, irracionais, improdutivos.

As vivências dessas tensões no campo do direito e do Estado são um dos aprendizados mais libertadores dos movimentos sociais. Desconstroem tantas tentativas de perpetuar e justificar a ordem social, a propriedade e o papel do Estado. Como aceitar e justificar a ordem social, a propriedade e o papel do Estado? Como aceitar e justificar para esses coletivos em lutas por direitos tão reprimidos as imagens do Estado, de suas políticas e, sobretudo, dos agentes da lei como protetores dos direitos? Os próprios coletivos em lutas por direitos tão explosivos como terra, espaço, territórios, identidades ao desconstruírem as inferiorizações históricas de primitivos e até as visões ingênuas de povo ordeiro, pacífico são os novos pedagogos de si mesmos e dos coletivos populares.

Sobretudo, são pedagogos ao mostrar a identificação da ordem social com o império da propriedade da terra e ao obrigar o Estado, a lei, a revelar sua verdadeira face reguladora, repressora em defesa da propriedade. A defesa da propriedade e a regulação jurídica dos direitos fica por conta do Estado. Uma face que as políticas para os setores populares tentam ocultar, manter invisível, mas que os movimentos sociais na radicalidade de suas ações desocultam e tornam visível. Esse aprender a verdadeira face do Estado, de suas políticas e, sobretudo, a face regulatória do sistema jurídico é um aprendizado de extrema densidade política. Esse desocultar e tornar visível a relação entre propriedade da terra, do solo e deixar exposta a face repressiva do Estado e dos agentes da lei expõe os limites e contradições no campo dos direitos, da igualdade, da equidade e da democracia. Deixa expostos os conflitos por projetos de campo, de cidade e de sociedade. Por outro Estado, por outra justiça (SANTOS, 2007).

A imagem do Estado e da justiça, esperança da garantia dos direitos mais básicos, destrói-se nos confrontos com as lutas conscientes dos sem-direitos por direitos. Até a imagem do Estado jurídico-racional termina revelando a imagem do Estado regulador do direito a ter direito e até repressor das conquistas conscientes de direitos é revelada nos confrontos com os movimentos sociais. Como não reconhecer esse papel dos movimentos sociais revelador de outras imagens reais, contraditórias do Estado e da regulação jurídica que ele assume nas próprias lutas por direitos? Os militantes nos dias de estudo assumem esse papel desconstrutor de velhas e falsas imagens do Estado e da justiça e revelador de novas. Um processo concomitante à destruição das falsas imagens com que são pensados e construtor, revelador de outras imagens positivas, sociais, políticas, dos coletivos populares.

Terra, espaço, trabalho radicalizando a questão social

As presenças cada vez mais afirmativas dos movimentos sociais em nossas sociedades dão continuidade a um dos papéis mais relevantes do movimento operário: mostrar-se como classe. Nas oficinas da UPMS ou nos cursos da Escola Nacional Florestan Fernandes ou nos dias de estudo os participantes de uma diversidade de movimentos se aproximam ao identificar-se como trabalhadores(as), mulheres indígenas, camponesas, trabalhadores sem terra, sem teto, comunidades negras, camponesas, quilombolas, ribeirinhas, da floresta... Suas justiças são narradas como práticas de classe, exigindo políticas de classe não corretivas, distributivas, nem sequer inclusivas, igualitárias. Uma postura que dá continuidade à entrada na cena política dos trabalhadores e da diversidade de seus movimentos. Essa presença de classe, de trabalhadores confere um outro significado político à relação entre trabalhadores, indígenas, negros, quilombolas, camponeses, ribeirinhos, mulheres e outro significado político à relação com o Estado, suas políticas e instituições.

Com a diversidade de movimentos sociais se abre um novo espaço político na cena política, no Estado, nas políticas e no sistema jurídico. Os coletivos populares adquirem outra presença afirmativa nos embates políticos. Novos processos de "politização", "conscientização" não vindos de educadores comprometidos com o povo e sua educação, mas processos formadores, pedagógicos de dentro de que são sujeitos/pedagogos os coletivos em movimentos. Na politização da arena política, do Estado, das políticas e particularmente do judiciário.

Essa politização é levada pelos movimentos sociais para o trabalho, a terra, o espaço, os territórios, a reforma agrária, o projeto de campo, a reforma urbana, o projeto de cidade, áreas ausentes ou encobertas nas relações entre Estado, políticas, setor jurídico e os setores populares. Essa é a área social, econômica politizada onde as políticas públicas, o judiciário não conseguem mais ficar ausentes ou no ocultamento. Os movimentos sociais urbanos, do campo, indígenas, ribeirinhos, extrativistas dão continuidade nessa tensa politização das bases econômicas. A materialidade, as bases materiais do seu viver, as relações de classe, de produção e de trabalho são um dos campos mais tensos nas relações Estado, judiciário e movimentos sociais precisamente porque suas lutas mais radicais se dão nessa base.

Esse deslocamento que os movimentos sociais vêm fazendo desloca o centro da tradicional relação Estado/povo, que sempre privilegiou e se limitou a políticas supletivas de carências na escolarização, na saúde pública, no transporte. Ainda o Estado e suas políticas teimam em se mostrar nessas áreas suprindo carências, desigualdades, exclusões, desequilíbrios regionais, dos campos e periferias. Ainda pensam as desigualdades étnicas, raciais como carências a ser supridas com políticas compensatórias. Até a Secadi não conseguiu ultrapassar esse foco supletivo de políticas inclusivas nem as secretarias da Diversidade Racial, das Mulheres ou dos Direitos Humanos conseguem responder dentro do Estado a radicalidade dos movimentos sociais negro, feminista. Não conseguem incorporar as articulações das mulheres, negros, indígenas com os movimentos sem terra, sem teto, sem trabalho. Os centros mais explosivos onde o movimento operário e os movimentos sociais põem suas lutas, trabalho, terra, espaço, território, projeto de campo, cidade, sociedade... não são cogitados como o foco das políticas públicas, nem sequer dessas instâncias da diversidade de gênero, racial, étnica. Estão distantes das tensões mais explosivas e as políticas e as ações jurídicas se redefinem para reprimi-los. A consciência de serem os movimentos sociais atores políticos nessa politização dessas áreas está presente nos encontros da militância. Como estão presentes as críticas ao Estado e a suas políticas e instituições que as reprimem porque não dão mais conta de ignorá-los e ocultá-los com políticas inclusivas.

A questão social não é nova nas relações Estado e seus aparelhos e políticas, o movimento operário a politizou e os movimentos sociais a repolitizam. A redução/respostas do Estado à questão de polícia também não é nova, mas os movimentos sociais, ao levar suas lutas a "territórios" tão explosivos, misturam a questão social com a questão de terra, do espaço, do projeto de campo, de solo urbano, da propriedade. Essa radicalização da velha questão social exige outras respostas, outras políticas repressivas e, sobretudo, amparadas em respostas jurídicas. A repressão se legitima no direito à propriedade privada, no cumprimento de uma ordem legal, de reintegração de posse.

Deslocando a função do Estado e da justiça

Nesses confrontos, os movimentos sociais radicalizam a questão social para além das clássicas correções de desigualdades, de programas compensatórios, de carências nutricionais, educativas, de saúde, e até da erradicação da miséria, de aumento do salário mínimo ou de qualificação para o trabalho... Não é por acaso que a questão social se desloca das fábricas para o campo, as favelas, os territórios indígenas e quilombolas, as comunidades negras, as florestas, acompanhando a questão da terra, do espaço, de sua apropriação/ expropriação pelo agronegócio ou por um projeto de campo, capitalista exportador. Deslocamentos de que são sujeitos os trabalhadores dos campos e que deslocam a relação do Estado, de suas políticas e da área jurídica para essa nova questão socioeconômica e política. As respostas clássicas à questão social a partir de políticas educativas, salariais, previdenciárias, de saúde ou moradia, de expansão da rede escolar, de acesso e permanência... não dão conta desses deslocamentos de fronteiras da questão social de que os movimentos sociais são atores políticos.

Os militantes nos encontros e oficinas põem de manifesto que nesses processos de deslocamento da questão social, eles e os coletivos em ações e movimentos deslocam sua consciência, sua autoidentidade e a representação social e política do Estado, de suas instituições e políticas. Processos radicais de formação de novas identidades políticas. De novas pedagogias de emancipação popular. Novas pedagogias de conscientização política, de dentro, sobre o Estado e seu novo papel não tanto de regulação da questão social, mas de manutenção, expansão do capitalismo no campo e na gestão da terra, dos territórios, do espaço.

As políticas sociais e educativas que as instituições do Estado oferecem aos coletivos em movimentos continuam presas à velha visão de questão social como pressões por escolas, transporte, posto médico... Não têm capacidade de entender ou preferem não ver a radicalidade da questão social e das tensões no campo do direito, da justiça que os movimentos sociais mostram como questão político-econômica, de classe, etnia, raça, gênero, de lutas na base material do viver, do trabalhar. Continuam presas à velha e tradicional politização das desigualdades sociais no campo dos serviços públicos quando os novos atores sociais/políticos populares trabalhadores já deslocaram a politização para desigualdades e injustiças mais radicais. A consciência dos atores sociais e políticos em movimentos avançaram mais do que o pensamento sobre a questão social e sobre as respostas de políticas. Questionam e fazem avançar o direito moderno. Repolitizam a justiça.

Esses desencontros de percepção das tensões se manifestam nos embates entre movimentos sociais e os formuladores, gestores, analistas e avaliadores de políticas públicas da diversidade (Secadi), das mulheres, da diversidade radical, dos direitos humanos. Não apenas as propostas de políticas não se encontram, mas as vivências das tensões e as concepções e análises estão desencontradas porque o lócus, as fronteiras das lutas e o projeto de sociedade, de campo ou de cidade estão distantes. Os campos sociais, econômicos, políticos, da justiça, onde se colocam os movimentos sociais e os gestores de políticas não se encontram. Os projetos são outros porque os campos sociais são outros. Não porque não haja políticas para o campo, para a regulação urbana, mas porque há políticas/recursos maiores para a expansão do agronegócio do que para assentamentos e para a agricultura familiar ou para as empreiteiras das megaobras urbanas do que para humanização das favelas e periferias. Para essas comunidades pensadas violentas o que se prioriza são políticas de polícia pacificadora. Para as lutas por direitos humanos mais básicos a justiça e o Estado ainda os pensam ilegais e seus territórios como territórios sem lei.

Antes a questão social era tratada como questão de polícia, agora a questão do campo é tratada como questão de polícia exterminadora de lideranças ou política de defesa jurídica da propriedade contra as ocupações no campo ou nas cidades. A questão urbana tratada como questão de polícia pacificadora.

Em quase um século a questão social continua uma questão de polícia e de repressão jurídica atestada nas vivências duras da militância.

Reagindo a essas antipedagogias tão persistentes se conscientizam os trabalhadores e continuam se conscientizando os militantes dos novos movimentos sociais nas cidades e nos campos. Convertem essas antipedagogias em pedagogias de emancipação. A consciência dos direitos avança e instiga lutas por direitos no território do Estado, de suas políticas e instituições. O judiciário como fronteira privilegiada.

22

APRENDIZADOS SOBRE O
ESTADO E SUAS POLÍTICAS

Em agosto de 2009 se realizou em Belo Horizonte uma oficina da Universidade Popular dos Movimentos Sociais (UPMS) com a participação de militantes dos movimentos sociais, artistas e cientistas sociais. Professores(as) militantes do movimento docente. As experiências, os saberes e os aprendizados comuns sobre as tensões entre movimentos sociais e Estado ocuparam as análises e as propostas.

Na diversidade de lutas e confrontos com o Estado, com suas instituições e suas políticas, a militância redefine suas visões do Estado e novos aprendizados vão sendo construídos sobre o poder e os processos de exploração/dominação. Nessas experiências novos saberes sobre si mesmos, sobre o histórico papel do Estado e das políticas e de suas instituições, escolas, universidades, nas lutas por direitos, mas também na história de sua inferiorização e negação de direitos. Sobretudo, novos aprendizados sobre o papel de controle do Estado, até de repressão a suas resistências, lutas e movimentos de libertação.

Não carentes à espera de favores do Estado, mas sujeitos de direitos

Nas oficinas em que são narrados e analisados os tensos confrontos entre o Estado e os movimentos sociais, algumas indagações instigantes se destacam: Que processos de formação se dão no experimentar essas tensões? Que novas identidades coletivas entram em confronto? Que outros saberes do Estado são aprendidos? Que outros saberes de si mesmos?

Nas oficinas e dias de estudo fica de manifesto que as tensas relações com o Estado e suas políticas vêm sendo uma experiência carregada de novos saberes, de desconstrução de velhas representações do Estado e de si mesmos em relação a suas políticas. Saberes que repolitizam essa relação e levam a novas formas de resistência e novas estratégias de emancipação das estruturas de poder e de dominação. Tensões que se revelam uma das experiências políticas mais formadoras de novas identidades coletivas.

Por décadas os grupos populares foram mantidos à margem dos direitos mais básicos, sociais, políticos. Ensinaram-lhes a esperar dos donos do poder, do Estado políticas e programas que suprissem suas carências e garantissem alguns dos seus direitos mais elementares. Essa relação de subserviência alimentou nos grupos populares a autoimagem de carentes à espera dos favores de um Estado benevolente, protetor, pai dos pobres. Por sua vez, na cultura política, a imagem de povo e das massas carentes das periferias e dos campos alimentam a imagem protetora, paternal das elites, do poder e do Estado. As diversas formas de populismo, de coronelismo e de líderes populistas na América Latina perpetuaram essas imagens e justificaram ou encobriram processos brutais de exploração/dominação. Históricas pedagogias de conformação de identidades submissas e de convencimento pela manutenção do estado de carências mais elementares que dispensaram pedagogias de inculcação a partir da função educadora da escola pública. As relações políticas de dominação/exploração foram as verdadeiras pedagogias de inculcação de identidades inferiorizadas.

A diversidade de ações coletivas de resistência e os movimentos sociais das últimas décadas vão destruindo essas imagens de si mesmos e do poder e do Estado. Mobilizam-se não mais esperando favores, mas lutando por direitos, reivindicando moradia, escola, posto de saúde, transporte. Os movimentos sociais a partir das décadas de 1960 e 1970 canalizaram ações coletivas reivindicatórias nas periferias urbanas. As respostas foram políticas tímidas, distributivas no tradicional papel do Estado de suprir e compensar carências. Os novos movimentos sociais nas periferias urbanas, nos campos, nas florestas radicalizam suas resistências e abrem novas fronteiras de lutas. Novos aprendizados de si mesmos e das estruturas de poder. Que saberes revelam nas oficinas? Um dos aprendizados dos coletivos na radicalização de suas ações é reconhecer-se não mais destinatários agradecidos de ações benevolentes do Estado, mas sujeitos de direitos. Mas não do direito às tradicionais políticas distributivas do Estado, mas sujeitos de direitos a teto, terra, espaço, territórios, às instituições de saúde, de educação, da justiça. Aprendem que o reconhecimento de sua condição política de sujeitos de direitos passa por outro saber sobre o Estado, ou exige outro Estado, outras políticas e outras instituições.

Na relevância que dão às tensões com o Estado aparecem novos aprendizados do Estado e novos aprendizados de si mesmos como sujeitos políticos de direitos. A tradicional imagem de políticas/programas supletivos de carências e as imagens de si mesmos como carentes à espera de programas públicos vão sendo desconstruídas. Uma nova representação do Estado vai sendo construída e aprendida na medida em que novas identidades coletivas de si mesmos vão sendo construídas. Ao reconhecer-se sujeitos políticos em lutas por direitos os leva a pressionar por um Estado de direitos e umas políticas de direitos. Mas que Estado e de que direitos? Os movimentos sociais pressionam por outro Estado e por outros direitos, aqueles mais tensos: terra, espaço, teto, territórios, trabalho, nos quais o Estado revela suas contradições.

Afirmam-se sujeitos políticos, agentes de políticas

Nas narrativas dessas tensas relações revelam um saber mais radical: saber-se agentes, sujeitos de políticas. Em novas ações e novos movimentos mais radicalizados avançam em novas identidades políticas, reconhecem-se sujeitos da própria garantia dos direitos historicamente negados e protelados por políticas compensatórias. Pressionam pela reforma agrária e urbana e as põem em prática a partir de ocupações.

Ao afirmar-se sujeitos de políticas radicalizam o confronto com o Estado no campo das suas políticas e instituições. Politizam as políticas, o poder. Os encontros de estudo, as oficinas da UPMS passam a ser tempos de explicitação dessas experiências, de seus percursos formadores, do aprender-se outros e do aprender as estruturas de poder que resistem a reconhecê-los sujeitos políticos e agentes de políticas. Tempos de trocas de saberes sobre o padrão de poder, dominação em que foram pensados e subordinalizados. Saberes sobre o papel das instituições do Estado e de suas políticas na reprodução de representações sociais e de tratos políticos inferiorizados. Trocas de aprendizados dessa tensa história de cada coletivo, grupo social, étnico, racial, de gênero, campo, periferia em tensas afirmações de sujeitos políticos e de políticas. Revelam estar desconstruindo narrativas da história contada e revelando outra história ocultada do padrão de poder de dominação e de resistências à subordinação. Desocultam o Estado e sua função contraditória.

As tensas relações entre Estado e movimentos sociais têm um território concreto, as políticas. Os militantes ao avançar na consciência de serem sujeitos de direitos exigem respostas do Estado. Exigem outras políticas. São sujeitos de outra forma de elaborar, implementar políticas públicas. Lutam por suas políticas agrária, urbana, educacional, afirmando-se sujeitos de outra história das políticas que exigem do Estado. Ao exigir outras políticas desocultam a função política das políticas/programas que o Estado lhes oferece.

O campo da educação, do conhecimento é um dos campos com prioridade nas lutas dos movimentos populares. Aí revelam a função das políticas no padrão de dominação. Mas também aí se revelam sujeitos/propositores e agentes de políticas. As políticas socioeducativas têm sido usadas para reiterar promessas de inclusão, de igualdade de ascensão social. A escolarização negada mais idealizada como porta e garantia do resto dos direitos, ao menos como superação de todas as carências do povo. Um dos campos onde o Estado e suas políticas têm reiterado a sua imagem de protetor, salvador. Consequentemente, a idealização da educação tem se afirmado como um campo central no papel de reiterar as identidades de carentes porque ignorantes, irracionais, desqualificados; logo, reiterar a imagem de destinatários agradecidos pela escolinha prometida como dádiva do dono da terra, do líder político, do Estado. Essas imagens inferiorizantes nas políticas para os setores populares, públicas especificamente e socioeducativas, de tão reiteradas se tornaram identidades sociais: povo iletrado, analfabeto, ignorante perdido nos morros, nas vilas, nos campos e nas florestas à espera de ser lembrado nas campanhas de alfabetização, à espera da construção da escolinha e da professora que não chegam. Por aí tem passado o papel das políticas, um papel político antipedagógico de construção de identidades sociais inferiorizantes e de reprodutor da identidade benevolente do Estado e das elites.

Um dos aprendizados políticos que revelam os coletivos nos movimentos sociais é a desconstrução dessas representações sociais do Estado, das elites benevolentes e de si mesmos como carentes. Ao deixar de esperar e de agradecer pela escola superadora de sua ignorância e afirmar-se sabidos, conscientes de seus direitos e dos brutais processos de sua negação, sua autoimagem muda e sua relação com o Estado e suas políticas, com o direito à escola, ao conhecimento mudam e abrem horizontes de outras políticas sociais, educativas, de outra escola/educação do campo, de outra escola indígena e quilombola, nas florestas e nas periferias ou na EJA. Aprendem que o direito a ter direitos não passa apenas pela escola, mas por outro Estado, outras políticas e pela superação das representações dos setores populares como inferiores, carentes, ignorantes, inclusive quando garantem seu direito à escola e à universidade. Passa por afirmar-se sujeitos políticos e de outras políticas socioeducativas articuladas a políticas de trabalho, de teto, terra, territórios.

É de extrema relevância política que dos movimentos sociais venham pressões por educação, pelo direito ao conhecimento, à cultura, à escola e à universidade, mas por outra concepção desses direitos e por outra função social, política e cultural da escola e da universidade públicas. Por outra escola indígena, do campo, quilombola, das florestas. Por outros critérios de acesso e permanência nas universidades.

Se as políticas socioeducativas tiveram e têm o papel de manter imaginários sociais inferiorizantes das classes sociais e grupos populares, as pressões que fazem por serem sujeitos de outras políticas trazem um outro papel de ser um dos campos de afirmação de direitos e de serem sujeitos políticos e de políticas. As tensões entre os movimentos sociais e o Estado radicalizam as políticas educativas e sociais. As repolitizam ao questionar e deslocar seu papel no padrão de dominação/subordinação política. Mas sobretudo ao fazer desse campo um processo de sua afirmação como sujeitos políticos e agentes de políticas.

O aprendizado da função política das políticas públicas

Nesse afirmar-se sujeitos, agentes de outras políticas se dá o aprendizado sobre a função política das políticas do Estado. As políticas porque lutam e os programas que lhes são oferecidos estão no centro da crise entre movimentos sociais e o Estado. Colocam com prioridade a exigência de políticas do campo, indígenas, afirmativas da diversidade social, racial, de gênero, de orientação sexual, políticas específicas para os trabalhadores e seus(suas) filhos(as) nas periferias urbanas... Mas reagem e criticam os programas que lhes são oferecidos: Escola Ativa, Pronacampo, Pró-infância, Mais tempo de escola... até Bolsa família... É significativo que o Estado, suas instituições e políticas não conseguem o apoio irrestrito dos movimentos sociais, porque mais conscientes e exigentes de seus direitos.

Uma crise entre movimentos sociais e o Estado, suas políticas e instituições. Uma relação carregada de incertezas e de contradições, mas que aponta para mudanças sociais, políticas e culturais no padrão de poder/dominação e até no padrão de sociedade e de Estado democráticos. Provoca aprendizados de outras identidades coletivas e de outras identidades do Estado. Uma crise que tende a mudanças na relação Estado/classes sociais, grupos populares, que pressiona por outro conhecimento das ciências sociais e pedagógicas e das políticas públicas *para* esses coletivos. O que a militância revela nos aprendizados dessas contradições entre lutas por políticas públicas e reação aos programas que lhes são oferecidos?

Quanto mais avança sua consciência de sujeitos de direitos, mais aprendem a duvidar dessas políticas, a entender seus limites. Percebem que não passam de políticas nem sequer distributivas, mas corretivas. Aprendem a duvidar e a ter uma visão crítica, politizada de Estado. Como vimos, não se aceitam carentes à espera de políticas supletivas de carências. Não se aceitam destinatários agradecidos, passivos de políticas, mas sujeitos políticos e de políticas. Não se aceitam à margem das instituições do Estado onde se formulam, implementam, analisam e avaliam as políticas públicas, mas pressionam por estar presentes, ativos, críticos, proponentes de políticas nas instituições do Estado. Sobretudo, não aceitam ser pensados como problema, e as políticas e o Estado como solução. O Estado e suas políticas se orientam pela presunção de que a sociedade, os grupos populares são o problema porque em risco, pobres, vulneráveis e até ameaçadores, e o Estado e suas políticas são a solução. Daí a ênfase nos analistas de políticas em diagnosticar o povo/problema, medir, quantificar as suas carências, suas vulnerabilidades para melhor equacionar as políticas/soluções.

Os coletivos em ações, resistências, movimentos não se veem como o problema, como uma carga pesada em nossa história a esperar soluções. Não reivindicam que cheguem essas soluções, mas não ser pensados, tratados como problema, como um fardo social a ser carregado pelo Estado. Em suas lutas apontam soluções, tomam iniciativas de reforma agrária, urbana, educativa. Eles são a solução e o Estado, o judiciário, a timidez das políticas é o problema diante da radicalidade de suas lutas por direitos.

Os militantes nos seus encontros, oficinas, dias de estudo se mostram conscientes de estar deslocando com suas ações as linhas abissais em que foram pensados e alocados no lado de lá, de inexistência. Ao resistir e se organizar em ações por outras políticas, por outro projeto de campo ou de cidade e de universidade, têm consciência de estar negando linhas abissais que se julgavam fixas, permanentes e estruturantes da ordem social, econômica, política e cultural. Deslocam até as linhas de segregação ainda tão presentes no sistema educacional.

Mas a esse movimento emancipatório dos movimentos sociais se contrapõe, logo, um movimento regulador, de controle, de tentativas de manter as linhas abissais entre o Nós racional, culto, empreendedor e os Outros, ignorantes, incultos, sem valores de mérito. As respostas a essas tentativas dos Outros de deslocar e até desconstruir modos inferiorizantes de pensá-los e alocá-los na ordem social e política têm tido maiores controles jurídicos, repressivos e até pedagógicos. A nova classificação abissal não será de inexistentes, pacíficos, mas de violentos, logo, extermináveis, reprováveis. O Estado e suas instituições se reorganizam nesse movimento contrarregulador dos movimentos sociais. Movimento regulador que gera tensões dentro do próprio Estado, de suas instituições e de suas políticas pró-direitos, pró-igualdade.

O aprendizado da natureza do Estado

Um dos aprendizados políticos mais radicais dos coletivos em lutas por direitos é sobre a função e natureza do Estado. Um aprendizado que não vem de fora, de cartilhas e conteúdos críticos nem de processos educativos conscientizadores de fora, mas vem das tensas vivências e das experiências concretas, de lutas coletivas por direitos no interior do Estado, de suas instituições e políticas. Ao experimentar o Estado de dentro em disputas por políticas fundiária, educativa, de saúde, de reforma agrária, de assentamentos, de crédito, de igualdade étnica, racial... descobrem a histórica função do Estado e os limites de suas políticas distributivas, compensatórias.

Nos encontros de estudo passam suas descrenças e interrogações, seus questionamentos sobre os aparatos estatais e de gestão, formulação, avaliação dessa tradição de políticas que ainda carregam visões ingênuas, distributivas, inclusivas dos marginalizados, dos excluídos, que vêm cumprindo o papel de reproduzir representações sociais inferiorizantes. Das ações dos movimentos vêm pressões por rever e superar com radicalidade a racionalidade distributiva e compensatória, inferiorizante, na formulação, análise e avaliação dessas políticas. Quando os destinatários pensados carentes se tornam conscientes e em disputas por seus direitos e pelas formas de garanti-los, a racionalidade das políticas e sua função têm de ser outra. Há avanços nessa outra função, fruto das pressões dos movimentos sociais.

Os movimentos sociais desmascaram o Estado pai dos pobres. Sua verdadeira face fica a descoberto. Revela sua contraditória função de classe encoberta e mitificada sob uma imagem protetora, compensadora das carências e das inferioridades de origem que os setores populares supostamente carregam. Os inferiorizados ao disputarem as políticas de Estado aprendem que essa imagem reforça as hierarquias de superioridades e inferioridades entre as classes, entre os grupos sociais, raciais, de gênero, dos trabalhadores dos campos e periferias. Cada política *para eles* reitera suas identidades inferiorizadas sem direito. Sobretudo, reiterava as identidades superiores dos agentes do Estado e dos gestores de políticas do padrão de poder/dominação/subordinação. As relações entre o Estado, suas instituições e políticas se tornam tensas. De um lado, reivindicam do Estado seus direitos, que legitime os direitos mais radicais porque lutam, que os reconheçam sujeitos de direitos e mais: sujeitos na formulação de políticas. Por sua vez, essas pressões explicitam as tensões dentro do Estado, ora para avançar na garantia dos direitos dos setores populares, ora para delimitar o alcance possível desses direitos. Tensões de entre um papel emancipatório e um papel regulador do Estado e de suas políticas.

A reação reguladora, até repressora, dos movimentos sociais põe em questão o Estado de direito e o avanço da sua garantia. Dá-se um movimento de esvaziamento dos direitos cidadãos em nome da garantia da ordem social. As lutas dos sem-direito por direitos são reprimidas para a garantia dos direitos. Vidas, lideranças são eliminadas em nome do direito à vida. Exemplos, a brutalidade das ações repressivas nos morros e favelas em nome de sua pacificação ou o extermínio de milhares de jovens populares em nome da ordem são sintomáticos de que as linhas abissais e sacrificiais vão se deslocando e radicalizando. Os novos violentos, selvagens, bárbaros continuam sendo exterminados em nome da manutenção da ordem social nos campos e cidades. Vivências extremas carregadas de aprendizados que os coletivos em movimentos carregam para os dias de estudo e que até os adolescentes, jovens e adultos carregam para as escolas. Como trabalhá-las, aprofundá-las e extrair seus significados?

Um dos aprendizados que os militantes destacam nos dias de estudo é sobre o papel do Estado e de suas políticas na manutenção desse padrão histórico de poder e de subordinação dos coletivos diferentes. Como militantes em lutas pelo direito à diversidade aprendem o papel dessas políticas na reprodução dos processos – antipedagogias – de reiteração das hierarquias de identidades étnicas, raciais, de gênero. Em suas lutas por identidades positivas, afirmativas contestam e se contrapõem a essa função das políticas de perpetuar sua inferiorização porque diferentes.

Essas pedagogias de regulação perdem força convincente. As reações desses coletivos que deixam de se ver como foram pensados e tratados como inferiores, porque diferentes, quebram não apenas suas identidades inferiorizadas, mas as identidades superiores, benevolentes, reiteradas do Estado, de suas políticas e instituições. Aprendem as relações do padrão de poder/dominação tão persistente em nossas relações políticas.

Mas os aprendizados que trocam vão além. Os coletivos em movimentos afirmam Outras Pedagogias tanto de construção de outras autoidentidades positivas como diferentes, como de destruição das identidades protetoras do Estado e dos processos de poder de sua reiteração e optimação. Outros saberes sobre a função e natureza do Estado no padrão histórico de poder/dominação/ subordinação, aprendidos pelos movimentos sociais. Também outros saberes aprendidos pelo Estado e seus gestores. As tensas relações entre estes e os movimentos sociais obrigam o próprio Estado a se repensar e obrigam os gestores, formuladores e analistas de políticas a se repensar a ter de administrar essas tensões novas. Reeducam o Estado para mudar as formas de pensar e de tratar os grupos sociais, étnicos, raciais, os trabalhadores dos campos, das florestas e das periferias. Gestores e Estado são obrigados a não pensá-los e tratá-los como destinatários agradecidos, mas como sujeitos de direitos e de decisões políticas. Avanços e recuos no território do Estado e de suas políticas.

As tensas relações Estado e movimentos sociais carregam processos e aprendizados formadores, pedagógicos, não concomitantes na persistência dessas tensões. Os coletivos populares vêm mudando suas autoidentidades com maior rapidez do que o Estado e seus gestores mudam suas identidades. A visão inferiorizada abissal dos setores populares, agora em resistências, está tão arraigada na cultura política, nas relações de poder, dominação/segregação que invadiram até as estruturas do Estado e as políticas republicanas e democráticas como sua racionalidade estruturante. Esse descompasso entre a superação dessas identidades inferiorizantes por parte dos coletivos populares em movimentos e a resistência do Estado e dos gestores em repensar e superar os padrões de poder, dominação que legitimam suas políticas *para* os setores populares é um dos traços mais tensos entre Estado e movimentos sociais.

Os coletivos populares estão aprendendo com maior radicalidade a desconstruir as formas inferiorizantes de ser pensados e segregados pelo Estado e suas políticas e estão aprendendo com maior radicalidade a construir e afirmar novas identidades coletivas positivas do que o Estado e seus gestores aprendendo a desconstruir suas identidades protetoras, subordinantes e a construir identidades de garantidores de direitos

Nessa dificuldade por repensar suas identidades protetoras, paternalistas para com os coletivos populares se revela a persistência política do padrão de poder, de dominação/segregação que acompanha nossa formação social, política e cultural. Uma das funções políticas mais radicais dos movimentos sociais, dos trabalhadores dos campos e das cidades é revelar essa história de que são vítimas. Pôr em crise esse padrão classista, racista, sexista de poder/ dominação e a relação vertical, do alto, que inspira a racionalidade das políticas **para** os trabalhadores, para os coletivos populares. Sobretudo, das ditas políticas sociais e educacionais que o Estado tem privilegiado nessa relação.

Pela refundação do Estado e de suas políticas?

No texto "Políticas educacionais e desigualdades: a procura de novos significados" (ARROYO, 2010), nos colocamos essa indagação: "Quando outros atores políticos organizados entram em cena, as políticas são pressionadas a se repensar. O próprio Estado tem de ser repensado e o público refundado [...]. O Estado, suas instituições e políticas passam a ser territórios em disputa [...]. Que novos significados estão postos?" (ARROYO, 2010: 1.410).

Os coletivos populares se tornaram um incômodo para o Estado e para o judiciário, por sua radicalidade nas lutas por direitos. Um incômodo social, político e, sobretudo, econômico, nas lutas por terra, teto, trabalho, logo, a tendência será para uma inclusão simbólica, subalternizada para a cooptação. Uma forma de regulação social desses coletivos e de suas lutas por direitos. Nessa cooptação não haverá espaços no Estado para a radicalidade de suas presenças.

Entretanto, diante das pressões por estar presentes no Estado, em suas instituições e políticas a resposta tem sido reconhecer esses coletivos em movimentos, porém apenas como canais de chegada dos problemas sociais de que eles padecem e de que são a síntese. Canais apenas dos problemas a serem examinados, ponderados e traduzidos em políticas e programas/solução. A questão fica mais tensa quando esses coletivos não trazem apenas problemas a ser traduzidos em soluções, mas trazem ações coletivas de intervenções radicais nos problemas. Esse caráter radical faz com que nas políticas e programas do Estado essas ações/intervenções não sejam reconhecidas e incorporadas. Levam a que os militantes dos movimentos sociais não sejam aceitos nas instituições do Estado como atores políticos e de políticas.

Reconhecê-los como atores políticos e de políticas no Estado e em suas instituições exigiria reinventar o Estado, o público, suas políticas e instituições. Significaria repolitizar a função do Estado em políticas tão tensas como reforma agrária, urbana, políticas de trabalho, de renda, de educação, saúde. Repolitizar a função do Estado em políticas afirmativas da diversidade, de reconhecimentos. Os movimentos sociais ao chegar a essas instituições põem a descoberto os limites das políticas públicas e os limites do Estado, daí as resistências a incorporá-los como sujeitos políticos e de políticas. Daí a tendência não apenas a não incorporá-los nas instituições do Estado, mas a mantê-los distantes e a controlar, até reprimir suas manifestações e lutas por políticas e intervenções mais radicais.

As tensas relações entre Estado e movimentos sociais põem de manifesto que a refundação político-democrática do Estado, do público e das organizações e políticas exige a presença dos novos atores políticos que não mais esperam, pacientes e agradecidos, as políticas benevolentes contra as desigualdades, mas mostram sua capacidade de equacioná-las e de lutar por sua superação, evidenciando e atacando os processos de sua produção histórica... "Pressionando por refundar o Estado, pressionam por refundar as políticas" (ARROYO, 2010: 1.415).

PARTE VI

A repolitização dos princípios de humanidade, cidadania, igualdade

23

REDEFININDO OS MARCOS LEGITIMADORES DAS POLÍTICAS

As tensões entre os movimentos sociais e o Estado no campo das políticas estão postas no distanciamento entre as políticas públicas que o Estado propõe e implementa para eles e aquelas que eles propõem e por que lutam: reforma agrária, fundiária, trabalhista, educação no campo, indígena, quilombola... Nos encontros dos militantes outras tensões se explicitam: aparece com destaque uma crítica radical aos princípios e juízos ou marcos legitimadores das políticas do Estado.

Críticas aos princípios legitimadores das políticas

Aparentemente os movimentos sociais e os formuladores de políticas, assim como os docentes/educadores das escolas, estariam de acordo em garantir a todos a cidadania, a humanidade, a justiça, a igualdade. Por esses valores lutam os setores populares. Mas por que os coletivos em movimentos sociais mantêm uma postura crítica aos princípios, juízos e valores legitimadores das políticas públicas e dos programas a eles destinados?

Toda política, diretriz ou programa para os grupos populares, tenta se fundamentar em princípios e juízos legitimadores e reguladores das próprias políticas, diretrizes ou programas. São os mesmos princípios para todas as políticas: cidadania, direitos, humanidade, justiça, igualdade, qualidade, inclusão... Esses juízos e princípios anunciam os marcos de intenção do Estado e dos gestores que elaboram e implementam, analisam e avaliam as políticas e diretrizes. Princípios de sentido das políticas socioeducativas, sobretudo, mas também condicionantes do seu alcance e limites. Os militantes e educadores nas suas análises sobre as resistências às políticas que o Estado lhes oferece fazem críticas aos significados, alcances e limites dos princípios em que pretendem ser legitimadas. Entretanto, os movimentos sociais vão além, radicalizam e repolitizam, atualizam os significados desses princípios repolitizando a legitimidade das políticas.

Em primeiro lugar, mostram que esses princípios, juízos e valores obedecem a uma construção histórica. Em cada tempo social e político esses princípios são repostos com novos significados; por exemplo, em vez da inclusão produtiva se destaca a cidadania, a igualdade, a equidade, a emancipação. Dependendo das tensões sociais ou políticas e da visão que se tem dos setores populares, das estratégias de solução ou do remédio escolhido para resolver/controlar os problemas, serão destacados uns princípios ou outros, ou os mesmos princípios serão repetidos, porém com outros sentidos políticos.

Em segundo lugar, mostram que esses princípios são construções políticas. Nas análises das políticas do Estado que são feitas nos dias de estudo e na diversidade de lutas se avança na consciência de que os princípios e juízos em que se pretende legitimá-las são escolhas estratégicas intencionais, ora para enfrentar situações e tensões sociais e políticas vindas dos coletivos populares, ora para minorar situações extremas de miséria e desigualdade. Os princípios revelam escolhas políticas, de poder e de limites de intervenção nas relações políticas e padrões de poder dominação/subordinação. Até de controle das lutas por políticas mais radicais.

Em terceiro lugar, esses princípios sintetizam interpretações da realidade e formas de intervenção. Uma análise dos princípios e juízos em que o Estado e seus gestores pretendem legitimar suas políticas para os coletivos populares revela a interpretação da realidade e as opções por formas de resolvê-la, de encaminhá-la ou de ocultá-la e adiá-la. Revela as tentativas de contrapor soluções parciais às soluções mais radicais que vêm dos movimentos sociais e dos docentes/educadores. Se os princípios, por exemplo, enfatizam a inclusão produtiva dos adolescentes e jovens populares estarão se contrapondo a sua participação na cidadania política, ou se contrapondo a lutas por cidadania emancipatória. A escolha de uns princípios e não outros para legitimar políticas é um ato de poder, de escolha do Estado e dos grupos e instituições formuladores de políticas, diretrizes ou programas nas tensas relações entre Estado e os trabalhadores e grupos populares.

Em quarto lugar, os princípios dão sentido a respostas às pressões dos movimentos sociais e juvenis. Os militantes e os coletivos em movimentos em seus confrontos por outras políticas mais radicais mostram como esses princípios e juízos mudam como respostas às pressões e indagações trazidas pelos "destinatários" que resistem à timidez das políticas públicas. Aumenta a consciência entre os militantes dos movimentos sociais e dos educadores das escolas populares de que dessas políticas são tiradas respostas políticas às políticas mais radicais que eles exigem. Logo, os conceitos, juízos e princípios não apenas são históricos, mas são respostas políticas que de um lado tentam atender os avanços da consciência popular por direitos, mas ao mesmo tempo tentam legitimar estratégias de poder para as novas ou velhas pressões populares em cada momento histórico. A afirmação dos princípios legitimadores das políticas, programas ou diretrizes carregam essas tensões políticas, ampliar direitos, mas sob controle. Revelam os compromissos e os limites do Estado e de suas políticas.

Uma das consequências das presenças afirmativas dos coletivos sociais em movimentos em nossas sociedades é questionar essas políticas da diversidade, mas, sobretudo, questionar os pressupostos em que se legitimam, pressionando por análises críticas aprofundadas desses pressupostos e dessas pretensas legitimidades. Um repensar e uma análise mais radical do que as costumeiras avaliações de metas e de resultados. Os coletivos em movimentos trazem outra racionalidade política e de formulação e análise de políticas. Outros saberes sobre os significados dos pressupostos.

As análises oficiais mais frequentes têm privilegiado apenas os resultados dessas políticas, para os diferentes, os condicionantes de seu sucesso ou fracasso, a falta de recursos etc. sem questionar com profundidade os pressupostos em que legitimam sua natureza, suas benevolentes intenções integradoras, inclusivas, compensatórias ou reparadoras.

O avanço mais significativo que os diferentes trazem será pesquisar e analisar os significados políticos da passagem para políticas afirmativas, de reconhecimento. Que mudanças radicais nas formas de pensá-los, nas concepções e nos princípios que legitimaram o estilo de políticas distributivas, compensatórias, reparadoras de carências? Os embates se deslocam de análises de resultados para embates de legitimidade dos princípios, juízos de valor e marcos normativos que pretendem legitimar as políticas distributivas e inclusivas. Deslocam-se para os embates ainda mais radicais sobre que outros princípios, juízos de valor, legitimarão as políticas afirmativas, de reconhecimento dos outros, feitos tão desiguais em nossa formação política. Questões trazidas pelos diversos para análises sobre as políticas da diversidade e de reconhecimento têm ignorado os sujeitos, vendo-os apenas como destinatários.

Nesse sentido, as lutas por outros princípios legitimadores de políticas, diretrizes e programas é uma reação política tensa entre os movimentos sociais e o Estado e os formuladores e analistas de políticas. Se esses princípios se apresentam como universais, abstratos nas tensões com os movimentos sociais, fica revelado que eles não são neutros, nem universais, mas carregam a concretude histórica, política das tensões postas nas relações sociais de cada tempo histórico. Mais do que a reafirmação de princípios universais abstratos, são estratégias concretas para dar respostas políticas concretas, possíveis, sobre como intervir na garantia de direitos exigidos ou sobre como controlar sujeitos coletivos concretos em situações/pressões por direitos concretos. Se, por exemplo, o princípio inspirador das políticas é a inclusão dos excluídos, está se apontando que a visão que se tem dos sem-teto, sem-terra, sem-trabalho, sem-comida, sem-escola e sem-universidade é apenas de excluídos, consequentemente serão tratadas como ilegítimas suas lutas por política agrária, urbana, habitacional, trabalho/emprego por escolas no campo, nas periferias, por piso salarial para os docentes etc.

Por trás de cada princípio legitimador de políticas há opções por equacionamentos dos problemas e opções por soluções e pelo lugar dos grupos populares e dos trabalhadores na ordem social, econômica, política e cultural. Há ainda opções pelo comportamento que se esperam. Na diversidade de programas para os grupos populares há uma ênfase na inclusão e não na igualdade e equidade, há uma ênfase na sua pacificação, paz nas cidades, nas favelas, nos campos, nas escolas, o que aponta que os comportamentos esperados como resultado dos programas socioeducativos não são lutas por teto, terra, trabalho, comida, vida, escola, conhecimentos, nem por emancipação, mas pelo controle da ordem, pelo controle de suas lutas por ações mais radicais. A crítica vinda dos movimentos sociais destaca que toda escolha de princípios supõe opções entre liberdade, emancipação ou controle. É uma escolha política.

A densidade política dos princípios legitimadores de políticas esvaziadas

As tensões entre Estado, políticas e os movimentos sociais revelam essa politização das relações de poder que passam pelas tentativas de legitimação em princípios aparentemente neutros, consensuais, abstratos e universais. Revelam como essas relações de poder são ocultadas e esvaziadas, destacando o caráter prático ou a preocupação por obter resultados concretos e imediatos diante das situações/tensões concretas que vêm dos setores populares. Essa imediatez leva a privilegiar programas focados: pró-situações e pró-objetivos pontuais, em vez de políticas de Estado que mudem as causas estruturais da sua segregação. Afirmam-se princípios universais, porém os órgãos de políticas administram por programas de curto prazo, para objetivos/resultados imediatos, deixando o estilo mais clássico de administrar problemas mais estruturais, históricos que perduram. Estes perdem centralidade como políticas e se dá preferência a programas de efeitos/resultados mais imediatos. Nessa estratégia os princípios, juízos mais políticos que se prometem perdem relevância, esvaziam-se dos conteúdos políticos que carregavam: cidadania, participação, justiça, igualdade, direitos humanos...

Conceitos e princípios carregados de densidade política em tempos ainda não distantes e que os movimentos sociais retomam e radicalizam. Os grupos sociais, étnicos, raciais, de gênero, os trabalhadores dos campos e das cidades não são contra o direito à igualdade, à cidadania, à justiça. É por esses direitos que lutam. As tensões estão nos significados radicais que dão a esses princípios/valores.

Nas reações dos movimentos sociais a esses programas pontuais e nas críticas dos seus militantes um dos pontos destacados é a despolitização das formas de formular e implementar políticas pela despolitização da radicalidade que os movimentos sociais dão a esses princípios/valores emancipatórios. Na administração por programas esses princípios perdem essa densidade histórica, política conferida por lutas sociais ainda recentes de que os movimentos sociais são sujeitos. As diretrizes e os programas podem apelar a esses princípios para legitimar-se, porém a intenção é fazer frente a situações e problemas imediatos, ocultando as causas estruturais por que lutam. Esses princípios repetidos para soluções e resultados particulares viram meros instrumentos de solução de situações/tensões concretas, de inclusão de sujeitos focados: pró-infância, pró-jovem urbano, do campo, pró-jovens/adultos... As dimensões mais desafiantes desses conceitos e princípios se esvaziam, esvaziando os programas enquanto políticas que viram estratégias pontuais salvadoras de náufragos. Estratégias de gestão de sujeitos, coletivos tidos como problemáticos. Quando as políticas e seus princípios legitimadores se esvaziam, esvazia a sua formulação e análise que viram meras avaliações de resultados quantificáveis. As tensões entre movimentos sociais e o Estado e suas políticas é por manter a densidade política.

As críticas dos coletivos de trabalhadores na diversidade de movimentos a esses programas apontam de um lado a timidez das intervenções do Estado que se limitam a programas pontuais, dispersos e não assume políticas mais radicais de Estado. Os significados que os princípios afirmam – cidadania, direitos, igualdade, humanidade, justiça – ficam esvaziados quando traduzidos em programas e intervenções tão pontuais e dispersas. Tão tímidas diante de princípios tão densos. A crítica mais radical a esses programas ou medidas de intervenção é que não tocam nas estruturas sociais, políticas, econômicas e culturais, que mantêm os trabalhadores e os grupos populares em condição de subcidadania, sub-humanidade, desigualdade, segregação e opressão. Mais ainda, esse privilegiar programas tão tímidos e pontuais termina ocultando e até deslegitimando as lutas dos movimentos sociais por políticas mais radicais e estruturais. Esvaziam as lutas ao esvaziar a radicalidade desses princípios.

Os princípios e a regulação política dos sujeitos

Uma das tensões que perpassa as relações políticas, sociais e culturais é o reconhecimento ou o ocultamento da diversidade. Os coletivos em ações políticas trazem a diversidade para a pauta social, econômica, política, cultural e até pedagógica. Para o Estado e suas políticas. Afirmam-se sujeitos políticos enquanto coletivos diversos. Da afirmação de sua diversidade vem a crítica mais radical aos princípios totalizantes. Mostram que esses princípios, juízos e valores legitimantes das políticas e do político: universalidade, cidadania, igualdade, humanidade, direitos foram construídos tendo a diversidade como referentes ou em antagonismos, segregações e inferiorizações sociais, raciais, étnicas, de gênero. São princípios históricos, fundamentos contingentes.

Butler (1998: 22-23) nos lembra que para avaliar os sentidos desses princípios é necessário colocar a construção e regulação política do próprio sujeito. "É importante lembrar que os sujeitos se constituem mediante a exclusão, isto é, mediante a criação de um domínio de sujeitos desautorizados, pré-sujeitos, representações de degradação, populações apagadas da vista [...] torna-se politicamente necessário remontar às origens das operações dessa construção e apagamento." Os movimentos sociais dos diferentes trazem essa construção de seus apagamentos como uma constante em nossa história política. Nesse não reconhecimento dos diferentes radica a contingência desses princípios que se pretendem universais.

Os coletivos, ao afirmarem sua diversidade e se afirmarem sujeitos políticos em ações coletivas políticas, reagem à conformação segregadora dos coletivos diversos na política e no campo da política. Reagem aos princípios normativos de quem é ou não é reconhecido sujeito político, de direitos, de cidadania, de igualdade. Mostram que o campo da política e o reconhecimento de quem é ou não é sujeito político obedecem a uma tensa produção, legitimação/deslegitimação. O mérito dos coletivos diversos, da diversidade, é manifestamente a complexa e tensa produção não apenas dos princípios legitimadores das políticas, mas da política diante da afirmação da diversidade, dos diversos como sujeitos políticos. Questionam o que se pensa inquestionável. Butler (1998) nos lembra que "os fundamentos funcionam como o inquestionado e inquestionável em qualquer teoria. Todavia esses 'fundamentos', isto é, as premissas que funcionam como base autorizante, não são eles menos constituídos mediante exclusões que, se levadas em conta, expõem a premissa fundamental como uma suposição contingente e contestável?" (p. 16).

Não se trata de negar esses princípios, juízos e valores legitimadores das políticas e das diretrizes, mas reconhecer o que os movimentos sociais apontam, a necessidade de não esquecer seu processo de construção na especificidade da produção dos coletivos sociais, étnicos, raciais, de gênero, espaço como inferiores, subordinados. Reconhecer que esses princípios são produtos tensos de processos políticos antagônicos. Na medida em que os coletivos inferiorizados, subordinalizados, pressionam por reconhecimentos, essas tensões e antagonismos na produção dos princípios se tornam um requisito para a legitimação.

O padrão de poder/dominação/subordinação permeia o aparato conceitual – os princípios em que as políticas pretendem se legitimar. Há uma implicação entre princípios e poder. Dos movimentos sociais vêm críticas à visão despolitizada dos significados dos princípios e valores com que se pretende legitimar as políticas destinadas a eles coletivos diversos. Ao afirmar sua diversidade repõem a crítica à pretensão de universalidade desses princípios, juízos e valores e ao estado de universalidade normativa em que as políticas e diretrizes são legitimadas.

Entretanto, os coletivos diversos em suas ações como sujeitos políticos e de políticas não negam a necessidade de fundamentos, princípios. Suas lutas emancipatórias têm como referentes princípios, ideais de outra sociedade, outro projeto de ser humano, de campo ou de cidade. Lutam por justiça, igualdade, equidade, humanidade, cidadania, mas interrogam e até contestam os significados que são conferidos a esses princípios, o alcance que lhes é dado. O que e a quem esses princípios de humanidade, igualdade, direitos incluem, mas, sobretudo, o que e a quem – que coletivos são deixados de fora, segregados porque diferentes em etnia, raça, gênero, classe. Porque os diferentes não foram reconhecidos nessas concepções totalizantes de justiça, humanidade, cidadania, direitos, igualdade, ao longo de nossa história. Deles foram segregados.

Sua experiência histórica os permite entender que nesses conceitos com pretensão de universalidade normativa não foram incluídos, mas tendo esses princípios como parâmetros de direitos, de humanidade, igualdade, cidadania, eles foram classificados como desiguais, sub-humanos, subcidadãos, inferiores, inexistentes. Pensar esses princípios como naturalmente includentes porque pretensamente universais é ignorar os processos históricos de segregação/ inferiorização em nome desses princípios normativos.

A partir do Estado de direitos e dos ideais democratizantes dos formuladores de diretrizes e de políticas chegam promessas de que desta vez os ideários universalistas serão para incluir a todos nesses princípios e fundamentos. Mas continuam as desconfianças e críticas daqueles grupos sociais a quem se promete a inclusão nos ideais universalizantes. Não apenas porque essas promessas se repetem e os resultados não aparecem, mas porque os princípios e fundamentos que legitimam essas promessas e essas concepções universalizantes não superam as formas de pensá-los e alocá-los no lado de lá da sub-humanidade, subcidadania, inferioridade que se promete superar incluindo-os nesses universais. As próprias promessas de inclusão nos fundamentos universais carregam um viés etnocêntrico abissal e sacrificial dos Outros que se pretende incluir. Vieses que não se questionam nem aceitam ser submetidos à questionabilidade. Aí radicam as tensões político-epistemológicas trazidas pelos coletivos sociais a esses princípios/valores e fundamentos das políticas.

O viés etnocêntrico dos princípios totalizantes

Os coletivos diversos estariam ressignificando esses princípios totalizantes? Os coletivos em lutas por outra cidadania e humanidade, por outros direitos e por outra igualdade/equidade contestam a inquestionabilidade desses princípios, juízos e valores. "Mesmo quando afirmamos que há alguma base universal implicada para um determinado fundamento, essa implicação e essa universalidade constituem simplesmente uma dimensão nova de inquestionabilidade" (BUTLER, 1998: 16). Essa pretensa inquestionabilidade dos princípios e marcos normativos das políticas é questionada no campo teórico e é questionada nas críticas que vêm dos coletivos sociais em movimentos ao se afirmarem como sujeitos diversos em história, memória, cultura, identidades. É questionada nas suas práticas políticas.

Sabem-se vítimas de violentas segregações em nome desses princípios. "Como podemos fundamentar uma teoria ou uma política numa situação de discurso ou posição de sujeito que é 'universal', quando a própria categoria do universal apenas começa a ser desmascarada por seu viés altamente etnocêntrico? Quantas 'universalidades' existem e em que medida o conflito cultural pode ser compreendido como choque de um conjunto de 'universalidades' presumidas e intransigentes, um conflito que não pode ser negociado, recorrendo a uma noção culturalmente imperialista do 'universal', ou antes, que só se resolverá por esse recurso ao custo da violência?" (BUTLER, 1998: 16-17).

As reações e críticas dos segregados a essa concepção de universal vêm de históricas experiências de ter sido e continuar sendo pensados e tratados como estando "de fora" das concepções, estruturas e políticas universais de direitos, cidadania, democracia, humanidade, igualdade. Suas experiências são ainda de ter sempre condicionado a entrada a esses universais, seja pela violência simbólica, pela adesão consenso/educação, catequização, seja pela violência física, humana de mantê-los sem terra, sem trabalho, sem teto, sem reconhecimento como membros da comunidade política. Há um princípio de violência ao condicionar sua entrada nesses universais: mérito, competências, percursos escolares, ordem, renúncia a suas resistências e lutas por direitos e por outras políticas. Por sua diversidade.

Os coletivos diversos em ações e movimentos por direitos ressignificam e repolitizam a concepção de universalidade desses princípios. Instalam uma disputa de significados ao reagirem a noções que violentam sua diversidade cultural e suas lutas por outras políticas. A pergunta vem logo: Afinal, o que os Outros, os destinatários dessas políticas de humanidade, igualdade, direitos universais propõem? Noções universais, porém mais abrangentes, mais abertas, inclusivas da sua diversidade? Não pedem maior abrangência para serem incluídos, que se abram vagas para eles nesses universais. Reagem ao caráter totalizante, único desses princípios universais que ao longo da história se constituíram em padrões únicos de normalidade, consequentemente segregadores, abissais, sacrificiais dos Outros porque diversos.

Na medida em que esses princípios de universalidade normativa, ou de padrão de normatividade são repostos para legitimar o que é normal ou anormal e quem são normais ou anormais como humanos, cidadãos, iguais, eles como grupos sociais, étnicos, raciais, de gênero, campo, periferias serão catalogados como ainda não humanos, não cidadãos, nem iguais. Pagarão o custo de serem de novo segregados para justificar programas e políticas de inclusão. Judith Butler a partir do movimento feminista ajuda a entender todos os grupos segregados questionando esses princípios: com pretensão de universabilidade normativa. O termo "universalidade" teria de ficar permanentemente aberto, permanentemente contestado, permanentemente contingente, a fim de não impedir de antemão reivindicações futuras de inclusão... Qualquer conceito totalizador do universal impedirá, em vez de autorizar, as reivindicações não antecipadas e inaceitáveis que serão feitas sob o signo do "universal" (p. 17).

A autora não propõe desfazer-se dessa categoria, mas tentar aliviá-la de seu peso fundamentalista, a fim de apresentá-la como um lugar de disputa política permanente, que os grupos em ações e movimentos trazem para o conjunto de categorias, princípios e valores que tentam legitimar os programas, políticas e ação do Estado para incluí-los. Reconhecer como legítimas as radicalidades de suas críticas a princípios e referentes fixos, normatizados, imobilizados e paralisados em relações de dominação/subordinação/inferiorização. Criticam o processo de fundir em referentes normatizadores a radicalidade política das lutas por igualdade/equidade, cidadania, humanidade. Refundar lutas tão radicais significa tentar controlá-los nessas radicalidades.

Nesse sentido esses grupos pressionam o Estado, suas instituições e os gestores de políticas a pôr em questão esses princípios, a não se fechar a disputas não apenas de que programas, que diretrizes ou que políticas, mas estar abertos às disputas dos fundamentos, princípios e valores em que tentam legitimar-se. Neste sentido esses grupos alargam a disputa democrática, igualitária no próprio campo político, de poder que tende a se fechar a disputas de valores e princípios que o projeto radical de sociedade e de humanidade desses movimentos põe na pauta política.

O que esses coletivos desde suas diversidades trazem é repor esses princípios abertos a disputas políticas ou à correlação democrática da diversidade de forças políticas. Libertar esses princípios, fundamentos de um referente fixo que permita as ressignificações e as novas configurações que os movimentos sociais, os Outros trazem em suas lutas emancipatórias por direitos, igualdade, equidade, cidadania, humanidade.

Fundamentos totalizadores ou contingentes?

A densidade política trazida pelos grupos populares, destinatários das políticas e programas do Estado, é ser destinada aos grupos sociais, étnicos, raciais, dos campos e periferias. Os diversos. São políticas para a diversidade, logo, os princípios/valores/fundamentos dessas políticas são inseparáveis de como foram e continuam pensados e alocados na ordem social e política como coletivos diversos. Mas também esses princípios e políticas trazem as marcas de como se afirmam nas relações políticas e como o Estado equaciona, regula essas afirmações dos diferentes. Eles são incluíveis nesses princípios, fundamentos legitimadores de políticas? Como, em que condição se pretende que entrem, que sejam incluídos? Em inclusões subalternizadas? Coincidem com as formas como os diferentes lutam por emancipação?

Os movimentos sociais afirmam coletivos diferentes produzidos como desiguais, como inferiores, sub-humanos, subcidadãos. Trazem à pauta política e das políticas a produção histórica das diferenças e o papel dos princípios totalizantes nessa produção/reprodução. Consequentemente trazem uma crítica à coerência de concepções sociais totalizantes usadas como parâmetros de sua inferiorização e segregação como fora dessa totalidade porque diferentes. Por onde passa sua crítica? Que aprendizados se dão em suas reações? Trazem a crítica a parâmetros de sujeito unívoco, genérico.

Na medida em que se afirmam sujeitos trazendo dramáticas experiências históricas coletivas de ocultamento de suas identidades diversas, trazem sua crítica radical a esses princípios totalizantes porque definidos sem sujeitos ou que tentam ocultar a centralidade dos sujeitos. Os movimentos sociais, enquanto afirmativos de sujeitos coletivos concretos, mostram a necessidade de presumir que os sujeitos existem na concretude histórica de sua diversidade. Que não existe um sujeito unívoco, abstrato, genérico, totalizante.

A crítica dos coletivos diversos a esses princípios genéricos, totalizantes como humanidade, igualdade, justiça é destacar que o significado histórico, político desses princípios é impensável sem referência a sujeitos concretos, históricos. Sobretudo, sem o reconhecimento dos sujeitos diversos. Que seu autorreconhecimento como sujeitos diversos põe em questão as políticas e os princípios legitimadores. São eles que, ao autoafirmar-se diversos, problematizam e conferem outros significados a esses conceitos porque são os Outros em função de cuja produção como desiguais esses conceitos foram produzidos. As políticas e seus princípios legitimadores perdem significado político sem reconhecer a problematização e os significados que lhes conferem os diversos em movimentos afirmativos de suas diversidades. Quando se reconhece essa problematização e ressignificação dos princípios a legitimidade das políticas não tem mais os mesmos significados político, social e pedagógico.

Dos coletivos diversos não vem apenas uma crítica à pretensão totalizante dos princípios, mas vem uma retomada com outros significados políticos mais radicais. Não se afirmam apenas sujeitos, mas em ações políticas. Ao afirmar-se presentes e existentes em ações políticas se afirmam sujeitos políticos e estabelecem um princípio de tensão nos antagonismos constituintes da política e das políticas. Porque diferentes foram pensados inferiores como sub-humanos, pré-políticos, pré-cidadãos, logo, fora da esfera e da lógica da política. Ao afirmar-se sujeitos políticos enquanto diversos introduzem a luta política no próprio terreno da política e das políticas e dos seus princípios legitimadores. Não meros destinatários agradecidos de políticas inclusivas nos princípios totalizantes de igualdade, de cidadania ou de humanidade.

Princípios conformadores de coletivos inferiorizados

Quando a opção é por gestão de programas e de resultados para sujeitos focados, uma das tarefas será escolher que sujeitos justificam esses programas e essas estratégias de intervenção do Estado, logo, criam-se e constroem sujeitos, destinatários desses programas. Privilegiam-se sujeitos que incomodam: infância em risco, adolescentes vulneráveis, violentos, setores populares excluídos, alunos indisciplinados, defasados, favelas violentas a ser pacificadas etc.

Nas oficinas e dias de estudo os militantes não se veem nessas imagens em risco, violentas, que os programas reproduzem. Criticam uma das funções políticas mais perversas em nossa história: produzi-los como inferiores. Os princípios se justificam nessa produção histórica. Os programas e princípios não são apenas destinados a sujeitos específicos a ser salvos, mas têm a função de conformá-los na cultura política como miseráveis, em risco, vulneráveis, violentos, defasados. Os princípios, juízos e marcos normativos das políticas cumprem a histórica função de produzir os Outros na imagem do Nós formuladores de políticas. Enquanto essa função inferiorizante não for superada, as políticas e os princípios não serão democratizantes. É uma precondição.

Esses juízos, ao terem essa função política conformadora dos Outros como inferiores, ameaçadores, reafirmam esse traço da nossa cultura colonizadora, inferiorizante, sacrificial dos Outros. Logo, são anti-igualitários. A formação histórica dos princípios legitimadores de políticas carregam a função abissal e sacrificial do pensamento moderno. Conceitos como humanidade, cidadania, direitos, igualdade... operaram em nossa história como classificatórios dos coletivos. Uns reconhecidos humanos, cidadãos, sujeitos de direitos iguais e outros coletivos, **os Outros** classificados como sub-humanos, subcidadãos, sem direito a ter direitos, desiguais porque diferentes, indígenas, negros, trabalhadores, mulheres. A produção/manutenção/reafirmação desses princípios se deu e se dá em relações sociais, políticas, culturais, sacrificiais, de dominação/subordinação/inferiorização dos diferentes. São princípios, marcos regulatórios dos valores de humanidade, cidadania, direitos, igualdade, justiça. Consequentemente são princípios que tiveram e têm a função política e social de classificar os diversos coletivos em hierarquias de humanidade, cidadania, direitos, igualdade, justiça. Ao não superar essa função inferiorizante perdem toda pretensão de serem princípios igualitários.

Não é por acaso que os programas, as políticas públicas têm por destinatários aqueles coletivos pensados como **ainda não**: não humanos, não cidadãos, não iguais, sem direitos. Reproduzir essa visão sacrificial e abissal é uma das funções políticas da reafirmação desses princípios, quando servem de justificativa para a inclusão daqueles pensados ainda não humanos, não cidadãos, não iguais. Há papel mais antidemocrático do que continuar vendo e alocando os grupos populares nessas dicotomias? Nesse **ainda não**?

Essa necessidade de produzir os sujeitos destinatários desses programas e políticas determina a escolha dos princípios e juízos legitimadores: inclusão, paz nas ruas, nas cidades, nos campos e nas escolas, programas de mais educação, mais tempo de escola para prevenir riscos, corrigir vulnerabilidades ou acelerar desacelerados e defasados, para pacificar comunidades violentas, de favelados. Para legitimar tais programas e avaliar seus resultados será necessária uma estratégia de produção dos coletivos destinatários como em risco, vulneráveis, violentos. Essa produção encontra acolhida na mídia e na cultura social dada a nossa tradição de pensar os coletivos populares pelo negativo ou carentes, inferiores, ameaçadores, irracionais, sem valores, sub-humanos.

É significativo que, em tempos de tantas ações, resistências e movimentos afirmativos de que os setores populares são sujeitos, as políticas e programas e seus marcos normativos continuem produzindo-os pelo negativo, para se justificar nos princípios salvadores que as inspiram. Um tema a pesquisar: o papel reprodutor das tradicionais representações negativas dos setores populares, dos trabalhadores, de sua infância e juventudes como mecanismo perverso de legitimar princípios, políticas e programas pacificadores, inclusivos, humanizadores, salvadores.

As intenções sem dúvida "democráticas" de incluir, salvar o povo, sua infância, adolescência e juventude populares opera como uma justificativa dessas políticas e programas, porém democratização legitimada na reafirmação das tradicionais representações sociais negativas sobre os setores populares: primitivos, bárbaros, violentos, em risco, vulneráveis, imorais, no atraso intelectual, cultural... em movimentos, ocupações, marchas contra a lei e a ordem, trabalhadores desqualificados, sem empreendedorismos, preguiçosos etc.

O Estado, suas agências cumprindo o velho papel de reproduzir representações dos Outros para legitimar sua ação até "salvadora, democrática" sobre os setores populares. Como o empresariado cumprindo seu papel de qualificar/educar o trabalhador em seus programas do Sistema S, reafirmando o papel educador/humanizador do capital sobre o trabalho desqualificado. Um papel do Estado que vem da empreitada colonizadora e foi reforçado com o populismo em nossa tradição política e que adquire novas formas na ordem democrática e na democracia empresarial, mas com traços tão persistentes: partir do decretar a inferioridade dos trabalhadores, dos povos do campo, periferias, negros, indígenas para justificar a ação do Estado e de suas políticas e do empresariado e seus programas.

A reafirmação dos princípios legitimadores dos programas para os decretados inferiores tem essa intenção política de levá-los à democracia, à cidadania, à participação e inclusão, ao trabalho produtivo. Mas esse trazê-los exige pressupor que **ainda estão fora**, excluídos, à margem. Nesse quadro incomoda e cria tensões quando os trabalhadores e os setores populares se afirmam sujeitos políticos positivos, porque obrigam o Estado e suas políticas e princípios legitimadores a superar esse ponto de partida: produzir os diferentes como inferiores para afirmar o Estado e suas políticas como salvadoras dos excluídos, em risco, vulneráveis, inexistentes, inferiores. Essa é uma tensão política que os princípios e juízos legitimadores carregam e que as presenças afirmativas e os autorreconhecimentos positivos dos Outros desmascaram.

Esses mecanismos inferiorizantes tiveram ainda uma intenção mais perversa: que os coletivos diferentes, os inferiorizados se assumissem como inferiores, sub-humanos, subcidadãos, desiguais porque negros, indígenas, dos campos, das periferias. A cultura política que os produz como inferiores tenta que essa autorrepresentação inferiorizada faça parte da cultura popular. Logo, que venham deles pedidos de políticas e programas do Estado, dos governos, das elites, dos empresários para tirá-los da condição de pobreza, de analfabetismo, de desqualificação, de sem emprego, de miséria. Perversas antipedagogias tão enraizadas em nossa cultura política e até pedagógica.

A articulação histórica entre a produção dos princípios e a produção dos subalternizados

Uma das contribuições políticas mais radicais dos coletivos sociais, étnicos, raciais, de gênero, os trabalhadores é denunciar que os princípios legitimadores das políticas repõem as formas de ser pensados no polo negativo da incultura, sub-humanidade, subcidadania. Quando os programas para eles tentam se legitimar em princípios de educação, humanidade, cidadania estão se propondo tirá-los dessa negatividade porque ainda os pensam nela atolados.

Na medida em que as análises críticas desses princípios, juízos e marcos avançam, a crítica dos militantes toca em um ponto nuclear: a construção desses princípios se articula com a produção deles como coletivos inexistentes, subcidadãos, inferiores, sub-humanos, segregados. Aprofundam-se as críticas a esses princípios por fazerem parte dos processos da produção de sua segregação e inferiorização, logo, repor esses princípios pode significar repor esses processos, ao menos não superá-los. Aprender que há uma articulação histórica entre a construção desses princípios e a produção de sua segregação e inferiorização é um dos aprendizados mais radicais de suas experiências coletivas.

Não apenas as políticas, sua gestão e análise adquirem maior profundidade e complexidade quando articuladas aos processos históricos da produção/ reprodução dos diferentes como deficientes e sub-humanos, mas também os princípios, juízos e marcos normativos e legitimadores dessas políticas adquirem maior complexidade quando se assume que sua conformação esteve e está atrelada à produção da classificação dos grupos sociais subalternizados. Esses princípios com que pretendem se legitimar as políticas para os subalternizados estão na base das formas inferiorizantes de pensá-los e segregá-los. Consequentemente, nos dias de estudo os militantes não criticam apenas as políticas de que são destinatários, mas os princípios que as legitimam.

A monotonia de tantas políticas e programas socioeducativos para os diferentes são criticados porque ignoram que os problemas estão mais embaixo. Que exigem não apenas sofisticados modelos de formulação, avaliação, análises de políticas, mas exigem antes aprofundadas análises da produção histórica inferiorizada dos supostos destinatários como desiguais porque diferentes e dos princípios que legitimaram essa produção. Conhecer com profundidade os complexos processos históricos de seu não reconhecimento ou da decretação de sua inexistência, inferioridade, sub-humanidade, subcidadania é uma precondição para pensar em políticas públicas. É uma exigência entender como operam as relações de produção, de conhecimento, de trabalho, de poder, de direito e de justiça como processos de não reconhecimento dos grupos sociais, dos diversos. Como processos de sua inferiorização.

Voltamos à questão dos conceitos que servem de base na formulação de políticas para as diferenças. Os movimentos sociais aprendem em suas lutas por reconhecimento que os conceitos normativos de cidadania, reconhecimento, convivência entre diferentes, tolerância e até os conceitos de direitos e de educação em direitos têm de ser repensados para darem conta dos processos históricos de conformação dos próprios conceitos. Aprendem que são produções históricas. Mais ainda, em suas vivências da segregação aprenderam que a produção desses conceitos é inseparável da sua produção histórica como inexistentes, porque diferentes, logo, sem direitos, sem lugar, sem terra, sem território e sem lei. Os conceitos de educação, civilização, humanização, cidadania, direitos foram produzidos em nossa história nesse contexto histórico: na empreitada civilizatória dos povos pensados sem cultura, sem valores, sem humanidade e no ideário republicano de cidadania condicionada, seletiva, excludente.

Este pode ser um dos pontos que trazem os movimentos sociais e exigem pesquisas aprofundadas: como foram produzidos os princípios, os juízos normativos do reconhecimento que inspiram e legitimam as políticas. Como coletivos, vivenciam como foram construídas e como estão arraigadas as concepções dicotômicas de humanidade e sub-humanidade, cidadania e subcidadania, igualdade/desigualdade, legalidade/ilegalidade, direitos e sem direito a ter direitos. Como essas construções abissais legitimam a segregação e opressão de uns coletivos que se pensam humanos sobre os Outros pensados sub-humanos.

A construção permanente dessas polaridades e dessas concepções vem legitimando a apropriação legítima dos territórios, da terra, de padrão sexista e racista de trabalho, de cultura e conhecimento. Dessas vivências vem a necessidade de pesquisar como em nossa tensa história e na relação política de segregação essas concepções, juízos e marcos que se pretende inspiradores das políticas de inclusão e de igualdade foram construídos e continuam legitimados nos mesmos processos históricos de produção dos coletivos diferentes como sub-humanos, subcidadãos, inferiores, inexistentes, logo, segregados, sem direitos.

24

OUTROS PRINCÍPIOS, OUTROS SIGNIFICADOS

Os coletivos sociais em suas ações e movimentos, ao trazerem suas críticas a esses princípios e significados históricos, apontam para sua ressignificação. Os coletivos em lutas por libertação resistem e tentam superar essas dicotomias, deixando mais evidente que o problema não é apenas de ir avançando em resultados de políticas, mas avançar na explicitação do papel desses processos na produção histórica segregadora e inferiorizante dos coletivos diferentes, o que condiciona a formulação, alcance e a natureza das políticas a eles destinadas.

Em suas lutas aprendem a fazer análises aprofundadas dessas relações históricas, aprendem a duvidar se será possível esperar que políticas socioeducativas superem esses processos históricos de segregação, inferiorização, inexistência e subcidadania, tendo como referentes as mesmas concepções, princípios, juízos e marcos conformados em nossa história para produzir e legitimar sua produção como diferentes, como desiguais em humanidade, cidadania e direitos. Dos próprios coletivos vêm exigências de pesquisas e análises de políticas que aprofundam esses pontos, o que tornará possível encontrar outros marcos, princípios e juízos de referência de outras políticas de reconhecimento. Que outros marcos e que outros significados?

Desconstruindo dicotomias abissais

Na diversidade de resistências e de lutas por direitos, por igualdade, cidadania, humanidade, dá-se a produção da ressignificação dos princípios de humanidade, cidadania, direitos, igualdade, educação, trabalho... Nas lutas por esses princípios dão dimensões políticas positivas não dicotômicas, abissais nem sacrificiais. Não se reconhecem do lado de lá da não humanidade, não cidadania, não igualdade, mas partem do não reconhecimento, da reação a essas dicotomias abissais e sacrificiais. Essa reação representa uma ressignificação radical desses princípios/valores na medida em que, como segregados, reagem às concepções em que foram e continuam pensados e alocados. Logo, destroem os significados históricos desses princípios dicotomizados – humanidade/sub-humanidade, cidadania/subcidadania, racionalidade/irracionalidade, existência/inexistência. Consequentemente, colocam na pauta política e de políticas a necessidade de desconstruir esses significados dicotômicos e a possibilidade de construir outros significados.

A ressignificação desses princípios trazida pelos movimentos sociais vai além: afirmam-se humanos já, cidadãos, sujeitos de direitos já, partícipes na história intelectual e cultural, civilizatória. Logo, apontam por outros princípios não abissais e outros fundamentos legitimadores de políticas. A ressignificação mais radical vem de ser sujeitos históricos de lutas por igualdade, equidade, justiça, cidadania, direitos, humanidade. Serem sujeitos históricos da produção dos significados emancipadores desses princípios/valores.

Apontam para reconhecer essa longa história de lutas por esses princípios e valores como conformante desses princípios e dos significados mais radicais a serem conferidos às políticas públicas de igualdade, equidade, cidadania, direitos, humanidade. São autores históricos desses princípios, porém carregando significados mais radicais.

Será preciso priorizar esses outros princípios e marcos produzidos nas resistências dos coletivos subalternizados. Conhecer essas articulações históricas é fundamental para darem conta das resistências e das lutas por direitos e dos próprios processos de autorreconhecimento que vêm dos destinatários de políticas e programas. Há um impasse entre os significados desses conceitos com que as políticas e programas operam e os significados históricos bem mais radicais dados pelos próprios coletivos sociais, étnicos, raciais, de gênero, de orientação sexual, dos campos e periferias. Como e em que ressignificam esses princípios e marcos?

Às políticas e aos programas que se pretendem de inclusão cabe avançar para conceitos e significados alternativos mais radicais e mais compreensivos dos significados tensos históricos em que foram conformados tão desiguais porque diferentes. Sobretudo, avançar para significados alternativos capazes de incorporar os sentidos reais dados em nossa história e para incorporar os sentidos que os coletivos em ações e movimentos dão a esses conceitos como direitos, identidades, igualdade, diversidade, equidade, reconhecimento ou educação. Conceitos alternativos capazes de captar os novos sujeitos sociais e sua formação como sujeitos de direitos nesses processos tão tensos de lutas por direitos, por cidadania, por igualdade e equidade. Capazes de captar onde se formam os sujeitos de direitos e com que pedagogias: seu protagonismo nos conflitos sociais, econômicos, políticos e culturais.

Outros princípios, outros significados, outras políticas públicas

Na medida em que os coletivos classificados como sub-humanos, subcidadãos, produzidos desiguais porque diferentes desconstroem essas construções abissais, essas polaridades em que esses princípios foram produzidos e reproduzidos, as políticas públicas e as instituições do Estado têm de ressignificar sua função política. Não serão mais políticas de inclusão, de humanização, de cidadania para os ainda excluídos, na sub-humanidade, na subcidadania. Serão políticas de seu reconhecimento como humanos, cidadãos.

A questão que se coloca às políticas públicas e a seus formuladores e analistas é que papel é esperado dos despossuídos, desterritorializados, inferiorizados, na ressignificação dos princípios segregadores na medida em que reagem, afirmam-se, desocultam-se e fazem-se presentes nessa pluralidade de lutas de afirmação contra a pluralidade de processos de segregação. Os coletivos pressionam para que se reconsiderem as categorias normatizadoras não apenas das políticas, mas da segregação das diferenças. Que se desconstruam essas categorias carregadas de antagonismos de classe, de dicotomias entre os cidadãos e os ainda não, os cultos e os incultos, os de direito e os sem direito a ter direitos ou os sujeitos em situação histórica da cidadania condicionada, de direitos condicionados, de reconhecimentos condicionados. Condicionados, sobretudo, à educação. Que as políticas socioeducativas deixem de se pensar como descondicionantes de supostas subcidadanias. Que se libertem das polarizações inferiorizantes de não reconhecimento de sua humanidade que atravessaram sua conformação como subalternos, como desiguais porque diferentes pensados deficientes e continuam configurando as políticas de reconhecimento condicionado à educação, à elevação cultural, moral e humana. Polarizações e crenças desconstruídas pelos segregados em suas presenças afirmativas.

As crenças nas políticas públicas de terem o papel de regular, superar ou ao menos ocultar históricas polaridades terminam embaralhando essas polaridades. Mas terminam reforçando a visão dos diferentes como do lado de fora, excluídos, à margem, na imaturidade, para se arvorar em solução para sua inclusão nos ideais de cidadania da humanidade em que se supõe onde não estarem.

Que as políticas deixem de se arvorar reguladoras dos processos político-pedagógicos legítimos de toda inclusão, que deixem de destacar detalhes de processos complexos de opressão, despossuimento, desenraizamento e de inferiorização para elevar esses detalhes à condição de políticas pontuais de igualdade: projetos anti-homofobia, escola-ativa, pró-jovem, pró-infância, pró-inclusão, pró-multiculturalismo.

Políticas corretivas de detalhes de profundos conflitos traduzíveis em políticas distantes dessas profundidades políticas. Os coletivos em sua diversidade e em suas ações e movimentos não destacam detalhes convertíveis em programas pontuais, mas mostram a produção desses princípios articulada aos complexos entrelaçados e conflitivos processos de classe, de inferiorização, segregação, des-humanização, despossimento, desterritorialização. Mostram também que reagem a esses processos e deles fazem objeto de lutas e de pressão por políticas articuladas de Estado. Percursos de proposição de políticas bastante distantes das oficiais. Com densidades políticas bastante diferentes. Aí radicam as tensões entre Estado, suas instituições e suas políticas e análises e as políticas porque lutam os movimentos sociais. Uma tensão sobre que políticas, que outros significados e que princípios, valores.

E quando os Outros não se reconhecem inferiores?

De onde vêm as críticas mais radicais a essa persistente inferiorização sacrificial dos coletivos diversos, destinatários de políticas/programas salvadores, legitimados em princípios inferiorizantes?

Se a representação de inexistentes é precondição para o Estado e suas políticas conformá-los à imagem das possibilidades e intenções da ação salvadora do Estado e do capital, os movimentos sociais, ao afirmar existentes os setores populares, tornam politicamente vazio o papel do Estado de conformá-los à imagem de suas políticas e de seus princípios e ideários salvadores. Não apenas redefinem a natureza das políticas e de sua análise, mas do próprio Estado e dos seus princípios legitimadores. Como o movimento operário tem redefinido as políticas do trabalho.

As presenças afirmativas positivas dos trabalhadores e dos setores populares contestam uma das funções que o Estado tem exercido a partir das políticas socioeducativas: governar os coletivos populares, seu lugar social e político nas relações de produção, de poder, de apropriação, concentração da terra, da renda, a fim de perpetuar suas representações como povo inferior, subalterno e a consequente representação do Estado, de suas instituições e políticas, como salvadoras. Reproduzir as representações negativas do povo é uma exigência para manter a imagem e o papel positivo do Estado. Para repor de maneira reticente os mesmos princípios legitimadores de políticas e programas.

Os militantes e coletivos em movimentos mostram que esses processos de reprodução social que foram conformantes do Estado e de suas políticas entram em crise e tensão diante do seu autorreconhecimento, resistindo a ser pensados como inferiores a ser salvos pela ação do Estado ou do capital. Estes perdem o papel de conformá-los à imagem de sua ação e de suas instituições, quando não dispõem mais da capacidade de produzi-los como inexistentes, excluídos porque se afirmam existentes, sujeitos das ações políticas. Logo, redefinem o Estado e o capital na tradicional função de conformar-se salvadores.

Ao afirmar-se presentes, resistentes, os coletivos sociais não apenas desvelam as formas inferiorizantes de pensá-los, mas também de pensar-se.

O papel dos movimentos sociais e a diversidade de ações afirmativas desvela o Estado e suas políticas e programas e seu tradicional papel junto aos setores populares ou sobre o modo de ordenar sua reprodução social, suas condutas, seu não lugar porque os coletivos inferiorizados superam as próprias formas de pensar-se como inferiores, submissos, à espera da libertação, que só poderá vir do capital, do Estado e de seus programas. Desvelam a função política da gestão do governo, do povo de suprir suas carências de sobrevivência, alimentação, saúde, educação por meio de programas pontuais para corrigir situações negativas. Afirmando-se se contrapõem às representações sociais negativas de suas autorrepresentações, mas também se contrapõem às visões dos gestores de políticas e programas. Os coletivos em movimentos desvelam o neocolonialismo de gestores dos governos que se pensam na função de servir de mediadores de programas benevolentes, salvadores para os carentes das periferias das cidades e dos campos. Neocolonialismo que reforça a velha política localista, clientelística, às custas da sua reprodução como carentes a ser compensados de suas carências por meio de programas socioeducativos.

As políticas e programas vêm superando essa visão de carentes e partem de visões que os reconhecem sujeitos de direitos à educação, à saúde, à igualdade, à cidadania, à humanidade plena. Trazer esses ideais como princípios legitimadores de políticas e programas representa um avanço na cultura política, nas representações do Estado e nas autorrepresentações dos coletivos populares. Estaremos em outro momento político, em outra representação da relação Estado/políticas/povo? As lutas por cidadania, por direitos, têm representado uma reeducação da cultura política, do Estado, das políticas e dos grupos populares? Os princípios legitimadores pretendem ser os horizontes de direitos em que as políticas e programas se propõem incluir os coletivos populares, seus destinatários?

A questão que persiste é em que medida esses avanços conseguiram se libertar das representações inferiorizantes que pesam sobre esses coletivos em nossa formação social e política, cultural e pedagógica. Ao defender seu direito a serem partícipes, incluídos nesses direitos, prevalece ainda a representação de estarem de fora. E mais, de terem de provar a passagem pelos condicionantes de sua inclusão. É significativo que toda política/programa de inclusão na cidadania, na igualdade, na humanidade que os princípios propõem seja acompanhada de políticas de avaliação da superação da cidadania, igualdade, humanidade condicionadas a percursos exitosos. As políticas/programas reafirmam princípios de direitos, porém condicionados a resultados.

As avaliações dessas políticas ou programas ficam reduzidas ao composto dos resultados quantificáveis, porém não entram nesse papel político de conformação inferiorizante dos "beneficiados", nem do papel do Estado e de suas políticas como legitimadores dessa inferiorização histórica. Assumem que as avaliações estão a serviço da efetivação dos princípios, mas seu inevitável caráter classificatório, ranqueador dos coletivos sociais, raciais, étnicos, dos campos e das periferias termina repondo a cultura das classificações inferiorizantes. As avaliações cumprem o papel de legitimar que o povo ainda está distante da cidadania, da inclusão de igualdade porque inferiores, nos resultados tão desiguais por classe, raça, campo, periferia. As avaliações revelam que essa função classificatória, inferiorizante sempre foi uma das funções políticas na construção histórica dos princípios abstratos, universais de cidadania, humanidade, conhecimento, justiça. Os princípios legitimadores de políticas quando viram marcos classificatórios exigem avaliações se produtoras da classificação dos coletivos sociais.

Reagem às formas inferiorizantes de pensá-los nos princípios

A essa função política dos princípios, marcos normativos reagem politicamente os coletivos inferiorizados. A persistência desses princípios legitimadores de políticas e da ação do Estado levam os coletivos populares a reagir às inferiorizações que eles reproduzem, a se afirmar existentes, humanos, sujeitos de direitos, sem condicionantes. A reafirmação desses princípios passa a cumprir um novo papel político: contrapor-se a essas presenças afirmativas, repondo sua condição de inferioridade e reafirmando o papel salvador do Estado, contanto que os excluídos mereçam a inclusão.

As lutas dos setores populares por escola, posto de saúde, transporte, moradia, terra, trabalho se contrapõem a essas ações benevolentes e redefinem essas tentativas de configurá-los como inferiores, pelo negativo, redefinindo os sentidos dos princípios, das políticas e da própria função do Estado. Muitos gestores de programas e políticas se empenham nessa redefinição a partir das instituições do Estado. O embate político posto pelos movimentos sociais passa a ser como pensar as políticas, as instituições e o próprio Estado a partir do reconhecimento e da afirmação dos setores populares como existentes, afirmativos. Como sujeitos políticos e de políticas. Este seria o sentido das ações e políticas afirmativas, o que supõe uma nova qualidade política para o Estado, suas instituições políticas, assim como uma nova qualidade política para sua formulação, gestão, avaliação e análise. Os movimentos sociais, ao desconstruir os significados dos princípios, destroem a base das políticas distributivas, inclusivas, reparadoras que reproduzem as representações sociais deles como inferiores, inexistentes, de que essas políticas e a função do Estado se alimentam.

A tensão que os movimentos sociais põem na agenda política não está tanto em reivindicar escola, posto médico, moradia, cotas de entrada na universidade, mas o seu ponto político mais tenso está em não aceitar a condição de excluídos, inexistentes, carentes, de que os princípios e o Estado se alimentam para afirmar-se em suas políticas e programas. A radicalidade das presenças afirmativas dos setores populares passa por não aceitar ser conformadas a imagem de ações compensatórias do Estado que se afirma em nossa história como o pai dos pobres, dos excluídos. O que supõe manter a dicotomia tão presente nas relações de poder: a separação abissal e sacrifical entre os Outros e o Nós, entre trabalho e capital, entre incultos, irracionais, ignorantes e cultos, bem-pensantes, entre ordeiros e violentos. Sem essas dicotomias de classe, etnia, raça, campo, cidade, gênero... A função salvadora do Estado e de suas políticas se esvazia de sentido.

A repetitiva afirmação dos mesmos princípios repõe essas dicotomias que os coletivos destroem. Na medida em que os setores populares destroem a representação inferiorizante, os marcos de legitimação do Estado e de suas instituições e políticas não funcionam como ações corretivas, inclusivas, compensatórias. Revelam-se ações de manutenção da tradicional relação política de poder dominação/subordinação. Viram exercícios de coação, controle e até repressão das ações e movimentos afirmativos. Ao avanço das presenças afirmativas dos setores populares vem correspondendo a retomada de programas socioeducativos, inclusivos, reparadores, compensadores, ou de repressão e condição dos coletivos por se afirmarem existentes, em ações ameaçadoras da ordem. Ao avanço das ações e presenças afirmativas resistentes corresponde a retomada dos tradicionais e modernos mecanismos de reafirmação de princípios e juízos que repõem as representações negativas, inferiorizantes desses coletivos, porque a manutenção dessas visões negativas é precondição para se reafirmar a função salvadora, inclusiva, compensatória do Estado e de suas instituições. Inclusive para se legitimar a sua função repressiva em nome da manutenção da ordem.

As políticas democratizantes se alimentam do sacrifício/inferiorização dos Outros. Quando se repõem de maneira cansativa nas políticas, programas e diretrizes os princípios e juízos de inclusão, cidadania, humanidade é porque se pretende não esquecer que os destinatários desses programas e diretrizes ainda não estão entre os incluídos, os cidadãos, os humanos. Uma função sacrifical. Quando esses outros não se oferecem a essa sacrifical inferiorização desestruturam a função "democratizante" do Estado e de suas políticas. A proliferação de programas para os carentes, excluídos, em vez de políticas afirmativas, é revelador de lógica de afirmação do Estado às custas da reposição do povo e seus(suas) filhos(as) como delinquentes, em risco, vulneráveis, imorais, violentos, improdutivos, sem valores de trabalho... Ou desqualificados para as novas tecnologias, para a exploração produtiva da terra, do território e do trabalho.

Ao eu-nós popular que se afirma existente, ativo, exigente... se contrapõem as velhas representações sociais negativas para continuar legitimando a tradicional função do Estado e de suas políticas. À afirmação de **novas identidades coletivas positivas** se contrapõem velhas identidades negativas. Às verdades dos sujeitos em ações e movimentos se contrapõem as velhas não verdades: violentos, preguiçosos, atrasados, desordeiros, criminosos... Povo comum, logo, suspeito, desde criança. Impressiona como esses imaginários continuam inspirando tantos programas socioeducativos oficiais e legitimando a reposição repetitiva de princípios e juízos inferiorizantes

Nesse quadro adquirem extrema relevância política, de um lado a teimosia popular em afirmar-se com presenças positivas, em mostrar suas verdades e, de outro, as pressões dentro dos centros de pesquisa e de análise, das instituições estatais e de setores dentro do próprio Estado por superar essas não verdades históricas e reconhecer as verdades que vêm das ações afirmativas e repensar os significados das políticas e programas. Tensas lutas de que são atores centrais os coletivos populares em movimentos, mas também intelectuais, gestores, formuladores e analistas que tentam revelar essas verdades populares e assumi-las como legitimadoras de outras políticas. De outro Estado? Avança a percepção de que políticas igualitárias só acontecerão avançando na dessubalternização política das classes trabalhadoras, dos setores populares. Se houver uma ruptura com a visão inferiorizante em que as políticas e ação do Estado tentaram se legitimar. Se forem reconhecidos sujeitos políticos, propulsores das rupturas necessárias.

Oferecer ações, programas e políticas que cobrem dos grupos populares ordem, paciência, moderação será um contrassenso político. O que esses grupos e os militantes denunciam é a timidez para reconhecer essa ruptura de imagens dos setores populares. Denunciam a indeterminação política nos programas, nas instituições formuladoras de políticas. Indeterminação política que contrasta com a determinação política dos diversos setores sociais do campo, das periferias, pela redução das injustas e enormes desigualdades sociais.

Como avançar nessa direção? Os próprios coletivos em ações e movimentos apontam não ser suficiente inventar e ampliar novos programas salvadores, mas desconstruir os princípios e juízos normativos legitimadores desses programas. Mas como avançar na desconstrução de juízos normativos inferiorizantes e construir novos princípios de formulação de políticas? Reconhecer os tensos significados dos princípios.

Tensões políticas nos significados dos princípios

Os coletivos sociais, étnicos, raciais, de gênero, orientação sexual lutam, nas cidades e nos campos, por direitos humanos, por igualdade, por humanidade, por conhecimento, educação, mas ressignificando e repolitizando os significados desses princípios. Não encontram lugar na função seletiva, classificatória e segregadora com que têm operado esses princípios e marcos normativos em nossa história. Ao lutar por direitos, humanidade, cidadania, igualdade, conhecimento, educação, justiça, radicalizando esses conceitos instauram uma tensão política de significados nas lógicas legitimadoras das políticas de reconhecimento da diversidade.

As tensões entre os movimentos sociais e o Estado, suas instituições e políticas não estão postas apenas em que políticas priorizar, que alcance e que radicalidade, mas em que princípios, juízos, valores e marcos normativos pretendem se legitimar quando pensadas como políticas afirmativas da diversidade. A formulação, implementação, análise e avaliação de políticas repete esses princípios como inquestionáveis em seus significados históricos. Falta uma crítica aprofundada à construção histórica desses princípios pensados neutros. Os movimentos sociais mostram as relações políticas em que esses princípios foram legitimados.

Nas oficinas e dias de estudo se avança na crítica a essa lógica legitimadora das políticas afirmativas, de reconhecimento oficial que não saem dos tradicionais programas compensatórios, inclusivos dos coletivos pensados ainda fora desses marcos e princípios universais. Os coletivos em lutas por políticas afirmativas, de autorreconhecimento da diversidade questionam esses princípios e juízos normativos universais, porque abstratos, genéricos, não construídos no reconhecimento das diversidades.

Quando essas políticas oficiais falam em diversidade, multiculturalismo, identidade, cidadania, direitos humanos, de que humanos estão falando ou têm como referência? Correspondem com os coletivos diversos tal como pensados, segregados e configurados na história de nossa formação? Esses marcos normativos, esses campos tidos como universais correspondem aos sujeitos diversos tal como vivem sua diversidade, desigualdade? Continuam reproduzindo como eles têm sido e continuam representados nos marcos sociais genéricos da cultura, da identidade e da cidadania, do direito e da condição humana?

Os coletivos diversos aprenderam que esses marcos não foram construídos levando-os em conta. Não foram neles reconhecidos. Nessas universalidades não se reconhecem. Em outros termos, a questão previa na formulação de políticas afirmativas, de reconhecimento oficial, em que princípios, juízos normativos legitimá-las. Esse é um dos embates entre movimentos sociais e as políticas oficiais e os princípios de sua formulação, legitimação e análise.

Dependendo de sua correspondência ou não com seu reconhecimento ou não reconhecimento nos tipos de sujeito aceitos, estaremos falando de uma ou outra cidadania, identidade, humanidade, de outros direitos. A questão radical que trazem os diferentes não é apenas não se reconhecerem, mas nem terem sido reconhecidos nesses conceitos ou nessas verdades que damos a esses conceitos, na formulação de políticas inclusivas: cidadania, direito, cultura, identidade, humanidade. Mais ainda, trazem a experiência histórica de que foi a partir da normatização dessas verdades que foram delas segregados. Ou que esses marcos normativos de cidadania, direito, humanidade foram produzidos para classificar uns coletivos como cidadãos, com direitos humanos e os outros não. Os coletivos em movimentos repolitizam esses marcos normativos em sua produção histórica como segregados porque diversos em nome de não serem ainda humanos, cidadãos civilizados. Desiguais por não merecerem entrar nos padrões de igualdade.

Se a questão é reafirmar os mesmos processos normativos poderíamos levantar algumas questões: Por que depois de tantas políticas, diretrizes para incluir os Outros nos marcos da cidadania, nos direitos e no reconhecimento do padrão de humanidade, de cultura, de identidade e de igualdade, não acontece esse reconhecimento de sua diversidade com esses protótipos ou marcos?

Diante dessa distância entre tantas normas, diretrizes e políticas tentando sua inclusão e sua igualdade e os marcos e padrões que as legitimam, a tendência tem sido a rever não os princípios, mas as políticas, redefini-las, tentá-las de novo, com novas ênfases, novos formatos ou com mais recursos. As análises e avaliações de políticas para os outros seguem essas lógicas: reafirmar os mesmos princípios, juízos de valor, revendo apenas os processos e os resultados. Os coletivos em movimentos não propõem reafirmar as mesmas políticas e os mesmos princípios e juízos normativos, mas propõem outros. Esta é uma das contribuições mais radicais das suas presenças afirmativas.

326

Questões no esquecimento

Nas oficinas e dias de estudo a militância dos movimentos sociais traz algumas questões de fundo que têm sido esquecidas. Por exemplo, qual é a norma, o padrão de conformação desse protótipo de direito, cultura, cidadania, igualdade e identidade em que as políticas se propõem incluir os diferentes em gênero, etnia, raça, campo, orientação sexual. Como esses padrões têm sido conformados, em que relações classistas, sexistas e racistas de poder, de classe, de trabalho, de propriedade que os segregaram porque coletivos sociais, raciais, étnicos, de gênero? Quais os interesses em jogo para que uns coletivos tenham sido reconhecidos e outros não nesse padrão, protótipo de direito e cidadania, de igualdade, de conhecimento, de cultura e identidade? As experiências desses coletivos têm mostrado que há uma longa e tensa história de produção do padrão e do protótipo sexista e racista e dos conceitos que servem de fundamento para julgar quem merece ou não ser reconhecido igual, cidadão ou humano, sujeito ou não de direitos, de humanidade, de conhecimento, de trabalho...

Há uma produção histórica, política desses marcos. A conformação histórica desses protótipos nasce para o reconhecimento de uns coletivos e o não reconhecimento dos Outros como pertencentes ou não a esses protótipos. Há um diferencial de poder na conformação histórica desses padrões de direito, humanidade, cidadania, igualdade, conhecimento ou cultura que passa a operar como diferencial de poder na distinção, classificação, hierarquização, inclusão ou segregação de uns coletivos e não de outros, no seu reconhecimento como sujeitos ou não do direito, igualdade e cidadania, de humanidade, trabalho, de conhecimento e cultura. Uns serão elegíveis para o reconhecimento, outros não a partir do padrão e do protótipo que têm sua origem nessas relações de poder classista, sexista e racista. Uma história pouco explicitada na formulação e análise de políticas socioeducativas e que os próprios grupos segregados explicitam.

Uma longa história de políticas da produção e dos tratos dos diferentes não apenas como desiguais, mas como inferiores, sub-humanos, subcidadãos, sem direito a ser considerados sujeitos de direitos. Uma das tarefas urgentes das pesquisas e análises de políticas será aprofundar, explicitar e reconhecer essa história de políticas dessa produção dos diferentes, como inferiores porque diferentes em gênero, etnia ou raça, classe...

Uma indagação urgente da história das teorias e práticas pedagógicas será entender o peso antipedagógico da construção histórica desses princípios. A história da pedagogia os destaca como avanços civilizatórios e esquece seu papel antipedagógico, classificatório, segregador dos diferentes feitos desiguais porque pensados e tratados como fora ou do outro lado da civilização, da humanidade, da cidadania, da igualdade. Essas pedagogias de inferiorização têm feito parte da história desses "avanços" na construção desses princípios e marcos normativos. Não ver essa história com uma linearidade neutra, positiva, mas como uma tensa história de civilização e barbárie de igualdades e segregações, de humanização e desumanização. Questionamentos de visões lineares e indagações que vêm das vivências históricas do peso segregador dos padrões oficiais de classificação.

Vivências em que aprendem outros saberes, outra história civilizatória menos neutra, menos linear. Mais tensa. Em que aprendem que essas políticas e esses padrões não são igualitários, neutros, foram produzidos para reproduzir relações políticas e sociais de produção, de apropriação da terra, do trabalho. O problema das políticas de direitos, cidadania, igualdade para os diferentes é partir de um suposto: Que é possível pensar que todos os sujeitos se conformam com essas categorias, protótipos e padrões, que o problema é basicamente normativo, de elaboração e implementação, de avaliação e análise de políticas e diretrizes igualitárias, inclusivas.

É significativo que todas as formulações de políticas para os coletivos populares tentam se legitimar recorrendo à Constituição, às leis, à LDB, ao corpo normativo e se repetem os mesmos princípios legitimantes. Reafirma-se uma visão neutra, a-histórica desses princípios. O problema normativo é central, contanto que se aprofunde mediante que padrão de poder foram produzidos esses protótipos de igualdade, cidadania e de conhecimento e cultura, de direito e humanidade, de trabalho e propriedade sob os quais se pretende incluir os coletivos que afirmam suas diferenças.

A esses aprofundamentos puxam os movimentos sociais. Lutam por entrar nesses princípios e seus significados. Mas ao entrarem os alargam, ressignificam. Lutam por direitos humanos, mas alargam e radicalizam os direitos humanos oficiais, destacando o direito a terra, teto, trabalho, renda, identidade, memória, equidade.

Mostram que o problema está no pressuposto de que esses marcos são por natureza universais, inclusivos, logo que normas, que políticas os tornaram inclusivos e universais. A esse pressuposto reagem os diferentes mostrando que sem desconstruir esses padrões, essas normas produtoras da segregação, inferiorização dos coletivos diferentes que se pretende integrar, as políticas ficam na superfície, sem efeito ou com escassos efeitos. O que desafia não é como foram elaboradas ou implementadas as políticas e seus resultados esperados, mas se tentaram e conseguiram desmontar a norma, os padrões e os diferenciais em que foi elevado o padrão de trabalho, de direito, de cidadania, de humanidade, de cultura, de propriedade, de educação, num determinado protótipo e não outro. O central nas análises de políticas será revelar se avançamos na desconstrução de concepções de direito, cidadania, igualdade e humanidade referidos a uns tipos específicos de sujeitos e não a outros. Ou na desconstrução de protótipos produzidos para o reconhecimento de uns coletivos sociais e o não reconhecimento de outros.

Processos históricos de desconstrução de que são sujeitos os coletivos em movimentos. Não apenas desconstroem visões neutras desses princípios, mas se afirmam sujeitos na tensa construção de direitos com outros significados. Este é um dos significados políticos mais radicais de suas presenças afirmativas, afirmar-se sujeitos de desconstrução/construção nesse terreno tão tenso como a produção de direitos. Essa afirmação desestrutura a lógica das políticas públicas pensadas para incluí-los no campo dos direitos estabelecidos ou pensados apenas como destinatários quando eles se afirmam produtores ou reivindicam ser reconhecidos na redefinição dos princípios de humanidade, cidadania, direito, pertencimento social, político, cultural.

Esse é um dos diferenciais nucleares entre políticas distributivas, inclusivas, igualitaristas, reparadoras e as políticas afirmativas, de autorreconhecimento quando reconhecida a radicalidade política trazida pelos movimentos sociais. As questões que essa radicalidade traz passam por puxar para uma análise crítica dos padrões, juízos de valor, princípios que as legitimam e por uma crítica radical a história da produção dos direitos. Por onde passa essa radicalidade da crítica desses princípios, padrões e juízos de valor que os coletivos repõem ao exigir políticas afirmativas de autorreconhecimento?

Os Outros constroem outros padrões de direitos

Uma das críticas mais radicais a esses padrões de políticas vem dos coletivos que não se reconhecem na produção desses protótipos de humanidade, igualdade e cidadania, de cultura, identidade e direitos que inspiram as políticas de que são destinatários. Quando os trabalhadores nos movimentos sociais lutam por terra, espaço, território, soberania alimentar, educação, vida e trabalho, estão construindo outro padrão de cidadania, de humanidade, de direitos. Ou quando lutam por memória, cultura, identidade ou educação, estão lutando por outro padrão de conhecimento, de cultura, de multiculturalismo e de história. Estão nos apontando que construir políticas de educação e cidadania, de direitos e igualdade na diversidade e equidade exige uma crítica prévia radical, histórica a esses conceitos e padrões.

Em outros termos, exige-se muita atenção às identidades que vão adquirindo os Outros em suas lutas e afirmações de tal maneira que não se formulem as políticas desfocadas das identidades reais de sua afirmação. As políticas terão de ser outras quando os sujeitos "destinatários" quebram ou superam as representações/protótipos que as orientavam. De políticas supletivas compensatórias, distributivas, exigem avançar para políticas de autorreconhecimento e de afirmação dos sujeitos que estão em construção e afirmação. Sobretudo, partir das identidades que constroem, dos princípios e juízos de valor e confrontá-las com os padrões de políticas que orientam as políticas para os grupos populares.

Por exemplo, um dos marcos das políticas de cidadania tem sido educação *para* a cidadania dos setores populares porque partiam de uma forma de vê-los como ainda não cidadãos, pré-políticos, inconscientes a ser conscientizados para o padrão de cidadania consciente, participativa, ativa. Esses padrões de cidadania nos acompanham a partir da República na formulação de políticas educativas. Na medida em que esses setores se mostram em ações coletivas múltiplas em lutas e movimentos pelos direitos mais básicos, pressionando o Estado, adiantando políticas, essa visão de cidadania condicionada à educação, conscientização, politização entra em crise.

Os classificados como subcidadãos põem na cena política formas de cidadania mais dinâmicas. Os próprios setores populares se revelam críticos dessa cidadania condicionada que servirá de parâmetro das políticas de educação para a cidadania. Deles vêm pressões para questionar e superar os juízos de valor e as regras do jogo de formulação dessas políticas para os excluídos, pré-políticos, subcidadãos. Pressões para superar esses protótipos de cidadania que os produziram como subcidadãos porque diferentes. Pressões para repensar a concepção de direito à educação, de repensar a função da escola e da educação, das aprendizagens.

Outros sujeitos políticos e de políticas

O princípio mais radical para pensar em políticas legitimadas nos princípios de igualdade, cidadania, humanidade passa por reconhecer os coletivos em presenças afirmativas como legítimos sujeitos políticos e de políticas. Reconhecer que os trabalhadores, os grupos populares são legítimos sujeitos políticos e de políticas, são cidadãos de plenos direitos pode ser um grande avanço na tentativa de oferecer novos marcos e novos juízos para novas formulações, análises e legitimação de políticas. Para outros políticos. Por que as formas de afirmar-se sujeitos políticos, legais, de direitos a terra, teto, saúde, educação ou acesso à universidade não são reconhecidas como políticas e estratégias de direitos? Por que são condenados como fora da ordem e fora da lei, ainda fora da humanidade, da igualdade e da cidadania se se afirmam sujeitos de direitos? Essas reações condenatórias a essas formas afirmativas de direitos e de sujeitos de direitos, de cidadania e de humanidade estão condicionadas pelos marcos e juízos, ou por interpretações que classificam esses coletivos como **ainda** subcidadãos, sub-humanos porque inferiores, irracionais, pré-políticos. Logo, sem direitos.

Se, pelo contrário, forem reconhecidos sujeitos políticos e de políticas como eles se afirmam se estará superando esses marcos, juízos e interpretações e se abrirão condições de pôr em diálogo suas políticas e estratégias afirmativas e aquelas do Estado e de suas agências. O que os coletivos em movimento colocam de mais radical é afirmar-se sujeitos políticos e de políticas.

Esse reconhecimento radicaliza a necessidade de repensar os marcos e os juízos que servem de legitimação de umas ações e políticas e de deslegitimação de outras. Radicaliza a necessidade de superar os marcos e juízos em que se legitimam as análises e avaliações oficiais e como em nome desses juízos as políticas são reguladoras e até coercitivas contra os próprios destinatários e suas ações afirmativas. Contra seu autorreconhecimento como sujeitos políticos e de políticas. Frente a esse autorreconhecimento de tamanha radicalidade política reagem o Estado e suas políticas, reafirmando sua condição de inferiores, subcidadãos, pré-políticos à espera de educação para a cidadania, a conscientização política.

Por aí passam sérias tensões entre o Estado, suas instituições e políticas e as ações afirmativas de direitos e da condição de sujeitos políticos dos movimentos sociais. Uma situação nada fácil na atual análise de políticas: construir marcos, juízos e interpretações alternativos de legitimação de políticas. Ou reconhecer como legítimos os marcos, os juízos e as representações que afirmam em suas ações por direitos. Reconhecê-los como ações e políticas consequentes de sujeitos políticos e de políticas. Logo, não ignorar suas presenças afirmativas e menos condená-los como violências, desordens, ilegais. Mas reconhecer suas resistências e afirmações como outras formas de emancipação e de afirmação de direitos, de cidadania, de igualdade, de humanidade.

Reconhecê-las como legítimas significará expandir a compreensão dos conceitos, marcos e juízos como direitos, cidadania, igualdade, humanidade. Construir noções que fundamentam políticas mais compreensivas, mais consequentes com os próprios princípios. Dependendo da compreensão dada a esses princípios e juízos uns coletivos humanos serão reconhecíveis e outros não como cidadãos, iguais, sujeitos políticos de direitos e sujeitos de políticas.

Os outros ao se afirmar sujeitos políticos mostram que, enquanto esses princípios operarem para reproduzir essas dicotomias ou esses reconhecimentos de uns e não reconhecimento dos Outros, entrarão em conflito com as ações e lutas dos coletivos em movimento que se mostram e afirmam existentes, sujeitos políticos, cidadãos humanos já. As políticas que partirem desses reconhecimentos terão de ser outras, legitimadas em outros princípios e outros valores. O Estado terá de ser outro.

No autorreconhecimento como sujeitos políticos e de políticas esses coletivos pensados como pré-políticos tomam de volta o domínio do político e das políticas. Ressituam o político, a política e as políticas na dinâmica social mais cotidiana, do viver, do direito à terra, ao espaço, ao trabalho, à renda. Desconstroem a visão autoritária do alto em que foi apropriada à política seus significados, segregando os coletivos populares e silenciando-os como não sujeitos políticos nem de políticas. Essa política do alto apropriada se constitui produzindo os diferentes como pré-políticos, inconscientes, subcidadãos e produzindo o cotidiano de seu viver como não político.

Esse caráter configurante da política do alto, do lado de cá, acompanha a reposição constante dos marcos normativos, das diretrizes de todo ordenamento, de toda política. Repetem-se normas, concepções, juízos, valores legitimadores com a função de definir do alto as regras do poder que vêm de cima para os de baixo, os do lado de lá, sem poder. Mais com a função histórica de não reconhecê-los sujeitos políticos e menos sujeitos de políticas. Esses coletivos, ao se afirmarem sujeitos políticos e de políticas, reagem não apenas às políticas e aos marcos normativos, reagem e desconstroem a apropriação da política, da condição de uns coletivos como sujeitos políticos e de políticas e a condição dos Outros como pré-políticos. Por aí trazem as críticas mais radicais a esses princípios, juízos e valores em que as políticas pretendem legitimar-se. Repolitizam o próprio campo do político.

Os movimentos sociais retomam o caráter emancipatório dos princípios/valores

Os coletivos sociais em sua diversidade de ações e movimentos, ao trazerem suas críticas aos princípios legitimadores das políticas públicas a eles destinadas, apontam outros significados.

Em primeiro lugar, reafirmam a centralidade desses princípios/valores em suas lutas emancipatórias. Não a veem como fracos, desprezíveis. Por mais que sejam usados para sua segregação e inferiorização tentam reapropriar-se dos significados mais radicais desses princípios/valores. Os recuperam como bandeiras emancipatórias.

Em segundo lugar, reivindicam terem parte na construção histórica dos princípios de igualdade, humanidade, justiça, equidade, cidadania, direitos. Foram esses coletivos em suas lutas e resistências à desigualdade, injustiça, inumanidade a que foram relegados que colocaram na agenda social, política, epistemológica e pedagógica o direito à igualdade, equidade, cidadania, humanidade. Os significados históricos mais radicais desses princípios vêm dessas resistências e movimentos populares de que eles são continuadores. Consequentemente destroem a imagem que as políticas passam de que os valores de humanidade, direitos, igualdade, cidadania foram produzidos do lado de cá, mas com uma extensão universalizante para incluir nesses valores os decretados do lado de lá.

Essa apropriação por parte do Nós dos processos e valores civilizatórios, humanizadores é um dos traços do pensamento abissal e sacrificial. Se do lado de lá só há inexistência, irracionalidade e imoralidade, os Outros inexistentes não poderão ser pensados sujeitos na produção desses princípios/valores civilizatórios, humanizantes. Logo, não sujeitos na história da produção desses princípios e valores. Os movimentos sociais obrigam a recontar essa história civilizatória e humanizante ao se reconhecerem sujeitos nessa história concreta da produção, afirmação desses princípios/valores que são trazidos para legitimar as políticas a eles destinadas. Não discutem apenas a pretensão de universalidade, mas a questão mais de raiz; discutem sua participação central na história da produção desses princípios/valores. Há uma exigência de reconhecimento de suas autorias nas lutas por direitos, igualdade, justiça, humanidade, emancipação.

Há outra ressignificação trazida pelos grupos sociais em lutas por esses princípios/valores: destacam que esses princípios/valores de direito, igualdade, humanidade, equidade, cidadania... continuam inspirando suas resistências e suas lutas emancipatórias. Nesse sentido não veem esses princípios como contingentes, nem localistas, produzidos e reafirmados do lado de lá pelo Nós, com pretensão de universalidade, mas referentes fortes de sentidos para sua longa história de lutas emancipatórias. Como movimentos políticos emancipatórios não desprezam esses princípios/valores de cuja construção histórica são partícipes, nem os enfraquecem e fragmentam. Ao radicalizarem esses princípios/valores como estruturantes de suas estratégias de emancipação, esses princípios recuperam a radicalidade política que os coletivos sociais em lutas por emancipação têm conferido a eles ao longo de nossa história.

Consequentemente, suas críticas se dirigem ao caráter regulatório, classificatório, segregador que carregam os significados dados a esses princípios/valores nas políticas para classificar os coletivos humanos. Mas vão além, ao reafirmar a radicalidade política desses princípios e valores de cuja história eles são também sujeitos centrais. Ao afirmar-se sujeitos da construção desses princípios/valores, tocam na crítica mais radical: o caráter dualista, abissal dado a esses princípios/valores ao ser apropriados pelo Nós. Os Outros explicitam que esse caráter dual/abissal se articula com as diversidades/diferenças de classe, raça, etnia, gênero que os mobiliza por igualdade, equidade, justiça, humanidade. Mostram que em nossa história os significados segregadores dados a esses princípios/valores tiveram e têm endereços certos. Desvelam os significados segregadores desses princípios, que em suas lutas por libertação construíram.

Ao retomar esses princípios/valores como inspiradores de suas lutas emancipatórias revelam que o Nós se apropria desses princípios/valores e os converte em mais um parâmetro de segregação e opressão. Por aí desocultam uma face brutal de sua história de segregações: não reconhecê-los sujeitos da produção desses princípios/valores. Não reconhecê-los atores centrais na história da humanização, dos direitos, da igualdade, da justiça, equidade, emancipação. Frente a esses não reconhecimentos os coletivos em movimentos repõem a centralidade que esses princípios continuam tendo como inspiração para suas lutas e estratégias de emancipação humana.

Os diferentes em classe, raça, etnia, gênero, trabalhadores dos campos, periferias ao afirmar-se autores na construção histórica inacabada desses princípios/valores acrescentam outros significados aos próprios valores/princípios e à história de sua construção. Esses princípios não são os mesmos, são outros, enquanto operaram e operam em nossa história como estratégias políticas de libertação dos diferentes.

Referências

ARROYO, M. (2012). "Diversidade". In: CALDART, R.S. et al. (orgs.). *Dicionário da Educação do Campo*. Rio de Janeiro: Expressão Popular.

_____ (2011a). "Trabalho-educação e Teoria Pedagógica". *Educador em diálogo com nosso tempo*. Belo Horizonte: Autêntica.

_____ (2011b). *Currículo, território em disputa*. Petrópolis: Vozes.

_____ (2011c). "O direito a tempos/espaços de um justo e digno viver". In: MOLL, J. (org.). *Caminhos da educação integral no Brasil*: direito a outros tempos e espaços educativos. Porto Alegre: Penso.

_____ (2011d). *Educador em diálogo com nosso tempo*. Belo Horizonte: Autêntica.

_____ (2010). "Políticas educacionais e desigualdades: à procura de novos significados". *Educação & Sociedade*, vol. 31, n. 113. Campinas.

_____ (2004). *Imagens quebradas*. Petrópolis: Vozes.

BUTLER, J. (2010). *Marcos de guerra – Las vidas lloradas*. Barcelona: Paidós.

_____ (1998). "Fundamentos contingentes: o feminismo e a questão do 'Pós-modernismo'". *Cadernos Pagu*, n. 11, p. 22-23.

CALDART, R. (2000). *Pedagogia do Movimento Sem Terra*: escola é mais do que escola. Petrópolis: Vozes.

DUSSEL, E. (2006a). *Ética de la liberación en la edad de la globalización y de la exclusión*. Madri: Trotta.

_____ (2006b). *Filosofía de la cultura y la liberación*. Ciudad de México: Universidad Autónoma.

FREIRE, P. (1987). *Pedagogia do oprimido*. Rio de Janeiro: Paz e Terra.

FRIGOTTO, G. (2012). "O trabalho como princípio educativo". In: CALDART, R.S. et al. (orgs.). *Dicionário da Educação do Campo*. Rio de Janeiro: Expressão Popular.

GOMES, N. (2011). "O movimento negro no Brasil: ausências, emergências e a produção dos saberes". *Política e Sociedade*, vol. 10, n. 18, abr., p. 133-154. Florianópolis.

HENRIQUES, R. (2001). *Desigualdade racial no Brasil*: evolução das condições de vida na década de 90. Rio de Janeiro: Ipea.

HOBSBAWM, E. (2002). *TEMPOS INTERESSANTES* – Uma vida no século XX. São Paulo: Companhia das Letras.

MANZANO, B. et al. (2007). "A terra e os desterrados – O negro em movimento. In: SANTOS, R.E. (org.). *Diversidade, espaço e relações étnico-raciais*. Belo Horizonte: Autêntica.

MIGNOLO, W. (2005). "A colonialidade de cabo a rabo – O hemisfério ocidental no horizonte conceitual da Modernidade". In: LANDER, E. (org.). *A colonialidade do saber*: eurocentrismo e ciências sociais – Perspectivas latinoamericanas. Buenos Aires: Clacso.

QUIJANO, A. (2009). "Colonialidade do poder e classificação social". In: SANTOS, B.S. & MENEZES, M.P. (orgs.). *Epistemologias do Sul*. São Paulo: Cortez.

_____ (2005). "Colonialidade do poder, eurocentrismo e América Latina". In: LANDER, E. (org.). *A colonialidade do saber*: etnocentrismo e ciências sociais – Perspectivas Latinoamericanas. Buenos Aires: Clacso.

SANTOS, B.S. (2007). *Poderá o direito ser emancipatório?* Florianópolis: Fundação Boiteux.

_____ (2006). *A gramática do tempo* – Para uma nova cultura política. São Paulo: Cortez.

SANTOS, B.S. & MENEZES, M.P. (orgs.) (2009). *Epistemologias do Sul*. São Paulo: Cortez.

SILVÉRIO, V. (2002). "Ação afirmativa e o combate ao racismo institucional no Brasil". *Cadernos de Pesquisa*, n. 117, p. 225. São Paulo.